Kohlhammer

Behinderung – Theologie – Kirche
Beiträge zu diakonisch-caritativen Disability Studies

Herausgegeben von

Johannes Eurich
Andreas Lob-Hüdepohl

Band 18

Christoph Huber

Ihre Stimmen zählen

Die Sichtweisen von Zwangssterilisierten und Angehörigen der NS-»Euthanasie«-Opfer im Erzählen und Gedenken

Verlag W. Kohlhammer

Zugl.: Diese Veröffentlichung wurde als Dissertation im Jahr 2024 unter dem Titel „‚Ihre Stimmen zählen'. Zur Rekonstruktion der Sichtweisen von Zwangssterilisierten und Angehörigen der NS-‚Euthanasie" Programme unter Einbezug der Erinnerungskultur heutiger ‚Euthanasie"-Gedenkstätten" im Fach Diakoniewissenschaften an der Fakultät für Verhaltens- und Empirische Kulturwissenschaften der Ruprecht-Karls-Universität Heidelberg angenommen.

1. Auflage 2025

Alle Rechte vorbehalten
© W. Kohlhammer GmbH, Stuttgart
W. Kohlhammer GmbH, Heßbrühlstr. 69, 70565 Stuttgart
produktsicherheit@kohlhammer.de

Print:
ISBN 978-3-17-046472-8

E-Book-Formate:
pdf: ISBN 978-3-17-046473-5
epub: ISBN 978-3-17-046474-2

Dieses Werk einschließlich aller seiner Teile ist urheberrechtlich geschützt. Jede Verwendung außerhalb der engen Grenzen des Urheberrechts ist ohne Zustimmung des Verlags unzulässig und strafbar. Das gilt insbesondere für Vervielfältigungen, Übersetzungen, Mikroverfilmungen und für die Einspeicherung und Verarbeitung in elektronischen Systemen.
Für den Inhalt abgedruckter oder verlinkter Websites ist ausschließlich der jeweilige Betreiber verantwortlich. Die W. Kohlhammer GmbH hat keinen Einfluss auf die verknüpften Seiten und übernimmt hierfür keinerlei Haftung.

Inhalt

Dank 9

Einleitung 11

Teil 1: Kontextualisierung des geschichtlichen Hintergrunds 15
1. Entstehung und Radikalisierung des eugenischen Denkens 15
    1.1. Anfänge der Eugenik 15
    1.2. Eugenische Initiativen im Vorfeld der NS-Diktatur 19
    1.3. Entwicklung des wissenschaftlichen Diskurses zur
         Legitimation eines radikalen rassenhygienischen Denkens ... 21
    1.4. Politische Instrumentalisierung der Wissenschaft 23
    1.5. Soziale Lage der Ärzt*innen und des Pflegepersonals in der
         Weimarer Republik und im nationalsozialistischen
         Deutschland 26
2. Zwangssterilisation 28
    2.1. Internationale Entwicklung 28
    2.2. Nationalsozialistische Familienpolitik 30
    2.3. Gesetz zur Verhütung erbkranken Nachwuchses (GzVeN) 32
    2.4. Umsetzung der Zwangssterilisation 34
    2.5. Reaktionen der Kirche 36
3. »Euthanasie« 40
    3.1. Von der Diskriminierung zur Ermordung 41
    3.2. »Kindereuthanasie« 43
    3.3. »Aktion T4« 45
    3.4. Die dezentrale »Euthanasie« und »Aktion Brandt« 48
    3.5. Einordnung der »Euthanasie« in den nationalsozialistischen
         Tatkomplex 51
    3.6. Reaktionen der Kirche auf die »Euthanasie«-Aktion 53
4. Aufarbeitung 56
    4.1. Juristische Aufarbeitung 58
    4.2. Entschädigung 61
    4.3. Organisationen der Betroffenen 62
    4.4. Der kirchliche Umgang mit der historischen Verantwortung .. 64
5. Fazit Teil 1: Entwicklungsstränge der Ausgrenzung 66

Teil 2: Rekonstruktion der Betroffenensichtweise **69**

6. Methodischer Zugang zur Rekonstruktion der Betroffenensichtweise 72
    6.1. *Oral history*, Analyse archivierter Interviews 72
    6.2. Kontextanalyse und Verlauf der Gespräche mit den Zeitzeug*innen 74
    6.3. Auswertung der Daten 80
7. Wahrnehmung von Ausgrenzung und (fehlender) Aufarbeitung 82
    7.1. Entmenschlichung während der Zeit des Nationalsozialismus 82
    7.2. Bemühungen sowie Hindernisse hinsichtlich der Aufarbeitung in der Nachkriegsgesellschaft 86
8. Folgen der Ausgrenzung und Umgang mit Diskriminierung 94
    8.1. Familie 94
    8.2. Soziales Umfeld und Religionsgemeinschaften 107
    8.3. Intersektionalität 110
9. Fremdzuschreibungen 114
10. Selbstkonstruktion 121
    10.1. Übernahme der Abwertung 121
    10.2. Widerstand gegen die Fremdzuschreibung und Versuche des Empowerments 126
11. Fazit Teil 2: Herausstellung der zentralen Argumentationslinien der Betroffenen und Einordnung in die bisherige Forschung 137
    11.1. Teilhabe und Ausgrenzung 139
    11.2. Selbstkonstruktion und Fremdzuschreibung 143
    11.3. Dynamiken der Ausgrenzung und Teilhabe sowie deren Auswirkungen auf Fremdzuschreibung durch die Gesellschaft und Selbstkonstruktion der Betroffenen der Zwangssterilisation und »Euthanasie« 146

Teil 3: Nachgeschichte – Auswirkung des Diskurses mit und über Menschen mit Behinderungen und Psychiatrieerfahrungen auf die Erinnerungskultur am Beispiel der Arbeit von »Euthanasie«-Gedenkstätten **149**

12. Strategien zur Darlegung der Öffnungsprozesse in der Gedenkstättenarbeit 150
    12.1. Problemzentriertes Interview 151
    12.2. Auswertungsverfahren 154
13. Aufgaben und Funktionen von »Euthanasie«-Gedenkstätten 154
    13.1. Auftrag von Gedenkstätten 155
    13.2. Der lange Weg zur Erinnerung – die Entstehung der »Euthanasie«-Gedenkstätten 159
    13.3. Besonderheiten der »Euthanasie«-Gedenkstätten 161
14. Exklusion: Reden in der Rolle als »ewige Kinder« 161
    14.1. Fortdauernde Ausgrenzung und Nichtthematisierung 162

	14.2.	Nichtberücksichtigung von Einzelschicksalen und Menschen mit Behinderungen bzw. Psychiatrieerfahrungen insbesondere in der frühen Phase der Gedenkstättenarbeit 165
15.		Integration: Reden in der Rolle als Patient*innen und Klient*innen .. 171
	15.1.	Wandel der Betrachtung von Menschen mit Behinderungen und Psychiatrieerfahrungen 171
	15.2.	Entwicklung eines Bewusstseins für die Schicksale der Betroffenen der »Euthanasie« und Zwangssterilisation und Menschen mit Behinderungen und Psychiatrieerfahrungen in der Gedenkstättenarbeit 177
16.		Inklusion: Reden in der Rolle als Expert*innen in eigener Sache 187
	16.1.	Verschiebung der Rolle vom Fürsorgeobjekt zum*r Akteur*in der Selbstbestimmung 187
	16.2.	Geschichtsschreibung durch die Betroffenen und Menschen mit Behinderungen oder Psychiatrieerfahrungen 196
17.		Fazit Teil 3: Bedingungen und Barrieren für die Öffnung der Gedenkstättenarbeit hinsichtlich der inklusiven Gestaltung und der Berücksichtigung von Perspektiven Betroffener von Zwangssterilisation und »Euthanasie« 213
	17.1.	Exklusion: Reden in der Rolle als »ewige Kinder« 214
	17.2.	Integration: Reden als Patient*innen und Klient*innen 215
	17.3.	Inklusion: Reden als Expert*innen in eigener Sache 218

Resümee und Ausblick **222**

Anhang **232**
Anhang 1: Ergänzungen Stellungnahmen Teil 1 232
Anhang 2: Interviewleitfaden Gespräche Teil 3 235

Literatur- und Quellenverzeichnis **236**

Dank

Diese Arbeit wäre ohne die Unterstützung von anderen Menschen nicht möglich. Einige haben mit ihrer Arbeit die Stimmen der Betroffenen der Zwangssterilisation und »Euthanasie« vor dem Vergessen bewahrt. Die haupt- und ehrenamtlich Engagierten der »Euthanasie«-Gedenkstätten Hadamar, Grafeneck und Brandenburg an der Havel haben mir Einblicke in ihre Arbeit gewährt. Meinen beiden Betreuern Prof. Dr. Johannes Eurich und Prof. Dr. Andreas Lob-Hüdepohl möchte ich für die vertrauensvolle, wertschätzende und konstruktive Zusammenarbeit danken. Herr Prof. Lob-Hüdepohl machte mich auf den BEZ-Bestand aufmerksam und vermittelte mich an seinen Kollegen Prof. Dr. Johannes Eurich. Durch die institutionelle Einbindung in das Diakoniewissenschaftliche Institut (DWI) der Ruprecht-Karls-Universität Heidelberg ermöglichte mir Herr Prof. Dr. Johannes Eurich die Arbeit an der vorliegenden Studie sowie die Anerkennung dieser als Dissertationsschrift.

Die einzigartige Quellenlage, die eine Annäherung an die individuellen Lebensverläufe der Betroffenen der Zwangssterilisation und »Euthanasie« ermöglichte, war das Ergebnis der zu würdigenden Arbeit vom BEZ und ihrer ehemaligen Vorsitzenden Margret Hamm. Ich danke außerdem Stefanie Westermann, Lars Polten, Guillaume Dreyfus und Anna L. für die Erhebung der Interviews und die Darlegung ihrer Interpretationen, die mir wichtige Denkanstöße gaben. Des Weiteren bin ich dem evangelischen Studienwerk Villigst dankbar, das mir durch seine finanzielle Unterstützung die Forschung ermöglichte und im Rahmen des ideellen Begleitprogramms wichtige Impulse gegeben hat. Für Korrekturlesen und mentale Unterstützung möchte ich auch meinen Eltern, Heidi und Werner Huber, danken.

Heidelberg, im Frühjahr 2025

Einleitung

> **Befragte**: War das nun so wichtig für Sie, dieses ganze Gespräch?
> **Interviewerin**: Ja, wenn Sie ... Sie können uns noch mehr erzählen. Wir sind gekommen, um ...
> **Befragte**: Nein, ich meine,
> **Interviewerin**: Natürlich.
> **Befragte**: ist das wichtig?
> **Interviewerin**: Natürlich ist das wichtig, was man mit Ihnen gemacht hat (Befragte lacht). Das sollen andere Menschen auch wissen. (Agnes E.: 324–329)

Diese Diskussion aus dem Gespräch mit Agnes E., die über ihre Zwangssterilisation berichtete, zeigt die besonderen Schwierigkeiten der Zeugnisabgabe der Betroffenen der nationalsozialistischen Zwangssterilisation und »Euthanasie« und das übernommene gesamtgesellschaftliche Nichtinteresse an den Schicksalen der Betroffenen. Lange Zeit gab es keine Möglichkeit für ein angemessenes Erinnern an sie und ihre Lebensgeschichten. Ihre Stimmen zählten nicht in der Aufarbeitung des Themenkomplexes der nationalsozialistischen Medizinverbrechen, wofür neben dem Verdrängen der Vergangenheit auch die personellen Kontinuitäten sowie die Rollenzuschreibungen gegenüber Menschen mit Behinderungen und Psychiatrieerfahrungen ursächlich waren. Die schätzungsweise 400.000 Zwangssterilisierten und die Angehörigen der 300.000 durch die »Euthanasie« Ermordeten wurden nach dem Krieg erneut ausgegrenzt. Es wurde nicht mit ihnen geredet, sondern, wenn überhaupt, nur über sie. Hierbei wurden die Verbrechen, insbesondere die der Zwangssterilisation, durch die beteiligten Professionen als Präventionsmaßnahmen legitimiert und Forderungen nach Entschädigungen und weiteren Anerkennungen abgelehnt. Erst 1987 gründete sich mit dem BEZ[1] eine wirkmächtige Interessensvertretung, die durch anwaltschaftliche Arbeit die Interessen der Betroffenen in den politischen Diskurs einbringen konnte. Auch wenn einige Schritte der juristischen und politischen Aufarbeitung gegangen wurden (Verurteilung der zentralen Verantwortlichen der »Euthanasie«, geringe finanzielle Entschädigungen), wurden die Verbrechen der Zwangssterilisation und »Euthanasie« nur im geringen Maße öffentlich thematisiert.

Die Schritte der Anerkennung der Leiden der zwangssterilisierten und im Rahmen der »Euthanasie« ermordeten Menschen wurde durch die Rollenzuschreibung gegenüber Menschen mit Behinderungen und Psychiatrieerfahrungen in der Gesell-

---

1 Bund der »Euthanasie«-Geschädigten und Zwangssterilisierten.

schaft beeinflusst. Erst durch die zunehmende Entstigmatisierung des Themas Behinderung konnten die Sichtweisen der Betroffenen stärker in den öffentlichen Diskurs eingebracht werden und es konnte im Sinne einer *disability history* die Deutung durch Menschen mit Behinderung und Psychiatrieerfahrungen ermöglicht werden. Die Neustrukturierungen im Bereich der Versorgung von Menschen mit Behinderungen und die Psychiatriereform, die im Wesentlichen durch eine Enquete-Kommission die Neuausrichtung der Psychiatrie umfasste, führte zu einem Wandel der professionellen und gesamtgesellschaftlichen Betrachtung. Menschen mit Behinderungen und Psychiatrieerfahrungen sollten nicht nur verwahrt werden wie im 19. und der ersten Hälfte des 20. Jahrhunderts, sondern auch therapeutisch behandelt werden.

Die Auswirkung der gesellschaftlichen Anerkennung auf die Möglichkeit der Deutung der Geschichte durch die Betroffenen bildet in mehrfacher Weise den Rahmen dieser Arbeit: Zum einen konnten erst durch das beginnende gesellschaftliche Bewusstsein Interessensverbände wie der BEZ ihre Arbeit hinsichtlich der Erhebung und Archivierung der Stimmen aufnehmen. Ferner wurde die Geschichte der Zwangssterilisation und »Euthanasie« in der öffentlichen Erinnerungskultur bewusst und den Betroffenen wurden im begrenzten Rahmen Möglichkeiten gegeben, über ihre Lebenswege und die Auswirkungen der nationalsozialistischen Verbrechen zu berichten. Die zunehmende aktive Beteiligung von Menschen mit Behinderungen und Psychiatrieerfahrungen am Erinnerungsdiskurs kann exemplarisch an der Arbeit der »Euthanasie«-Gedenkstätten gezeigt werden: Nachdem zu Beginn Menschen mit Behinderungen oder Psychiatrieerfahrungen (insbesondere Menschen mit Lernschwierigkeiten) nicht als Zielgruppe der Gedenkstättenarbeit gesehen wurden, begannen sie sich langsam, u. a. mit der Bereitstellung von barrierefreien Informationen, zu öffnen. In einem Pilotprojekt in Brandenburg an der Havel werden Menschen mit Lernschwierigkeiten ab 2016 als Guides aktiv in die Gestaltung der Gedenkstättenarbeit (Durchführung von Führungen) eingebunden.

Die gesellschaftlichen Diskurse führen zu einem stärkeren Bewusstsein für die Geschichte. Auf der anderen Seite kann die Geschichtsdeutung auch einen Beitrag zur Herleitung von gesellschaftlichen Normen leisten, wie aus den Überlegungen des Historikers Jörn Rüsen geschlussfolgert werden kann: Rüsen zufolge hat die Historik vier wesentliche Aufgaben: Erstens als eine Theorie, die Geschichte als sinnhaften Zusammenhang wiedergibt, zweitens als eine Methode, die den empirischen Gehalt der Vergangenheit feststellt und die durch Sinnverstehen das gesellschaftliche Handeln und dessen Veränderungsmöglichkeiten ableitet, drittens daran anschließend die Aufgabe, gegenwärtiges gesellschaftliches Handeln über dessen Bedingungen aufzuklären und schließlich, viertens, die historischen Erkenntnisse durch Bildung als Handlungsorientierung für gegenwärtige Generationen nutzbar zu machen (vgl. Rüsen 1976: 79). Die theoretischen Überlegungen Rüsens begründen die Auseinandersetzung mit der Vergangenheit und insbesondere die Fokussierung auf die Opferperspektive. Zum einen muss nachgezeichnet werden, wie die Verbrechen entstehen konnten. Zum anderen können die Folgen für das Leben im sozialen Umfeld und der Familie rekonstruiert werden. Dadurch können zum einen die Folgen von gesellschaftlichen Entwicklungen dargelegt werden, zum anderen können hier im Sinne eines »nie wieder« gesellschaftliche Normen abgeleitet werden.

Auch das sich ändernde Verständnis von Behinderungen von einer rein medizinischen, defizitorientierten Betrachtung hin zu einem komplexen Behinderungsbegriff, ermöglichte eine stärkere Auseinandersetzung mit der Vergangenheit. In einer modernen Definition von Behinderung werden die Wechselwirkungen zwischen Beeinträchtigungen und Umweltbarrieren (Präambel der UN-BRK[2]) hervorgehoben. Die veränderte Rollenzuschreibung ermöglichte bzw. erleichterte auch eine Würdigung der nationalsozialistischen Verbrechen gegenüber Menschen mit Behinderungen bzw. Psychiatrieerfahrungen und die Möglichkeit zur Deutung durch sie. Der Wandel der Sichtweisen auf Menschen mit Behinderungen und Psychiatrieerfahrungen veränderte auch die Ausrichtung der Wissenschaft. Mit den »disability studies« kamen Forderungen auf nach einer stärkeren Fokussierung auf die Sichtweisen der Betroffenen und einer Einbeziehung dieser in den Forschungsprozess.

Aus den in den vorherigen Abschnitten beschriebenen konzeptionellen Überlegungen ergibt sich eine Dreiteilung des vorliegenden Projektes:

- *Teil 1*: Um die Bedingungen für die Stimmabgabe der Betroffenen der nationalsozialistischen Zwangssterilisation und »Euthanasie« sowie die Bemühungen für ein inklusives Erinnern offenzulegen, wird im ersten Teil der geschichtliche Hintergrund dargelegt. Hierbei wird auf die Entstehung des eugenischen Denkens im Vorfeld des Nationalsozialismus, den Verlauf der nationalsozialistischen Medizinverbrechen und die Ansätze zur Aufarbeitung dieses Tatkomplexes eingegangen.
- *Teil 2*: Im zweiten Teil wird den Betroffenen von Zwangssterilisation und »Euthanasie« Raum für ihre Deutung gegeben: Hierzu werden narrative Interviews mit Opfern der Zwangssterilisation und Angehörigen von durch »Euthanasie« Ermordeten analysiert, die dem Autor durch den BEZ zur Verfügung gestellt wurden.
- *Teil 3*: Um die Auswirkungen der Rollenzuschreibung gegenüber Menschen mit Behinderungen und Psychiatrieerfahrungen auf die Erinnerung an die nationalsozialistischen Medizinverbrechen aufzuzeigen, wird im dritten Teil sowohl der Erinnerungsdiskurs als auch der Diskurs um Menschen mit Behinderungen und Psychiatrieerfahrungen dargelegt und die Folgen der veränderten Sichtweisen auf die Erinnerungskultur beleuchtet. Wie exemplarisch an der Diskussion um die inklusive Ausrichtung und die Berücksichtigung von Einzelschicksalen in den »Euthanasie«-Gedenkstätten gezeigt werden soll, ermöglichen die Bestrebungen um Teilhabe auch eine stärkere Berücksichtigung von Einzelschicksalen und Menschen mit Behinderungen und Psychiatrieerfahrungen in der Erinnerungskultur. Um diese inklusive Öffnung aufzeigen zu können, werden vom Autor geführte Interviews mit haupt- und ehrenamtlichen Mitarbeitenden der Gedenkstätten Grafeneck, Hadamar und Brandenburg an der Havel ausgewertet.

---

2 UN-Behindertenrechtskonvention.

Grundlegend ist die These zu diskutieren, dass erst die stärkere Berücksichtigung von Menschen mit Behinderungen und Psychiatrieerfahrungen in öffentlichen und politischen Diskussionen eine stärkere Fokussierung auf die Bedürfnisse von ihnen und den Betroffenen der nationalsozialistischen Medizinverbrechen im Erinnerungsdiskurs ermöglicht. Um dies zu diskutieren, sollen in der vorliegenden Studie folgende Fragen erörtert werden.

- Wie haben Betroffene der nationalsozialistischen Zwangssterilisation und »Euthanasie« den Umgang mit der Beeinträchtigung im Nationalsozialismus sowie im Nachkriegsdeutschland[3] erlebt?
- Wie wirkte sich der Diskurs mit und über Menschen mit Behinderungen bzw. Psychiatrieerfahrungen auf die Erinnerungskultur am Beispiel der Arbeit der »Euthanasie«-Gedenkstätten aus?

Bei den Bemühungen um die Aufarbeitung der nationalsozialistischen Zwangssterilisation und »Euthanasie« können drei Phasen unterschieden werden: In einer ersten Phase wurden vor allem die historischen Ereignisse und deren Entwicklungsdynamiken untersucht. Die zweite Phase beschäftigte sich zunehmend mit den einzelnen Schicksalen der Betroffenen und untersuchte vor allem anhand von Krankenakten einzelne Lebensgeschichten. In dieser Phase wurden somit die Perspektiven der Täter*innen fokussiert. In einer dritten, noch jungen Phase wird zunehmend die individuelle Deutung durch die Betroffenen untersucht. Ausgehend von einer qualitativen Inhaltsanalyse archivierter Interviews mit Zeitzeug*innen wird im zweiten Teil die subjektive Sichtweise der Betroffenen rekonstruiert. Der Wandel hin zu einem inklusiven Erinnern wurde durch die veränderte Rollenzuschreibung gegenüber Menschen mit Behinderungen bzw. Psychiatrieerfahrungen beeinflusst, wie im dritten Teil dieser Arbeit ausgehend von den im Jahr 2023 durch den Autor der vorliegenden Studie geführten Interviews zu zeigen sein wird.

---

3 Die Interviewpartner*innen der vorliegenden Studie wohnten sowohl in dem Gebiet der ehemaligen DDR als auch der BRD.

Teil 1: Kontextualisierung des geschichtlichen Hintergrunds

Mit der Vision der Optimierung des Menschen und dem wissenschaftlichen Fortschritt entwickelten sich im 19. Jahrhundert Diskurse, wonach man durch medizinische Verfahren Krankheiten präventiv eindämmen wollte. Insbesondere durch die Machtübernahme der Nationalsozialisten radikalisierte sich dieses Gedankengut weiter und führte letztendlich zu Massenverbrechen wie Zwangssterilisationen und Ermordungen im Rahmen der »Euthanasie«. Dies hatte eine Entindividualisierung und Stigmatisierung der Betroffenen zur Folge, die bis in die Nachkriegszeit hinein wirkte.

1. Entstehung und Radikalisierung des eugenischen Denkens

Die nationalsozialistische Zwangssterilisation und »Euthanasie« beruhte vor allem auf der Tradition des rassenhygienischen und eugenischen Denkens, das sich in der zweiten Hälfte des 19. Jahrhunderts ausbreitete und in Deutschland Anfang des 20. Jahrhunderts, insbesondere nach dem Verlust des ersten Weltkriegs, zunehmend radikalisierte. Während die zwangsweise Sterilisation international anerkannt war und auch in demokratischen Staaten praktiziert wurde (wenn auch nur im geringeren Ausmaß), war die systematische Erfassung, Deportation und Ermordung von Menschen mit Behinderungen bzw. Psychiatrieerfahrungen ein einmaliges Geschehen, das sich nur in Deutschland aufgrund der sich etablierenden nationalsozialistischen Diktatur und in der Folge eines Angriffskrieges durchsetzen konnte (vgl. Schmuhl 1987). In anderen Staaten wurde dies zwar diskutiert, aber nie in die Praxis umgesetzt. Die Nationalsozialisten knüpften bei der Legitimation ihres Handelns an einen historischen Diskurs an, der die Volksgesundheit, die gesteigert werden sollte, als Maxime für das medizinische Handeln ansah.

1.1. Anfänge der Eugenik

Hippokrates stellte die Heilung von Patient*innen in den Mittelpunkt, wobei durch die Behandlung Schmerzen gelindert, Krankheiten geheilt und bei Sterbenden Leid vermindert werden sollte. Seine Ideale waren die Grundlage für den Hippokratischen Eid[1], der als ethischer Grundsatz allen ärztlichen Handelns weiterhin gültig ist. Seit dem 18. Jahrhundert wurden soziale Faktoren zunehmend in die medizinische Diagnostik aufgenommen. Im Rahmen der »hygienischen Revolution des medizinischen Denkens« wurde festgestellt, dass Armut und fehlende hygienische Versorgung sich negativ auf die Gesundheit der Bevölkerung auswirken. Damit ging die enge Verzahnung zwischen medizinischen und sozialstaatlichen Reformen einher, die zur Förderung des öffentlichen Gesundheitswesens führte. Mediziner*innen wie Johann Peter Frank (Begründer der Sozialmedizin) und Rudolph Virchow verknüpften Forderungen nach sozialen Reformen mit dem medizinischen Handeln. Führende Staatstheoretiker etablierten eine Wohlfahrtspolitik, die die Medizin als eine Aufgabe der staatlichen Verwaltung definierte. Politische (soziale) Reformen sollten der Steigerung der Gesundheit des gesamten Volkes dienen (vgl. Labisch 2001: 71ff). Diese Entwicklung ging mit zahlreichen medizinischen Erfolgen einher wie beispielsweise den Errungenschaften von Robert Koch auf dem Gebiet der Bakteriologie (Entwicklung eines Heilverfahrens gegen Tuberkulose) und Emil Behring im Bereich der Behandlung von Diphterie. Durch diese medizinischen Fortschritte erhöhte sich die Lebenserwartung der Menschen. Die sozialen Faktoren rückten dann aber verstärkt in den Fokus der Medizin, da sich die Industrialisierung zunehmend negativ auf die Gesundheit der Arbeiter*innen auswirkte. Neben einer rein medizinischen Behandlung wurde im Sinne einer sich auf das gesamte Individuum berufenden Betrachtung auch der soziale Faktor stärker berücksichtigt. Die Überlebenschancen in den niedrigeren sozialen Schichten stiegen, das wurde von einigen Ärzt*innen kritisch beobachtet, weil sie die Gefahr der Abnahme von Leistungsfähigkeit innerhalb der Gesellschaft sahen. Parallel wurde die Vision einer Medizin forciert, die jede Erkrankung heilen könne. Dafür wurden zunehmend die Maßnahmen der Rassenhygiene benutzt, die Erbkrankheiten eindämmen und präventiv verhindern sollten (vgl. Baader 2001: 278f). Mit der stärkeren Ausrichtung der Medizin auf die Gesundheit der gesamten Bevölkerung wurde auch die Soziologie als Bezugswissenschaft eingeführt. Es wurde sich zunehmend an dem »Volkskörper« orientiert, der von Krankheiten reingehalten werden sollte. Im Konzept des therapeutischen Idealismus wurde mittels medizinischer Verfahren versucht, Krankheiten systematisch zu bekämpfen, um die Gesellschaft von ihnen zu befreien. Auf der einen Seite wurde die Verbesserung der medizinischen Versorgung gefordert, auf der anderen Seite wurde der Ausschluss der angeblich erblich Kranken forciert. Dieser Dualismus aus »Heilen und Vernichten« prägte die Diskussionen in der Medizin vor, während und bedingt auch nach dem zweiten Weltkrieg (vgl. Dörner 2001: 336).

---

1 Mit der Berufung auf Hippokrates seit dem 4. Jahrhundert v. Chr. kehrte sich die Medizin von der Religion als Bezugswissenschaft ab und orientierte sich an den Naturwissenschaften. Das ärztliche Handeln sollte auf wissenschaftlichen Erkenntnissen beruhen, aus denen medizinische Heilverfahren abgeleitet werden sollten. Damit erhielten evidenzbasierte Methoden Einzug in das medizinische Handeln und es wurden Krankheiten erforscht, die auch in der Umwelt und den sozialen Verhältnissen ihren Ursprung hatten (vgl. Labisch 2001: 69f).

1. Entstehung und Radikalisierung des eugenischen Denkens

Neben der hygienischen Revolution wurden auch durch die Evolutionsbiologie maßgebende Impulse in den wissenschaftlichen Diskurs eingebracht. Nach der Theorie Darwins findet eine Auslese in der Natur statt, bei der die überlebensfähigen Arten sich durchsetzen. Seine Thesen, die er zunächst nur auf Pflanzen anwendete, übertrug er später auch auf den Menschen, indem er feststellte, dass der Mensch vom Affen abstamme und somit auch Teil der biologischen Evolution sei. Seine Theorie wurde für die Begründung einer Selektionspolitik herangezogen (vgl. Nowak 1978: 11ff). Insbesondere in seinem Spätwerk verweist Darwin auf die Evolution innerhalb der Menschen, die zu einer Steigerung der Qualität der Erbanlage führe (vgl. Weber 2023: 26ff). Bereits in der Antike kamen Forderungen nach einer vorzeitigen Beendigung des Lebens auf, diese waren jedoch nicht mehrheitsfähig. Erst durch die Rassenhygieniker*innen, die in der mit dem medizinischen und sozialen Fortschritt einhergehenden Verlängerung der Lebenserwartung eine Gefahr für die natürliche Evolution sahen, wurden diese Überlegungen insbesondere im 19. Jahrhundert wieder aufgenommen. Es wurde argumentiert, dass durch die sozialmedizinischen Errungenschaften die natürliche Auslese verhindert würde und es zu einer Gegenauslese käme. Gepaart mit einer befürchteten überproportionalen Vermehrung der erblich »Minderwertigen« wurde eine Verschlechterung des Genpools befürchtet. Die Eugenik, die Techniken zur Steigerung der Erbanlagen beinhaltet, entstand ausgehend von der Überlegung Francis Galtons, ein Neffe von Darwin, als Element der Rassenhygiene. Sie war Teil des Sozialdarwinismus, der den darwinischen Überlebenskampf auf die Menschen übertrug (vgl. Friedlander 1997: 34). In seiner Eugenik propagierte Galton, dass Kranke, Schwache und Gewohnheitskriminelle eine genetische Disposition haben, die ursächlich für die unerwünschten Eigenschaften sei. Durch Vererbung dieser Gene werde das gesamte menschliche Erbgut geschädigt. Aus diesen Überlegungen heraus folgerte er die Notwendigkeit, Träger*innen dieser Merkmale abzusondern und deren Fortpflanzung und somit die Weitergabe ihrer »kranken« Erbanlagen zu verhindern. Der britische Naturforscher Galton wurde auch in Deutschland rezipiert. 1891 veröffentlichte Wilhelm Schallmayer die erste rassenhygienische Studie in Deutschland. In ihr wurde die Vervollkommnung des Menschen in Aussicht gestellt. Auch er beschrieb die Gefahr des medizinischen Fortschritts, der insbesondere die Leben der Schwachen und »minderwertigen« Existenzen verlängern würde. Um diesem Prozess entgegenzuwirken, forderte er die Aufklärung der Bevölkerung über Vererbung sowie den Ausschluss »erblich Belasteter« bei der Eheschließung (vgl. Tümmers 2011: 21). Der Arzt und Mitbegründer der Rassenhygiene Alfred Plötz teilte dieses Argument ebenfalls. Um der »Degeneration« etwas entgegenzusetzen, wollte er die Rassenhygiene als eine zentrale Wissenschaft etablieren und institutionalisieren, hierfür wollte er Lehrstühle für Rassenhygiene schaffen und sie in die medizinische Ausbildung integrieren. Er vertrat die These, dass der Schutz der Minderwertigen auf dem Rücken der Förderung der Wertvollen stattfände und als »Humanitätsduselei« abzulehnen sei (vgl. ebd.: 22ff). Um die Ideen der Rassenhygiene zu forcieren, gründete er zunächst die deutsche Gesellschaft für Rassenhygiene und später die Internationale Gesellschaft für Rassenhygiene. Insbesondere in der deutschen Gesellschaft für Rassenhygiene wurde sowohl die Überlegenheit der erblich Gesunden als auch die der nordischen »Rasse« propagiert.

Neben der nationalistisch-völkisch geprägten Bewegung wurde die Rassenhygiene auch in anderen sozialen Milieus diskutiert. In den Kirchen, in der Sozialdemokratie (vor allem von dem Arzt Alfred Grotjahns) und der Reformpsychiatrie wurden negative eugenische Maßnahmen ebenfalls forciert (siehe Kapitel 2.5; 3.6. 4.4.vgl. Hörnig 2023: 24ff). Insbesondere in der nationalsozialistischen eugenischen Bewegung wurde an die Arbeiten des französischen Schriftstellers und Diplomaten Joseph Arthur de Gobineau angeknüpft: In seiner Arbeit »Versuch über die Ungleichheit der Menschenrassen« beschreibt Gobineau die Überlegenheit der »nordischen Rasse« (vgl. Gobineau 1939). Er verbindet den biologischen Gedanken mit sozialen Eigenschaften und stellt die These auf, dass die Geschichte der Menschheit von der Ungleichheit der »Rassen« abhängig ist und mit dieser erklärt werden kann. Durch die Vermischung der überlegenen »arischen Rasse« mit anderen werde diese geschwächt und die menschliche Entwicklung verhindert (vgl. Nowak 1978: 29). Innerhalb der rassenhygienischen Bewegung entwickelte sich ein Konflikt zwischen einem völkischen Flügel (Münchner Strömung) und einem völkisch ablehnenden Flügel (Berliner Strömung). Während die Berliner Strömung eine anthropologische Ausprägung der Rassenhygiene ablehnte, stellte die Münchner Strömung eine Verbindung zwischen dem rassenhygienischen und dem anthropologischen Rassismus her. Sie werteten Menschen anderer Herkunft wie beispielsweise Jüdinnen und Juden oder Sinti*zze und Rom*nja (Aufnordung der »Systemrasse«) genauso wie »erblich Belastete« (Aufartung der »Vitalrasse«) systematisch ab (vgl. Lob-Hüdepohl 2018: 221). Nach der Machtübernahme der Nationalsozialisten wurde die Münchner Strömung gestärkt, radikale Rassenhygieniker wie Fritz Lenz stärkten ihren Einfluss und übernahmen die Deutungshoheit. Damit entschieden sie den Konflikt mit der moderateren Berliner Strömung (vgl. Friedlander 1997: 45). Gegen alle drei Gruppen, Jüdinnen und Juden, Sinti*zze und Rom*nja und Menschen mit Behinderungen und Psychiatrieerfahrungen sowie weitere Gruppen wurde im Nationalsozialismus eine Ausgrenzungspolitik durchgesetzt, die in systematischen Ermordungen ihren Höhepunkt fand. Auch wenn die Ursachen sich historisch unterscheiden, beruhten sie alle auf angeblich wissenschaftlichen Begründungen, so beispielsweise die Ausgrenzung der Sinti*zze und Rom*nja, die auf einem Diskurs in der Kriminalanthropologie beruhte. Der Arzt und Psychiater Cesare Lombroso (Begründer der Kriminalanthropologie) verknüpfte Kriminalität und chronische Krankheiten, beispielsweise beschrieb er alle Kriminellen als Epileptiker*innen und die »Zigeuner« als Kriminelle. Diese Theorie wurde von den Nationalsozialisten in ihrer Propaganda gegen Sinti*zze und Rom*nja, die wegen ihrer angeblichen genetisch bedingten kriminellen Veranlagung verfolgt wurden, aufgenommen (vgl. ebd.: 30f). Diese Vorstellungen reihten sich in einen Diskurs der »Degeneration« ein. Ausgehend von der Feststellung der erblichen Bedingungen von Neurosen und Hysterien geriet die Psychiatrie zunehmend in die Aufmerksamkeit der Rassenhygiene und wurde zur Leitwissenschaft (vgl. Dörre 2021: 15). Das sich hieraus etablierende eugenische Denken, insbesondere die Diskussion um die freiwillige Sterilisation sowie die zwangsweise Asylierung, wurde im Kaiserreich und in der Weimarer Republik diskutiert.

1.2. Eugenische Initiativen im Vorfeld der NS-Diktatur

In der Zeit vor der NS-Diktatur wurden einige eugenische Maßnahmen diskutiert: Zu ihnen gehörten der Austausch von Gesundheitszeugnissen vor der Ehe, eine Eheberatung, die Asylierung von Menschen mit Krankheiten in Anstalten und die (freiwillige) Sterilisation. Die meisten dieser Gesetzesinitiativen scheiterten wegen Streitigkeiten innerhalb des Parlaments aufgrund der uneindeutigen Mehrheitsverhältnisse und mangelnden finanziellen Ressourcen (vgl. Richter 2001).

Gesundheitszeugnispolitik und Eheberatung

Ausgehend von der Verbreitung von Geschlechtskrankheiten und den Auswirkungen des ersten Weltkriegs wurde eine Diskussion über die Einführung von Gesundheitszeugnissen vor der Ehe geführt. Hiermit sollte eine Vermeidung der Fortpflanzung »erblich Kranker« verhindert werden. Für einen verpflichteten Austausch von Gesundheitszeugnissen gab es jedoch keine politische Mehrheit (sowohl zwischen den Parteien existierte keine Einigung als auch innerhalb der Zentrumspartei), weshalb diese Initiative nur den freiwilligen Austausch von Gesundheitszeugnissen zur Folge hatte (vgl. Richter 2001: 98ff). Anstelle der Gesundheitszeugnisse trat die Eheberatung, was die Reichsregierung trotz Widerstandes seitens der Zentrumspartei beschloss. Das Ziel dieser Maßnahmen war die Schaffung »gesunder« Ehen und tüchtigen Nachwuchses. Anstelle von Zwangsmaßnahmen wurde zu freiwilliger Enthaltsamkeit gemahnt, im katholischen Milieu war dies akzeptiert. Als weitere Maßnahme wurde die zwangsweise Asylierung diskutiert:

Asylierung

Bereits 1908 forderte der Sozialdemokrat Alfred Grotjahn, der das gesundheitspolitische Programm seiner Partei verfasste, die Asylierung tuberkulöser, geschlechtskranker, nervenkranker, verrückter, epileptischer, arbeitsscheuer, blinder und tauber, verkrüppelter, trunksüchtiger, siecher, schwer Unfallverletzter und invalider Menschen, um sie von der Fortpflanzung auszuschließen und damit die Gesundheit des deutschen Volkes zu erhalten. Er sah die Asylierung als eine humane Möglichkeit, ungewünschten Nachwuchs zu verhindern und die Erbmasse des deutschen Volkes zu sichern (vgl. Schmuhl 1987: 45). Auch in der Weimarer Republik wurde die Einführung eines Gesetzes diskutiert, was die zwangsweise Asylierung vorsah. Die Idee des Bewahrungsgesetzes verband einen fürsorgerischen mit einem strafrechtlichen Aspekt. Dies war jedoch zu diesem Zeitpunkt nicht mehrheitsfähig, eine zwangsweise Asylierung wäre zudem mit enormen Kosten verbunden gewesen, die angesichts der Weltwirtschaftskrise nicht gezahlt werden konnten. Die Vertreter*innen der deutschen Gesellschaft für Rassenhygiene hofften auf »eine Tandemlösung aus Asylierung und Sterilisation«, die kostengünstiger sein sollte (vgl. Richter 2001: 195f). Im Zuge der Finanzkrise und der Arbeit des katholischen Eugenikers

Joseph Meyer wandelte sich die Haltung der deutschen Zentrumspartei, die nun der freiwilligen Sterilisation offen gegenüberstand.

Sterilisation

Auch ein Sterilisationsgesetz, das eine zwangsweise Unfruchtbarmachung vorschreiben sollte, wurde in der Weimarer Republik diskutiert, aber nie verabschiedet. Ausgehend von Initiativen in einzelnen Ländern der Weimarer Republik (beispielsweise Thüringen) wurde bereits 1923 ein Sterilisationsgesetz vorgeschlagen. Die unterschiedlichen Gesetzesentwürfe reichten von einer freiwilligen bis zu einer zwangsweisen Sterilisation. In der föderalen Weimarer Republik konnte sich ein solches Gesetz zunächst nicht durchsetzen, weil es innerhalb der Koalition aus der deutschen Zentrumspartei und den Sozialdemokraten keine Einigkeit über die Ausgestaltung eines solchen Gesetzes gab (vgl. Richter 2001). 1932 entwickelte eine Kommission aus Juristen, Medizinern und Theologen einen Gesetzesentwurf, der eine freiwillige Sterilisation vorsah. Dieser nannte bestimmte Krankheiten, bei denen eine Sterilisation nach Einwilligung des Betroffenen oder seines gesetzlichen Vertreters durchgeführt werden sollte. In dem Gesetzentwurf wurden folgende Diagnosen genannt:

- erbliche Geisteskrankheit
- erbliche Geistesschwäche
- erbliche Epilepsie
- Personen, die an sonstigen Erbkrankheiten litten, beziehungsweise Träger krankhafter Erbanlagen waren (zitiert nach Schmuhl 1987: 103)

Gegen den Gesetzesentwurf zur zwangsweisen Sterilisation regte sich zaghafter Widerstand seitens der Behindertenbewegung, die in der Weimarer Republik noch existierte. So kritisierte der Verband der Taubstummen das Gesetz der Weimarer Regierung, weil sie sich nicht als »minderwertig« sahen und auch unter ihnen »Wertvolle« seien. Ihr Engagement muss kritisch reflektiert werden, weil diese Verbände innerhalb der Wertlogik argumentierten. Ferner blieb eine Solidarisierung mit anderen Betroffenengruppen aus, so wurde die Sterilisation der »Schwachsinnigen« nicht abgelehnt, sondern öffentlich begrüßt (vgl. Bock 2010: 307)[2]. Anstelle des Entwurfes aus der Weimarer Republik wurde nach der Machtübernahme der Nationalsozialisten das Gesetz zur Verhütung erbkranken Nachwuchses (GzVeN) erlassen, das eine zwangsweise Sterilisation vorschrieb. Es zielte auf einen ähnlichen Personenkreis ab wie der Gesetzesentwurf der Weimarer Republik und fügte sich in den zeitgenössischen wissenschaftlichen Diskurs ein.

---

2 Auf die zugeschriebene Hierarchie der unterschiedlichen Gruppen von Menschen mit Behinderungen und Psychiatrieerfahrungen wird im dritten Teil dieser Arbeit vertiefend eingegangen, weil sie bis in die Nachkriegszeit fortwirkte und das Erinnern an die Verbrechen der Zwangssterilisation und »Euthanasie« erschwerte.

1.3.   Entwicklung des wissenschaftlichen Diskurses zur Legitimation eines radikalen rassenhygienischen Denkens

Nach Ende des ersten Weltkriegs, den Deutschland und seine Verbündeten verloren haben, litten viele deutsche Soldaten unter Kriegsverletzungen. Die vorhandenen medizinischen Ressourcen wurden zunehmend knapper. Dies hatte eine Forcierung eines Diskurses zur Folge, der die angeblich unnützen Existenzen (bzw. »unnützen Esser«) von der medizinischen Behandlung ausschloss. Es entstand ein Narrativ, demzufolge die leistungsunfähigen Kranken die Anstalten bevölkerten und dort künstlich am Leben erhalten würden, während die Besten des Volkes auf den Schlachtfeldern des Ersten Weltkriegs geopfert würden (vgl. Hohendorf 2007: 37). Die daraus folgende Relativierung des Lebensrechts des Individuums war Grundlage für einige einflussreiche wissenschaftliche Arbeiten, insbesondere die von Alfred Hoche[3] und Karl Binding. Sie sollte für die nationalsozialistische Regierung handlungsweisend sein. Mit ihrer Schrift traten zum ersten Mal ein hochangesehener Jurist (Karl Binding leistete wesentliche Beiträge zur Entwicklung der Normentheorie) und ein Mediziner (Alfred Hoche war Ordinarius für Neuropathologie an der Universitätsklinik Freiburg) gemeinsam für negative eugenische Maßnahmen ein. In ihrem viel beachteten Werk »Die Freigabe der Vernichtung lebensunwerten Lebens. Ihr Maß und ihre Form« vertraten Alfred Hoche und Karl Binding, die beide der rassenhygienischen Bewegung angehörten, die Auffassung, dass bei schwerer Krankheit und bei Personen, die als »lebensunwert« galten, ohne Selbstbewusstsein und ohne Fähigkeit zur produktiven Arbeit, eine Tötung auf Verlangen rechtmäßig sei. Menschen mit Beeinträchtigungen wurden als »Ballastexistenzen« beschrieben und ihnen wurde das Lebensrecht aberkannt (vgl. Hoche/Binding 1920). Sie entwickelten eine Theorie, die bestimmten Menschen das Lebensrecht aberkannte, weil sie keine Rechtssubjekte seien. Um nach ihrer Auffassung ein rechtliches Subjekt sein zu können, müsse das Individuum vernunftfähig sein und die Bedürfnisse der Normen des Zusammenlebens anerkennen. Hierbei besteht die Gefahr, dass das Rechtsgut »Leben« aufgrund seines Sozialwertes bewertet wird und deshalb eine Abstufung des Lebensrechts vorgenommen werden könne (vgl. Schmuhl 1987: 27f). Menschen mit Beeinträchtigungen wurden nicht als volle Rechtssubjekte gesehen, weil sie weniger wertvoll für die Gemeinschaft waren bzw. einen negativen Wert besaßen. Deshalb könne ihnen nicht der volle Schutz des Rechts zugebilligt werden. »Geisteskranke« seien nach ihrer Meinung eher auf der Ebene der Tiere anzusiedeln und könnten deshalb nicht den gleichen rechtlichen Schutz erhalten. Die beiden Autoren argumentierten mit dem straffreien Suizid. Daraus schlossen sie, dass das Tötungsverbot nicht universal und bei bestimmten Gegebenheiten aus sittlichen Gründen angebracht sei. Mitleid sei hier nicht zweckmäßig, weil die Tötung bei

---

3   Alfred Hoche verlor seinen Sohn im ersten Weltkrieg, was seine Arbeit maßgeblich beeinflusste.

»minderwertigen« Personen die einzig legitime Form des Mitleids sei. Ferner argumentierten sie utilitaristisch und warnten vor einer Verschwendung von Pflegepersonal, das in der Versorgung der leistungsschwachen Kranken eingesetzt werde, während es im Kriegseinsatz dringend gebraucht würde.

Die Schrift löste eine gesellschaftliche Kontroverse aus: Während einige Jurist*innen den Thesen positiv gegenüberstanden, kam vor allem aus medizinischen und theologischen Kreisen Widerspruch (vgl. Nowak 1978: 50). Einerseits lehnte der Deutsche Ärztetag von 1921 einen Antrag ab, der die Tötung Unheilbarer forcieren wollte (vgl. Tümmers 2011: 26f). Auf der anderen Seite wurden Gesetzesentwürfe zur Sterbehilfe und dem Vernichten »lebensunwerten Lebens« vorgelegt und diskutiert, um die Ideen Hoches und Bindings in die Praxis umzusetzen. In der Weimarer Republik gab es jedoch keine politische Mehrheit für eine solche Initiative und auch im Nationalsozialismus wurden mit dem Verweis auf die Stimmung innerhalb der Bevölkerung die Tötungen nie rechtlich legitimiert (vgl. Schmuhl 1987). Die Parallelen zwischen dem Werk Hoches und Bindings und der nationalsozialistischen »Euthanasie«-Politik sind jedoch in einigen Thesen erkennbar: Hoche und Binding sprachen sich für ein dreiköpfiges Gutachtergremium aus, das aus Mediziner*innen und Jurist*innen bestehen sollte. Wie später gezeigt wird, wurden diese Überlegungen im nationalsozialistischen Deutschland teilweise umgesetzt. Ferner wurde in den Trostbriefen, die Angehörige nach der Ermordung zugesendet bekamen, mit jener Erlösung argumentiert, die in der Arbeit von Hoche und Binding propagiert wurde.

Weitere wissenschaftliche Ergebnisse nutzten die Nationalsozialisten für die Legitimation ihrer Politik, so beispielsweise die Studie von Ewald Melzer, der Leiter der sächsischen Heilanstalt Katharinenhof war. Er kritisierte in einer Streitschrift die Arbeit von Hoche und Binding. Um sie zu widerlegen, führte er eine Umfrage unter 200 Eltern seiner Anstalt durch und stellte folgende Fragen:

1. Würden sie auf jeden Fall in eine schmerzlose Abkürzung des Lebens ihres Kindes einwilligen, nachdem durch Sachverständige festgestellt ist, dass es unheilbar blöd ist?
2. Würden sie die Einwilligung nur für den Fall geben, dass sie sich nicht mehr um ihr Kind kümmern könnten, z.B. für den Fall ihres Ablebens?
3. Würden sie die Einwilligung nur geben, wenn das Kind an heftigen körperlichen oder seelischen Schmerzen leidet?
4. Wie stellt sich ihre Frau zu den Fragen 1–3? (zitiert nach Aly 2013: 28f)

Diese Fragen waren suggestiv formuliert, insbesondere die erste sollte den Eltern signalisieren, dass die Tötung eines schwerkranken Kindes wissenschaftlichen Standards entsprach und es die notwendige Entscheidung sein müsse. Ferner wurde mit einem Notstand auf Seiten der Eltern argumentiert, die nicht mehr in der Lage wären, sich um ihr schwerkrankes Kind zu kümmern. Die Befragung diente nicht der Einholung des Willens der Eltern, sondern führte letztendlich zur Unterdrückung der Interessen von ihnen. Weil Frauen eine stärkere Bindung zu ihren Kindern zugeschrieben wurde, zählten ihre Stimmen nicht (vgl. Hörnig 2023: 85ff). Das Ergebnis überraschte Melzer. Von den 162 Eltern, die den Fragebogen zurücksandten, stimmten 73 Prozent der Abkürzung des Lebens zu. Dieses Ergebnis wurde von der NS-Propaganda als Legitimation der »Kindereuthanasie« verwendet (vgl. Aly 2013: 28f). Inwiefern hieraus eine Zustimmung der Eltern zur Tötung abgeleitet werden kann, wie Aly argumentiert, wird in der Literatur kontrovers diskutiert und ist auch mit der Auswertung in dieser Arbeit nicht zu belegen (vgl. Hörnig 2023; Teil 2 dieser Arbeit). Melzer selbst lehnte die Tötung aus wirtschaftlichen Erwägungen ab, allerdings war er für die Tötung, um Leiden zu lindern. Er war Rassenhygieniker, auch wenn er sich gegen die »Kindereuthanasie« in seiner Anstalt widersetzte, räumte er in einer späteren Äußerung dem Staat das Recht ein, in Notsituationen negative eugenische Maßnahmen durchzuführen, um die Versorgung der gesunden Bevölkerung zu sichern (vgl. Wunder 2016: 43f). Die Arbeit Melzers wird in der Forschung insgesamt sehr ambivalent diskutiert. Er war kein Mitglied der NSDAP, teilte aber eugenische Gedanken mit der NS-Bewegung (vgl. Hörnig 2023: 85ff). Im katholischen Milieu wurde seine Arbeit als Widerstand gegen die »Euthanasie« bewertet (vgl. ebd.: 107).

Die Thesen von Hoche und Binding wurden durch weitere Arbeiten im wissenschaftlichen Diskurs unterstützt. 1923 veröffentlichten die Ärzte Eugen Fischer, Erwin Baur und Fritz Lenz das Werk »Grundlage der menschlichen Erblichkeitslehre und Rassenhygiene«, indem sie vor einem Schaden für das Volk durch die Fortpflanzungen »Minderwertiger« warnten. Daneben sprachen sie sich für die Tötung von Menschen mit Behinderungen aus und begründeten dies wie auch Hoche und Binding mit der Erlösung der Menschen mit Krankheiten und der Orientierung an der Volksgesundheit. In ihrem Lehrbuch stellten sie dar, dass:

> (...) Schon die Verhinderung einer natürlichen Ausmerzung, d. h. der zu weitgehende hygienische und soziale Schutz geistig oder körperlich minderwertiger Idiovarianten, [...] zur Entartung eines Volkes führen [kann], wenn nicht in irgendeiner Weise dafür gesorgt wird, daß die Fortpflanzung der Minderwertigen unterbleibt, oder doch schwächer ist, als beim Volksdurchschnitt (zitiert nach Baur/Fischer/Lenz 1923: 69).

Dieses von Ausgrenzung durchzogene Werk wurde als Lehrbuch verwendet, es war die Grundlage für die Vermittlung der Rassenhygiene an deutschen Universitäten. Adolf Hitler soll dieses Buch während seiner Haft gelesen haben und nutzte es als Legitimation seiner Rassegesetze. Insgesamt leistete die Rassenhygiene einen wesentlichen Beitrag zur nationalsozialistischen Propaganda. Die nationalsozialistische Politik benutzte und missbrauchte wissenschaftliche Fachdiskussionen, um mit neuen »Maßnahmen«, die weit über das Legitime hinausgingen, gesellschaftlichen Fortschritt zu forcieren. Der Historiker Detlev Peukert schloss hieraus, dass die »Endlösung« aus der Wissenschaft generiert wurde.

1.4. Politische Instrumentalisierung der Wissenschaft

Die gruppenbezogene Menschenfeindlichkeit während des Nationalsozialismus beruhte auf einer systematischen Entmenschlichung, die ideologisch und teilweise auch wissenschaftlich begründet wurde. Hieraus resultierte eine Enthemmung im

Handeln der nationalsozialistischen Bewegung nach der Machtübernahme, die durch verschiedene Maßnahmen ausgelöst wurde:

- Durch die Einsetzung von Millionen ausländischer Arbeiter*innen wurde die Hierarchisierung der »Völker« forciert und die Zwangsarbeit für die deutsche Öffentlichkeit ein legales Mittel.
- Ausgehend von der Aufforderung zur Auswanderung wurde der Antisemitismus propagiert, der sich in den Entwicklungsstufen »Deportation in den Osten« und »systematische Ermordung« radikalisierte.
- Gegenüber Menschen mit Behinderungen und Psychiatrieerfahrungen wurde über die Sterilisation und, nach Beginn des zweiten Weltkrieges, Ermordung eine dynamische Entwicklung der Verfolgung betrieben (vgl. Peukert 1988).

In den Humanwissenschaften wurde die Wertigkeit des Menschen etabliert, die Rassenhygiene war nicht mehr nur ein Thema der Biologie und der Medizin, sondern wurde auch in anderen Wissenschaften handlungsleitend. Dies ging mit einer Kollektivierung des menschlichen Körpers einher, der Volkskörper stand im Mittelpunkt. Die Medizin stand zu Beginn des 20. Jahrhunderts vor einem Zwiespalt: Während es auf der einen Seite einen medizinischen Fortschritt gab, standen Vertreter*innen der Medizin auf der anderen Seite unter zunehmendem Druck. Die nationalsozialistische Elite forderte immer neue Erkenntnisse, die nur noch mit negativen eugenischen Maßnahmen (Sterilisation und »Euthanasie«) möglich waren. Ein Stillstand hätte hingegen einen Identitätsverlust für die nationalsozialistische Elite zur Folge gehabt, die sich vor allem durch Fortschritt definierte. Hieraus resultierte eine Verschiebung der wissenschaftlichen Ziele:

- Verschiebung der Adressaten der Hilfe vom Individuum auf das Volksganze
- Auslese der Wertvollen und Ausmerzen der Wertlosen anstatt Zuwendung zu den Bedürftigen
- Zweck-Mittel Orientierung anstatt Orientierung an dem größtmöglichen Glück Aller
- Technologisch organisierte Massentötungen anstelle von technischem Fortschritt in der medizinischen Behandlung (vgl. ebd.: 40)

Die Interessen des Einzelnen sollten nicht berücksichtigt werden, weil sie nicht mit den größeren gesamtgesellschaftlichen Zielen in Einklang zu bringen seien. Dies zeigte sich im medizinischen Ethos dieser Zeit, der nicht das Individuum in den Mittelpunkt des ärztlichen Handelns stellte, sondern die Mehrung der »Volksgesundheit« als Ziel beschrieb. Ferner bildeten die »Euthanasie«-Maßnahmen die Möglichkeit zur Linderung der medizinischen Frustration, die aus der nach wie vor Unheilbarkeit vieler Krankheiten resultierte. Durch Zwangssterilisationen und »Euthanasie« gab es in den Augen der Mediziner*innen während des Nationalsozialismus nun eine Möglichkeit, bisweilen unheilbare Krankheiten zu »heilen«. Dabei ist festzuhalten, dass diese Radikalisierung nicht zwingend war, sondern die Etablierung der nationalsozialistischen Diktatur benötigte (vgl. Wunder 2013).

In seinem Buch »Mein Kampf« ging der spätere Reichskanzler Adolf Hitler auf die Rassenhygiene ein, die für seine Gesundheitspolitik ausschlaggebend sein sollte.

Er argumentierte, dass nur die (gesunden) Individuen Kinder zeugen sollten, die dazu in der Lage seien, chronisch Kranke, Menschen mit Behinderungen und Kriminelle seien davon auszuschließen. So propagierte er bereits auf dem Nürnberger Parteitag von 1929:

> Würde Deutschland jährlich 1 Million Kinder bekommen und 700.000–800.000 der Schwächsten beseitigen, dann würde am Ende das Ergebnis vielleicht sogar eine Kräftesteigerung sein. Das Gefährliche ist, dass wir selbst den natürlichen Ausleseprozess abschneiden ... Das geht so weit, dass sich eine sich sozial nennende Nächstenliebe um Einrichtungen bemüht, selbst Kretins die Fortpflanzungsmöglichkeit zu verschaffen ... Verbrecher haben die Möglichkeit ihrer Fortpflanzung ... Das Entsetzliche ist, dass wir nicht die Zahl vermindern, sondern tatsächlich den Wert (zitiert nach Bock 2010: 21).

Ferner greift er auf religiöse Argumente zurück und argumentiert mit einer schöpfungstheologischen Sichtweise (Fokus auf gesamte Schöpfung statt Individuum). Mit dem Verweis auf die Orientierung an dem Volkskörper legt er bereits hier den Grundstein für die Entindividualisierung und Entrechtung. Diese Forderung stützt er mit einem religiösen Argument:

> Ein völkischer Staat wird in erster Linie die Ehe aus dem Niveau einer dauernden Rassenschande herauszuheben haben, um ihr die Weihe jener Institution zu geben, die berufen ist, Ebenbilder des Herrn zu zeugen und nicht Missgeburten zwischen Mensch und Affe (...). Was heute von allen Seiten versäumt wird, hat der völkische Staat nachzuholen, er hat die Rasse in den Mittelpunkt des allgemeinen Lebens zu setzen. Wer körperlich und geistig nicht gesund und würdig ist, darf seinen Leib nicht im Körper seines Kindes verewigen (...). Der Staat hat die modernsten ärztlichen Hilfsmittel in den Dienst dieser Erkenntnis zu stellen. Er hat, was irgendwie ersichtlich krank und erblich belastet und damit auch weiterbelastend ist, zeugungsunfähig zu erklären und dies auch praktisch durchzusetzen (zitiert nach Wunder 2016: 42).

Schon zu Beginn seiner politischen Karriere forderte Adolf Hitler negative eugenische Maßnahmen wie Sterilisationen und »Euthanasie«. Die Nähe zwischen der nationalsozialistischen und der eugenischen Bewegung zeigte sich auch darin, dass viele Anhänger*innen der Rassenhygiene sich der NSDAP anschlossen und in ihr verantwortungsvolle Posten übernahmen. Ferner war die Ähnlichkeit der Argumentation deutlich erkennbar. Sowohl Hitler als auch die Rassenhygieniker*innen sahen in dem medizinischen Fortschritt eine Gefahr für die Wehrhaftigkeit und Produktivität des deutschen Volkes und lehnten deshalb die Errungenschaften der Medizin teilweise ab. Stattdessen forcierten sie die Idee der Auslese und später des Ausmerzens mithilfe von Zwangssterilisation, »Euthanasie« und der systematischen Ermordung der Jüdinnen und Juden sowie der Sinti*zze und Rom*nja, auch mit der »Vernichtung durch Arbeit« (vgl. Friedlander 1997). Dabei ist festzuhalten, dass diese Radikalisierung nicht zwingend war, sondern die Etablierung der nationalsozialistischen Diktatur benötigte. In ihr waren die Mediziner*innen an zentraler Stelle tätig und die Ausgrenzung von Menschen mit Behinderungen und Psychiatrieerfahrungen wurde mit der »Heilung« des Volkskörpers begründet.⁴ Grund für die Zustimmung weiter Teile der deutschen Ärzteschaft und des Pflegepersonals zur nationalsozialistischen Bewegung war die soziale Lage, die sich durch die Machtübernahme verbessern sollte.

1.5. Soziale Lage der Ärzt*innen und des Pflegepersonals in der Weimarer Republik und im nationalsozialistischen Deutschland

Insbesondere die Krankenversicherung und die damit verbundene Finanzierung stieß bei den Ärzt*innen auf Ablehnung. In den 20er und 30er Jahre führte dies zu einer großen Arbeitslosigkeit unter Mediziner*innen, viele Jungärzt*innen hatten keine Möglichkeit, zu praktizieren. Der Lohn der Ärzt*innen lag unter denen anderer freier Berufe, vor allem Rechtsanwält*innen. Erschwerend kam die Weltwirtschaftskrise Anfang der 30er Jahre hinzu. Durch die Etablierung der nationalsozialistischen Herrschaft sahen sie die Möglichkeit, ihre soziale Stellung zu erhöhen. Die Ausbreitung des gesetzlichen Krankenversicherungssystems führte zu einem Machtverlust der Ärzteschaft und ihrer Standesvertretungen. Gepaart mit den Ängsten vor Statusverlust und einem realen Einkommensverlust infolge der Weltwirtschaftskrise führte dies zu einer freiwilligen Selbstgleichstellung der deutschen Ärzteschaft, die mehrheitlich einem konservativen Milieu angehörte (vgl. Dörre 2021: 144). 1933 wurde die Krankenkassenselbstverwaltung zerschlagen, dies führte zu einer Abnahme der Zuwendungen für Heil- und Pflegeanstalten (vgl. Hörnig 2023: 150). 45 Prozent der Ärzt*innen waren Mitglieder in der NSDAP, sie kamen aus »gutem Haus«, hatten mehrheitlich ein humanistisches Gymnasium besucht und waren mit Fragen der Eugenik vertraut (vgl. ebd.: 416). Jüdischen Ärzt*innen sollte die Berufsausübung im Rahmen der Rassegesetze verboten werden, hierdurch wurden Anstellungsmöglichkeiten für die bis dahin arbeitslosen Ärzt*innen geschaffen. Sie werteten die jüdischen Kolleg*innen ab, weil sie nicht in ihr von rassenhygienischem und anthropologisch-rassistischem Denken geprägtes Weltbild passten (vgl. Kater 2001: 59). Besonders hervorzuheben ist, dass dadurch der Erniedrigung und Entmenschlichung der jüdischen Bevölkerung Vorschub geleistet wurde, weil die nichtjüdischen Ärzt*innen anfällig für den Antisemitismus waren und sie die Ideologie bereitwillig teilten. Ferner sahen die jungen Mediziner*innen die Möglichkeit der wissenschaftlichen Profilierung durch den aufkommenden Nationalsozialismus. Ihnen wurde die Gelegenheit gegeben, an Menschen zu experimentieren. Der Dienst an der »Heimatfront« ermöglichte ihnen Prestigestellungen.

---

4 Die am Rande diskutierte systematische Ermordung von Jüdinnen und Juden, Angehörigen von Sinti*zze und Rom*nja sowie weiteren Minderheiten beruhte teilweise ebenfalls auf dieser Ideologie; allen diesen Gruppen wurde das Menschsein aberkannt und sie wurden als angebliche Gefahr für die eigene »Rasse« inszeniert – auch wenn die Tradition hinsichtlich der Dynamik der Verfolgung jeweils eigenen Logiken folgte (vgl. Peukert 1988).

Durch all diese Maßnahmen wurden Mediziner*innen in ihrem sozialen Status aufgewertet und erhielten an zentralen Stellen im nationalsozialistischen Staat Einfluss, was ihre breite Zustimmung erklären kann. Insbesondere die wissenschaftlichen Möglichkeiten, die sich durch die Versuche an KZ-Häftlingen oder Menschen mit Behinderungen und Psychiatrieerfahrungen ergaben, dienten der Steigerung der fachlichen Reputation (vgl. ebd.).

Klaus Dörner, selbst Mediziner und Historiker (sowie Mitbegründer des BEZ), stellte die These auf, dass die tötenden Mediziner*innen Legitimationsdruck verspürten, um ihr eigenes Handeln zu rechtfertigen. Zu den Strategien zur Linderung dieses Legitimationsbedürfnisses gehörten das Aberkennen des Menschseins anderer Gruppen, das Verweigern von Beziehungen gegenüber den Opfern, die Spaltung des Mediziners in Arzt und Forscher und das pragmatische Annehmen von Aufträgen bei einer grundlegenden Ablehnung derselben. Damit konnten sie die Schuld auf andere verlagern und die Sichtweise des Opfers ausblenden (vgl. Dörner 2001: 341ff). Ärzt*innen sahen sich sowohl als Heilende als auch als Forschende. Sie wollten durch ihre medizinische Wissenschaft Erkenntnisse sammeln und experimentierten hierfür auch mit Menschen. Dabei war bereits früher eine Kontroverse über die Zustimmung der Versuchspersonen geführt worden, die erst Ende der 20er Jahre festgeschrieben wurde. So wurde in einer Verordnung des preußischen Innenministeriums festgestellt, dass Gefangene mit Tuberkulose nicht gegen ihren Willen behandelt werden durften (vgl. Winau 2001: 99). Damit wurden den ärztlichen Forschungen Schranken gesetzt, die kontrovers in der Medizin und der Gesellschaft diskutiert wurden. Erst durch die Machtübernahme der Nationalsozialisten wurden diese Grenzen des wissenschaftlichen Handelns aufgehoben. Mediziner*innen forschten an KZ-Häftlingen gegen ihren Willen und ohne Rücksicht auf die Gesundheit und das Leben der Betroffenen. So wurden beispielsweise im Frauen-KZ Ravensbrück Häftlingen Wunden zugeführt, um die Wundbehandlungen zu erproben. Im KZ Dachau wurden Inhaftierte zu Versuchen in eine Unterdruckkammer gezwungen, die Flugzeugabstürze simulieren sollte (vgl. ebd.).

Im Gegensatz zu den Ärzt*innen hatten Pfleger*innen eine niedrige soziale Stellung in der Weimarer Republik. Mit der zunehmenden Fokussierung der Gesundheitspolitik und der Herausstellung der Bedeutung der Volkspflege war die Hoffnung eines sozialen Aufstiegs des an Gehorsam und Hierarchie orientierten Pflegepersonals im NS-Staat verbunden. Sie sollten eine »rassenhygienische Instanz« werden und beteiligten sich an negativen eugenischen Maßnahmen (Sterilisation und Tötungen von Patient*innen). Insbesondere in der dezentralen Phase der »Euthanasie« hatten sie eine zentrale Rolle bei den Verbrechen inne. Diese aktive Rolle während der NS-Medizinverbrechen wurde nach dem Ende des Krieges lange nicht aufgearbeitet. Teil der Entlastungsstrategie von Pfleger*innen im Nachkriegsdeutschland waren die Hinweise gegenüber Angehörigen, die Patient*innen vor der Verlegung in eine Tötungsanstalt aus der Heil- und Pflegeanstalt abzuholen, um Schlimmeres zu verhindern. Jedoch war dies aufgrund der familiären Situationen häufig nicht möglich. Auch wenn durch Information von Familienmitgliedern und die Beschaffung von Nahrung für Patient*innen auf Hungerstationen Ansätze eines widerständigen Handelns existierten, muss festgehalten werden, dass Pfleger*innen sich freiwillig an den Verbrechen beteiligten und eine zentrale Funktion bei diesen einnahmen (vgl. Hörnig 2023: 425ff).

Wie gezeigt wurde, führte der wissenschaftliche Diskurs zu einer Kollektivierung. Während zu Beginn der Sozialmedizin die Verbesserung der Lebensbedingungen insbesondere der niedrigeren sozialen Schichten im Mittelpunkt stand, wurde im Zuge der Radikalisierung des rassenhygienischen Denkens das Wohl der gesamten Bevölkerung in den Fokus gerückt. Dies ging mit einer systematischen, sich radikalisierenden Verletzung des Selbstbestimmungsrechts des Individuums einher, dem die Stellung als Rechtssubjekt aberkannt wurde, insbesondere in der Arbeit von Hoche und Binding. Erst dadurch waren negative eugenische Maßnahmen wie Zwangssterilisationen und »Euthanasie« anknüpfungsfähig für das medizinische Handeln.

2. Zwangssterilisation

Die erste zwangsweise Sterilisation wurde 1892 von dem Schweizer Psychiater Auguste Forel an einer Anstaltspatientin mit einer psychiatrischen Diagnose in der psychiatrischen Klinik Burghözli durchgeführt. In Deutschland führte 1897 ein Gynäkologe erstmals eine Zwangssterilisation durch und wurde dafür wegen schwerer Körperverletzung verurteilt (vgl. Schmuhl 1987: 99). Diese beiden historischen Daten zeigen, dass die Etablierung der Zwangssterilisation umstritten war und diese zunächst nicht als legitime Präventionsmaßnahmen gesehen wurde. Vor diesem Hintergrund muss die internationale Verbreitung und die Etablierung im NS-Staat beleuchtet werden. Bevor das Gesetz zur Verhütung erbkranken Nachwuchses und dessen Umsetzung mittels Zwangsmaßnahmen beschrieben wird, soll auf die internationale Verbreitung der Zwangssterilisation eingegangen werden. Diese diente neben der Entwicklung in der Weimarer Republik als Legitimationsgrundlage für das nationalsozialistische Sterilisationsgesetz. Auch die langanhaltende Nichtanerkennung als »typisches NS-Unrecht« beruhte auf Diskussionen aus der Weimarer Republik und der internationalen Sterilisationspraxis.

2.1. Internationale Entwicklung

Nachdem der Bundesstaat Indiana als erstes ein Sterilisationsgesetz verabschiedete, hatten bereits Mitte der dreißiger Jahre mehr als die Hälfte der amerikanischen Bundesstaaten Sterilisationsgesetze erlassen. Anstaltspatient*innen und mehrfach wegen Sexualstraftaten Vorbestrafte sollten sterilisiert werden. Hierbei wurde vor allem utilitaristisch argumentiert. Die Unproduktiven sollten zugunsten der Produktiven zurückgedrängt werden, was aus einem Urteil des obersten amerikanischen Gerichtshofs geschlussfolgert wurde, das die Zwangssterilisation rechtlich legitimierte. In diesem wurde argumentiert, dass durch die Sterilisation die Gefahr der »Überschwemmung mit Unfähigen« verhindert werden würde. Die Begründung

2. Zwangssterilisation

der amerikanischen Richter ähnelte der Argumentation der deutschen Rassenhygieniker*innen:

> Mehr als einmal haben wir erlebt, dass die besten Bürger aufgerufen wurden, im Namen des öffentlichen Wohls ihr Leben hinzugeben. Es wäre sonderbar, wenn der Staat nicht jenen, die ihm ohnehin die Kraft aussaugten, dieses geringe Opfer abverlangen könne, die von den Betroffenen häufig nicht als solches empfunden werden, um zu verhindern, dass wir von Unfähigen überschwemmt werden. Es ist für alle Welt besser, wenn die Gesellschaft bei jenen, die offenkundig nichts taugen, die Vermehrung von ihresgleichen unterbinden kann, statt darauf zu warten, bis degenerierter Nachwuchs für seine Verbrechen hingerichtet wird oder man ihn aufgrund seines Schwachsinns verhungern lässt. Das Prinzip, das der Zwangsimpfung zu Grunde liegt, ist umfassend genug, um auch die Durchtrennung der Eileiter einzuschließen. Drei Generationen von Imbezilen sind genug (zitiert nach Friedlander 1997: 39).

Es ist interessant, dass hier genau mit jenem radikalen utilitaristischen Argument gearbeitet wurde, das auch in Deutschland nicht nur für die Legitimierung von Sterilisationen herangezogen wurde. Letztlich konnte sich diese Meinung nicht durchsetzen, weil die Theorien der Rassenhygiene nicht wissenschaftlich belegbar waren (vgl. ebd.).

Die Sterilisationspolitik in Deutschland war vor allem wegen des Umfangs nicht mit den Entwicklungen in anderen Staaten vergleichbar, während in Deutschland mehrere hunderttausend Menschen sterilisiert wurden, waren es in den Vereinigten Staaten nur wenige Tausende, d. h. in Deutschland wurden 30mal so viele Sterilisationen durchgeführt. Weitere Länder wie Schweden (1918 Sterilisationen in fünf Jahren) und Dänemark (8600 Sterilisationen in 24 Jahren) führten Sterilisationen im geringeren Maße durch (vgl. Bock 2010: 258f). Es konnte sich aber keine staatstragende Ideologie durchsetzen, die auf einer Sterilisationspolitik beruhte. Die Staaten, in denen Sterilisationsgesetze verabschiedet wurden, waren protestantisch geprägt (vgl. Kaminsky 2005: 212). In Großbritannien, der Heimat des Begründers der Rassenhygiene, Francis Galton, konnte sich ein Sterilisationsgesetz ebenfalls nicht durchsetzen. Neben der Verunsicherung der Bevölkerung, bedingt durch die Entwicklung in Deutschland, wurde das Gesetz auch wegen seines Charakters als Ausdruck der Klassenjustiz abgelehnt, weil in anderen Staaten die Sterilisationskandidat*innen vermehrt aus unteren sozialen Schichten stammten. Lediglich die Asylierung von Obdachlosen, Alkoholsüchtigen und Menschen mit Psychiatrieerfahrungen war mehrheitsfähig (vgl. Tümmers 2011: 59f). Auch die Dynamik der Abschreibung des Lebensrechts, worauf später einzugehen sein wird, war nicht mit der Entwicklung in Demokratien mit weit verbreitetem Rassismus vergleichbar. Dort sollten zwar bestimmte Gruppen bei der Zeugung von Nachkommen ausgeschlossen werden, aber eine radikale systematische Entwertung, an deren Ende hunderttausendfache Sterilisationen und Ermordungen[5] standen, war nur im nationalsozialistischen Deutschland möglich. Deshalb sind die Vergleiche zwischen dem

---

5   Auch wenn die Dynamik von der Sterilisation zur Ermordung umstritten ist, beinhalten beide Komplexe eine systematische Delegitimation der Betroffenen.

deutschen Gesetz und der internationalen Entwicklung problematisch und führen letzten Endes zur Verweigerung des Opferstatus gegenüber den Zwangssterilisierten (siehe Kapitel 4). Wie gezeigt wurde, konnten auch Demokratien Sterilisationsgesetze erlassen, aber sie setzten sie nicht in der gleichen Radikalität um wie eine auf der Ideologie der Rassenhygiene und des Rassismus ausgerichtete Diktatur. Dies beweist neben dem internationalen Vergleich auch die Entwicklung in der Weimarer Republik, in der keine gesetzliche Regelung zur zwangsweisen Sterilisation implementiert werden konnte (vgl. Bock 2010: 113). Die Zwangsterilisation im nationalsozialistischen Deutschland war Teil der nationalsozialistischen Familienpolitik, die die »Aufartung« und »Aufnordung« des deutschen Volkes zum Ziel hatte.

2.2. Nationalsozialistische Familienpolitik

Vor allem in den 1920er Jahren sank die Zahl der Geburten deutlich, insbesondere in den höheren sozialen Schichten, weshalb die Nationalsozialisten, die 1933 die Macht übernahmen, Handlungsbedarf sahen. Sie befürchteten, dass sich nur die in ihren Augen »Minderwertigen« überproportional fortpflanzen würden, während die höheren sozialen Schichten kinderlos blieben (vgl. Bock 2010: 163). Diese Beobachtung war die Grundlage für die Fokussierung der Familienpolitik auf die Erbanlagen. Die Maxime der nationalsozialistischen Familienpolitik war nicht das Individuum bzw. dessen Erscheinungsbild »Phänotyp«, sondern nur seine Anlage »Genotyp« (vgl. ebd.: 34). Der Erbstrom sollte verbessert werden, die Steigerung der Qualität der kommenden Generation stand im Zentrum. Dies führte dazu, dass man nicht eine reine Geburtenförderung betrieb, sondern dies immer mit einer »qualitativen« Auslese verband. Hierbei wurden die mendelschen Regeln missbraucht, die einen verdeckten Erbgang für möglich hielten. Mit ihnen wurde begründet, dass auch Kinder von »Erbkranken« sterilisiert werden sollten (auch wenn sie nicht »erkrankt« waren), weil befürchtet wurde, dass sie »erbkranke« Kinder zeugen könnten. Durch Familienanamnese wie beispielsweise das Führen von Stammbüchern wurden Erbdiagnosen gestellt, die rezessive« (»überdeckte«) Erbgänge aufdecken sollten. Der Genotyp des deutschen Volkes sollte gezielt gefördert werden, die Erbmasse stand im Fokus der Familienpolitik (vgl. ebd.: 32). Sterilisationen wurden mit generationenübergreifenden Diagnosen begründet (vgl. Schmuhl 1987: 84). Frauen und Männer, die selbst »gesund« waren, konnten als erblich belastet diagnostiziert werden, weil in früheren Generationen der Familien Träger*innen der »negativen Erbanlage« gefunden wurden.

Gisela Bock stellte fest, dass es in der nationalsozialistischen Familienpolitik eine enge Verknüpfung zwischen einem Pronatalismus (Förderung von Geburten bei »erblich gesunden« Familien) und einem Antinatalismus (Verhinderung von Geburten bei »erblich belasteten« Familien) gab. Beim Antinatalismus wurden sowohl rassenhygienische als auch anthropologisch-rassistische Kriterien berücksichtigt. Im Einzelnen beinhaltete diese Politik folgende Maßnahmen:

Um die Geburtenrate bei den »Gesunden« zu steigern, wurden finanzielle Anreize geschaffen. Mit einem Ehestandsdarlehen wurde bei verheirateten Eltern, die ein

Kind erwarteten, die Anschaffung des Hausrates gefördert. Um Anreize für mehrere Kinder zu schaffen, wurde für jedes neugeborene Kind ein Viertel des Darlehens erlassen. Zwischen den Geburten musste das Darlehen weiter abbezahlt werden, womit die Familien dazu angeregt werden sollten, die Zeit zwischen den einzelnen Geburten möglichst gering zu halten. Paare, die als erblich belastet galten, und später auch andere Gruppen wie beispielsweise Jüdinnen und Juden wurden von dieser familienpolitischen Leistung ausgeschlossen (vgl. Bock 2010: 159f). Eine ideelle Anerkennung war die Verleihung von Mutterkreuzen, womit Frauen geehrt wurden, die fünf oder mehr Kinder zur Welt brachten. Die Auszeichnung wurde 1939 kurz vor Kriegsbeginn eingeführt und nur an Mütter verliehen, die dem Bild des Regimes entsprachen. Mütter, die als »minderwertig« galten, wurden genauso wie Jüdinnen und »fremdrassige« Frauen nicht geehrt (vgl. ebd.: 123). Auch das Verbot der freiwilligen Abtreibung bei »Erbgesunden«, die in der Strafrechtsreform von 1933 beschlossen wurde, war Teil einer pronatalistischen Strategie, weil sie Eltern zur Austragung ihrer gesunden Kinder verpflichtete. Die Strafen für den unerlaubten Schwangerschaftsabbruch wurden deutlich erhöht, die Frauen mussten nun mit mehrjährigen Freiheitsstrafen rechnen. Ferner wurde die offene Werbung für Abtreibung mit dieser Strafrechtsnovelle unter Strafe gestellt (vgl. ebd.: 88ff). Auf der anderen Seite wurden »Erbkranke« zur Sterilisation verurteilt. Damit sollte der Bestand einer »gesunden deutschen« Bevölkerung gewährleistet und gleichzeitig den angeblich »Minderwertigen« die Zeugung von Nachkommen verboten werden. Das Abtreibungsverbot und das gleichzeitige Sterilisationsgebot machten es notwendig, ein eigenes Gesetz für die Sterilisation zu erlassen. Ein weiteres Element der nationalsozialistischen Familienpolitik waren die Lebensborn-Anstalten. Der 1936 gegründete Verein Lebensborn sollte bei »hochwertigen« Frauen die Geburt fördern, sie wurden von Angehörigen der SS, der Leibstandarte Hitlers oder anderen Einheiten des NS-Staats schwanger und trugen in den Heimen ihre Kinder aus. Die Vormundschaft über die 8000 Kinder, die in den Lebensborn Anstalten geboren wurden, lag nicht bei den Müttern, sondern beim Lebensborn. Falls die geborenen Kinder eine Behinderung hatten, wurden sie umgehend dem »Euthanasie«-Programm zugeführt. Somit passte dies auch in die pronatalistische und antinatalistische Logik des NS-Regime (vgl. ebd.: 126f).

Mit weiteren Gesetzen und Durchführungsverordnungen wurden Personengruppen ausgeschlossen, die über die pronatalistische und antinatalistische Familienpolitik hinausgingen. Gegen Jüdinnen und Juden wurden die »Nürnberger Rassegesetze« erlassen, die das »Reichsbürgergesetz« und das »Gesetz zum Schutze des deutschen Blutes und der deutschen Ehre« enthielten, die Jüdinnen und Juden ausschlossen: Mit dem »Gesetz zum Schutz des deutschen Blutes« wurden »Mischehen« zwischen Juden und Deutschen untersagt, auch außerehelicher Geschlechtsverkehr wurde verboten. Das »Reichsbürgergesetz« regelte, dass Jüdinnen und Juden keine deutschen Staatsbürger mehr waren. Die dadurch erzwungene Migration führte dazu, dass Angehörige mit Behinderungen nicht mehr finanziell unterstützt werden konnten. Auch Menschen mit Behinderungen und Psychiatrieerfahrungen wurden mittels neuer gesetzlicher Regelungen aus dem öffentlichen Leben ausgeschlossen. So wurde mit dem »Ehegesundheitsgesetz« die Überprüfung der gesamten Bevölkerung gefordert, um Eheschließungen mit »erbkranken« Personen zu unterbinden (vgl. Friedlander 1997: 62f). Durch diese gesetzliche Norm wurde die Ehe zu einer staatlich prüfbaren Institution und unter die Maxime der Volksgesundheit gestellt. Auch soll auf bereits bestehende Ehepaare Druck ausgeübt worden sein, die Scheidung einzuleiten. Hierfür gibt es allerdings keine offiziellen Dokumente, die diese Praxis vorschreiben (vgl. Scheulen/Hamm 2023: 300ff). Das folgenschwerste Gesetz war allerdings das »Gesetz zur Verhütung erbkranken Nachwuchses«.

2.3. Gesetz zur Verhütung erbkranken Nachwuchses (GzVeN)

Die zweigleisige Ausrichtung der nationalsozialistischen Familienpolitik machte ein eigenes Gesetz notwendig, das die zwangsweise Sterilisation rechtlich regeln sollte. Während im Strafgesetzbuch die Sterilisation und Abtreibung verboten war (Pronatalismus), war sie im GzVeN vorgeschrieben (Antinatalismus). Das Gesetz zur Verhütung erbkranken Nachwuchses vom 14. Juli 1933 war eines der ersten Gesetze, das nach der Machtübernahme der Nationalsozialisten erlassen wurde. Im ersten Paragrafen wurde beschrieben, welche Personengruppen sterilisiert werden sollten:

> (1) Wer erbkrank ist, kann durch chirurgischen Eingriff unfruchtbar gemacht (sterilisiert) werden, wenn nach den Erfahrungen der ärztlichen Wissenschaft mit großer Wahrscheinlichkeit zu erwarten ist, dass seine Nachkommen an schweren körperlichen und geistigen Erbschäden leiden werden.
> (2) Erbkrank im Sinne dieses Gesetzes ist, wer an einer der folgenden Krankheiten leidet: angeborenem Schwachsinn, Schizophrenie, zirkulärem (manisch-depressivem Irresein), erblicher Fallsucht, erblichem Veitstanz (Huntingtonsche Chorea), erblicher Blindheit, erblicher Taubheit, schwerer erblicher körperlicher Missbildung.
> (3) Ferner kann unfruchtbar gemacht werden, wer an schwerem Alkoholismus leidet.

Die Eingriffe zur Sterilisation nach dem nationalsozialistischen Gesetz mussten innerhalb von zwei Wochen erfolgen, wenn die Verurteilten Widerstand leisteten, wurde die Polizei hinzugezogen (vgl. Nowak 1978: 65). Obwohl im ersten Paragrafen des GzVeN von »kann« gesprochen wurde, ließ der Gesetzgeber keinen Zweifel an der Zwanghaftigkeit des Gesetzes. So wurde im ersten Absatz des Paragrafen 12 des Gesetzes der Zwang vorgeschrieben.

> (1) Hat das Gericht die Unfruchtbarmachung endgültig beschlossen, so ist sie auch gegen den Willen des Unfruchtbarzumachenden auszuführen, sofern nicht dieser allein den Antrag gestellt hat. Der beamtete Arzt hat bei der Polizeibehörde die erforderlichen Maßnahmen zu beantragen. Soweit andere Maßnahmen nicht ausreichen, ist die Anwendung unmittelbaren Zwanges zulässig.
> (2) Ergeben sich Umstände, die eine nochmalige Prüfung des Sachverhalts erfordern, so hat das Erbgesundheitsgericht das Verfahren wieder aufzunehmen und die Ausführung der Unfruchtbarmachung vorläufig zu untersagen. War der Antrag abgelehnt worden, so ist die Wiederaufnahme nur zulässig, wenn neue Tatsachen eingetreten sind, welche die Unfruchtbarmachung rechtfertigen.

Der zweite Absatz regelte die Möglichkeit einer Wiederaufnahme, die nur bei Veränderung der medizinischen Diagnosen bzw. Fehldiagnosen möglich sein sollte. Wie zu zeigen sein wird, wurde auch im Nachkriegsdeutschland diese Rechtsnorm angewendet, weil das GzVeN nicht als typisches nationalsozialistisches Unrecht eingestuft wurde und als Teil der internationalen Rechtstradition gesehen wurde (vgl. Westermann 2010).

Einige Zeit nach der Verabschiedung wurde das GzVeN weiter verschärft, bei jeder freiwilligen Sterilisation wurde zusätzlich noch eine Sterilisation von Amts wegen beantragt, um die Freiwilligkeit einzuschränken. Ferner wurde in einen Kommentar zum Gesetz der »moralische Schwachsinn« aufgenommen, womit auch gegen Angehörige unterer sozialer Schichten Sterilisationen angeordnet werden konnten. Die Diagnosen waren nicht eindeutig und es gab viel Interpretationsspielraum. Dies führte dazu, dass das Gesetz gegenüber sämtlichen vom Regime nicht gewünschten Gruppen angewendet wurde und auch persönliche Motive wie Rache zur Anzeige führen konnten (vgl. Diewald-Kerkmann 2023: 278). Auch mit der Aufnahme des Kriteriums »Lebensbewältigung« sollte ab 1935 das GzVeN weiter verschärft werden, weil die Anpassungsfähigkeit an das NS-System und die Leistungsfähigkeit berücksichtigt wurden (vgl. Hörnig 2023: 152).

Die Entscheidung wurde durch drei Richter gefällt, davon zwei Ärzten und einem Juristen. Die Besetzung der Gerichte zementierte den Einfluss der Rassenhygiene auf das Rechtssystem der damaligen Zeit, weil die Richter mit medizinischem Hintergrund diese als Grundlage für ihre Entscheidungen verwendeten und sie durch die Zusammensetzung des Gerichts den Juristen überstimmen konnten. Insgesamt gab es 220 Erbgesundheitsgerichte, die den Amtsgerichten angeschlossen waren. Um die formalen Voraussetzungen möglichst gering zu halten, fanden die Prozesse vor Gerichten der »freiwilligen Gerichtsbarkeit« statt, die wenig Ansprüche bezüglich der Durchführung der Verfahren stellten, eine mündliche Anhörung der Betroffenen war nicht notwendig und ab 1936 waren Gegengutachten nicht mehr zulässig (vgl. Hörnig 2023: 127ff). Die Sterilisierungsprozesse waren Antragsverfahren, d.h. sie wurden erst nach Antragsstellung eingeleitet. Verfahrensrechtlich mussten folgende Schritte durchlaufen werden:

- *Anzeige*: Zu Sterilisierende mussten bei Gesundheitsämtern gemeldet werden, erst dann führten diese Untersuchungen im Umfeld des Betroffenen durch. Mitarbeitende des Gesundheitssystems wie beispielsweise Hebammen waren verpflichtet, Meldungen durchzuführen.
- *Anträge*: Die Gesundheitsämter stellten die Anträge beim Erbgesundheitsgericht. Ein Antrag durch den Betroffenen bzw. seinen gesetzlichen Vormund war ebenfalls zulässig.
- *Urteile*: Erbgesundheitsgerichte, deren Kammer aus einem Juristen und zwei Ärzt*innen besetzt waren, urteilten über die Zwangssterilisation (vgl. Bock 2010).

Die Verfahren fanden unter Ausschluss der Öffentlichkeit statt, maßgeblich für die Entscheidung des Erbgesundheitsgerichts war ein ärztliches Gutachten. Dies untermauerte die Dominanz der Ärzt*innen, die bei allen Schritten der Sterilisation eine zentrale Rolle einnahmen: Sie stellten Anträge, schrieben Gutachten für die Erbgesundheitsgerichte und waren bei diesen als Richtende tätig. Im Laufe der Jahre wurden einige Durchführungsverordnungen erlassen, die die Umsetzung des Gesetzes konkretisierten und an die sich weiter verschärfende Lage durch den Beginn des Krieges anpassen sollten. Auch wurde mit diesen Gesetzen versucht, die Kritik von kirchlicher Seite abzumildern.

2.4. Umsetzung der Zwangssterilisation

Mit der rechtlichen Grundlage des GzVeN wurden schätzungsweise 400.000 Menschen zwangssterilisiert. Die genauen Zahlen der Sterilisierten sind nicht bekannt, weil die Statistik nicht vollständig ist und für die späteren Jahre nicht veröffentlicht wurde. Es gab mehr Urteile von Erbgesundheitsgerichten als tatsächlich durchgeführte Sterilisationen, was mit den medizinischen Engpässen zusammenhing. Nur die Hälfte aller Sterilisationsurteile wurden vollstreckt (vgl. Friedlander 1997: 80). Die häufigste Diagnose für Zwangssterilisationen war »angeborener Schwachsinn« (etwa die Hälfte der Sterilisationen wurden mit dieser Diagnose begründet). Sie wurde mithilfe von Tests ermittelt, die neben reinem Faktenwissen auch Fragen zu den politischen Einstellungen beinhaltete. Damit wurden neben medizinischen auch soziale und politische Faktoren in die Anamnese einbezogen. Neben den Antworten auf die Fragen wurde auch die Bearbeitung beobachtet und bei der Begutachtung der Sterilisationskandidat*innen berücksichtigt. Das Gesetz beinhaltete keine Sterilisation aufgrund von Zugehörigkeit zu einer anderen anthropologischen Gruppe. Dennoch wurden Angehörige der Sinti*zze und Rom*nja Opfer der Sterilisationspraxis, bei ihnen wurde »angeborener Schwachsinn« diagnostiziert (vgl. ebd.: 404). Hier wurde an die oben dargelegten Überlegungen angeknüpft, wonach es eine Verbindung zwischen »ethnischer« Zugehörigkeit und einzelnen Krankheiten gebe. Es gab Überlegungen, auch Jüdinnen und Juden systematisch zu sterilisieren, jedoch scheiterte dies an den fehlenden Methoden für Massensterilisationen. Diese sollten im Rahmen von medizinischen Experimenten in Konzentrationslagern entwickelt werden, was jedoch erfolglos blieb (vgl. Friedlander 1997).

Zwar bestand die Möglichkeit, gegen die Urteile der Erbgesundheitsgerichte Rechtsmittel einzulegen, diese wurden dann vor einem Erbgesundheitsobergericht verhandelt, jedoch hatten in den meisten Fällen die Widersprüche keinen Erfolg. Die Verfahren entsprachen keinen rechtsstaatlichen Prinzipien, weil die Gerichte einen sehr weitreichenden Ermessensspielraum hatten und belastende Argumente stärker berücksichtigt wurden als entlastende (vgl. Schmuhl 1987: 158). Es bestand zunächst die Möglichkeit, einen Rechtsanwalt heranzuziehen, der jedoch nicht die Krankenakten einsehen konnte. Mit einer Durchführungsverordnung wurde den Betroffenen dieser Beistand jedoch verwehrt und sie mussten sich allein vor den Erbgesundheitsgerichten verteidigen.

In einer weiteren Durchführungsverordnung 1933 wurden Anstaltspatient*innen von der Sterilisation ausgenommen, weil von ihnen nur eine geringe Fortpflanzungsgefahr ausging. Deshalb versuchten sich Betroffene in Heil- und Pflegeanstalten zu retten. Den Aufenthalt mussten sie jedoch selbst bezahlen. Vereinzelt wurden Betroffene von der Kirche unterstützt, indem die Kosten für die Unterbringung getragen wurden. Um andererseits aus der Anstalt entlassen werden zu können, mussten sie sich einer Sterilisation unterziehen. In beiden Fällen handelte es sich um Zwang, der auf sie ausgeübt wurde – ein Dilemma aus Freiheitsentzug und Verletzung der körperlichen Unversehrtheit. Ferner muss berücksichtigt werden, dass die in Heil- und Pflegeanstalten Lebenden bei der späteren »Euthanasie«-Aktion als erste deportiert und systematisch ermordet wurden. Die Zustimmung zur Sterilisation führte jedoch nicht immer zur Entlassung, so konnten Patient*innen aus den Alsterdorfer Anstalten diese nicht verlassen, obwohl sie einer Sterilisation zugestimmt hatten. Die Gesundheitsbehörden befürchteten, dass von den sterilisierten Anstaltsbewohner*innen weiterhin eine Gefahr ausginge (vgl. Wunder 2016: 164). In der Bevölkerung war die Politik der Zwangssterilisation weitgehend akzeptiert. Formulare zur Meldung waren in sämtlichen Behörden wie Rathäusern und Gesundheitsämtern erhältlich. Die Gesundheitsämter spielten in der nationalsozialistischen Sterilisationspolitik eine zentrale Rolle. Sie wurden in vielen Regionen neu eingerichtet, verstaatlicht und unter Leitung eines Amtsarztes gestellt und engagierten sich vor allem auf dem Gebiet des Antinatalismus. Es wurde nach zu Sterilisierenden gefahndet und Anträge auf Grundlage von Anzeigen erstattet. Ferner überprüften sie die rechtmäßige Vergabe von Familienleistungen, die nur an »Erbgesunde« vergeben werden sollten (vgl. Bock 2010).

Bei den Operationen wurden entweder die Samenleiter oder die Eileiter durchgetrennt bzw. undurchlässig gemacht, dadurch sollte die Fruchtbarkeit unterbunden, jedoch die Sexualfunktion nicht beeinflusst werden (vgl. Bock 2010: 436). Die Sterilisationen fanden in Krankenhäusern statt, die Patient*innen wurden mehrere Tage stationär behandelt. Insgesamt starben 6600 Menschen (6000 Frauen und 600 Männer) an den Folgen der Zwangssterilisation, davon nahmen sich schätzungsweise 1000 das Leben (vgl. Klee 2018: 39ff). Die meisten Patient*innen starben aufgrund des Zwangscharakters der Operation. Sie wehrten sich bis zur Narkose, dies konnte zu einer Erregung während dieser führen, die in tödlichen Komplikationen mündete (vgl. Bock 2010: 425). Bei Frauen kam es deutlich häufiger zu Zwischenfällen, weil bei ihnen der Eingriff komplexer und mit mehr Risiken verbunden war. Die meisten Sterilisationen fanden zwischen 1933 und 1939 statt. Nach dem angeblichen »Sterilisierungsstopp« am Vorabend des Überfalls auf Polen am 31. August 1939 wurden ausgehend von einem Erlass des Reichsinnenministeriums nur noch wenige Sterilisationen vollstreckt. Sie sollten nur noch im Rahmen des Möglichen und bei besonders fortpflanzungsgefährdeten Personen vollzogen werden, weil medizinische Ressourcen für den beginnenden Krieg vorbehalten werden sollten. Für die bereits laufenden Verfahren hatte dies jedoch keine positiven Auswirkungen (vgl. ebd.: 233).

Zunächst war wegen der Rücksicht gegenüber der allgemeinen öffentlichen Meinung eine Abtreibung bei Schwangeren, die zu sterilisieren waren, nicht vorgesehen. Am 16. März 1934 fällte das Erbgesundheitsgericht Hamburg jedoch ein Urteil mit weitreichenden Folgen: Bei einer »erblich tauben« Frau wurde neben der Sterilisation auch die Abtreibung des ungeborenen Kindes veranlasst. Das Gericht argumentierte, dass die Abtreibung in diesem Fall nicht strafbar sei, weil hierdurch das höhere Rechtsgut der Gesundheit des deutschen Volkes geschützt würde. Dieses Urteil wurde von der politischen Führung mit großem Interesse verfolgt, mit einer Führerermächtigung wurde kurz danach die Abtreibung aus eugenischen Gründen legalisiert. Dies hatte eine weitere Verschiebung des Möglichen zur Folge (vgl. Richter 2001: 480ff). Über die Rechtsmäßigkeit der eugenischen Abtreibung entschied der »Reichsausschuss zur wissenschaftlichen Erfassung erb- und anlagebedingter schwerer Leiden«, der auch bei der »Kindereuthanasie« eine zentrale Rolle spielen sollte (vgl. Schmuhl 1987: 166). Es wurde mit einem gesetzlichen Notstand argumentiert, weil die Kinder der Sterilisierten höchst wahrscheinlich erbkrank seien. Im Rahmen der Rechtsprechung wurde der Grundsatz aufgestellt »In dubio pro Volksgemeinschaft« (vgl. ebd.: 162). Zwar sollten die Abtreibungen freiwillig vorgenommen werden, jedoch wurde auf die Schwangeren massiver Druck ausgeübt, dieser zuzustimmen. Insbesondere die eugenische Abtreibung stieß bei den Vertreter*innen der evangelischen Kirche auf großen Protest. Dieser blieb jedoch bei der Etablierung der Zwangssterilisation weitestgehend aus, wie nun zu erörtern sein wird.

2.5. Reaktionen der Kirche

Die ersten Einrichtungen zur Versorgung von Menschen mit Behinderungen entstanden Mitte des 19. Jahrhunderts und waren in Trägerschaft der Kirchen. Menschen mit Behinderungen wurde durch Theolog*innen ein Seelenleiden attestiert. Um dies zu therapieren, sollten sie in separierenden christlichen Einrichtungen behandelt werden. Dort wurde vor allem Wert auf religiöse Erziehung gelegt und sie wurden dem schädlichen Einfluss der Stadtbevölkerung entzogen (vgl. Jelinek-Menke 2020: 204). Eine grundlegende Auseinandersetzung mit dem Thema Behinderung fand in der Inneren Mission nicht in umfangreicher Weise statt, Menschen mit Behinderungen wurden vor und während dem Nationalsozialismus als Form negativer Schöpfung bzw. »Afterschöpfung« gesehen[6] (vgl. Hörnig 2023: 13). Auf der anderen Seite wandten sich Theolog*innen wie Paul Gerhard Braune, ausgehend von einem tiefen Glauben und aus Nächstenliebe, Menschen mit Behinderungen zu. In Folge dieser Überzeugung leistete er aktiven Widerstand gegen die »Euthanasie« und wurde dafür in einem KZ interniert.

Die Diakonie unterstützte bereitwillig negative eugenische Maßnahmen, was mit folgender Argumentation begründet wurde: Neben dem Individuum sah sich die Diakonie auch dem Staat verbunden. Sie sah sich der Kirche und dem Staat gleichermaßen verpflichtet. Finanziert wurde sie aus öffentlichen Geldern, im Gegenzug leistete sie loyale Dienste am Staat. Die Zwangssterilisation wurde aus einer ord-

---

6   Auch nach dem Krieg tat sich die evangelische Theologie schwer mit der Anerkennung von Menschen mit Behinderungen, erst mit Auswirkung der gesamtgesellschaftlichen Entwicklungen in Folge der Behindertenbewegung änderte sich dies ab den 80er Jahren (siehe Erörterungen in Teil 3 dieser Arbeit).

nungstheologischen⁷ Sichtweise begründet. So stellte der evangelische Naturforscher Bernhard Bavink den Volkskörper in den Mittelpunkt des diakonischen Handelns, weil er in der Volksgemeinschaft eine überindividuelle Schöpfungseinheit sah. Die Nächstenliebe zu dem einzelnen Individuum wurde damit relativiert, weil sie nur als Zweck für das Ganze anzusehen war (vgl. Schmuhl 1987: 305). Auf der anderen Seite wurde die Sterilisation abgelehnt, weil sie einen Eingriff in die natürliche Schöpfungsordnung Gottes darstellte. Dieser Gedanke wurde von dem Leiter der Alsterdorfer Anstalten Pastor Friedrich Lensch mit folgender Argumentation zurückgewiesen:

> Führen seine von Gott gegebenen Funktionen zum Bösen und zur Zerstörung seines Reiches in diesem oder jenem Glied der Gemeinschaft, so besteht nicht nur das Recht, sondern die Pflicht zur Sterilisation aus Nächstenliebe und Verantwortung (zitiert nach Genkel 2016: 95).

Bereits 1931 beschrieb der evangelische Arzt und Ökonom Hans Harmsen (ein Schüler von Alfred Grotjahn und Befürworter der Nürnberger Rassegesetze; vgl. Hörnig 2023), Geschäftsführer der deutschen evangelischen Kranken- und Pflegeanstalten und Schriftleiter der evangelischen Fachzeitschrift »Gesundheitsfürsorge«, in einem vielbeachteten Aufsatz, dass sich die evangelische Fürsorge vor allem um die erblich Gesunden kümmern sollte. Erblich »Minderwertige« sollten von der Fortpflanzung durch Asylierung oder Sterilisation abgehalten werden (vgl. Nowak 1978: 91). Der Centralausschuss der Inneren Mission gründete auf Initiative Harmsens eine »Fachkonferenz für Eugenik«⁸, die im Mai 1931 zum ersten Mal im hessischen Treysa zusammentraf. An ihr nahm die oberste Führungsspitze der evangelischen Einrichtungen für Menschen mit Behinderungen teil, neben dem Leiter der Anstalten von Bethel, Friedrich von Bodelschwingh, war auch Friedrich Lensch, der Direktor der Alsterdorfer Anstalten, anwesend. Auf ihr wurde die Treysaer Erklärung verabschiedet.⁹ Vor dem Hintergrund immer knapper werdender medizinischer Ressourcen und Mittelkürzungen aufgrund der Weltwirtschaftskrise wurde auf der Fachkonferenz für Eugenik in Treysa das von Harmsen entwickelte Konzept der differenzierten Fürsorge verabschiedet und implementiert. Es sah vor, dass nur die »Hochwertigen« in den Genuss von Fürsorgeleistungen kommen sollten. Die Tötung von

---

7 Die Ordnungstheologie oder auch Schöpfungstheologie sieht in der natürlichen Schöpfung eine höhere religiöse Ordnung. Alle sozialen Ordnungen wie Ehe oder Familie gehen auf diese höhere Ordnung zurück, die den Willen Gottes regelt. Sie kann für die Argumentation genutzt werden, die den Menschen als Teil einer überindividuellen Ordnung ansieht.
8 Ab 1934 »ständiger Ausschuss für Rassenhygiene und Rassenpflege«
9 Obwohl mit dem sozialen evangelischen Kongress eine Vorgängerinitiative zur Treysaer Konferenz existierte, begann die Innere Mission sich erst jetzt mit Fragen der Eugenik und dem Umgang mit Menschen mit Behinderungen systematisch auseinanderzusetzen. Auch hier spielten theologische Argumente eine Rolle, während die Nächstenliebe die Beteiligung an Zwangssterilisationen verbat, konnten ordnungstheologische Überlegungen eine gegenüber der Eugenik positiv bestimmte Haltung legitimieren. In der Folge setzte die Innere Mission auf die zu dieser Zeit noch illegale Sterilisation, die Caritas forcierte die Asylierung.

Menschen mit Behinderungen wurde abgelehnt, die eugenische Asylierung und Zwangssterilisation wurde hingegen von den Mitgliedern der Treysaer Konferenz als legitimes Mittel der Eugenik anerkannt. Die Innere Mission erwirtschaftete durch Zwangssterilisationen dringend benötigte finanzielle Ressourcen (vgl. Hörnig 2023: 142). Die »Hauseltern« in den diakonischen Einrichtungen hatten bei der Sterilisation einen entscheidenden Einfluss. Sie waren die gesetzlichen Vertreter*innen und beteiligten sich bei der Begutachtung der Intelligenz ihrer »Pfleglinge« (vgl. ebd.: 136f). Das GzVeN wurde vom Centralausschuss der Inneren Mission offen begrüßt, in einer Stellungnahme wurden weitergehende Maßnahmen gefordert.

- Neben der Sterilisation sollte auch die Kastration und Röntgensterilisation Anwendung finden.
- Der Personenkreis sollte auf die Menschen, die als zur »Verwahrlosung oder zu asozialem Verhalten« neigend bezeichnet werden, ausgeweitet werden.
- Die Aufklärung über die Folgen des Eingriffes sollte entsprechend dem Verständnis der Person erfolgen.
- Gefordert wurde die Kopplung der Sterilisation an ein Bewahrungsgesetz (vgl. Schleiermacher 1990: 73).

Auch evangelische Krankenhäuser führten Sterilisationen durch. Der damalige Leiter der evangelischen Anstalt Bethel in Bielefeld, Friedrich von Bodelschwingh, der selbst negativen eugenischen Maßnahmen positiv gegenüberstand, berief den Psychiater Werner Villinger, einen der führenden Rassenhygieniker, der sich in Vorträgen für die Zwangssterilisation ausgesprochen hatte, am 1. Januar 1934 (dem Tag des Inkrafttretens des Gesetzes zur Verhütung erbkranken Nachwuchses) als leitenden Arzt. Villinger[10] machte die Anstalten von Bethel zu einem Zentrum der Sterilisationspraxis (vgl. Kappeler 2018: 32). Bis 1945 wurden in Bethel über 3000 Menschen angezeigt. 1000 Menschen wurden hier ebenso wie weitere 9000 in anderen Einrichtungen der Inneren Mission sterilisiert (vgl. Bock 2010: 291). Erst mit der Erweiterung der Sterilisation um die eugenische Abtreibung war für die evangelische Seite eine »Rote Linie« überschritten und sie protestierte bei den Entscheidungsträger*innen dagegen. Harmsen warnte mit dem schiefe-Ebene-Argument,[11] dass die Freigabe der Abtreibung letztlich zu einer Freigabe des Tötens »lebensunwerten Lebens« führe, wonach auch Erwachsene und Gebärfähige getötet würden (vgl. Richter 2001: 483). So stellte Harmsen fest:

> Die gleiche Begründung, die heute angeblich zur Unterbrechung ausreicht, die Tötung des bereits geborenen, ja auch d[e]s erwachsene[n] und zeugungsfähigen Erbkranken [...]. (ebd.)

---

10 Während der »Euthanasie« war Villinger als Gutachter für die »T4-Zentrale« tätig, was von ihn immer bestritten wurde. Nach dem Krieg übernahm er eine zentrale Funktion bei der Elterninitiative »Lebenshilfe«, wie später beschrieben wird.

11 Das schiefe-Ebenen-Argument oder auch Dammbruchargument beschreibt Argumentationsketten, die eine negative Konsequenz zwangsläufig herbeiführen. Es werden Stück für Stück bisweilen nicht möglich gedachte Folgen legitimiert.

Diese Position wurde nach dem Urteil des Hamburger Erbgesundheitsgerichts 1934 aufgeweicht, die Innere Mission begrüßte diesen Schritt nicht, aber man war froh über eine verbindliche Regelung, die eine bis dahin offene Frage beantwortete (vgl. Wunder 2016: 49). Wie noch zu erörtern sein wird, war die Ablehnung der »Euthanasie«-Aktion nicht universell (siehe Abschnitt 3.6.).

Während, wie beschrieben, sich das evangelische Milieu offen gegenüber der Sterilisation zeigte, wurde sie von katholischer Seite, insbesondere von der offiziellen Lehrmeinung, in großen Teilen abgelehnt. Stattdessen sollte durch eine strenge Asylierung in Heil- und Pflegeanstalten die Fortpflanzung verhindert werden, was insbesondere von der Caritas forciert wurde. Da die späteren »Euthanasie«-Aktionen vor allem auf die Bewohner*innen der Heil- und Pflegeanstalten abzielten, hatte diese Forderung verheerende Folgen (vgl. Hörnig 2023: 513). Insbesondere die katholischen Würdenträger versuchten durch Verhandlungen mit der Reichsregierung, die Zwangssterilisation zu verhindern. Deshalb begrüßten sie die Durchführungsverordnung vom 5. Dezember 1933, in der Anstaltspatient*innen von der Sterilisation ausgenommen wurden. Mittellose Anstaltspatient*innen, die die Unterbringung selbst nicht zahlen konnten, sollten von der katholischen Kirche finanziell unterstützt werden (vgl. Richter 2001: 378f). Die katholische Kirche lehnte die Beteiligung an der Zwangssterilisation durch ihre Mitarbeiter*innen ab. In seiner Eheenzyklika »Casti connubii« aus dem Jahr 1930 verurteilte Papst Pius XI. die zwangsweise Sterilisation und stellte fest, dass sie mit dem göttlichen Naturrecht nicht kompatibel sei. Eine Asylierung wurde jedoch legitimiert und man zeigte sich auch offen gegenüber positiven eugenischen Maßnahmen (Förderung der Fortpflanzung bei »erblich gesunden«, beispielsweise mit finanziellen Anreizen). Auch katholische Einrichtungen führten entgegen den Vorschriften der Eheenzyklika Sterilisationen durch (vgl. Hörnig 2023: 332). Die Eheenzyklika war mit negativen eugenischen Maßnahmen durchaus in Einklang zu bringen, weil das Ziel verfolgt wurde, die Gesundheit des deutschen Volkes zu erhöhen. Hier kann an die Ordnungstheologie angeknüpft werden, die eine Abkehr vom Individuum und eine Hinwendung zum Volksganzen propagiert.

Neben dieser theologischen Begründung, die eine eugenisch-freundliche Auslegung der Eheenzyklika ermöglichte, spielten auch kirchenpolitische Überlegungen bei der Bewertung eine wesentliche Rolle. Der deutsche Episkopat verhandelte im gleichen Zeitraum mit dem nationalsozialistischen Regime das Reichskonkordat – man wollte die Beziehungen zum NS-Staat vertraglich regeln. Um die Stimmung bei den Verhandlungen nicht zu gefährden, kam man der Reichsregierung entgegen und verzichtete auf den Protest gegen die Zwangssterilisation. Aus diesem Grund meldete der Freiburger Bischof Conrad Gröber, der als Verhandlungsführer mit dem Reichsministerium des Innern beauftragt wurde, Bedenken bezüglich der Verlesung eines Hirtenbriefes an, der die Sterilisation verurteilen sollte. Der Hirtenbrief wurde im Folgenden nicht verlesen, stattdessen wurde lediglich eine Kanzelabkündigung verbreitet. Ferner wurden seitens der katholischen Kirche Zugeständnisse gemacht, man beteiligte sich bei der Meldepflicht und versetzte unbeugsame Würdenträger*innen. Damit war die Hoffnung verbunden, die eigenen Einrichtungen im Bereich des Gesundheits- und Fürsorgewesens weiter betreiben zu können (vgl. Schmuhl 1987: 309ff). Auch Bischof Gröber hatte in der Zusammenarbeit mit den staatlichen Behörden keine moralischen Bedenken. Für ihn war die Anzeige zur Sterilisation nicht verwerflich. Der Benediktiner Herrmann Muckermann und Joseph Mayer, ein katholischer Theologe, waren ebenfalls offen für negative eugenische Maßnahmen. Herrmann Muckermann sprach sich für die Förderung der Gesunden aus, eine Sterilisation der Erbkranken lehnte er jedoch ab. Die negativen eugenischen Maßnahmen sollten sich auf eine sittliche Erziehung beschränken. Diese Meinung war innerhalb der deutschen Bischöfe mehrheitsfähig. Joseph Mayer stellte den Volkskörper in den Mittelpunkt und argumentierte, dass der Einzelne nur ein Glied dessen sei. Durch die Fortpflanzung »Minderwertiger« und von Verbrecher*innen würde ein Notstand entstehen, der dem Staat die Anwendung negativer eugenischer Maßnahmen wie Sterilisationen erlauben würde (vgl. Richter 2001: 371ff).

Im Laufe der Radikalisierung des rassenhygienischen Denkens und des nationalsozialistischen Regimes wurden Menschen mit Behinderungen und Psychiatrieerfahrungen systematisch ausgegrenzt und später nach Beginn des zweiten Weltkrieges getötet. Dies fand in mehreren Phasen statt, die in der Literatur unterschiedlich benannt werden. So wird von einigen Autor*innen bereits die Zwangssterilisation als erste Phase bezeichnet, was aufgrund der eigenen Dynamik der Sterilisationspolitik umstritten ist. Andere nennen die »Aktion T4« als erste Phase, dies ist jedoch problematisch, weil bereits vor der »Aktion T4« die systematische Tötung von Kindern begonnen hatte. In dieser Arbeit soll deshalb auf eine Benennung der Phasen verzichtet und die Aktionen in chronologischer Reihenfolge beschrieben werden.

3. »Euthanasie«

Der Begriff »Euthanasie«[12] wandelte sich im Laufe der Zeit: In der ersten Erwähnung des Begriffs im 5. Jh. v. Chr. wurde er für die Beschreibung des leichten Sterbens verwendet. Später bezeichnete er die Sterbebegleitung ohne lebensverlängernde Maßnahmen. Nach der Umschreibung verschiedener Formen der Sterbehilfe wurde er im 19. Jahrhundert zunehmend für die Benennung des Vernichtens »lebensunwerten« Lebens benutzt. Im Nationalsozialismus wurde die Idee der »Euthanasie« im Sinne des Tötens von Menschen, die als »lebensunwert« eingestuft wurden, als Legitimationsgrundlage für die Ermordung von Menschen mit Behinderungen und Psychiatrieerfahrungen benutzt (siehe hierzu die Arbeit von Hoche und Binding, vgl. Hoche/Binding 1920). Der NS-Staat inszenierte die Tötungen von Menschen mit Behinderungen und Psychiatrieerfahrungen als humane Tat, die Betroffenen und das Volk sollten vom Leiden erlöst werden (vgl. Schmuhl 1987: 27f). Während die Zwangssterilisation noch rechtlich legitimiert war, wurde die »Euthanasie« ohne rechtliche Grundlage durchgeführt. Dies zementierte die Einführung eines Maßnahmenstaats, der den bis dahin noch in Fragmenten vorhandenen Normenstaat ablöste (vgl. ebd.: 135). Damit waren einige Probleme hin-

---

12 Um die Distanzierung zu diesem euphemistischen Begriff deutlich zu machen, soll er in dieser Arbeit immer in Anführungszeichen gesetzt werden.

sichtlich der Rechtsicherheit verbunden, die, wie später zu zeigen sein wird, zu erheblichem Legitimationsdruck für das nationalsozialistische Regime führte. Die Morde wurden über Tarnorganisationen abgewickelt, die einzig der Verschleierung der Tötungen dienten, um eine öffentliche Diskussion zu vermeiden, aus Angst vor einer kritischen Bewertung und daraus folgender abnehmender Zustimmung zum Regime. Diese Tötungsaktionen beruhen auf einer zunehmenden Ausgrenzung und systematischen Propaganda gegen Menschen mit Behinderungen und Psychiatrieerfahrungen sowie andere Gruppen.

3.1. Von der Diskriminierung zur Ermordung

Die Diskriminierung verschärfte sich nach der Machtübernahme zunehmend, insbesondere durch systematische Propaganda in Schulen sowie der Öffentlichkeit, in der gegen sämtliche Gruppen gehetzt wurde. In den Schulen wurden zunehmend rassenhygienische Inhalte vermittelt, beispielsweise wurden Rechenaufgaben gestellt, die Kosten und Nutzen für die »Minderwertigen« in Beziehung zueinander setzten (vgl. Schmuhl 1987: 174f). Interessant ist, festzuhalten, dass bereits die schulische Bildung sich an den Gesichtspunkten der Rassenhygiene orientierte und die Relativierung des Lebensrechts lehrte. Lernziel der Hilfsschulen war es, den Schüler*innen zu vermitteln, dass ihr Nachwuchs wertlos und unerwünscht sei und sie deshalb freiwillig ihre Sterilisation beantragen sollten. Auch in Filmproduktionen wurde die systematische Diskriminierung aufgenommen: So beschreibt der NS-Propagandafilm »Ich klage an« das Töten einer Frau mit Multipler Sklerose durch ihren Mann, der zuvor im Rahmen seiner Tätigkeit als Medizinprofessor vergeblich versuchte, ein Medikament gegen ihr Leiden zu finden. Dabei sollte keine öffentliche Diskussion über »Euthanasie« stattfinden, in Filmgesprächen sollte der Begriff nicht verwendet werden. In christlichen Kreisen wurde der Film als Propaganda für die »Euthanasie« scharf kritisiert (vgl. ebd.: 286).[13]

Die Wohlfahrtspflege wurde zunehmend an rassenhygienischen Gesichtspunkten ausgerichtet. Beispielsweise wurde ab März 1941 kein Kindergeld für Kinder mit Behinderungen gezahlt, sie galten als Belastung und Gefahr für die Familie (vgl. Hörnig 2023: 206). Die »Minderwertigen« sollten keine Unterstützung mehr erhalten, damit war eine zunehmende Kritik an den kirchlichen Wohlfahrtsverbänden verbunden, die sich in den Augen der Nationalsozialisten zu sehr um die »Minderwertigen« bemühten und sich ihnen im Sinne einer christlichen Ethik zuwandte (vgl. Nowak 1978: 66). Dies ging einher mit einer zunehmenden Säkularisierung und der zunehmenden Orientierung an den humanwissenschaftlichen Idealen. Die Machtübernahme durch die Nationalsozialisten hatte auch Auswirkungen auf die Sozialverbände: Die AWO, die Bezüge zur Arbeiterbewegung hatte, wurde bereits am 14.7.1933 verboten, ebenso wurde die Zentralwohlfahrtsstelle der deutschen

---

13 Nach dem Krieg wurde der Film verboten, er darf nur noch eingeschränkt öffentlich vorgeführt werden.

Juden aus der LIGA der Wohlfahrtsverbände ausgeschlossen und durfte nicht weiterarbeiten. Auf staatlicher Ebene wurde die Nationalsozialistische Volkswohlfahrt (NSV) als neue Wohlfahrtsorganisation am 3.5.1933 gegründet. Der Centralausschuss der Inneren Mission (CA) konnte sich wegen innerer Spannungen nicht klar genug gegen die NSV abgrenzen und blieb neutral ihr gegenüber. Dies verhinderte jedoch nicht die Zusammenarbeit in der LIGA der Wohlfahrtsverbände. Eine Solidarisierung mit dem verbotenen jüdischen Wohlfahrtsverband und der AWO fand nicht statt (vgl. Kuhlmann 2018: 80ff). Die Diakonie und die Caritas profitierten vom Ausschluss der AWO und des jüdischen Wohlfahrtsverbands, der Übernahme des Roten Kreuzes sowie der Eingliederung des Paritätischen Wohlfahrtsverband. Somit wurden sie zu einem wichtigen Komplizen der nationalsozialistischen Gesundheits- und Sozialpolitik (vgl. Hörnig 2023: 328). Ein Widerstand seitens der Sozialen Arbeit gegen die nationalsozialistische Ausrichtung blieb bis auf wenige einzelne Vertreter*innen aus, weil sie mit der Ideologie der Nationalsozialisten, insbesondere der Orientierung an dem Volksganzen, in weiten Teilen übereinstimmte (vgl. Kappeler 2018: 31). Mit der bewussten Betonung des Gemeinwohls (Orientierung an der »großen Erneuerung von Volk und Vaterland« vor den Interessen der Einzelnen) teilten die Verbände der Sozialen Arbeit eine wesentliche Grundüberzeugung mit den Nationalsozialisten.

Jüdinnen und Juden mit Behinderungen wurden aus den christlichen Einrichtungen entlassen, weil die Verantwortlichen Angst hatten, die Gemeinnützigkeit zu verlieren. So lehnte beispielsweise die Alsterdorfer Anstalten in Hamburg die Aufnahme eines jüdischen Kindes ab, weil man die Gemeinnützigkeit nicht verlieren wollte. Im Folgenden drängte die Einrichtung der Inneren Mission darauf, jüdische Patient*innen in die staatliche Einrichtung Langenhorn zu verlegen (vgl. Friedlander 1997: 424f). Die Argumente des Alsterdorfer Vorstandes sind aus mehreren Gründen zu hinterfragen: Zum einen war es keineswegs sicher, dass eine Nichtverlegung der jüdischen Patient*innen zu einer Aberkennung der Gemeinnützigkeit geführt hätte. Man argumentierte mit einem Urteil, das Einrichtungen von staatlichen Leistungen ausschloss, die sich um die Erhaltung, Fortbildung und Verbreitung der Wissenschaft des Judentums bemühten. Dies trifft für die Alsterdorfer Anstalten nicht zu. Zweitens konnte sich der Leiter der Alsterdorfer Anstalten, Pastor Friedrich Lensch, nicht sicher sein, ob der zuständige Finanzhof wirklich so geurteilt hätte, weshalb von einem vorhereilenden Gehorsam gesprochen werden muss. Drittens standen die Alsterdorfer Anstalten zu jener Zeit finanziell sehr gut da. Eine Aberkennung der Gemeinnützigkeit hätte verkraftet werden können (vgl. Jenner/Wunder 2016: 248ff). Das wahre Motiv war wohl der zunehmende Antisemitismus innerhalb des evangelischen Milieus.

Die ersten planmäßig durchgeführten Morde fanden in Posen statt, das im Januar 1939 von der Wehrmacht besetzt worden war. Die Soldaten töteten im März 1940 mehr als 1900 Patient*innen, die in Anstalten lebten, durch Vergasen. Hierdurch sollte Platz für Umsiedler*innen aus dem besetzten Litauen und dem Narewgebiet[14]

---

14 Gebiet entlang des Narew Flusses in Polen und der Ukraine.

geschaffen werden (vgl. Aly 2013: 98). Aber auch in Deutschland begann kurze Zeit später die systematische Ermordung von Menschen mit Behinderungen und Psychiatrieerfahrungen. Bei den ersten Tötungsaktionen wurden sie in Laderäume von Kleintransportern gedrängt, bevor mithilfe eines Schlauches Gas in den Bus geleitet wurde, woran sie erstickten (vgl. Benzenhöfer 2009: 106). Teil der nationalsozialistischen Propaganda war es, die Ermordung als freiwilligen Akt darzustellen, dies zeigte sich sowohl bei der »Kindereuthanasie« als auch bei der späteren Ermordung von Erwachsenen mit Psychiatrieerfahrungen und Behinderungen. Dahinter standen lediglich Schutzbehauptungen der Täter*innen, die sich bis in die Nachkriegszeit als Humanist*innen inszenierten.

3.2. »Kindereuthanasie«

Während der gesamten Herrschaft der Nationalsozialisten wurden Kinder mit Behinderungen systematisch verfolgt und ermordet. Es bestand eine eigenständig organisierte Mordaktion, die über 5000 Kindern das Leben kostete. Diese Tötungsaktion wurde wie auch die Erwachsenen-»Euthanasie« als humaner Akt propagandistisch inszeniert. Die Diskussion um die Ermordung von Kindern mit Behinderungen wurde von dem »Fall Knaue« ausgelöst. Die Eltern des Jungen mit Behinderungen Knaue (körperlich und »geistig« behindert) wandten sich an Hitler mit der Bitte, den Jungen zu töten. Er wurde in der Leipziger Kinderklinik behandelt von einem Arzt, der auch als Gutachter für den »Reichsausschuss zur wissenschaftlichen Erfassung erb- und anlagebedingter schwerer Leiden« tätig war. Hitler stimmte nach der Begutachtung des Kindes durch seinen Leibarzt Karl Brandt zu. Der Fall wurde von Hitler zum Anlass genommen, Ärzt*innen anzuordnen, in ähnlichen Fällen genauso zu handeln (vgl. Nowak 1978: 77). Danach wurde mit der systematischen Erfassung und Tötung von Kindern mit Behinderungen begonnen.

Die Aktion zur Ermordung von Kindern mit Behinderungen wurde durch eine geheime Tarnorganisation durchgeführt. Hinter dem »Reichsausschuss zur wissenschaftlichen Erfassung erb- und anlagebedingter schwerer Leiden« stand die Kanzlei des Führers, Hitlers private Kanzlei, die jenseits öffentlicher Behörden und Gremien der NSDAP agierte (vgl. Schmuhl 1987). Am 18. August 1939 wurde ein geheimer Runderlass der RmdI erlassen, der eine Meldepflicht für Neugeborene mit Behinderungen vorsah. Hebammen und Ärzt*innen wurden bei folgenden Diagnosen aufgefordert, Kinder beim »Reichsausschuss zur wissenschaftlichen Erfassung erb- und anlagebedingter schwerer Leiden« zu melden:

1. Idiotie und Mongolismus (insbesondere Fälle, die mit Blindheit und Taubheit verbunden waren)
2. Mikrozephalie (abnorme Verkleinerung von Umfang und Inhalt des Schädels)
3. Hydrozephalus (Wasserkopf) schweren bzw. progressiven Status
4. Missbildung jeder Art, besonders fehlen von Gliedmaßen, schwere Spaltbildungen des Kopfes und der Wirbelsäule usw.
5. Lähmungen einschließlich spastischer Erkrankungen (zitiert nach Friedlander 1997: 92).

Wie anhand dieser Aufzählung erkennbar ist, waren die Diagnosen behandelbar und es hätte bei den meisten Betroffenen bei ausreichender therapeutischer Versorgung ein selbstbestimmtes Leben ermöglicht werden können. Dies war für die Gutachter nicht ausschlaggebend, die vor allem den Erbstrom sauber halten wollten, ihren Opfern jeglichen »Wert« aberkannten und allein die zusätzliche Belastung sahen.

Die Kinder sollten von ihren Familien getrennt werden, es wurde massiver psychologischer Druck auf die Eltern ausgelöst, damit sie der Einweisung in eine »Kinderfachabteilung« zustimmten und mit geschickter Gesprächsführung sollten die Eltern zur Herausgabe der Kinder bewegt werden. Arbeitslose Mütter sollten von den Arbeitsämtern in den Arbeitsdienst vermittelt werden, um sie durch den Zeitdruck zur Abgabe ihrer Kinder zu zwingen (vgl. Wunder 2016: 54). Insgesamt war der Widerstand von Müttern gegen die Tötung ihrer Kinder stärker, worauf bereits Ewald Melzer hinwies, der ihnen eine hohe Sympathie zuschrieb (vgl. Hörnig 2023: 384). Mit der Behauptung einer möglichen Behandlung der schwerstkranken Kinder, die mit hohen Risiken verbunden sei, wurden die Eltern zur Herausgabe ihrer Kinder genötigt. Unter all diesen Maßnahmen des Drucks stimmten einige der Einweisung zu, was im Nachkriegsdeutschland von den Täter*innen als Entschuldigungsstrategie verwendet wurde. Auch die Androhung des Entzugs des Sorgerechts wurde für das zwangsweise Herausdrängen der Kinder verwendet. Man drohte den Eltern mit dem Einschalten der Fürsorgebehörden, weil sie sich wegen der höheren Zuwendung für die Kinder mit Behinderungen nicht um die anderen »wertvolleren« Kinder in angemessener Weise kümmern könnten.

Aufgrund eines sehr oberflächlichen Meldebogens mit nur wenigen auszufüllenden Fragen wurde die Einweisung in die »Kinderfachabteilung« entschieden. Dort wurden sie entweder zunächst beobachtet oder sofort ermordet. Lediglich drei Männer, Prof. Werner Catel (Leipzig), Prof. Hans Heinze (Brandenburg-Görden) und Dr. Ernst Wentzler (Berlin) (vgl. ebd.) waren mit dieser Aufgabe vertraut, sie kannten weder die genaue Krankengeschichte noch das Kind selbst. Damit wurde die Entscheidung zu einem rein bürokratischen Akt, ausgehend von einer formalen Diagnostik aufgrund fragwürdiger Kriterien. In den 37 »Kinderfachabteilungen« wurden die Kinder unter Hungerkost gesetzt, sie bekamen viel zu wenig Kalorien zugeführt und starben an den Folgen der Unterernährung. Jedoch war dies nicht die häufigste Todesursache, sondern die meisten starben durch Vergiftung. Dabei wurde bewusst Schlafmittel wie Luminal eingesetzt, womit man eine natürliche Todesursache vortäuschen wollte. Für die Beschaffung des Gifts, das von der IG Farben und der BASF produziert wurde, war das Kriminaltechnische Institut der Polizei zuständig (vgl. Friedlander 1997: 105). Die beteiligten Ärzt*innen nahmen aus freiem Willen an den Tötungsaktionen teil, ein Zwang zum Töten wurde von Seiten des nationalsozialistischen Regimes nicht ausgeübt. So waren sie nicht nur Mitläufer*innen des Mordens, sondern unmittelbare Täter*innen. Die Leichen der Kinder wurden für medizinische Forschungen obduziert, womit Mediziner*innen sich wissenschaftlich profilieren konnten. Auch vor der Ermordung sollen Kinder untersucht und für wissenschaftliche Experimente missbraucht worden sein. Die »Kindereuthanasie« ähnelte in ihren Methoden der dezentralen Phase der »Euthanasie«, in der Erwachsene in Heil- und

Pflegeanstalten systematisch durch Verhungern und mittels der Verabreichung tödlicher Medikamente durch Injektionen umgebracht wurden. Sie fand nach der zentralisierten »Euthanasie« im Rahmen der »Aktion T4« statt.

3.3. »Aktion T4«

Die potenzielle Opferzahl der systematischen Ermordung von Menschen mit Behinderungen und Psychiatrieerfahrungen machte die Erprobung neuer Tötungspraktiken notwendig, man testete die Tötung mithilfe von Gas und verglich sie mit der systematischen Ermordung mittels Injektionen. Auch der Einsatz von Sprengstoff wurde erprobt, stellte sich aber als unpraktikabel heraus. Im Rahmen von Probevergasungen in einer der ersten Tötungsanstalten in Brandenburg an der Havel wurde die Mordmethode entwickelt. Hier wurde das systematische Vergasen getestet und optimiert. Der Standort wurde wegen seiner guten Verkehrsanbindung und der Nähe zu Berlin ausgewählt, wo die »T4-Zentrale« (benannt nach der Adresse Tiergartenstrasse 4) in einer von Juden beschlagnahmten Villa residierte. Mitarbeitende der Berliner »T4-Zentrale« nahmen an den Probevergasungen als Beobachter teil. Kurz darauf wurde neben Brandenburg auch in Grafeneck auf Grundlage einer geheimen Ermächtigung aus dem Jahr 1939 das Morden begonnen (vgl. Friedlander 1997: 126).

> Reichsleiter Bouhler und Dr. med. Brandt sind unter Verantwortung beauftragt, die Befugnisse namentlich zu bestimmender Ärzte so zu erweitern, dass nach menschlichem Ermessen unheilbar Kranken bei kritischster Beurteilung ihres Krankenzustandes der Gnadentod gewährt werden kann (zitiert nach Klee 2018: 114).

Mit dem »Gnadentod« wurde die Ermordung von Erwachsenen mit Behinderungen und Psychiatrieerfahrungen legitimiert. Wie schon die »Kindereuthanasie«, sollte auch die Tötung von Erwachsenen im Geheimen stattfinden. Hierfür war wieder die KdF zuständig, die mehrere Tarnorganisationen gründete, die die Morde abwickelten.

Mittels Meldebögen, die am 9.10.1939 an die Heil- und Pflegeanstalten versandt wurden, begann man, die Bewohner*innen systematisch zu erfassen. In ihnen wurden neben persönlichen Daten die Diagnose sowie die Länge der Aufenthaltsdauer in der Heil- und Pflegeanstalt abgefragt. Sie beinhalteten auch eine Spalte, in der nach regelmäßigem Besuch (von Angehörigen) gefragt wurde (vgl. ebd.: 112ff.). Zu melden waren Patient*innen mit bestimmten Krankheiten wie Schizophrenie, Epilepsie, senilen Erkrankungen, Therapie refraktärer Paralyse, »Schwachsinn« jeder Ursache, Encephalitis, Huntington und anderen chronischen Entzündungen. Darüber hinaus war die Fähigkeit zur produktiven Arbeit ein weiteres Erfassungskriterium. Ferner waren alle Patient*innen zu melden, die länger als fünf Jahre in einer Anstalt lebten und als »kriminelle Geisteskranke« verwahrt wurden. Auch Nichtdeutsche und »Fremdrassige« sollten gemeldet werden (vgl. Friedlander 1997: 138). Die Bögen wurden an die Berliner »T4-Zentrale« geschickt, dort entschied ein Gremium aus zwei psychiatrischen Gutachter*innen und einer*m Obergutachter*in über das Schicksal der Menschen mit Behinderungen oder Psychiatrieerfahrungen.

Das Urteil fand rein nach Aktenlage statt, eine Anhörung der Betroffenen war nicht vorgesehen. Das Gremium urteilte darüber, ob die Begutachteten sofort zu töten seien oder zurückgestellt werden konnten. Wenn ein*e Begutachtete*r zurückgestellt wurde, bedeutete dies, dass diese*r zunächst nicht in eine Tötungsanstalt verlegt werden sollte. Die Patient*innen konnten jedoch nicht sicher sein, zu einem späteren Zeitpunkt nicht doch noch deportiert und ermordet zu werden. Die Auswahlkriterien beruhten auf zwei Argumenten. Das erste war dasselbe wie bei der Zwangssterilisation, die Reinhaltung der eigenen »Rasse«. Daneben spielten auch utilitaristische Überlegungen eine wesentliche Rolle. Patient*innen, die zu keiner oder nur mechanischer Arbeit fähig waren, wurden getötet. Damit wurde der Gedanke der »Ballastexistenzen« von Hoche und Binding umgesetzt. Auch die Einsparung von Raum in Heil- und Pflegeanstalten sowie das Einsparen von Pflegepersonal, das im Fronteinsatz gebraucht wurde, waren Motive für die Aufnahme der »Euthanasie«. Die wirtschaftlichen Erwägungen zeigten sich auch darin, dass die meisten Opfer auf Kosten öffentlicher Träger in den Heil- und Pflegeanstalten untergebracht waren (vgl. Hörnig 2023: 320).

Nach der Entscheidung durch die »T4-Zentrale« wurden die Menschen mit Behinderungen oder Psychiatrieerfahrungen in eine der sechs Tötungsanstalten verlegt. Für die Verlegung war die Gemeinnützige Krankentransport GmbH (Gekrat) zuständig. Den Anstalten wurden Listen geschickt von Patient*innen, die in die Tötungsanstalten abgegeben werden sollten. Die Anstalten konnten einzelne Patient*innen austauschen, wenn sie für den Anstaltsbetrieb notwendig waren. Anstelle dieser mussten sie andere in die Tötungsanstalten schicken, was zeigt, dass es im Kern um die systematische Verringerung der in Anstalten lebenden Patient*innen ging (vgl. Friedlander 1997: 144ff). Der »Kampf gegen Heil- und Pflegeanstalten« war eine wichtige Maßnahme für das NS-Regime, weil in den Anstalten »Ballastexistenzen« am Leben erhalten würden (vgl. Hörnig 2023: 325). Die beiden zuerst geöffneten Anstalten Brandenburg an der Havel und Grafeneck waren nur im Jahr 1940 in Betrieb. Aufgrund öffentlichen Protests und des Wunsches, die Aktion weiter geheim zu halten, wurden die Anstalten nach kurzer Zeit wieder geschlossen. Anstelle von Brandenburg wurde eine Anstalt in Bernburg in Betrieb genommen und die Anstalt Hadamar ersetzte die Anstalt in Grafeneck. Die folgende Tabelle zeigt die Standorte der »Aktion T4« mit der Betriebsdauer und der Anzahl der Opfer (vgl. Friedlander 1997: 190).

	Betriebsdauer	Opferzahl
Grafeneck in Württemberg	1940	9893
Brandenburg an der Havel	1940	9772
Hartheim bei Linz	1940–1941	18296
Pirna, auf dem Sonnenstein	1940–1941	13700
Bernburg bei Saale	1941	8601
Hadamar in Hessen	1941	10070

Insgesamt waren mehr Frauen als Männer Opfer der »Euthanasie«, was auch mit den nationalsozialistischen Geschlechtervorstellungen zusammenhing (vgl. Hörnig 2023: 182). Die Patient*innen wurden in Kleintransportern der Gekrat von den Heil- und Pflegeanstalten in die Tötungsanstalten deportiert. Fürchterliche Szenen müssen sich während der Transporte abgespielt haben, weil viele Opfer wussten, was mit ihnen passieren würde. Sie ließen sich nur mit Gewalt in die Kleintransporter verfrachten und es mussten Beruhigungsmittel eingesetzt werden, um sie transportieren zu können (vgl. Friedlander 1997: 149). Nach ihrer Ankunft mussten sich die Patient*innen entkleiden und wurden nochmals oberflächlich untersucht, um eine gefälschte Todesursache zu »diagnostizieren«. Es sollten unglaubwürdige Diagnosen vermieden werden, so konnte etwa eine tödliche Blinddarmentzündung nicht bei einer Patient*in festgestellt werden, der bereits der Blinddarm operativ entnommen wurde. Anschließend wurden sie in die Gaskammern geschickt und dort ermordet. Die Gaskammern ähnelten Duschräumen. Die Duschköpfe waren Attrappen. Aus kleinen Schläuchen, die in den Tötungsräumen an der Decke verlegt waren, wurde das tödliche Gas eingeleitet. Die Duschköpfe sollten den Opfern vortäuschen, dass sie zum Duschen geschickt würden. Die Ärzt*innen, die das Vergasen durchführten (die Gashähne durften nur von ihnen bedient werden) hatten weiße Kittel an und trugen Stethoskope um den Hals (vgl. Schmuhl 1987: 249). Die Ärzt*innen missbrauchten ihre gesellschaftliche Stellung und töteten auf Grundlage des Motivs der Heilung des Volkskörpers. Hierbei spielten wie oben beschrieben medizinische Allmachtsfantasien eine wesentliche Rolle.

Die Leichen wurden in Krematorien verbrannt. Die Angehörigen erhielten einen »Trostbrief«, in dem ihnen der Tod und die fingierte Todesursache ihres Familienmitgliedes mitgeteilt wurde. Dabei wurde in einem euphemistischen Ton die Todesursache beschrieben, der Tod des Angehörigen wurde als Erlösung für ihn dargestellt. Außerdem wurde ihnen die Asche der Verstorbenen für ein Begräbnis angeboten, da die Patient*innen jedoch nacheinander in Krematorien verbrannt wurden, konnte die Asche nicht den einzelnen Opfern zugeordnet werden. Teil der Verschleierungstaktik war, dass die Trostbriefe aus unterschiedlichen Regionen gesendet wurden und nicht aus der Anstalt, in der die Tat stattfand. Hierbei gab es jedoch Fehler. So wurden beispielsweise zwei Todesurkunden aus unterschiedlichen Orten für einen Patient*in ausgestellt, was zu Zweifeln innerhalb der Bevölkerung führte. Außerdem wurden Patient*innen in andere, weit entfernte Tötungsanstalten verschleppt. Zwischenanstalten dienten dazu, die Verbrechen zu verschleiern. Sie fungierten auch für die Anpassung der Kapazitäten der Tötungsanstalten. Die Patient*innen aus den Heil- und Pflegeanstalten mussten solange in den Zwischenanstalten bleiben, bis sie zur Ermordung in die Tötungsanstalten verlegt wurden. In der dezentralen Phase der »Euthanasie« (siehe kommendes Kapitel) führten die Anstaltsärzt*innen auch in den Zwischenanstalten systematische Tötungen durch (vgl. Schmuhl 1987).

Allgemein wurde wenig nachgefragt, wo die Menschen mit Behinderungen und Psychiatrieerfahrungen hinkamen. Es gab wenig offen bekundeten Widerstand innerhalb der Bevölkerung, aber bereits ab 1940 kursierten Gerüchte über die »Euthanasie«-Morde (vgl. Hörnig 2023: 283). Da das Regime für den beginnenden Krieg die breite Zustimmung der Bevölkerung brauchte, wurden zahlreiche Anstrengungen unternommen, um die Geheimhaltung zu bewahren. So wurde auch auf Anweisung Hitlers darauf verzichtet, die »Euthanasie« rechtlich zu legitimieren, weil dies einem öffentlichen Eingeständnis des Vorhandenseins der »Euthanasie« gleichkäme. Ein ausgearbeiteter Gesetzentwurf wurde nie verabschiedet, auch ein Entwurf ist nicht überliefert, Stellungnahmen zum Gesetz liegen jedoch als Quellen vor. Im Gesetzentwurf soll neben bestimmten Krankheiten wie Schizophrenie, »Schwachsinn«, Epilepsie und Demenz auch die Arbeitsfähigkeit als Selektionsmerkmal genannt worden sein. Es sollten diejenigen getötet werden, die zu keiner produktiven oder nur zu mechanischer Arbeit in der Lage waren (vgl. Klee 2018: 205). Die Justiz stand vor zahlreichen Problemen: Zum einen war sie ohnmächtig, weil sie nicht gegen die Tötung von Anstaltsinsass*innen ermitteln konnte, was zu einem Verlust des Ansehens der Justiz führte. Zweitens beeinflusste die illegitime »Euthanasie« die Verfahren des Vormundschaftsgerichts. Die Richter*innen wussten oft nicht, dass die zu Betreuenden schon tot waren, erst durch die Angehörigen erfuhren sie davon. In Strafverfahren wurde gezögert, die verminderte Schuld nach § 42b (Einweisung in eine Heil- und Pflegeanstalt statt ins Gefängnis bei verminderter Schuldfähigkeit) des Reichsstrafgesetzbuches anzuwenden, weil die Tötung der Verurteilten in den Heil- und Pflegeanstalten befürchtet wurde (vgl. Schmuhl 1987: 300). Ihre Urteile wurden im Nachhinein in Todesstrafen umgewandelt, anschließend wurden sie in »Euthanasie«-Tötungsanstalten ermordet (vgl. Klee 2018). Um die notwendige Rechtssicherheit wieder herzustellen, entschied sich die KdF, die Generalstaatsanwälte in einer geheimen Unterredung in die »Aktion T4« einzuweihen (vgl. Friedländer 1997: 206). Diese Maßnahme konnte jedoch nicht den Stopp der »Aktion T4« verhindern.

3.4. Die dezentrale »Euthanasie« und »Aktion Brandt«

Mit einem Erlass des Führers wurde die »Aktion T4« am 24. August 1941 gestoppt. Damit wurde das Scheitern der Geheimhaltung eingestanden und dem öffentlichen Druck nachgegeben, die Abnahme der Zustimmung in der Bevölkerung hätte zu einer Gefahr für das Regime werden können. Das Scheitern der Geheimhaltung und der Stimmungswandel hatten mehrere Ursachen. Die Bevölkerung bemerkte das Verschwinden einer großen Zahl von Menschen mit Behinderungen oder Psychiatrieerfahrungen. Insbesondere in den Gebieten, wo die Tötungsanstalten angesiedelt waren, regte sich zunehmend Widerstand, weil die Transporte gesehen wurden und das Verschwinden der Menschen mit Behinderungen oder Psychiatrieerfahrungen nicht erklärbar war. Ferner belästigte die Einwohner*innen ein unangenehmer Gestank der Krematorien. Auch die Tatsache, dass die Verfolgung von Menschen mit Behinderungen und Psychiatrieerfahrungen nicht so stark akzeptiert wurde wie die gegenüber den anderen Verfolgtengruppen, war ein Grund für die Aufgabe der zentralen »Euthanasie«-Aktion. Aus diesem Umstand wurde geschlussfolgert, die spätere systematische Tötung von Jüdinnen und Juden in den Osten zu verlagern und die ganzen Familien zu deportieren. Damit sollte die Geheimhaltung der Ermordung der Jüdinnen und Juden bewahrt und der Widerstand der Familien unterbunden werden (vgl. Friedlander 1997). Ferner stellten außenpolitische Niederlagen das Regime unter Zugzwang. Die Probleme während des Feldzugs gegen die Sowjetunion sowie an der Westfront, die viele Opfer auf Seiten der Deutschen forderte, führten zu zunehmenden Legitimationsschwierigkeiten.

Die dezentrale Phase der »Euthanasie«

In der dezentralen Phase der »Euthanasie« wurden die sechs zentralen Tötungsanstalten aufgegeben (bzw. für die Verwendung im Rahmen der dezentralen »Euthanasie« umgestaltet), die Patient*innen wurden nun in den jeweiligen Heil- und Pflegeanstalten ermordet. Dies ermöglichte die Aufrechterhaltung der Geheimhaltung und der logistische Aufwand war deutlich geringer. Die Opferzahlen während der dezentralen »Euthanasie« sind deutlich höher. Während bei der »Aktion T4« etwa 70.000 Menschen durch Gas ermordet wurden, starben schätzungsweise 200.000 Opfer nach dem angeblichen »Euthanasie«-Stopp im Rahmen der dezentralen »Euthanasie«. Mindestens 5.000 Kinder fielen der »Kindereuthanasie« zum Opfer, die während des gesamten Krieges durchgeführt wurde (vgl. Wunder 2013: 19). Auch die Methoden änderten sich, die Opfer wurden nun nicht mehr vergast, sondern mit Medikamenten und durch systematisches Verhungern getötet: Ihnen wurde lediglich eine nährstoffarme Suppe gereicht. Das Gift wurde entweder mit der Nahrung verabreicht, die den schlechten Geschmack verfälschen sollte oder mit Spritzen, die zum Tode führten. Als Auswahlkriterium wurde wie auch schon in der »Aktion T4« die Arbeitsfähigkeit der Patient*innen herangezogen. Während in der »Aktion T4« die Berliner »T4-Zentrale« über das Schicksal der Kranken entschied, richteten meistens Pfleger*innen und Ärzt*innen aus den jeweiligen Einrichtungen in der dezentralen Phase der »Euthanasie« über das Schicksal der Betroffenen. Das medizinische Personal hatte eigene Interessen und missbrauchte die Opfer für Versuche. Pfleger*innen machten ihr Urteil von persönlicher Sympathie und dem Arbeitsaufwand bei der Pflege der Menschen mit Behinderungen oder Psychiatrieerfahrungen abhängig. Für Ärzt*innen war die mögliche Verwendung für ihre Forschung das ausschlaggebende Kriterium. Wenn sie die Patient*innen nicht mehr gebrauchen konnten, wurden sie mit Spritzen (dem Schlafmittel Luminal) getötet. Die Pflegekräfte wirkten wie auch die Ärzt*innen freiwillig an den Morden mit, sie wurden nicht zur Teilhabe gezwungen. Es wurde mit der Hierarchie des deutschen Gesundheitssystem argumentiert, dass sie von den Weisungen der Ärzteschaft abhängig waren. Die Motive waren zum einen ideologischer Natur, sie teilten die nationalsozialistischen Vorstellungen. Ferner herrschte bei ihnen eine Gleichgültigkeit gegenüber dem Leben der Patient*innen der Anstalten, in denen die dezentrale »Euthanasie« durchgeführt wurde (vgl. Friedlander 1997: 271f).

Sowohl der systematische Nahrungsentzug als auch die Verabreichung von Schlafmittel führte dazu, dass die Patient*innen scheinbar eines natürlichen Todes starben. Dies half, die Krankenmorde weiterhin im Verborgenen durchzuführen oder zumindest den Angehörigen eine natürliche Todesursache vorzutäuschen.

Auch die Orte des Tötens blieben teilweise dieselben. So wurde in der Mordanstalt Hadamar (Anstaltsbetrieb mit Tötungen im Rahmen der dezentralen »Euthanasie«) auch nach dem »Euthanasie«-Stopp weiter getötet. In weiteren Anstalten, Bernburg, Hartheim und Pirna-Sonnenstein, wurden arbeitsunfähige Zwangsarbeiter*innen und KZ-Häftlinge systematisch getötet (Aktion 14f13) (vgl. Klee 2018: 409).

Mit den Bewohner*innen der Heil- und Pflegeanstalten wurden medizinische Versuche durchgeführt, die im wesentlichen zwei Zielen dienten: Zum einem sollten Methoden für die Optimierung der Kriegsführung getestet werden. Hierzu erprobte beispielsweise die Luftwaffe im KZ-Dachau in Unterdruckkammern, wie sich Piloten in extremer Höhe verhielten. Andererseits sollten Verfahren zur Durchsetzung der nationalsozialistischen Ideologie entwickelt werden. Um Jüdinnen und Juden in die systematischen Sterilisationen einzubeziehen, mussten neue Methoden eingesetzt werden, beispielsweise versuchte man an KZ-Häftlingen, mittels Röntgenstrahlen Sterilisationen durchzuführen. Auch durch das Einspritzen einer Reizflüssigkeit in die Gebärmutter sollten die Sterilisationsmaßnahmen optimiert werden (vgl. Friedlander 1997: 222f). Ferner wurden Versuche mit Elektroschocks durchgeführt, es sollten Erkenntnisse über die Behandlung von Epilepsie und Krampfanfällen gewonnen werden. Auch im Bereich der Versorgung von Patient*innen mit psychiatrischen Diagnosen, die an Schizophrenien litten, wollten die Forscher*innen Erkenntnisse gewinnen. Die Psychiatrie erhoffte sich damit, sich als eigenständige Disziplin innerhalb der Medizin zu etablieren (vgl. Schmuhl 1987: 278ff). Die Patient*innen litten qualvoll unter den Versuchen und die Ergebnisse verhalfen zahlreichen Mediziner*innen zu Doktortiteln oder wissenschaftlichen Ehrungen.

»Aktion Brandt«: Reorganisation der »Euthanasie«

Durch die Entwicklungen des Kriegsverlaufes, im Rahmen dessen viele Soldaten verwundet wurden, kam es zu einer Reorganisation der Patient*innenmorde (vgl. ebd.: 234). Mit der systematischen Tötung von Anstaltspatient*innen sollte auch Platz in den Krankenhäusern geschaffen werden für verwundete Soldaten. Für diese Mordaktion war Karl Brandt, einer der Leiter der »T4-Zentrale«, maßgebend verantwortlich, weshalb sie auch »Aktion Brandt« genannt wurde. In Berlin wurde die Koordination zwischen den einzelnen Anstalten und die Planung der Gesamtkapazität übernommen, die Entscheidung, welche*r Patient*in getötet werden sollte, oblag jedoch den Anstaltsleitungen (vgl. Weber 2023: 55). Als Beispiel für das Vorgehen während der »Aktion Brandt« sollen die Geschehnisse in den Alsterdorfer Anstalten geschildert werden, weil zwei Betroffene, deren Schicksale (bzw. das ihrer Angehörigen) in dieser Arbeit beschrieben werden, von dem Transport nach Wien berichteten. Wegen zunehmenden Platzmangels in den Hamburger Krankenhäusern und Heil- und Pflegeanstalten sollten Bewohner*innen in andere Anstalten verlegt werden. Neben den Luftangriffen auf Hamburg, infolge derer die Kapazität in den Krankenhäusern erhöht werden musste, war auch der hohe Pflegeaufwand ein Selektionskriterium. Aus den Alsterdorfer Anstalten wurden Patient*innen in vier Transporten deportiert:

- August 1943: 52 Mädchen und Jungen in die Heil- und Pflegeanstalt Kalmenhof bei Idstein
- August 1943: 76 Männer in die Heil- und Pflegeanstalt Eichberg im Rheingau
- 10. August 1943: 113 Jungen und Männer in die Heil- und Pflegeanstalt Mainkofen bei Passau
- 14. August 1943: 228 Mädchen und Frauen in die Landesheilanstalt Am Steinhof in Wien (vgl. Wunder 2016: 285).

Ausgehend von Transportkapazitäten, die von der »Gekrat« an die Anstalten gemeldet wurden, stellten die Mitarbeitenden die Transporte zusammen, die Patient*innen wurden mit Bussen und Bahnen in die oben genannten Anstalten verschleppt. Dort starben sie durch Überdosierung von Medikamenten und systematische Hungerkost, die »Aktion Brandt« war somit Teil der dezentralen »Euthanasie«, weil die gleichen Tötungsmethoden verwendet wurden.

Wie bereits an einigen Stellen angedeutet, beispielsweise bei der Sterilisation der Sinti*zze und Rom*nja oder der Einbeziehung der KZ-Häftlinge in die medizinischen Versuche, gab es zwischen der Verfolgung unterschiedlicher Gruppen Verknüpfungen, die sowohl in der gemeinsamen Ideologie als auch in der Anwendung der Verfolgungs- und Mordmethoden in unterschiedlichen Aktionen lagen. Deshalb scheint es an dieser Stelle sinnvoll, den Blick zu weiten, und die »Euthanasie« in den nationalsozialistischen Tatkomplex einzuordnen.

3.5. Einordnung der »Euthanasie« in den nationalsozialistischen Tatkomplex

Auch wenn die Verfolgung unterschiedlicher Gruppen jeweils eigene historische Ursachen hatten (und auf anderen Ideologien beruhte), können ähnliche Dynamiken und Verbindungslinien zwischen den Tatkomplexen dargelegt werden. Zur Rechtfertigung der nationalsozialistischen Mordaktionen wurden verschiedene »Probleme« benannt, die nach der nationalsozialistischen Ideologie durch die Mordaktionen gelöst werden sollten:

- Um die finanzielle Korruption zu bekämpfen und eine politische Unterwanderung zu verhindern, wurden die Jüdinnen und Juden ausgegrenzt und getötet.
- Die Verfolgung und Ermordung der Sinti*zze und Rom*nja wurde mit der Bekämpfung der Kriminalität gerechtfertigt.
- Die Zwangssterilisation und »Euthanasie« diente dem Kampf gegen »Entartung« (vgl. Friedlander 1997: 404).

Die Ausgrenzung begann mit einer auf angeblich wissenschaftlichen Erkenntnissen beruhenden Stigmatisierung, die durch die Rassenhygiene, Arbeiten zur Rassenanthropologie und Forschungsergebnisse, die unerwünschtes Verhalten mit genetischen Faktoren erklärte, begründet wurde. Beispielsweise wurden aufbauend auf der Überlegung von Lombrose mehrere Studien durchgeführt, die eine Verknüpfung zwischen einem verbrecherischen Handeln und der Zugehörigkeit zur Gruppe der Sinti*zze und Rom*nja beweisen sollten. Finanziert wurden sie über Mittel der DFG (vgl. ebd.: 399).

Darauf folgte die Ausgrenzung vom öffentlichen Leben. Die Internierung in Lagern (Juden, Sinti*zze und Rom*nja), die Ausweitung der Sterilisationen sowie die Pflicht des Tragens eines Judensterns und das Verbot des Ausübens bestimmter Berufe, dienten diesem Zweck. Es folgte eine Deportation in Zwischenanstalten und »T4-Mordzentren« für Menschen mit Behinderungen oder Psychiatrieerfahrungen, die angeblich nicht mehr arbeitsfähig waren, und in Konzentrationslagern und Vernichtungslagern für Sinti*zze und Rom*nja sowie Jüdinnen und Juden. Die unterschiedlichen Mordaktionen fanden zeitversetzt statt. Während die »Euthanasie« schon 1939 startete, setzte die systematische Ermordung der Jüdinnen und Juden und Sinti*zze und Rom*nja erst 1941 ein. Dies ermöglichte den Täter*innen die Erprobung und Optimierung von Tötungsmethoden in Rahmen der »Aktion T4«, die dann auf die Aktionen der Ermordung der europäischen Jüdinnen und Juden übertragen werden konnten. Ferner konnten, wie bereits beschrieben, weitere Erfahrungen aus der »Euthanasie« auf die Ermordungen der Jüdinnen und Juden angewendet werden, beispielsweise die Deportation der ganzen Familien, um den Widerstand gegen die Ermordung eines jüdischen Familienmitglieds zu unterbinden.

Ein Bindeglied zwischen der »Euthanasie« und der Ermordung der europäischen Jüdinnen und Juden stellte die Aktion »14f13« dar. Ab 1941 wurden arbeitsunfähige (jüdische) Menschen, die in Konzentrationslagern interniert waren, in die »Euthanasie«-Aktion eingeschlossen. Im Rahmen der Aktion »14f13« wurden sie mittels Meldebögen durch die Zentrale der »Aktion T4« begutachtet und in die Tötungsanstalten Hartheim, Pirna-Sonnenstein und Bernburg verschleppt und ermordet. Hierbei waren Jüdinnen und Juden allein aufgrund ihrer jüdischen Herkunft eingeschlossen, was die enge Verknüpfung der »Euthanasie« mit anderen Mordaktionen der Nationalsozialisten zeigt. Insbesondere im späteren Verlauf der Aktion »14f13« waren die genauen Ursachen der Verfolgung nicht mehr erkennbar und beruhten auch auf politischen und sozialen Faktoren (vgl. Schmuhl 1987: 217ff). Etwa 20.000 Personen wurden im Rahmen der Aktion »14f13« ermordet (vgl. Hörnig 2023: 159). Die SS nahm Kontakt mit den Planern der »Euthanasie« auf. Sie wollten die Expertise, die die T4-Mitarbeitenden sammelten, für die systematische Ermordung der Jüdinnen und Juden nutzen, weil die bisherigen Verfahren des »Vernichtens durch Arbeit« nicht effektiv genug waren. Neben den Einrichtungen wurden auch Mitarbeitende der »Aktion T4« für die Ermordung der Jüdinnen und Juden abgeordnet. Sie töteten im Rahmen der »Aktion Reinhardt« im Osten systematisch Jüdinnen und Juden in den Vernichtungslagern Treblinka, Sobibor und Belzec, die unter dem Kommando der »Aktion T4« standen. Später wurden Teile des Personals nach Triest versetzt, wo sie weiter mordeten. Auch der Leiter des Vernichtungslagers Auschwitz, Menecke, wirkte zunächst im Rahmen der »Euthanasie«-Aktion an der Ermordung von Menschen mit Behinderungen und Psychiatrieerfahrungen mit (vgl. Friedlander 1997: 449ff). Weil es gegen die Tötung von Menschen mit Behinderungen und Psychiatrieerfahrungen zahlreiche Proteste gab, wurden die Morde an den Jüdinnen und Juden außerhalb des Deutschen Reiches durchgeführt. Damit sollte die Geheimhaltung gewährleistet werden. Ferner wurden zu diesem Zweck ganze Familien deportiert, auch wenn nur ein Familienmitglied Teil einer diskriminierten Gruppe war.

3. »Euthanasie«

Dadurch sollten die Proteste von Angehörigen im Keim erstickt werden. Das zunehmende öffentliche Bewusstsein für die Ermordung von Menschen mit Behinderungen und Psychiatrieerfahrungen sowie anderer Gruppen führte zu Diskussionen über die »Euthanasie«. Wegen der mit Zwangsmitteln durchgesetzten Geheimhaltung fanden diese hauptsächlich im Privaten statt, auch in den Kirchen wurde dies thematisiert.

3.6. Reaktionen der Kirche auf die »Euthanasie«-Aktion

Auf die Verbrechen der NS-»Euthanasie« wurde unterschiedlich reagiert. Das Verhalten von Kirchenvertreter*innen reichte von zustimmender Kooperation bis Widerstand. Die Schuld wurde auf die Angehörigen verlagert, die jedoch aufgrund der Bedingungen in der Regel nicht in der Lage waren, die Betroffenen zu schützen.

Auch christliche Einrichtungen erhielten die Meldebögen für die Begutachtung der Patient*innen. In einigen evangelischen Einrichtungen weigerte man sich, diese zu bearbeiten. So widersetzten sich von Bodelschwingh und andere leitende Ärzte von Bethel auch nach intensiven Unterredungen, die ihnen zugesandten Meldebögen auszufüllen (vgl. Schmuhl 1987: 333). Daraufhin wurden aus der »T4-Zentrale« Gutachter geschickt, die die Bögen ausfüllten. Danach hatten die Mitarbeitenden keine Möglichkeit mehr, die Betroffenen vor dem Abtransport in die Tötungsanstalten zu schützen. Anders war die Situation in den Alsterdorfer Anstalten (Hamburg). Nachdem man sich anfangs gegen das Absenden der Meldebögen wandte, wurden sie von dem leitenden Arzt Gerhard Kreyenberger und dem Anstaltsleiter Pastor Friedrich Lensch ausgefüllt und nach Berlin gesendet. Dort wurden Transportlisten erstellt und an die Alsterdorfer Anstalten geschickt. Die dortigen Mitarbeitenden halfen bei der Vorbereitung der Abtransporte (vgl. Wunder 2016: 137ff). Während generell in vielen evangelischen Einrichtungen die Meldebögen ausgefüllt wurden, war dies in katholischen nur dann von der Kirchenleitung legitimiert, wenn die Weigerung schwerwiegende Konsequenzen für die Anstalten gehabt hätte (vgl. Hörnig 2023: 424). Der Central-Ausschuss der Inneren Mission veränderte seine Position. Während zu Beginn die Ablehnung noch kategorial war, wurde die Position mit der Zeit aufgeweicht. Sobald eine rechtliche Regelung vorhanden gewesen wäre, hätte die IM ihre ablehnende Haltung aufgegeben (vgl. ebd.: 227). Die geistlichen Anstaltsleiter missbrauchten ihre pastorale Macht und kooperierten bei den Selektionen mit den Anstaltsärzten (vgl. ebd.: 421). Der Episkopat verbot katholischen Einrichtungen die Mitarbeit an den Verlagerungen von Patient*innen mehrmals, vereinzelt beteiligten sich katholische Schwestern doch an den Vorbereitungen der Transporte und begründeten dies mit dem »Veronika Dienst«[15]. Mit dieser Argumentation wurde den katholischen Schwestern erlaubt, die Transportlisten hinsichtlich der Personalien der Opfer zu überprüfen. Dies war scheinbar legitim, weil sie dabei keine Entscheidungsgewalt hatten und lediglich die Durchführung über-

---

15 Mit dem Reichen des Schweißtuches beteiligte sich Veronika nicht unmittelbar an der Tat, sondern bemühte sich lediglich, die Situation für Jesus in diesem Moment zu verbessern.

prüften (vgl. Schmuhl 1987: 200). Christliche Einrichtungen handelten mit den staatlichen Behörden Kriterien für die Streichung von Patient*innen von den Transportlisten aus (vgl. Hörnig 2023: 226). Es gibt ein umstrittenes Gutachten des katholischen Moraltheologen Joseph Meyer, das kurz vor Beginn der »Euthanasie« von der Führung der »Euthanasie«-Aktion in Auftrag gegeben wurde. Im ihm soll Meyer die »Euthanasie« in Ausnahmefällen legitimiert haben, es wird angenommen, dass die Nationalsozialisten es benutzten, um die »Aktion T4« zu begründen. Er plädierte dafür, die »Euthanasie« in Ausnahmefällen zuzulassen. Da die Quelle jedoch nie eindeutig identifiziert wurde, ist dieser Aspekt in der Geschichtswissenschaft umstritten (vgl. Richter 2001; Hörnig 2023).

Widerstand fand nur im geringen Umfang auf protestantischer Seite statt, ursächlich hierfür war neben einer starken Loyalität zum Staat auch die Angst um das Fortbestehen der eigenen Einrichtung. Durch das Schweigen wurde außerdem das Unrecht in der eigenen Institution geschützt bzw. erst möglich, eine Solidarisierung mit den Opfern blieb aus. Zwar wurden gegenüber den Angehörigen Andeutungen gemacht, wirkliche Warnungen existierten jedoch kaum (vgl. Hörnig 2023: 389ff). Auch auf katholischer Seite fand nur im geringen Maß Protest statt. Während sich auf der einen Seite viele Kirchenvertreter*innen nicht gegen die »Euthanasie«-Aktion wehrten (und auch gegen die Diskriminierung der Jüdinnen und Juden nicht energisch protestierten), gab es auf der anderen Seite einige christliche Vertreter*innen, die sich kritisch äußerten, zu den bekanntesten gehörte der Münsteraner Bischof Clemens Graf von Galen.

In seiner Predigt vom 03. August 1941 kritisierte er die »Euthanasie«-Verbrechen. Diese fand vor dem Hintergrund des Abtransports von Patient*innen aus der bei Münster liegenden Heil- und Pflegeanstalt Marienthal statt. Von Galen protestierte gegen die Deportation und Ermordung, die nach § 211 des Reichsstrafgesetzbuches mit dem Tode zu bestrafen seien. Ausgehend von diesen Vorschriften erstattete von Galen Anzeige gegen die Verantwortlichen der »Aktion T4«. Dieser wurde jedoch nicht nachgegangen. Er kritisierte die Verbrechen der Nationalsozialisten von der Kanzel aus, wodurch er sie öffentlich anprangerte.

> »(...) Wenn man den Grundsatz aufstellt und anwendet, dass man den unproduktiven Mitmenschen töten darf, dann wehe uns allen, wenn wir alt und altersschwach werden! Wenn man die unproduktiven Mitmenschen töten darf, dann wehe den Invaliden, die im Produktionsprozess ihre Kraft, ihre gesunden Knochen eingesetzt, geopfert und eingebüßt haben! Wenn man die unproduktiven Mitmenschen gewaltsam beseitigen darf, dann wehe unseren braven Soldaten, die als schwer Kriegsverletzte, als Krüppel zurückkehren (...)« (zitiert nach von Galen 1941: Rn. 14).

Die Predigt sollte zur kritischen Auseinandersetzung mit der »Euthanasie« anregen. Während die jüdischen Opfer nicht als Teil der deutschen Bevölkerung angesehen wurden, konnte von der »Euthanasie« jeder betroffen sein, zumal vermehrt auch Kriegsversehrte und Bewohner*innen aus Altenheimen in die Aktion eingebunden wurden (vgl. Schmuhl 1987: 210). Seine Predigt wurde von den Alliierten als Flugblatt verteilt, um mittels Aufklärung die Stimmung innerhalb der Bevölkerung zu beeinflussen und die »Euthanasie«-Aktion zu beenden. Die Person von Galen muss aber auch kritisch bewertet werden, da er sich beispielsweise nicht zur Phase nach dem »Euthanasiestopp« äußerte (auch andere Vertreter*innen der Kirche schwiegen zu dieser Phase, vgl. Hörnig 2023: 217). Auch die Ermordung der Jüdinnen und Juden wurde von Bischof von Galen nicht öffentlich kritisiert. Ferner lobte er die antikommunistische und antiliberale Haltung der Nationalsozialisten (vgl. Kappeler 2018: 69). Von Galen predigte offen für die Nationalsozialisten, so in einer Predigt am 23.9.1934:

> »Gott sei Dank, dass wir als Katholiken diese klare Erkenntnis von der Bedeutung und von dem Rechte der Obrigkeit haben, dass wir wissen, dass die obrigkeitliche Gewalt und ihr Recht zu gebieten nicht vom Volke ausgeht, nicht in einer kündbaren Übereinkunft der Menschen ihr Fundament hat, sondern in Gott; und dass, wer sich gegen die Obrigkeit auflehnt, sich auflehnt gegen die Anordnungen Gottes'. Diese klare Erkenntnis, welche unser Gewissen zum Gehorsam verpflichtet, hat die treuen Katholiken, hat euch wie euere Vorfahren stets bewahrt vor Auflehnung gegen die Obrigkeit, vor der Teilnahme an Revolutionen! (ebd.)«

Das Regime verzichtete darauf von Galen zu verfolgen, ursächlich hierfür könnte sein hoher Bekanntheitsgrad gewesen sein. Andere kritisch predigende Geistliche wurden hingegen verfolgt und teilweise in den Konzentrationslagern interniert (beispielsweise Paul Gerhard Braune). Er protestierte mit einem Schreiben an Adolf Hitler gegen den Abtransport von Patient*innen aus den in Lobetal (bei Berlin) liegenden Hoffnungstaler Anstalten und konnte die Deportation verhindern. Seine Denkschrift, die er an den Reichskanzler adressierte, unterstützte die Entwicklung eines öffentlichen Bewusstseins für die Existenz der »Euthanasie«. Weil er sich auch für andere Verfolgtengruppen engagierte, wurde er für mehrere Monate in Gestapo-Haft interniert (vgl. Gedenkstätte Deutscher Widerstand). Andere Aktivist*innen wurden nach dem Heimtückegesetz hingerichtet.[16]

Der größte Teil des christlichen Widerstands bestand aus geheimen diplomatischen Bemühungen. Man wollte versuchen, durch Verhandlungen mit der Reichsregierung eine Milderung der Verbrechen zu forcieren. Jedoch ging dies mit einer Zusammenarbeit mit dem nationalsozialistischen Regime einher und die Proteste gegen die Nationalsozialisten wurden nur von einzelnen Personen getragen, während die christlichen Organisationen sich nicht offen positionierten. So wurde erst lange Zeit nach Beginn der systematischen Ermordung von Anstaltspatient*innen damit begonnen, sich öffentlich gegen die Verbrechen zu erheben.[17] Auch Theophil Wurm, Bischof der evangelischen Landeskirche Württemberg und erster Ratsvorsitzender der EKD, protestierte in mehreren Eingaben gegen die »Euthanasie«-Aktion. Sein Protest war jedoch nicht öffentlich und gelangte erst später ohne seine Zustimmung an die Öffentlichkeit. Insbesondere zu Beginn des Nationalsozialismus

---

16 Während in Deutschland ein staatsloyaler Widerstand wie der von von Galen und Wurm praktiziert wurde, formierte sich in Österreich, insbesondere im Umfeld der Tötungsanstalt Hartheim, Protest, der von Katholiken und Kommunisten gemeinsam getragen wurde (vgl. Hörnig 2023: 270ff).
17 Zur ausführlichen Darlegung des christlichen Widerstandes siehe den Beitrag von Ralph-Christian Amthor und Ksenia Rott im Sammelwerk von Johannes Eurich und Andreas Lob-Hüdepohl (vgl. Amthor, Rott 2018).

war er offen für die neue Staatsführung, was in evangelischen Kreisen eine weitverbreitete Haltung war (vgl. Hörnig 2023: 301).

Die kirchlichen Einrichtungen besaßen einen guten Ruf, die Angehörigen vertrauten ihnen ihre Verwandten mit Behinderungen oder Psychiatrieerfahrungen an. Dieses Vertrauen wurde gebrochen durch die bereitwillige und staatsloyale Kooperation der kirchlichen Institutionen (vgl. ebd.: 225ff). Die Verantwortung wurde bewusst auf die Angehörigen verlagert, ihnen wurde die Möglichkeit zugesprochen, die Bewohner*innen der Heil- und Pflegeanstalten abzuholen, was de facto nicht möglich war, vor allem aufgrund ihrer sozialen Lage und eigener Diskriminierungserfahrungen. Bei der Beisetzung von »Euthanasie«-Opfern standen Pfarrer*innen vor einigen Herausforderungen. Die Kremation entsprach nicht den religiösen Riten und Normen, deshalb wurde diese Art der Bestattung zunächst abgelehnt. Im Laufe der »Euthanasie«-Aktion erlaubte die Deutsche Bischofskonferenz die Beisetzung der Urnen von Opfern, weil die Einäscherung gegen den Willen der Betroffenen durchgeführt wurde. Die langanhaltenden Anstaltsaufenthalte führten dazu, dass wenig Egodokumente vorhanden waren, aus denen die Rekonstruktion des individuellen Lebenswegs ermöglicht werden konnte. Es kam in der Folge zu einer »liturgischen Unsichtbarmachung«, d. h. die Betroffenen wurden nur mit einer »kleinen Form« ohne biografische Bezüge und mit wenig Predigt unauffällig beigesetzt (vgl. ebd.: 429ff).

Nach der Kapitulation wurden die meisten Einrichtungen der »Euthanasie« aufgelöst und die dort Internierten befreit, in einigen dauerte das Grauen noch einige Wochen bzw. Monate an und viele Anstaltsbewohner*innen starben an Hunger. Die weitere Entwicklung des Umgangs mit Menschen mit Behinderungen und Psychiatrieerfahrungen sowie die Auswirkung auf den Erinnerungsdiskurs werden im dritten Teil dieser Arbeit erörtert. Um die Zeugnisse der Betroffenen interpretieren zu können, müssen an dieser Stelle die Ansätze der Aufarbeitung der Zwangssterilisation und »Euthanasie« nachgezeichnet werden.

4. Aufarbeitung

Lange Zeit wurden die Leiden von Menschen mit Psychiatrieerfahrungen und Behinderungen während des Nationalsozialismus tabuisiert. Es wurden die Verbrechen, insbesondere die der Zwangssterilisation, nicht als nationalsozialistisches Unrecht anerkannt, weil dieses Vorgehen als legitimes Verfahren zur Prävention von Behinderungen und psychischen Krankheiten angesehen wurde. Ferner wurde die Zwangssterilisation bereits in der Weimarer Republik diskutiert und auch in anderen (demokratischen) Staaten praktiziert wie den Vereinigten Staaten von Amerika, was die Anerkennung der Zwangssterilisation als »typisches NS-Unrecht« erschwerte. Erst ab den 80er Jahren begannen Historiker*innen und Journalist*innen, sich mit der Problematik der »Euthanasie« und Zwangssterilisation auseinanderzusetzen. So publizierten Ernst Klee und Götz Aly zu diesem Thema und stießen damit eine öffentliche Debatte in der Bundesrepublik an. Daraufhin erschienen zahlreiche Publikationen, die sich wissenschaftlich mit diesem Themenkomplex auseinandersetzten. Die Berücksichtigung der Stimmen der Betroffenen setzte erst deutlich später ein (abgesehen von der Arbeit von Horst Biesold mit dem Titel »Klagende Hände«, aus dem Jahr 1988; vgl. Biesold 1988), während die ersten Studien sich vor allem mit der Ideengeschichte, dem Verlauf sowie den beteiligten Akteursgruppen auseinandersetzten (beispielsweise Schmuhl 1987). Die Verfolgung und Verurteilung der Täter*innen verlief schleppend, die Entschädigungsfrage blieb lange ungeklärt und die Gedenkstätten, die an die Opfer der »Euthanasie« erinnern, wurden erst spät eröffnet. Es bedurfte zahlreicher Anstrengungen, die vor allem von den Sozialdemokraten und später auch vom Bündnis 90/Die Grünen ausgingen, um das Thema in der Öffentlichkeit zu platzieren.

Ursächlich für das lange Verschweigen der Verbrechen war unter anderem auch die Erkenntnis, dass die Mediziner*innen im Nachkriegsdeutschland vermutlich unter den Umständen des Nationalsozialismus ähnlich gehandelt hätten. So stellte die deutsche Gesellschaft für soziale Psychiatrie in einer Denkschrift 1985 die Frage »Wie hätte ich gehandelt, wenn ich damals gelebt hätte, wenn ich davon ausgehe, dass die Verantwortlichen von damals nicht besser und nicht schlechter gewesen sind als ich.« (zitiert nach Dörner 2001: 331). Hier wird die Orientierung an den Fortschrittsgedanken und wissenschaftlichen Erkenntnissen im 19. Jahrhundert und zu Beginn des 20. Jahrhunderts erkennbar, die nicht grundlegend rassistisch waren und auch in der Bundesrepublik weiter forciert wurden. Auch innerhalb der deutschen Gesellschaft für Neurologie und Psychiatrie (DGNP)[18] gab es lange kein Unrechtsbewusstsein. Die Vorschrift des GzVeN wurde als legitimes Mittel für die Prävention von Behinderungen bewertet, die Entschädigungsleistungen der Zwangssterilisierten wurden mit diesem Argument abgelehnt (und der Tatsache, dass es bei rassistisch motivierten Sterilisationen die Möglichkeit gab, eine Entschädigung zu beantragen; vgl. Dörre 2021: 498ff). Erst in den 80er Jahren begann sich die Geschichtswissenschaft mit dem Leiden der Zwangssterilisierten und der »Euthanasie«-Geschädigten auseinanderzusetzen, was die Diskussion um die Entschädigung und die Ächtung des GzVeN (es wurde nach Ende des zweiten Weltkrieges lediglich außer Kraft gesetzt) intensivierte. Sie wurde von einer sich verstärkenden Behindertenbewegung beeinflusst, die die Abschottung der Menschen mit Behinderungen kritisierte und gleiche Rechte für sie forderte (s. hierzu Teil 3 dieser Arbeit). Die Verurteilung der an den »Euthanasie«-Morden beteiligten Ärzt*innen begann jedoch schon in den Nürnberger Nachfolgeprozessen, in denen sich die zentralen Personen verantworten mussten.

---

18 Sowohl die DGNP als auch die DGSP sind Fachgesellschaften von in der Psychiatrie Tätigen, dabei ist die DGSP, die sich erst im Rahmen der Psychiatriereform gründete, reformorientierter und spricht auch weitere Berufsgruppen wie Psycholog*innen und Sozialarbeiter*innen an (s. hierzu ausführlich Abschnitt zur Psychiatriereform).

4.1. Juristische Aufarbeitung

Neben der Verfolgung der Täter*innen, die bereits kurz nach Ende des Krieges begann, musste sich auch mit den zivilrechtlichen Konsequenzen des nationalsozialistischen Unrechts auseinandergesetzt werden, weil viele Gesetze, wie auch das GzVeN, nach wie vor geltendes Recht waren. Dies galt sowohl für die Bundesrepublik als auch für die DDR. Obwohl es in den ersten Jahren einige Anstrengungen zur juristischen Aufarbeitung in der SBZ DDR gab, wurden diese wegen des Ärztemangels und dem Fokus auf die politischen Oppositionellen nicht weiter forciert.[19] Nachfolgend wird auf die Entwicklung in Westdeutschland eingegangen, weil die meisten Befragten der vorliegenden Studie dort lebten und die Arbeit des BEZ sich auf die Bundesrepublik fokussierte.

Strafrechtliche Aufarbeitung

Nach dem Kriegsverbrecherprozess in Nürnberg, in dem die Hauptverantwortlichen der nationalsozialistischen Herrschaft zur Rechenschaft gezogen wurden, fanden mehrere Nachfolgeprozesse statt, bei denen verschiedene Gruppen von an den nationalsozialistischen Verbrechen Beteiligten (wie Juristen und Industrielle) angeklagt wurden. Einer dieser Nachfolgeprozesse war der Ärzteprozess (1946–1947), bei dem sich 23 Ärzte für die nationalsozialistischen Medizinverbrechen verantworten mussten. In dem Prozess wurden vier Anklagepunkte verhandelt:

- Gemeinsame Verschwörung
- Kriegsverbrechen
- Verbrechen gegen die Menschlichkeit
- Mitgliedschaft in einer verbrecherischen Organisation.

Bei den Nürnberger Verhandlungen wurde die Beteiligung an der »Euthanasie« angeklagt, die Anklageschrift warf den Beschuldigten »Hunderttausendfache[n] ›Euthanasie‹-Mord, brutale und tödliche Menschenexperimente, sadistische medizinische Quälereien bislang unbekannter Art vor« (zitiert nach Eckart 2010). Außerdem mussten sich die Angeklagten für die Teilnahme an medizinischen Experimenten an KZ-Häftlingen wie beispielsweise den Höhenexperimenten, bei denen die Täter den Tod der Opfer in Kauf nahmen, verantworten. Die Leiter der »Euthanasie«-Aktion Dr. med. Karl Brandt und Viktor Brack mussten sich als Haupttäter verantworten. Brandt war Leibarzt Adolf Hitlers und sein enger Vertrauter. Er sollte immer für seine medizinische Behandlung bereitstehen, weil Hitler Anschläge und Erkrankungen fürchtete. Er beauftragte ihn mit der Durchführung der unter stren-

---

19 Beispielsweise wurden in der Stadt Waldheim im Rahmen der Waldheimer Prozesse mehrere Ärzt*innen und Pfleger*innen wegen der Beteiligung an den »Euthanasie«-Verbrechen angeklagt und teilweise zum Tode verurteilt. In Westdeutschland wurden diese Urteile wegen der fehlenden Einhaltung rechtsstaatlicher Prinzipien nicht anerkannt (vgl. Jachertz 2009).

ger Geheimhaltung stehenden »Euthanasie«-Aktion mittels einer geheimen Führerermächtigung.

Die Verteidigung bediente sich zweier Argumentationslinien: Zum einen wurde festgehalten, dass die Ärzte aus humanen Gründen gehandelt hätten und die Menschen mit Behinderungen und Psychiatrieerfahrungen von ihrem Leid erlösen wollten. Dabei wurde die Herkunft des Begriffs »Euthanasie« angeführt, der die »Heilung durch Erlösen« bedeutet. In einem zweiten Argumentationsstrang wurde behauptet, dass mit der geheimen Führerermächtigung eine rechtliche Grundlage für die »Euthanasie« vorhanden gewesen sei und daraus die Rechtmäßigkeit des Handelns abgeleitet werden konnte. Die Verteidigung von Viktor Brack behauptete ferner, dass ihr Mandant nur ein Sachbearbeiter und infolge dessen nicht an die ärztliche Ethik gebunden gewesen sei (vgl. Ebbinghaus 2001: 414ff). Ferner wurde behauptet, dass die Eltern und weitere Angehörige der Tötung zugestimmt hätten und sie somit legitim sei (vgl. Hörnig 2023: 191). Die Schuld wurde auf die Täter verlagert, die sich kurz nach Kriegsende das Leben genommen hatten (so beispielsweise Leonardo Conti, Reichsgesundheitsführer und Chef der Reichsärztekammer). Sie hätten die Hauptschuld getragen, während die Angeklagten sich nur im geringen Maße an den Verbrechen beteiligt hätten. Ferner wurde argumentiert, dass man sich in einem Befehlsnotstand befand und sich nicht gegen die Ausführung der Anordnungen hätte wehren können. Wie bereits beschrieben, hatten alle Ärzt*innen und Pfleger*innen aus freiem Willen an den Mordaktionen mitgewirkt, eine Weigerung hätte keine negativen Folgen gehabt.

Das internationale Militärtribunal von Nürnberg wurde nicht durch die Argumentation der Verteidigung überzeugt, es verurteilte Brack und Brandt zum Tode. In ihrer Urteilsbegründung verzichteten die Richter auf die Verwendung des Begriffes »Euthanasie« (vgl. Ebbinghaus 2001). Als strafverschärfendes Argument wurde die von Anfang an beabsichtigte Ausweitung der Aktion auf »Halbjuden« in der dezentralen Phase der »Euthanasie« bewertet (vgl. Eckardt 2012: 406). Die Todesurteile wurden umgehend durch den Strang vollstreckt. Neben den unmittelbaren Urteilen gegen die beteiligten Ärzte wurden bei den Nürnberger Ärzteprozessen auch ethische Standards gesetzt. Ausgehend von den Eindrücken der Versuche, die gegen den Willen der Versuchspersonen stattfanden, wurde von den Richtern der Nürnberger Kodex verabschiedet, der eine Einwilligung der Versuchsperson bei sämtlichen medizinischen Experimenten vorschreibt (vgl. Wunder 2001: 476ff).

Neben dem Nürnberger Ärzteprozess wurde in Wiesbaden von den Alliierten die Beteiligung an den »Euthanasie«-Verbrechen verhandelt, hier wurde die Teilnahme an der Tötung von sowjetischen und polnischen Anstaltspatient*innen bestraft. Im Londoner Abkommen von 1945 wurde geregelt, dass neben internationalen Militärtribunalen auch deutsche Gerichte für Kriegsverbrecher*innen der unteren Hierarchieebene zuständig waren. Insbesondere in Frankfurt am Main wurden im Folgenden mehrere Verfahren eingeleitet, wofür neben der Lage mehrerer Tötungsanstalten (vor allem Hadamar) in Hessen auch die unermüdliche Arbeit von Fritz Bauer ursächlich war. Bauer wurde als Jude durch die Nationalsozialisten verfolgt und konnte nach einer kurzen KZ-Haft nach Dänemark fliehen. Nach dem Krieg arbeitete er als Generalstaatsanwalt in Frankfurt am Main und verfolgte im

Rahmen dieser Tätigkeit zahlreiche NS-Kriegsverbrecher (vgl. Eckardt 2012: 409f). Der Geschäftsführer der T4-Zentrale, Allers, musste sich in Frankfurt wegen Beihilfe zum Mord verantworten und wurde zu einer achtjährigen Freiheitsstrafe verurteilt. Weil seine Kriegsgefangenschaft angerechnet wurde, musste er nie für seine Teilnahme an den »Euthanasie«-Morden in Haft (vgl. Klee 2018). Insgesamt fielen die Strafen eher milde aus, was sich auch in den Verfahren gegen drei Ärzte zeigt. Sie wurden in einem ersten Prozess von 1966–1967 freigesprochen, weil ihnen die Rechtswidrigkeit ihres Handelns nicht klar war. Erst nach der Revision vor dem Bundesgerichtshof wurden sie zu einer Freiheitsstrafe verurteilt (vgl. Eckardt 2012).

Während die Verbrechen der »Euthanasie« strafrechtlich teilweise aufgearbeitet wurden, wurden die Verbrechen der Zwangssterilisationen in den westlichen Besatzungszonen nicht verfolgt, weil auch in den Vereinigten Staaten und in anderen demokratischen Staaten systematisch Sterilisationen stattgefunden hatten. Am 8. Januar 1946 wurde in der sowjetischen Besatzungszone das GzVeN außer Kraft gesetzt und es begann eine Diskussion, ob Richter der Erbgesundheitsgerichte strafrechtlich verfolgt werden konnten. Diese Überlegungen wurden jedoch nur vereinzelt umgesetzt, weil man sich in der Aufarbeitung vor allem auf die Verfolgung aus politischen Gründen fokussieren wollte (vgl. Tümmers 2011: 45f). Beispielsweise wurden in einem Prozess vor dem Landgericht Schwerin fünf Angeklagte zu langen Freiheitsstrafen verurteilt (vgl. Kaminsky 2005: 210).

Zivilrechtliche Aufarbeitung

Auch im zivilrechtlichen Bereich wurden die Zwangssterilisierten nicht als Opfer anerkannt: Mit dem Kontrollratsgesetz Nr. 1 sollten die nationalsozialistischen Gesetze außer Kraft gesetzt werden. Das GzVeN fiel nicht unter diese Gesetzeskategorie, weil in den Vereinigten Staaten auch Sterilisationen durchgeführt wurden und die nationalsozialistische Logik der Vernichtung »lebensunwerten« Lebens nicht als problematisch gesehen wurde. Ferner wurde von Ärzt*innen, die an der Sterilisationspraxis beteiligt waren, in mehreren Stellungnahmen die Rechtmäßigkeit des Gesetzes behauptet. In der britischen Zone hatten Zwangssterilisierte die Möglichkeit, in einem Wiederaufnahmeverfahren die Sterilisation als rechtswidrig anerkennen zu lassen, und konnten daraufhin ihre Fruchtbarkeit operativ wiedererlangen (Refertilisierung). In Bayern und Rheinland-Pfalz wurde die Behandlung auch als medizinisches Heilverfahren anerkannt und finanziert (vgl. Tümmers 2011: 70). Hierfür mussten sie aber die zugrundeliegende diagnostizierte Erbkrankheit widerlegen. Aus Scham und Angst vor dem Scheitern des Verfahrens wurde dies nur von Wenigen versucht. Dabei ist festzuhalten, dass die Wiederaufnahmeverfahren nicht die Sterilisationen auf Grundlage von Erbkrankheiten als Unrecht anerkannten, sondern nur die Fälle, in denen diese aus einem anderen Grund, wie beispielsweise der religiösen Orientierung, durchgeführt wurden. Die Beweisführung war schwierig und ein Großteil der Anträge wurde abgelehnt (vgl. ebd.: 75f). Es wurde sich an den Vorschriften des GzVeN orientiert, das eine Wiederaufnahme lediglich bei falschen Diagnosen vorsah. Damit wurde die Logik der Erbgesundheitsgerichte in den ersten Jahrzehnten der Aufarbeitung beibehalten. Auch der Einfluss von Mediziner*innen wurde verstetigt, sie waren weiter als beisitzende Richter*innen bei den Refertilisierungsverfahren tätig und wandten dieselben medizinischen Kriterien an wie während der Zeit des Nationalsozialismus (vgl. Westermann 2010: 109f).

Am 28. Mai 1998 entschied der Deutsche Bundestag, dass alle noch rechtskräftigen Sterilisationsurteile aufgehoben werden. 2007 wurde das Sterilisationsgesetz geächtet. Eine Forderung der Partei Bündnis 90/Die Grünen nach einer Nichtigkeitserklärung des GzVeN konnte sich jedoch nicht durchsetzen. Dies hatte jedoch keine Auswirkung auf die Lebensrealität der Betroffenen und stellte nur eine symbolische Anerkennung ihrer Leiden dar (vgl. Tümmers 2011: 306f).

Mit einem interfraktionellen Antrag stellte der Bundestag 2025, 80 Jahre nach Ende des Nationalsozialismus, fest:

> »dass die Opfer der NS-»Euthanasie« und die Opfer von Zwangssterilisation als Verfolgte des NS-Regimes anzuerkennen sind (Deutscher Bundestag 2025: 2).

Um die Aufarbeitung zu intensivieren, sollen Patient*innenakten bundesweit gesichert und archiviert, eine Fachtagung unter Einbezug der *disability studies* durchgeführt und die Gedenkstätten nachhaltig finanziell unterstützt werden (vgl. Deutscher Bundestag 2025). In einer Stellungnahme der Arbeitsgemeinschaft BEZ wurde einerseits die Beschäftigung mit dem Thema Zwangssterilisation und »Euthanasie« begrüßt, andererseits wird problematisiert, dass der Antrag keine Gleichstellung mit den anderen Verfolgtengruppen beinhaltet, was für die soziale Rehabilitation und die Inanspruchnahme von Entschädigung nach dem BEG notwendig wäre (vgl. AG BEZ 2024). Ferner muss kritisch angemerkt werden, dass keine Finanzzusagen für die Intensivierung der Aufarbeitung mit dem Antrag verbunden sind.

4.2. Entschädigung

Die rechtliche Bewertung der Zwangssterilisation wirkte sich auch auf die Gewährung einer Entschädigung aus, die erst nach zahlreichen Bemühungen seitens der Betroffenen und ihrer Verbände im geringen Umfang möglich wurde. Die Angehörigen der »Euthanasie«-Opfer und Zwangssterilisierten wurden im Bundesentschädigungsgesetz (verabschiedet im Jahr 1953) nicht berücksichtigt:

> (1) Opfer der nationalsozialistischen Verfolgung ist, wer aus Gründen politischer Gegnerschaft gegen den Nationalsozialismus oder aus Gründen der Rasse, des Glaubens oder der Weltanschauung durch nationalsozialistische Gewaltmaßnahmen verfolgt worden ist und hierdurch Schaden an Leben, Körper, Gesundheit, Freiheit, Eigentum, Vermögen, in seinem beruflichen oder in seinem wirtschaftlichen Fortkommen erlitten hat (Verfolgter).
>
> (2) Dem Verfolgten im Sinne des Absatzes 1 wird gleichgestellt, wer durch nationalsozialistische Gewaltmaßnahmen verfolgt worden ist,
> 1. weil er auf Grund eigener Gewissensentscheidung sich unter Gefährdung seiner Person aktiv gegen die Missachtung der Menschenwürde oder gegen die sittlich, auch durch den Krieg nicht gerechtfertigte Vernichtung von Menschenleben eingesetzt hat;
> 2. weil er eine vom Nationalsozialismus abgelehnte künstlerische oder wissenschaftliche Richtung vertreten hat;
> 3. weil er einem Verfolgten nahegestanden hat.

Dies hatte zur Folge, dass die Betroffenen der Zwangssterilisation und Angehörige der »Euthanasie«-Opfer lange keinen Anspruch auf Entschädigung geltend machen konnten. Hiermit wurde die Stellung der Zwangssterilisierten in der Opferhierarchie zementiert. Die Kriegssonderhilfswerke betreuten die Opfer des Krieges, die aus rassistischen und politischen Gründen verfolgt wurden, Opfer der Zwangssterilisation wurden hierbei nicht berücksichtigt. Deshalb betonten die Zwangssterilisierten in ihren Anträgen ihre politische Opposition gegen das nationalsozialistische Regime, um Entschädigungsleistungen in Anspruch nehmen zu können.

Mit dem Bundesergänzungsgesetz von 1953 wurde die Zwangssterilisation als Grund für die Inanspruchnahme von Entschädigung aufgenommen, wenn der Eingriff aus rassistischen oder politischen Gründen geschah. Ferner konnte Entschädigung beantragt werden, wenn sie ohne gerichtliches Verfahren vorgenommen wurde, wovon vor allem KZ-Häftlinge profitierten, weil sie in der Regel ohne Urteil sterilisiert wurden. Damit wurde der Großteil der Zwangssterilisierten von Entschädigungsleistungen weiter ausgeschlossen.

1980 konnten Zwangssterilisierte nach der Vorlage des Urteils eines Erbgesundheitsgerichtes oder eines fachärztlichen Gutachtens eine Einmalzahlung in Höhe von 5000 DM erhalten. Seit 1988 können Zwangssterilisierte eine monatliche Beihilfe nach dem allgemeinen »Kriegsfolgengesetz Härtefallregelung« (AKG-HR) erhalten, wenn sie und ihre Familien sich in einer finanziellen Notlage befinden und einen Grad der Behinderung von mindestens 40 Prozent nachweisen können. Dieses Gesetz wurde 1990 erweitert und ehemalige Heimkinder erhielten seitdem eine monatliche Beihilfe in Höhe von 200 DM, Zwangssterilisierte erhalten eine monatliche Beihilfe in Höhe von 100 DM. Diese wurde 1998 auf 120 DM und 2011 auf 320€ monatlich erhöht. Die Angehörigen (Kinder) der »Euthanasie«-Opfer erhielten ab 2002 eine Einmalzahlung in Höhe von 5000 DM, im selben Jahr entfiel die bis dahin geltende Notlagengrenze (vgl. Hamm 2017: 177ff).

4.3. Organisationen der Betroffenen

Die Entschädigungsleistungen, die zumindest einen kleinen Akt der Wiedergutmachung darstellten, waren das Ergebnis eines langen Kampfes der Betroffenen um Anerkennung. Die Erfolge fußten auf dem Engagement von Verbänden, in denen sie sich zusammengeschlossen hatten, um mit einer gemeinsamen Stimme ihre Anliegen vorzutragen. Anfang der 1950er Jahre gründeten sich der »Verband der Sterilisierten und Gegner der Sterilisation« und der »Zentralverband der Sterilisierten und Gesundheitsgeschädigten im Bundesgebiet«. Beide Vereinigungen forderten das Außerkraftsetzen des Erbgesundheitsgesetzes, das nach wie vor geltendes Recht war. Von Mediziner*innen, die an die Bestrebungen zur Einführung eines Sterilisationsgesetzes in Anlehnung an die Entwicklungen in der Weimarer Republik anknüpfen wollten, wurden diese Organisationen verhöhnt. In medizinischen Zeitschriften wurde gegen die Ansprüche der Opferverbände mit den gleichen Argumenten argumentiert, die bereits vor dem Krieg für die Legitimation von Sterilisationen angebracht wurden. Außerdem wurde behauptet, dass die Betroffenen wegen ihrer intellektuellen Fähigkeiten, was unter anderem aus den Rechtschreibfehlern in den Stellungnahmen geschlossen wurde, nicht in der Lage seien, sich an der öffentlichen Diskussion zu beteiligen. Ihnen wurde das Recht aberkannt, für sich selbst zu sprechen. Der Zentralverband der Sterilisierten und Gesundheitsgeschädigten im Bundesgebiet veröffentlichte 1951 einen Gesetzentwurf in einer Fachzeitschrift, der eine Entschädigung von Menschen vorsah, die aus rassenhygienischen, politischen, rassistischen, religiösen und weltanschaulichen Gründen, aus Willkür, persönlicher Rache oder aufgrund einer falschen Diagnose sterilisiert wurden (vgl. Tümmers 2011: 90). Diese Initiative blieb erfolglos und die ersten Interessensverbände konnten keine entscheidenden Erfolge erringen.

Mit dem im Jahr 1987 gegründeten BEZ (Bund der »Euthanasie«-Geschädigten und Zwangssterilisierten) hatten die Opfer erstmals die Möglichkeit, mit einer gemeinsamen Stimme zu sprechen. Er wurde auf einer Tagung in Detmold von Betroffenen und Unterstützer*innen wie dem Mediziner und Historiker Klaus Dörner gegründet. Die erste Vorsitzende war Clara Nowak, die selbst zwangssterilisiert wurde. Der BEZ verfolgte durch anwaltschaftliche Vertretung das Ziel, Entschädigung zu erstreiten. Des Weiteren engagierte er sich in der Vernetzung der Opfer. Eine weitere wichtige Aufgabe, der sich der Verband widmete, war das Arrangieren und Aufbewahren von Zeitzeug*inneninterviews, damit sollten die Stimmen der Opfer und Angehörigen der »Euthanasie« und Zwangssterilisation für die Nachwelt archiviert werden. Auch die Forderung nach Gleichberechtigung der »Euthanasie«-Geschädigten gegenüber anderen Opfergruppen war ein Anliegen des BEZ (vgl. zur Darstellung der Arbeit des BEZ Hamm 2017). Um über aktuelle Entwicklungen zu berichten, wurden regelmäßig Rundbriefe an die Mitglieder versendet. In Briefen, die an den Verband geschrieben wurden, klagten die Betroffenen über ihr Leid, da das Thema Zwangssterilisation in den allermeisten Familien tabuisiert wurde. Dieser schriftliche Austausch mit dem BEZ war für viele die einzige Möglichkeit, über ihr Leid zu berichten. In ihrer Arbeit wertet Stefanie Westermann einige dieser Egodokumente aus. Die exogenen Faktoren für die Sterilisation werden in diesen hervorgehoben und auf die Folgen für die Partnerschaften und das Familienleben eingegangen (vgl. Westermann 2010). Finanziert wurde der Opferverband durch das Bundesministerium für Gesundheit, was durchaus problematisch war, weil damit die Forderung verbunden war, sich vorrangig um die Rehabilitation der Opfer zu kümmern. Ein politisches Mandat war mit dieser Finanzierung nicht verbunden, dennoch engagierte sich der BEZ auch in dieser Richtung, was auf Unverständnis seitens des bundesdeutschen Gesundheitsministeriums stieß. Dieser Konflikt führte neben dem Versterben der letzten Mitglieder schließlich zur Auflösung des BEZ 2009 (vgl. Hamm 2017). Nach der Auflösung des Vereins als »e.V.« existierte nur noch eine lose Arbeitsgemeinschaft, die Ende 2024 ihre Arbeit beendete. Seitdem ist der Bestand im Landesarchiv NRW Detmold eingelagert und die Homepage dient lediglich der Recherche.

Auch in der evangelischen und katholischen Kirche gab es vereinzelt Ansätze zur Auseinandersetzung mit der eigenen Rolle im Rahmen der eugenischen Zwangssterilisation und »Euthanasie«. Die Beschäftigung mit der historischen Verantwortung fand jedoch vor dem Hintergrund langanhaltender personeller Kontinuitäten und der fortwährenden Nichtauseinandersetzung mit den Bedürfnissen von Menschen mit Behinderungen und Psychiatrieerfahrungen statt.

4.4. Der kirchliche Umgang mit der historischen Verantwortung

Insbesondere innerhalb der Inneren Mission gab es auch nach Ende des Nationalsozialismus noch Befürworter*innen der eugenischen Sterilisationen. Die Beteiligung an der Zwangssterilisation wurde lange nicht als problematisch betrachtet. So wurde in einer Stellungnahme des Diakonischen Werkes die Entschädigung für Zwangssterilisierte abgelehnt, weil das GzVeN nicht als nationalsozialistisches Unrecht angesehen werden könne und nicht entschädigungsfähig sei (vgl. Kaminsky 2005: 219). Um sich zu Fragen der Eugenik zu positionieren, wurde 1959 der »Eugenische Arbeitskreis« der Diakonie gegründet. In ihm sollten beispielsweise Fragen wie die der eugenischen Abtreibung und die der systematischen Erfassung von Menschen mit Behinderungen diskutiert werden. Neben einer starken persönlichen Kontinuität (Freiherr von Verschuwr; Hans Harmsen) wurde auch inhaltlich an historische Entwicklungen angeknüpft. So wurde die Haltung der Treysaer Erklärung übernommen und eine freiwillige Sterilisation gefordert. Ferner wurde die systematische Erfassung von Menschen mit Behinderungen diskutiert und als legitimes Mittel eingestuft. Auch diese Maßnahme war öffentlich umstritten, weil die systematische Erfassung an die Meldebogenaktion im Rahmen der »Euthanasie« erinnerte (vgl. ebd.).

In einer frühen Phase der Aufarbeitung wurde die Schuld bekannt, aber auch die eigene Widerständigkeit immer wieder betont, so beispielsweise in der Stuttgarter Schulderklärung der EKD von 1945. Sie blieb allerdings vage und beinhaltete keine Benennung der Verantwortung gegenüber Jüdinnen und Juden sowie Menschen mit Behinderungen und Psychiatrieerfahrungen.

> »Durch uns ist unendliches Leid über viele Völker und Länder gebracht worden (...). Wir klagen uns an, dass wir nicht mutiger bekannt, nicht treuer gebetet, nicht fröhlicher geglaubt und nicht brennender geliebt haben (zitiert nach Kuhlmann 2018: 93f).

Ferner wurde mit der Zwei-Reiche-Lehre argumentiert. Sie stellt fest, dass es eine Trennung zwischen dem Verhältnis mit Gott und den weltlichen Beziehungen gibt. Viele Mitarbeitende christlicher Institutionen sahen sich in ihrer weltlichen Arbeit nur dem Regime verbunden, die Beziehung zu Gott spielte sich lediglich im Inneren ab. Damit konnte auch die Nichtbefassung mit der eigenen Verantwortung begründet werden, diese findet lediglich im Inneren statt (vgl. Genkel 2016: 88). Ein Ansatz für die Abkehr von der Zwei-Reiche-Lehre findet sich im Darmstädter Wort von 1947, das von Hans-Joachim Iwand, Karl Barth und dem Mitautor Martin Niemöller veröffentlicht wurde. Es ging über die »Stuttgarter Schulderklärung« hinaus und wurde nicht von der EKD unterstützt, sondern nur von der Bekennenden Kirche. Sie hob durch die Wiederholung der Worte »wir sind in die Irre gegangen« die Verstrickung des protestantischen Milieus in die nationalsozialistischen Verbrechen hervor. Wie auch schon in der »Stuttgarter Schulderklärung« fehlt eine klare Benennung der Verfolgten wie Jüdinnen und Juden sowie Menschen mit Behinderungen und Psychiatrieerfahrungen. So stellte Hermann Diem, ein Vertreter der Bekennenden Kirche, fest, dass Menschen mit Behinderungen nicht als Geschöpfe Gottes gesehen werden könnten, sondern als sündhafte Wesen (vgl. Hörnig 2023: 459). Diese Haltung sollte noch lange Zeit beibehalten werden. Erst in den 80er Jahren gab es Ansätze zur Öffnung der evangelischen Kirche für Menschen mit Behinderungen. Am 12. Januar 1985 verabschiedete die Landessynode der Evangelischen Kirche im Rheinland die »Erklärung zur Zwangssterilisierung, Vernichtung sogenannten lebensunwerten Lebens und medizinischen Versuchen an Menschen unter dem Nationalsozialismus«. In ihr wird festgehalten:

> »In der Stuttgarter Schulderklärung hätte 1945 die Erfahrung des kirchlichen Versagens an diesem Punkt mitsprechen sollen. Heute ist es unabweisbar, dass wir als Christen zu diesen Verbrechen und ihren Ursachen Stellung nehmen und eine Antwort der Kirche auf die Frage nach Krankheit, Behinderung und Leiden geben (...). Der geistige Hintergrund, aus dem jene Aktionen erwachsen sind, muss deutlicher werden, damit erneute Gefährdungen wehrloser Menschen verhindert werden können.« (zitiert nach Krauß 2014: 52)

Eine kritische Auseinandersetzung mit der eigenen Vergangenheit und die Verstrickung in die Verbrechen des nationalsozialistischen Regimes war lange nicht vorhanden. Die Schuld wurde auf die Angehörigen verlagert, die die Patient*innen nicht abholten, nachdem sie angeblich durch Mitarbeitende der kirchlichen Einrichtungen gewarnt wurden, was in der Regel lediglich eine Schutzbehauptung war (vgl. Hörnig 2023: 212ff). Der Diskurs fokussierte sich vor allem auf den Widerstand durch Vertreter*innen des christlichen Milieus. Erst durch externe Impulse wie die Arbeiten von Schmuhl, Aly und Klee konnte die Komplizenschaft von Amtsträger*innen der christlichen Kirchen in den Blickpunkt gerückt werden (vgl. Friedrich 2011: 129). Der oft zur Entlastung vorgebrachten Rettung von Menschen mit Behinderungen und Schutz in kirchlichen Einrichtungen, muss entgegengehalten werden, dass dies nur wenigen zugutekam und die große Mehrheit nicht gerettet wurde. Ferner muss festgehalten werden, dass sich auch christliche Würdenträger*innen, wie oben beschrieben, mit der rassenhygienischen Ideologie identifizieren konnten und sie durch eine angeblich religiös fundierte Argumentationskette legitimierten. Einrichtungen der Diakonie setzten die öffentlichen Vorgaben um und beteiligten sich an der Verfolgung von Jüdinnen und Juden sowie Menschen mit Behinderungen und Psychiatrieerfahrungen, was erst Jahrzehnte nach Ende der nationalsozialistischen Herrschaft aufgearbeitet wurde.

Von katholischen Würdenträgern wurde lange ein Narrativ vom universellen Lebensschutz wiedergegeben, negative eugenische Maßnahmen wurden klar verurteilt. Ingrid Richter hat in ihrer 2001 veröffentlichten Arbeit ein differenziertes Bild gezeichnet, das auch eine Befürwortung negativer eugenischer Maßnahmen seitens Vertreter*innen des katholischen Milieus zeigt. Beispielsweise konnte die Eheenzyklika von Papst Pius XI. auch eugenisch freundlich interpretiert und somit zur Begründung negativer eugenischer Maßnahmen missbraucht werden (vgl. Richter 2001). Auch die Rolle des Freiburger Bischofs Gröber wurde lange nicht in angemessener Weise aufgearbeitet und von Galen wird heute noch als Widerstandskämpfer verehrt, auch wenn seine Stellungnahme differenzierter betrachtet werden muss. Auch die diakoniewissenschaftliche Forschung blendete die Sicht der Verfolgten aus, so wird bei Kurt Nowak die Geschichte ohne die Betroffenensichtweise beschrieben und die Rolle der Kirche eher positiv dargestellt. Neuere Arbeiten wie beispielsweise Thomas Hörnigs Werk »Körperbilder-Krankenmord« wollen zwar die Sichtweisen der Betroffenen rekonstruieren, er berücksichtigt jedoch nur die offizielle Kommunikation mit Behörden, dagegen fehlen Selbstzeugnisse und Stellungnahmen von Angehörigen in Form von Nachkriegsberichten (vgl. Hörnig 2023). In der Arbeit von Wunder, Genkel und Jenner wird den Angehörigen am Rande Raum gegeben (vgl. Wunder/Genkel/Jenner 2016). Die Ursache für diese nach wie vor vorhandene unzureichende Berücksichtigung der Stimmen der Betroffenen in der (nicht nur) diakoniewissenschaftlichen Forschung kann, wie im dritten Teil dieser Arbeit erörtert werden soll, auch die fortdauernde Stigmatisierung von Menschen mit Behinderungen und Psychiatrieerfahrungen in der Gesellschaft sein.

5. Fazit Teil 1: Entwicklungsstränge der Ausgrenzung

Die beschriebene Entwicklung der Dynamik der Abwertung, Ausgrenzung, Sterilisation und Ermordung von Menschen mit Behinderungen und Psychiatrieerfahrungen bildet den Rahmen der Zeugnisabgabe der Betroffenen und der Erinnerungskultur in den Gedenkstätten. Diese fand bzw. findet vor dem Hintergrund einer fortwährenden Ausgrenzung statt. Die Nichtthematisierung beruhte auf folgenden historischen Entwicklungen, denen die Betroffenen ausgesetzt waren:

- *Verschiebung des wissenschaftlichen und öffentlichen Diskurses*: Vor dem Hintergrund des medizinischen Fortschritts setzte eine Diskussion ein, die vor einer Kontraselektion warnte, was zu einer Verschlechterung des Genpools führe. Um dies abzuwehren, wurden negative eugenische Maßnahmen wie Eheberatung, Asylierung, und Sterilisationen gefordert. Nach dem verlorenen ersten Weltkrieg radikalisierten sich die Forderungen weiter und mündeten in die, vor allem von Hoche und Binding propagierte, Beendigung des Lebens, weil die Betroffenen nicht mehr als Rechtssubjekte gesehen wurden. Außerdem ergaben sich für die Mediziner*innen, die durch den Fortschrittwahn getrieben waren, neue »therapeutische Möglichkeiten«. Mit Hilfe negativer eugenischer Verfahren wie Sterilisation und »Euthanasie«, die nach der Machtübernahme durchgeführt werden konnten, konnte die durch die NS-Bewegung geforderte stetige Fortentwicklung der Medizin mittels inhumaner Methoden angeblich verwirklicht werden. Auch die Enthemmung der Wissenschaft im Rahmen unmenschlicher medizinischer Versuche, die Teil der nationalsozialistischen Gesundheitspolitik waren, führte zu einer breiten Zustimmung der deutschen Mediziner*innen zur NS-Bewegung. Hierdurch konnte die Frustration über die mangelnde Heilbarkeit vieler Krankheiten gelindert werden. Durch die Fokussierung auf die Volksgesundheit war eine Hoffnung nach mehr sozialer Anerkennung von Pfleger*innen verbunden, weil sie sich nun der Fürsorge des »Volkskörpers«, einer elementaren Aufgabe

5. Fazit Teil 1: Entwicklungsstränge der Ausgrenzung

des NS-Staates, widmeten, was als bereitwillige Teilnahme an den NS-Medizinverbrechen gewertet werden kann. Auch die Kirchen, insbesondere die evangelische, beteiligten sich an diesen Diskursen und stimmten ausgrenzenden Maßnahmen wie einer differenzierten Fürsorge und der eugenischen Sterilisation zu, was auf der Treysaer Konferenz beschlossen wurde. In Kreisen der sozialen Arbeit wurde die Orientierung an dem Volksganzen ebenfalls begrüßt.

- *Rechtliche Normierung des Werturteils*: Mit der Machtübernahme durch die Nationalsozialisten 1933 wurden durch ein Gesetz Menschen, deren Nachkommen unerwünscht waren, mittels Zwangsmaßnahmen von der Zeugung ausgeschlossen. Ausgehend von einem Urteil eines Erbgesundheitsgerichtes, dessen Kammer aus zwei Ärzten und einem Juristen bestand, wurden die Operationen durchgeführt. Dabei wurde an die internationale Sterilisationspraxis und die Bestrebungen aus der Weimarer Republik angeknüpft. Die zwangsweise Unfruchtbarmachung war Teil einer pronatalistischen und antinatalistischen Familienpolitik, die die »Erbgesunden« zur Zeugung von Kindern anregte (auch mit einem Abtreibungsverbot) und gleichzeitig »erblich Belasteten« die Zeugung von Nachkommen verwehrte. Die Förderung der »Erbgesunden« beinhaltete immer auch eine Klausel, die Menschen, deren Nachkommen nicht gewünscht waren, von dieser Leistung ausschloss. Diese Verrechtlichung der Abwertung wurde in der Bevölkerung akzeptiert und mittels Zwangsmaßnahmen, an denen mehrere tausend Menschen starben, vollstreckt. Evangelische Einrichtungen beteiligten sich an den Eingriffen, während zumindest die offizielle Lehrmeinung im katholischen Milieu die zwangsweise Sterilisation ablehnte. Eine Erweiterung auf andere Gruppen wurde zwar diskutiert, konnte aber wegen der fehlenden technischen Möglichkeiten für Massensterilisationen nicht umgesetzt werden.
- *Entrechtung und Entmenschlichung*: Seit Kriegsbeginn wurden Menschen mit Behinderungen und Psychiatrieerfahrungen systematisch entrechtet. Bei der »Euthanasie« wurde eine Ideologie angewendet, die das Ermorden durch den »Gnadentod« legitimierte. Es wurde mit einer angeblichen Zustimmung der Eltern bei der Tötung von Kindern argumentiert, durch gezielte Gesprächsführung wurden sie unter Druck gesetzt, um der Einweisung in eine »Kinderfachabteilung« zuzustimmen. Ausgehend von einer geheimen Führerermächtigung und mittels einer systematischen Verwaltung wurden die Opfer zunächst in sechs Tötungsanstalten vergast (»Aktion T4«). Später, nach zunehmender Kritik in der Bevölkerung sowie organisatorischen Problemen, wurden die Verbrechen dezentralisiert und in den jeweiligen Heil- und Pflegeanstalten fortgeführt. Die Entmenschlichung wurde auch in dieser Phase durch Nahrungsentzug, Internierung, den Missbrauch für medizinische Forschung und das Töten durch Verabreichen von überdosierten Schlafmitteln inszeniert, um eine natürliche Todesursache vorzutäuschen. Im Zuge der »Aktion Brandt« fand eine Reorganisation der »Euthanasie« statt, um Platz für Kriegsverwundete zu schaffen. Auch wenn seitens Vertreter*innen der christlichen Religionsgemeinschaften auf öffentlichen und geheimen diplomatischen Wegen gegen die »Euthanasie« Protest geübt wurde, konnten viele der Patient*innen, die in kirchlichen Einrichtungen lebten, nicht geschützt werden. Ferner wurde die staatliche Verfolgung

von Menschen mit Behinderungen und Psychiatrieerfahrungen erst durch die Kooperation von den kirchlichen Einrichtungen und deren Leitungen ermöglicht.

- *Brüche und Kontinuitäten*: Während einige zentrale Planer der »Euthanasie« bestraft wurden, mussten sich nur wenige für die Beteiligung an den Zwangssterilisationen vor Gerichten verantworten. Auch bei der Verteidigung in den Nachkriegsprozessen wurde die »Erlösungsideologie« weiter als Argument verwendet. Neben einer personellen Kontinuität in Medizin und Justiz wurden auch die rechtlichen Normen der NS-Rechtspflege in Bezug auf die Bewertung der Zwangssterilisation beibehalten. Nur bei Widerlegung der zugrundeliegenden Diagnose wurden die Urteile der Erbgesundheitsgerichte aufgehoben. Ab den 80er Jahren wandelte sich der Umgang mit den Betroffenen, sie konnten sich in wirkmächtigen Interessenverbänden zusammenschließen und Entschädigungen (wenn auch nur in geringem Umfang) beantragen. Erst 1998 wurden alle Urteile von Erbgesundheitsgerichten außer Kraft gesetzt und 2007 wurde das GzVeN geächtet. 2025 wurden die Opfer der »Euthanasie« und Zwangssterilisation als Verfolgte des NS-Regimes anerkannt, eine umfassende soziale Rehabilitation fehlt jedoch bis heute und es bleibt abzuwarten, ob die Gedenkstätten zukünftig besser finanziell ausgestattet werden. Für die lange Kontinuität waren neben der fortdauernden Ausgrenzung von Menschen mit Behinderungen und Psychiatrieerfahrungen auch die Bemühungen für ein neues Sterilisationsgesetz ursächlich. Innerhalb der Kirchen, insbesondere dem evangelischen Milieu und der Diakonie, gab es Kontinuitäten. In der Sterilisationspraxis wurde kein nationalsozialistisches Unrecht gesehen und deshalb eine Entschädigung abgelehnt, mit Forderungen nach einem neuen Sterilisationsgesetz wurde an Diskussionen der Treysaer Konferenz angeknüpft. Die Verstrickung der kirchlichen Einrichtungen wurde lange nicht thematisiert, der Widerstand wurde hervorgehoben, die Schuld auf die Angehörigen verlagert und die ambivalente Haltung gegenüber Menschen mit Behinderungen lange Zeit beibehalten. Diese Haltung änderte sich erst in den 80er Jahren und bedurfte externer Impulse.

All diese Umstände führten zu einer Nichtberücksichtigung der Sichtweisen der Betroffenen in der Aufarbeitung der nationalsozialistischen Zwangssterilisation und »Euthanasie«. Erst spät konnten sie ihre Deutung der Geschichte in den wissenschaftlichen und öffentlichen Diskurs einbringen. Auch die inklusive Gestaltung der Gedenkstättenarbeit hinsichtlich der Berücksichtigung der Betroffenensichtweise und die Ansprache von Menschen mit Behinderungen bzw. Psychiatrieerfahrungen wurde unter anderem durch die dargelegten Entwicklungsdynamiken erschwert.

Teil 2: Rekonstruktion der Betroffenensichtweise

Die im letzten Abschnitt beschriebenen Entwicklungsdynamiken zeigen die Fremdzuschreibungen und die Ausgrenzungsdynamiken, die den Rahmen der Zeugnisabgabe der Zwangssterilisierten bzw. der Angehörigen von »Euthanasie«-Opfern bildeten. Die Gespräche fanden vor dem Hintergrund einer andauernden Ausgrenzung und Nichtwürdigung der Betroffenen statt, ihnen wurden wenig Möglichkeiten gegeben, ihre Sichtweise in politische und öffentliche Meinungsbildungsprozesse einzubringen. Die Originale liegen im Landesarchiv NRW Detmold (Bestand AV NRW OWL D 107/73). Bei der Analyse der Betroffenensichtweise muss, ausgehend von einem auch im Nachkriegsdeutschland andauernden Diskurs der Abwertung, gefragt werden, wie sich eine Selbstwahrnehmung und Selbstachtung entwickeln konnte und wie diese die Fremdzuschreibung verarbeitete. Zuvor ist zu fragen, wie trotz der vom NS-Regime propagierten und durch Zwangsmaßnahmen durchgesetzten Ausgrenzung Teilhabe im sozialen und familiären Umfeld möglich war bzw. welche Diskriminierungsformen in diesen sozialen Räumen übernommen wurden. Hierbei sollen wechselseitige Dynamiken aufgezeigt werden. Dabei ist auch auf die Brüche und Kontinuitäten im Nachkriegsdeutschland einzugehen, die das Leben mit der traumatischen Vergangenheit erschweren. Hierzu muss die individuelle Deutung der historischen Ereignisse und deren Folgen sowie die Verarbeitung der Vergangenheit durch die Betroffenen rekonstruiert werden. Bevor die Dynamik der Diskriminierung und deren Folgen sowie die Selbstkonstruktion und Fremdzuschreibung beschrieben werden, sollen die Befragten kurz vorgestellt werden, um die individuellen Schicksale und Lebensverläufe zu würdigen.

Karl-Heinz M. wurde mit 14 Jahren zwangssterilisiert wegen eines angeblichen »angeborenen Schwachsinns«, der mittels fragwürdiger Diagnosen festgestellt wurde. Er verbrachte mehrere Jahre in verschiedenen Kinderheimen, in denen Versuche an ihm durchgeführt wurden. Die Beziehung von Herrn M. mit einer Frau ging wegen der Zwangssterilisation in die Brüche.

Rolf T. war körperlich behindert. Er berichtete unter anderem von seiner Schulzeit. In der Grundschule, während der Zeit der Weimarer Republik, wurde er als gleichwertiger Klassenkamerad aufgenommen, erst später wurde seine Schullaufbahn verhindert, indem ihm die finanzielle Unterstützung für den Besuch des Gymnasiums verwehrt wurde. 1938 wurde er sterilisiert.

Egon S. lebte nach der Trennung seiner Eltern zunächst bei seiner Mutter, bevor er durch das Jugendamt in verschiedene Heime eingewiesen wurde, aus denen er immer wieder ausbrach. Aufgrund einer diagnostizierten Sehbehinderung wurde er 1945 zwangssterilisiert.

Paul E. berichtete in einem Gespräch über seine Zwangssterilisation. Bei ihm wurde »Schwachsinn« durch die NS-Medizin festgestellt. Die Eltern lebten getrennt. Von seinem Vormund wurde er in eine »Kinderfachabteilung« in Dortmund eingewiesen.

Ursula R. wurde zwangssterilisiert, eine genaue Ursache wollte sie in dem Gespräch nicht nennen. Ihre Mutter unterstützte die Sterilisation, weil sie die Gefahr sah, dass ihre Tochter Kinder gebären würde.

Irene L.'s Mutter wurde sterilisiert. Die Ursache war eine diagnostizierte Depression, sie soll einen Selbstmordversuch unternommen haben. Außerdem litt sie unter Krämpfen, die nach Vermutung der Tochter durch eine Getreideunverträglichkeit ausgelöst wurde.

Gerda B. wurde 1937 sterilisiert, bei ihr wurde nach wenigen Anfällen Epilepsie diagnostiziert. Ihr Umfeld verwehrte ihr die notwendige Unterstützung bei der Verarbeitung der Sterilisation und der damit verbundenen Kinderlosigkeit. Nach Ende des Krieges gründete sie eine Tagesstätte für Kinder mit Behinderungen. Die Arbeit mit Kindern war für sie eine Möglichkeit, ihre eigene Kinderlosigkeit zu kompensieren.

Agnes E. wurde wegen epileptischen Anfällen sterilisiert. Ein epileptischer Anfall während eines Gottesdienstes führte zur Anzeige. Die Operation wurde in der Familie weitgehend verschwiegen, nachdem die Eltern versucht hatten, Widerspruch gegen die Sterilisation einzulegen.

Wilhelm R. lebte seit seinem vierten Lebensjahr in den Alsterdorfer Anstalten. Seine erste Frau rettete er aus einer Heil- und Pflegeanstalt, dafür nahm er eine Flucht von der Hamburger Front nach Wien auf sich. Über seine eigene Sterilisation wollte er nur am Rande berichten.

Lissa F. wurde interviewt, weil ihre Mutter unter Depressionen litt, die durch die schwierige Kriegssituation ausgelöst wurden. Dies war ursächlich für deren Einweisung in die Heil- und Pflegeanstalt Pirna-Sonnenstein, wo sie ermordet wurde. Die Kinder wurden auf die Verwandtschaft aufgeteilt.

Charlotte D. berichtete von der Ermordung ihrer Mutter. In ihrem Elternhaus gab es viele Konflikte und ständig Streit ums Geld. Bei ihrer Mutter wurde die Diagnose Schizophrenie festgestellt. Der Vater soll die Mutter angezeigt und danach die Ehe annulliert haben, das Verschwinden und der Tod der Mutter war seitdem ein Tabu in der Familie.

Irmgard K. wurde interviewt, weil ihre Mutter ermordet wurde. Sie soll während der Schwangerschaft versucht haben, sich das Leben zu nehmen und weinte nach der Geburt ihres letzten Kindes.

Christina F. berichtete über den Tod ihrer Mutter. Bei dieser wurde eine Depression festgestellt, nachdem sie von dem unehelichen Kind ihres Mannes erfahren hatte. Nach der Ermordung der Mutter lebten die Kinder beim Vater.

Frau N.[1] schilderte in einem Gespräch die Ermordung ihrer Mutter in der Mordanstalt Pirna-Sonnenstein. Sie soll laut einer medizinischen Diagnose depressiv ge-

---

1 Der Vorname wurde in dem Interview nicht genannt.

wesen sein und hatte versucht, sich das Leben zu nehmen. Ihr Vater wollte sich nicht um sie und die kranke Mutter kümmern.

Albert G. zeichnete das Schicksal seiner Mutter nach, die aufgrund angeblicher psychischer Probleme ermordet wurde. Sie wurde vom Vater als schizophren dargestellt, nachdem sie ihn mit einer Waffe bedroht haben soll, weil er ihren Besitz ergreifen wollte. Er wirft seinem Vater vor, die Mutter angezeigt zu haben.

Werner W.'s Mutter wurde wegen diagnostizierten psychischen Problemen in Pirna-Sonnenstein ermordet, der Vater war im KZ, weil er Zeuge Jehovas war. Die KZ-Haft des Vaters war ursächlich für die psychischen Probleme der Mutter.

Richard R. berichtete von der Ermordung seiner Mutter. Sie war psychisch und physisch krank und konnte nicht mehr beim Bauern arbeiten. Der Sohn lebte in einer Pflegefamilie, die sich gut um ihn kümmerte.

Gerhard K.'s Mutter soll unter einer Schwangerschaftsdepression gelitten haben, was ursächlich für ihre Ermordung war. Nach dem Krieg sorgte er dafür, dass die für den Tod seiner Mutter Verantwortlichen vor Gericht gestellt wurden.

Waltraud G. schilderte in dem Interview das Schicksal ihres Vaters, der wegen einer Nervenkrankheit in Hadamar ermordet wurde. In der Verwandtschaft des Vaters wurde alles totgeschwiegen, es bestand kein Interesse an der Geschichte der Familie.

Valentin F. verlor seinen Bruder durch die »Euthanasie«-Aktion. Dieser war »geistig behindert« und wurde in der Öffentlichkeit ausgegrenzt. Auf der anderen Seite war er der Mittelpunkt der Familie. Der jüdische Glaube, der zu zahlreichen Diskriminierungen der Familie führte, war eine weitere Ursache für die Verfolgung des Bruders.

Antje K. wurde zweimal interviewt. Ihre Schwester Irma wurde ermordet, weil sie angeblich entwicklungsverzögert war. Nachdem sie in den Alsterdorfer Anstalten lebte, wurde sie nach Wien verschleppt, wo sie ermordet wurde. Nach Irmas Tod wurde mit ihrem Gehirn experimentiert und die Schwester musste viele Jahre für ein würdevolles Begräbnis kämpfen.

Mia W. wurde wegen ihres jüdischen Glaubens, den sie erst während ihres Theologiestudiums erkannte, diskriminiert und war Opfer von medizinischen Versuchen. Ihr Vater war Kommunist, sie hatte ihn immer bewundert, aber er kümmerte sich nicht um sie.

Um den individuellen Umgang mit und die Verarbeitung der nationalsozialistischen Medizinverbrechen nachzeichnen zu können, wurden im Rahmen einer Analyse nach der *oral history*-Methode lebensgeschichtliche Interviews ausgewertet, die vom BEZ gesammelt und im Landesarchiv NRW in Detmold archiviert wurden. Bei der qualitativen Inhaltsanalyse wurden sowohl induktiv als auch deduktiv Kategorien gebildet, das genaue methodische Vorgehen wird in dem nachfolgenden Abschnitt dargelegt.

6. Methodischer Zugang zur Rekonstruktion der Betroffenensichtweise

Für dieses Forschungsprojekt bietet die qualitative Methodik großes Potential, weil sie eine Rekonstruktion subjektiver Erfahrungen verfolgter und ausgegrenzter Individuen ermöglicht. Damit ergänzt sie die bisherige Forschung zur Sichtweise der »Euthanasie«-Geschädigten und Betroffenen von Zwangssterilisationen, die hauptsächlich auf Krankenakten beruht, was problematisch ist, weil diese von Täter*innen geführt wurden und die Stimmen der Opfer lediglich indirekt aus einer Täter*innenperspektive wiedergeben. Die Krankenakten beinhalten Mitschriften von Ärzt*innen über Patient*innengespräche. In der Mehrzahl der bisherigen Forschungsprojekte dienten diese Aussagen als Grundlage für die Rekonstruktion der Opferperspektive. Neben der zu hinterfragenden Position der Menschen, die die Akten führten (Ärzt*innen, die an den Verbrechen beteiligt waren und vor allem die belastenden Aspekte fokussierten) sind diese Quellen auch deshalb problematisch, weil sie meist nicht vollständig sind und deshalb stets einer Interpretation bedürfen, um die eigentliche Position der Verfolgten zu beschreiben. Die Betroffenensichtweise kann aus den Akten beiliegender persönlicher Briefe näherungsweise rekonstruiert werden (vgl. Müller 2014: 82ff). Während die Stimmen der Opfer nur vereinzelt aufbereitet wurden, sind die Sichtweisen der Täter*innen aus den Nürnberger Ärzteprozessen und weiteren juristischen Verfahren besser nachvollziehbar.

6.1. *Oral history*, Analyse archivierter Interviews

Bei der Rekonstruktion der Sichtweisen der Betroffenen wird sich zunehmend, wie auch in dieser Arbeit, an dem *oral history*-Ansatz orientiert. Durch die Analyse von Zeitzeug*innengesprächen kann ein Beitrag zum Empowerment und zur lange Zeit verweigerten Anerkennung der Opfer der »Euthanasie« und Zwangssterilisation ermöglicht werden. Hierdurch können sie ihre Deutung der Vergangenheit in den historischen und gesellschaftlichen Diskurs einbringen. Damit wird an die Tradition des Ansatzes *oral history* angeknüpft. Die in den 1970er und 1980er Jahren in den USA entwickelte Methode will benachteiligten Gruppen wie Frauen oder »Schwarzen« die Möglichkeit geben, durch narrative Erzählungen ihre Geschichte mitzuschreiben (vgl. Obertreis 2012: 18). Damit soll ein Beitrag zur Geschichtsschreibung »von unten« ermöglicht werden, die Perspektiven der Betroffenen sollen nicht in vorher bestimmte Kategorien gepresst werden. Narrative Interviews mit Betroffenen wurden als Quelle in die historische Forschung eingeführt und ergänzten die bis dahin vorherrschenden und noch immer dominierenden Quellen (beispielsweise Akten von Einrichtungen des öffentlichen Gesundheitswesens; vgl. Wierling 2003: 81f). Dem Anspruch, Betroffenen eine Stimme in Forschungsprojekten zu geben, vertritt auch die *disability history*, die nicht eine neue Geschichte von Behinderung schreiben will, sondern mit dem Ziel der Dekategorisierung die allgemeine Geschichte mit Behinderung neu formulieren möchte (vgl. Bösl 2013: 29). Das Engagement der Betroffenen, die über ihre Erlebnisse Zeugnis ablegen wollten, erstreckt sich über die Arbeit als Zeitzeug*in und die aktive Mitarbeit im Opferverband. Ferner existieren einige Monografien von Betroffenen, die über das Schicksal aus ihrer Sicht berichten, beispielsweise die Arbeit von Elvira Manthey, die in »Die Hempelsche« als eine der wenigen Überlebenden der »Euthanasie«- Anstalt Brandenburg an der Havel über ihr Schicksal berichtet (vgl. Manthey 2021).

Interviews im Rahmen von *oral history*-Projekten können zur Rekonstruktion eines kollektiven Gedächtnisses beitragen. Ein solches kollektives Gedächtnis ist zwischen dem Alltagsgedächtnis und den wissenschaftlichen Erzählungen anzusiedeln, Im Gedächtnis werden alle Erfahrungen abgespeichert, die ein Individuum im Laufe seines Lebens sammelt. Erinnern ist die bewusste Abrufung und Wiedergabe dieses Gedächtnisses. Es ist von gesellschaftlichen Bedingungen und den Folgen der Erlebnisse abhängig, die die Nutzbarmachung des Gedächtnisses beeinflussen. Hierbei können die Erinnerungen sehr unterschiedlich sein, sie erlauben aber in ihrer Gesamtheit eine Rekonstruktion der Vergangenheit, die als Wegweiser für die Zukunft dienen kann (vgl. Schwan 2008: 8ff). Vor dem Hintergrund dieser Überlegungen kann die Analyse der Stellungnahmen von Betroffenen der »Euthanasie« und Zwangssterilisation einen Beitrag zur Schaffung eines kollektiven Gedächtnisses von Menschen mit Behinderungen bzw. Psychiatrieerfahrungen leisten und Dynamiken von Ausgrenzungen offenlegen. Herausfordernd ist die Vergänglichkeit der Zeitzeug*innenberichte. Mehr als achtzig Jahre nach Ende des zweiten Weltkriegs leben nur noch wenige Menschen, die aus dieser Zeit berichten können.[2] Die Gespräche mit den Betroffenen, die in dieser Arbeit untersucht wurden, fanden in den 2000er Jahren statt, was neben einer Rekonstruktion der historischen Ereignisse auch eine Bewertung der Aufarbeitung durch die Befragten ermöglicht. Seit Ende der nationalsozialistischen Herrschaft haben sie weitergelebt, sodass die Erlebnisse der Kindheit durch andere Lebensereignisse ansatzweise kompensiert wurden, bzw. die Auswirkung der Vergangenheit und der gesellschaftliche Umgang damit auf die persönliche Entwicklung reflektiert werden können. Bei allen Chancen, die die Befragung von Zeitzeug*innen mit sich bringt, birgt sie auch Gefahren. So könnte durch die besondere Interaktion zwischen interviewten und befragenden Personen eine konstruierte Wahrheit entwickelt werden, die von sozialen Zwängen sowie den speziellen Bedürfnissen der Interviewenden und Interviewten abhängig ist. Harald Welzer spricht in diesem Zusammenhang vom »Interview als Artefakt«. Vor allem vor dem Hintergrund einer möglichen Hierarchie zwischen den einzelnen Opfergruppen finden Anerkennungskämpfe statt, die eine Verzerrung der Selbstkonstruktion und Fremdzuschreibung zur Folge haben könnten. Daher können die hier beschriebenen Daten nicht zur Generierung einer objektiven Wahrheit benutzt werden, sie bieten aber Einblicke in das persönliche Erinnern und die Deutung der Geschichte aus Betroffenensichtweise, was zumindest genauso relevant sein sollte (vgl. Welzer 2000: 257).

---

2 Insbesondere die erste und zweite Generation sind kaum noch erreichbar, es gibt noch Angehörige der dritten Generation, die teilweise erst jetzt beginnen, ihre Familiengeschichte aufzuarbeiten und zu veröffentlichen.

Die Schritte eines *oral history*-Projekts umfassen die Datenerhebung, Datenaufbereitung und Datenauswertung. In vielen Forschungsprojekten werden alle Schritte von einer Person durchgeführt. Dies hat den Vorteil, dass die Forschenden die Interviewsituation steuern können und bereits während des Interviews eine Quellenkritik durch kritisches Nachfragen erfolgen kann. Auf der anderen Seite birgt dieses Vorgehen die Gefahr der Nähe zwischen Interviewten und Auswertenden, was eine professionelle Distanz zur*m Befragten erschwert. Bei einer Sekundäranalyse werden archivierte Daten (Tonaufnahmen und Transkripte) untersucht. Die zugrundeliegenden Daten wurden im Rahmen von anderen (Forschungs-)Projekten erhoben und in besonderen Interviewarchiven gesammelt und aufbereitet, beispielsweise in der Werkstatt der Erinnerung der Forschungsstelle für Zeitgeschichte in Hamburg (vgl. Halbmayr 2008). Sekundäranalysen ermöglichen das Zurückgreifen auf Daten, die erhoben wurden, um die Stimmen vor dem Vergessen zu bewahren, aber nicht analysiert werden konnten, weil sie das eigene Forschungsprojekt sprengten. Auch Interviews der Stichprobe, die dieser Arbeit zugrunde liegt, konnten nicht von den Erhebenden analysiert werden, weil sie den Rahmen der jeweiligen Arbeiten überschritten. Durch die Distanz zwischen Interviewer*innen und auswertenden Personen kann eine objektivere Analyse der Daten erfolgen. Ferner schützt es die Interviewten vor einer mehrmaligen Wiedergabe traumatisierender Erlebnisse. Die Auswertungen archivierter Daten ermöglicht die Einbeziehung neuer theoretischer Konzepte und thematischer Schwerpunkte. In dieser Arbeit sollen auch die *disability studies* und die Intersektionalitätsanalyse als Analyserahmen verwendet werden, was in den bisherigen Studien noch nicht in umfangreicher Weise geschah. Außerdem kann es aufschlussreich sein, die Interaktion innerhalb der Interviews zu untersuchen. Die in dieser Arbeit verwendeten Daten wurden von verschiedenen Personen erhoben, die jeweils eigene Fragestellungen und Motivationen mitbrachten. Das kann die Analyse erschweren, weil die Schwerpunkte jeweils individuell gesetzt wurden. Da in dieser Arbeit eigene Kriterien entwickelt wurden, ist dies jedoch keine wesentliche Herausforderung. Für die Auswertung archivierter Daten ist die Kontextualisierung dieser in dem Entstehungszusammenhang von zentraler Bedeutung. Dies ermöglicht die Interpretation der Interaktion zwischen Interviewenden und Interviewten.

6.2. Kontextanalyse und Verlauf der Gespräche mit den Zeitzeug*innen

Die Interviews mit den Betroffenen der »Euthanasie« und Zwangssterilisation, die der empirischen Analyse des zweiten Teils dieser Arbeit zugrunde liegen, wurden von der Arbeitsgemeinschaft »Bund der ›Euthanasie‹-Geschädigten und Zwangssterilisierten« (BEZ) vermittelt, der die Betroffenen schon länger betreute. Ziel der Befragungen der Zeitzeug*innen war die Aufbewahrung der Stimmen für die Nachwelt. Die Originalmitschnitte der Interviews befinden sich im Landesarchiv NRW in Detmold (Bestand AV NRW OWL, D 107/73), wo der gesamte Bestand des BEZ nach seiner Auflösung als e.V. eingelagert wurde, und können von Angehörigen sowie für Forschungszwecke eingesehen werden. Ferner sind dort weitere Materialien über die Betroffenen aufbewahrt, hierzu gehören ergänzende Berichte der Betroffenen, Akten sowie weitere Dokumente von Behörden. Eine Einflussnahme auf die Auswertung wurde seitens des BEZ nicht genommen, die Entwicklung des Auswertungsrahmens sowie die Schwerpunktsetzung beruhen allein auf den Überlegungen des Autors.

Interviewer*innen und Gesprächsdynamik

Bei den Gesprächen mit den Zeitzeug*innen waren verschiedene Interviewer*innen anwesend, die unterschiedliche Erkenntnisinteressen bei den Befragungen hatten. Diese reichten von einer reinen Sammlung von Stimmen der Betroffenen der Zwangssterilisation und »Euthanasie« und der wissenschaftlichen Erforschung dieses Themenkomplexes bis hin zur Gewinnung von Materialien für journalistische Produkte, was teilweise zu Spannungen zwischen den Interviewer*innen führte.

- *Margret Hamm*: Sie war die ehemalige Geschäftsführerin des BEZ und wollte insbesondere die Stimmen der Betroffenen für die Nachwelt aufbewahren. Sie sieht sich als »Anwältin« der Opfer und will sie vor einer erneuten Traumatisierung schützen.
- *Lars Polten*: In seiner Promotion erforschte er die Lebenswelten der Betroffenen. Er führte die Interviews sehr empathisch und erwähnte auch die Schicksale anderer, um die Befragten zu unterstützen.
- *Stefanie Westermann*: Die Aufarbeitung der Zwangssterilisation war das Thema der Promotion von Stefanie Westermann. Sie war bei den Gesprächen sehr zurückhaltend und stellte Nachfragen vor allem hinsichtlich der Bewältigung der Vergangenheit.
- *Guillaume Dreyfus*: Für die Produktion eines Dokumentarfilmes[3] reiste Herr Dreyfuß zusammen mit Frau Hamm zu den Betroffenen. Die Gesprächsleitung überließ er Frau Hamm, stellte aber immer wieder Fragen, um die zentralen Aussagen für Szenen in seinem Film verwenden zu können.
- *Anna L.*: Im Rahmen ihrer Arbeit als freie Journalistin war sie bei einigen Gesprächen anwesend. Mit Frau Hamm kam es zu Spannungen, weil sie sehr energisch nachfragte, was zu Irritationen auf Seiten der Interviewten führte.

Die meisten Gespräche mit den Zeitzeug*innen wurden in Dreierkonstellationen (zwei Interviewende, ein*e Befragte*r) geführt, hierbei entstand eine Gesprächsdynamik, die in der folgenden Tabelle beschrieben wird. Sie beeinflusste auch die

---

3 Der Dokumentarfilm wurde sowohl auf Deutsch als auch auf Französisch veröffentlicht. Er geht auf die Schicksale der Betroffenen ein, beleuchtet die Entstehung sowie den Ablauf der Zwangssterilisation und »Euthanasie«. Auch einige Befragte, deren Berichte in dieser Arbeit beleuchtet werden, kommen im Film zu Wort. Dies ermöglicht visuelle Eindrücke der Gestik und Mimik der Befragten, die an entsprechenden Stellen in die Analyse eingeflossen sind.

Zeugnisabgabe der Betroffenen, weil schwertraumatisierende Erlebnisse nur in einer vertrauenswürdigen Atmosphäre wiedergegeben werden können, die durch die Befragenden geschaffen werden muss.

Interviewende	Befragte*r	Weitere Anwesende	Besonderheiten
Margret Hamm	Richard R. Wilhelm R. Valentin F. Mia W.[4]	Ehefrau	Frau Hamm unterstützt die Befragten und würdigt ihren Lebensweg. Die Wichtigkeit der Zeugnisabgabe wird immer wieder betont.
Margret Hamm Stefanie Westermann	Gerda B. Frau N. Charlotte D. Antje K.[5]	Tochter	Die Gespräche werden von Frau Hamm geleitet, Frau Westermann ist eher zurückhaltend und fokussiert sich bei Nachfragen auf die Aufarbeitung.
Margret Hamm Guillaume Dreyfus	Karl-Heinz M. Rolf T. Egon S. Agnes E. Gerhard K. Christina F. Antje K.[6]	Bekannter	Frau Hamm leitet die Gespräche, während Herr Dreyfus vor allem die Aufnahmetechnik betreut. Er stellt nur wenige Fragen, um die Lebensgeschichte rekonstruieren zu können und Szenen für die Dokumentation zu generieren. Bekannter von Frau E. greift in das Gespräch ein und berichtigt sie.
Margret Hamm Lars Polten	Ursula R. Irmgard K.		Zwischen Frau Hamm und Herrn Polten besteht eine vertrauensvolle Zusammenarbeit. Beide sind empathisch und gehen auf die Bedürfnisse der Befragten ein.
Lars Polten	Irene L. Werner W. Lissa F.	Ehefrau	Die Gespräche werden sehr einfühlsam geführt. Um den Erzählfluss anzuregen, wurden Verbindungen zu anderen Befragten hergestellt. Die Ehefrau unterstützt Schilderungen von Herrn W.

---

4 Frau W. wurde dreimal interviewt.
5 Antje K. erstes Gespräch
6 Antje K. zweites Gespräch

6. Methodischer Zugang zur Rekonstruktion der Betroffenensichtweise

Interviewende	Befragte*r	Weitere Anwesende	Besonderheiten
Margret Hamm Anna L.	Paul E. Albert G. Waltraud G.	Fotograf Fotograf	Frau L. und Frau Hamm kannten sich nicht vor den Gesprächen.[7] Die Journalistin stellte sehr drängende Fragen und wollte Emotionen beschrieben haben, was für Frau Hamm irritierend war. Die Befragungen waren von der Journalistin teilweise nicht vorbereitet und es musste nach historischen Details gefragt werden. Der anwesende Fotograf stellte eine Rückfrage zu einem persönlichen Foto.

Vor der Analyse in Rahmen dieser Arbeit wurde bewusst darauf verzichtet, die Arbeiten der Kolleg*innen zu sichten. Erst nach der Analyse wurden diese gelesen und die eigenen Ergebnisse in die bisherigen Untersuchungen eingeordnet (siehe Kapitel 11). Ergänzungen und Kontroversen zu einzelnen Aspekten wurden in die Kapitel, die die Ergebnisse beschreiben, aufgenommen.

Interviewsituation und Aufbereitung des Datenmaterials

Die Befragten wurden in der Mehrzahl der Gespräche in ihrem persönlichen Umfeld aufgesucht, hierdurch wurde eine angenehme und vertraute Atmosphäre für die Interviews geschaffen. Zu einigen der Befragten bestand wohl schon eine längere Beziehung, weil sie sich ehrenamtlich im Opferverband engagierten oder von diesem unterstützt wurden. Zwei Betroffene wurden mehrmals besucht, weil eine intensive Betreuung durch den BEZ stattfand. Die Besuche waren für die Befragten ein wichtiges Ereignis, sie wollten gute Gastgebende sein und bewirtschafteten ihre Gäste. So wurde bei einem Gespräch Sekt ausgeschenkt, was den hohen Stellenwert der Zeugnisabgabe für die Betroffenen zeigte. Durch das Vertrauensverhältnis mit Frau Hamm konnte eine umfassende Beschreibung der Lebensgeschichte ermöglicht werden, kritische und schmerzvolle Aspekte konnten angesprochen werden. Ferner wurde versucht, eine erneute Verletzung zu vermeiden, beispielsweise indem klargestellt wurde, dass die Krankenakten und die darin gestellten Diagnosen nicht viel mit dem eigentlichen Leid und den tatsächlichen Krankheitsbildern der Betroffenen zu tun hatten und im Kontext der nationalsozialistischen Verfolgung betrachtet werden müssen.

---

7 Die ehemalige Geschäftsführerin des BEZ, Frau Hamm, hoffte durch die Zusammenarbeit mit Frau L. die breite Öffentlichkeit für die Schicksale der Zwangssterilisierten und Angehörigen von »Euthanasie«-Opfern sensibilisieren zu können. Die Journalistin stellte Publikationen in der FAZ und amerikanischen Medien in Aussicht, wie dem Autor in einem Telefonat von Frau Hamm mitgeteilt wurde.

Um die Erinnerungen in das Gedächtnis zu rufen, wurden bei einigen Interviews gemeinsam mit den Befragten Fotoalben angesehen. Diese dienten als Stütze für das Erinnern an die Geschehnisse während des Nationalsozialismus und zum Einstieg in die Gespräche. Auch Tagebucheinträge wurden als Stütze für die Erinnerung benutzt. Besondere Berücksichtigung fanden Briefwechsel mit öffentlichen Behörden, die Auskünfte über die Verstorbenen enthielten. Falls Emotionen wie Weinen oder Sprachlosigkeit eintraten, wurde in den Gesprächsfluss eingegriffen, es wurden Pausen eingeschoben, um den Befragten die Möglichkeit zu geben, sich wieder zu beruhigen und neu anzusetzen. Die Interviewten nahmen das Angebot der Pause nicht sofort an, sie wollten ihre Schmerzen nicht öffentlich zeigen. Exemplarisch wurde beim Gespräch mit Frau K. die Befragte dadurch unterstützt, dass eine Rede durch eine Interviewerin verlesen wurde. Nach dem Verlesen der Trauerrede der Tochter, die auf einer Gedenkfeier ihre ermordete Tante würdigte, kamen Emotionen auf. Frau K., die ansonsten professionell über das Schicksal ihrer Schwester berichtete, war stark berührt von dieser Rede. Die Dynamik war auch für die Interviewerinnen nicht einschätzbar, sie entschuldigten sich dafür, dass sie durch ihr Beharren starke Emotionen auslösten. An dieser Szene wird die emotionale Belastung der Betroffenen während der Zeugnisabgabe deutlich. Sie wollen einerseits ihre Angehörigen nicht vergessen, auf der anderen Seite ist mit der Wiedergabe der mit Scham verbundenen Familiengeschichte Schmerz und Leid verbunden.

Die Gespräche wurden aufgezeichnet und konnten erst 2019 durch die finanzielle Unterstützung seitens der deutschen Bischofskonferenz von einem professionellen Transkriptionsbüro verschriftlicht werden (vgl. Bätzing 2023: 7). Bei der Auswertung der Interviews mit den Betroffenen sollen sowohl die Audiodateien als auch die Transkripte verwendet werden, weil beide Quellenarten eigene Informationspotentiale aufweisen. So ermöglichen die Audioaufzeichnungen einen emotionalen Zugang zu den Aussagen der Zeitzeug*innen, die für das Forschungsprojekt von Interesse sein könnten, weil die Befragten Diskriminierungen emotional verarbeitet haben und diese Emotionen Rückschlüsse auf die Wirkung der Verfolgung zulassen.

Narrative Interviews: Ablauf der Gespräche

Die vom BEZ gewonnenen qualitativen Interviews sind narrative Interviews. Die von Fritz Schütze (vgl. Schütze 1983) erstmals beschriebene Methode der narrativen Interviews zeichnet sich durch die freie Erzählung des Befragten zu einem bestimmten Thema aus, was auch in dieser Arbeit ermöglicht wurde: Die Gesprächspartner*innen wurden aufgefordert, ihre Lebensgeschichte zu teilen und Einblicke in die einschneidenden Erlebnisse während des Nationalsozialismus zu geben. Das narrative Interview bietet im Wesentlichen zwei Vorteile: Erstens können die Erzählenden in ihren Beschreibungen der Realität relativ nahe kommen. Zweitens wird durch die retrospektive Erzählung eine Interpretation des eigenen Lebenslaufs möglich, weshalb narrative Interviews insbesondere in der Biografieforschung zur Anwendung kommen (vgl. Lamnek 2016: 339). Idealtypisch soll das Interview in fünf Phasen unterteilt sein, die auch bei dem hier vorliegenden Interviewmaterial weitestgehend eingehalten wurden.

1. *Erklärungsphase*: In diesem Abschnitt sollen die Interviewten über die Rahmenbedingungen des Gesprächs aufgeklärt werden: Bei den Zeitzeug*innengesprächen wurde den Interviewpartner*innen die Anonymisierung versprochen (die genauen Vereinbarungen wurden durch einen schriftlichen Vertrag geregelt). Ferner wurde ihnen mitgeteilt, dass das Gespräch auf ein mitgebrachtes Aufnahmegerät aufgezeichnet wird und sie eine CD des Gesprächs zur Verfügung gestellt bekommen würden, um es ihren Angehörigen vorzuspielen.
2. *Einleitung*: Der*die Interviewer*in stellt eine einleitende Frage, die dem*der Befragte*n den Interessensschwerpunkt darlegt: In den durchgeführten Interviews wurden die Betroffenen der »Euthanasie« und Zwangssterilisation nach ihren Erlebnissen während des Nationalsozialismus gefragt, wobei sie auch auf die Erfahrungen aus ihrer Kindheit eingehen sollten.
3. *Erzählphase*: Der*die Befragte erzählt seine*ihre Geschichte, solange er*sie reden will. Erst dann greifen die Interviewer*innen ein: Die Zeitzeug*innen begannen mit der Schilderung ihrer Erfahrungen. In den Interviews wurde bei einigen schon früh eingegriffen, wodurch eine Lenkung des Gesprächs stattfand. Dies geschah, um die Gespräche zu strukturieren, ist jedoch problematisch, weil gelegentlich der Erzählfluss der Zeitzeug*innen unterbunden wurde und ihnen die Möglichkeit genommen wurde, eigene Schwerpunkte stärker zu gewichten. Auch die vorherige Ankündigung des Gesprächs mit dem BEZ führte zu einer Fokussierung der Interviews auf die Verbrechen während des Nationalsozialismus, wodurch die andauernde Thematisierung der Vergangenheit im Voraus als gegeben angenommen wurde.
4. *Nachfragephase*: Nach dem Ende des Berichts werden von den Interviewer*innen Nachfragen gestellt, um das Erzählte zu verstehen: Auch bei den diesem Projekt zugrunde liegenden Gesprächen wurden nach einiger Zeit Nachfragen gestellt, um die für die Interviewer*innen wichtigen Aspekte zu klären.
5. *Bilanzierung*: Interviewer*innen und Interviewte konnten sich über das Gespräch unterhalten: Es wurde sich für die Teilnahme an den Gesprächen bedankt und die Wichtigkeit der Bewahrung der Zeitzeug*innenstimmen für die Nachwelt betont. Ferner wurde Raum für ergänzende Angaben der Befragten gegeben (vgl. zu den Phasen eines narrativen Interviews Lamnek 2016: 340ff).

Bei der Analyse soll quer- und längsschnittmäßig gearbeitet werden. Fritz Schütze geht von individuellen Verlaufskurven aus, die jeden Lebensweg zeichnen. Aufgabe der Interpretation narrativer Interviews ist das Nachzeichnen der individuellen Verlaufskurve. Sie wird von einschneidenden Schicksalsschlägen sowie sozial-strukturellen Gegebenheiten beeinflusst. Neben der Herausarbeitung elementarer Prozessstrukturen kann es auch um die Folgen besonderer sozialer Prozesse wie beispielsweise dem Leben in einer totalen Institution (Heimerziehung) gehen, die sich nach Untersuchungen Schützes bis auf die schwierig verlaufende Berufswahl und ihre Folgen auswirkt (vgl. Schütze 1983: 288ff). Die Verlaufskurven der Gespräche mit den Betroffenen der »Euthanasie« und Zwangssterilisation beschreiben die Ausgrenzung innerhalb der Gesellschaft, die sich auf das Familienleben und die Partizipation im sozialen Umfeld auswirkte. Ferner soll gezeigt werden, wie die systematische Diskriminierung die Selbstkonstruktion und Fremdzuschreibung beeinflusste. Dadurch kann die Dynamik der Ausgrenzung nachgezeichnet werden, bei der unterschiedliche Ebenen miteinander interagierten und die auch nach dem Ende des Nationalsozialismus durch die lange Zeit fehlende Anerkennung nicht beendet wurde und sich auf die Selbstkonstruktion auswirkte.

Weil die Betroffenen der Zwangssterilisation und »Euthanasie« Stigmatisierungen ausgesetzt waren und sind, müssen die erhobenen Daten mit Vorsicht verwendet werden. Es wurden alle Namen anonymisiert, auch wenn dies in anderen Publikationen anders gehandhabt wurde. Dies war einerseits Bestandteil der vertraglichen Vereinbarung zwischen dem BEZ und der deutschen Bischofskonferenz, auf der anderen Seite dient dies dem Schutz der Betroffenen und Angehörigen. Jedoch muss problematisiert werden, ob nicht durch die Anonymisierung eine umfassende Würdigung der individuellen Lebensgeschichte erschwert wird. Die Arbeit will die Sichtweisen der Betroffenen widerspiegeln, es soll Raum für eigene Deutungsmöglichkeiten eröffnet und diese als Subjekt der Forschung angesehen werden. Durch die Fokussierung der Strategien der Lebensbewältigung soll ein Beitrag geleistet werden, das stigmatisierende Werturteil durch die Nationalsozialisten zu entkräften. Damit wird der Anspruch erfüllt, vulnerable Gruppen in den Forschungsprozess einzubinden (vgl. DGSA 2020: 4).

6.3. Auswertung der Daten

Eine qualitative Inhaltsanalyse ist ein regelgeleitetes Verfahren zur Analyse von Texten. Ziel der Analyse ist es immer, ein Kategoriensystem zu entwickeln, das den zentralen Inhalt des Materials wiedergibt und die Struktur der Texte darlegt (vgl. Mayring 2015: 67). Durch die Herausstellung zentraler Elemente werden die Kernaussagen des Materials extrahiert, dies entspricht dem Analyseinstrument einer zusammenfassenden Inhaltsanalyse. Ein Corpus des Materials wird geschaffen, der alle wesentlichen Aspekte beinhaltet und die Darstellung von Verknüpfungen einzelner Kategorien ermöglicht (vgl. ebd.). Dieses Instrument wurde verwendet, weil im zweiten Teil der Arbeit grundlegende Aussagen der Zeitzeug*innen herausgearbeitet werden sollen, die auf die Lebenslagen von Menschen mit einer Beeinträchtigung in einer Gesellschaft schließen lassen, in der ihnen das Recht zur Zeugung von Nachkommen, bzw. das Existenzrecht aberkannt wird. Dabei werden die einzelnen Gespräche hinsichtlich der Auswirkungen der vom NS-Regime mit Zwangsmaßnahmen durchgesetzten Ausgrenzung, Sterilisation und Ermordung auf das Leben in den Familien und in dem sozialen Umfeld beschrieben, ferner wird ein Vergleich zwischen den einzelnen Lebensgeschichten möglich, aus denen generalisierende Aussagen über die Dynamiken der Verfolgung aus Sicht der Betroffenen sowie über die daraus resultierende Selbstkonstruktion und Fremdzuschreibung geschlossen werden können.

Bei der Analyse der Stimmen der Zeitzeug*innen wurde in einem mehrstufigen Verfahren wie folgt vorgegangen: Ausgehend von dem oben beschriebenen histori-

6. Methodischer Zugang zur Rekonstruktion der Betroffenensichtweise

schen Kontext wurden vier Hauptkategorien generiert. Mit diesem groben Analyseraster wurden die Audiodateien das erste Mal gehört und im Sinne eines induktiven Vorgehens Subkategorien entwickelt. Das verfeinerte Kategoriensystem wurde für die Codierung der Transkripte genutzt und ggf. um neue Kategorien ergänzt, bzw. Kategorien mit sehr vielen zugeordneten Textsegmenten wurden nochmals untergliedert, um einen aussagekräftigen Analyserahmen zu entwickeln. Um individuelle und familiäre Handlungen und Entscheidungsprozesse nachzeichnen zu können, werden einzelne Sequenzen immer zunächst in den Kontext der jeweiligen Lebensgeschichte gestellt, bevor sie mit Aussagen anderer Befragter verglichen werden. Damit sollen eine vorschnelle Verallgemeinerung vermieden und die Dynamik der einzelnen Lebenswege im Sinne der Analyse von Verlaufskurven nachvollzogen werden. Ferner muss stets die Rolle des Befragten bei der Interpretation seiner Aussage mitbedacht werden, weil sie unter Umständen von Scham und Verdrängen beeinflusst wird. Hier muss an die oben erwähnte Unterscheidung zwischen erfahrener und erzählter Lebensgeschichte angeknüpft werden. Nach Abschluss der qualitativen Inhaltsanalyse wurden in einem weiteren Analyseschritt die Audiodateien erneut gehört, um sich stärker auf die Emotionen und die Interaktionen zwischen Fragenden und Befragten zu konzentrieren. Die Emotionen wurden dann durch Kommentare in die Transkripte ergänzt und in der weiteren Analyse berücksichtigt. Damit soll die Gleichwertigkeit der Audiodateien und der Transkripte gewährleistet werden. Bei diesem Analyseschritt wurden auch die Fragetechniken und die Interaktion zwischen Interviewenden und Interviewten berücksichtigt, weil dies die Antworten und die Dynamiken während der Interviews beeinflusste. Hier können Unterschiede zwischen den einzelnen Interviewer*innen hinsichtlich des Einfühlungsvermögens gezeigt werden, was den Vergleich der einzelnen Interviews erschwert und aus Gründen der Offenlegung des Entstehungsprozesses berücksichtigt werden muss.

Um die große Menge an Daten aufzubereiten, wurde mit der Software MAXQDA gearbeitet, die von Udo Kuckartz und seinem Team entwickelt wurde (vgl. Kuckartz 2010). Gerade bei systemischen Analysen wie bei der qualitativen Inhaltsanalyse bietet sich die Arbeit mit besonderer Software an, weil sie strukturelles Arbeiten mit mehreren Texten ermöglicht und diese sich leicht verwalten lassen. Die Dokumente können in verschiedene Dokumentengruppen eingeordnet werden. Die Zeitzeug*innengespräche wurden in die beiden Gruppen »Euthanasie« und Zwangssterilisation unterteilt, um die einzelnen Tatkomplexe getrennt voneinander und vergleichend zu betrachten. Dies ist jedoch nicht unproblematisch, weil einige Opfer zunächst zwangssterilisiert wurden, bevor sie im Rahmen der »Euthanasie« ermordet wurden. Die Interviews wurden im nächsten Schritt codiert, d. h. es wurden einzelne Textstellen (Textsegmente) zu einzelnen Kategorien zugeordnet. MAXQDA bietet die Möglichkeit, sich einzelne Kategorien und die dazu sortierten Textsegmente anzeigen zu lassen. Dadurch können generalisierende Aussagen mehrerer Befragter zu einem bestimmten Aspekt herausgefiltert werden. Nach einem ersten Codierdurchgang wurden einzelne Kategorien untersucht, um generalisierende Thesen über alle Interviews treffen zu können. Ferner ermöglicht die Software in einer mehrere Fenster umfassenden Bildschirmoberfläche das gleichzeitige Betrachten der Liste der codierten Textsegmente sowie des Ursprungstextes, wodurch gleichzeitig ein Vergleich zwischen verschiedenen Interviews im Sinne einer Querschnittsanalyse und eine Kontextualisierung des Textsegmentes im Sinne einer Fallanalyse ermöglicht wird. Ergänzend wurde mit Memos (Notizen) gearbeitet, um die Emotionen bei einzelnen Stellungnahmen der Zeitzeug*innen darzulegen. Am Ende können durch dieses Vorgehen die inhaltliche und die emotionale Ebene miteinander verknüpft und gemeinsam analysiert werden. Ausgehend von dem dargelegten methodischen Zugang wurden die mündlich überlieferten und verschriftlichten Stellungnahmen der Betroffenen der Zwangssterilisation und »Euthanasie« untersucht. Hierbei wurde der Fokus auf die Deutung von staatlicher Diskriminierung und deren Auswirkung auf die Teilhabemöglichkeit in der Familie und dem sozialen Umfeld gelegt. Darauf aufbauend werden die Bemühungen zur Darlegung einer positiven Selbstdeutung und die Auseinandersetzung mit den negativen Fremdzuschreibungen beschrieben.

7. Wahrnehmung von Ausgrenzung und (fehlender) Aufarbeitung

Bei der Diskussion der Ausgrenzung wurde vor allem auf die Entmenschlichung während der NS-Zeit eingegangen, die eine Absprache der Würde der Betroffenen zur Folge hatte. Die Aufarbeitung nach dem Krieg verlief schleppend und die Betroffenen wurden erneut ausgeschlossen und nur im geringen Umfang gewürdigt.

7.1. Entmenschlichung während der Zeit des Nationalsozialismus

Die medizinische Behandlung wurde von den Befragten als Entmenschlichung beschrieben, die eine Absprache des Wertes zur Folge hatte: Die Diagnosen wurden willkürlich erhoben und exogene Faktoren nicht berücksichtigt. Danach waren die Betroffenen der NS-Medizin ausgesetzt, einige wurden Opfer medizinischer Versuche, die nur der Steigerung der wissenschaftlichen Reputation der Täter*innen dienen sollten.

Deportation

Zu Beginn ihrer Erzählungen berichteten einige Befragte von Deportationen, was als erste Zwangsmaßnahme durch das nationalsozialistische Regime gedeutet wurde. Die Angehörigen konnten keinen Widerstand gegen die Trennung ihrer Familien leisten und mussten zusehen, wie die Betroffenen mit Gewalt aus den Familien herausgerissen wurden. So stellte Irmgard K. zu Beginn des Gesprächs folgendes dar:

> Und die Aufregung – die Männer stürzten sich auf meine Mutter, drückten der auf die Kehle und ach so, die schrie ja ganz furchtbar. Ich glaube, ich habe kein Wort gesagt. Einer

davon hat meine Mutter gespritzt, hat ihr eine Spritze gegeben, damit sie ruhig wurde (Irmgard K.: 33)[8]

Die Kinder der Familie K. (die Befragte war gerade 10 Jahre alt) waren allein zuhause, als die Mutter vor ihren Augen abgeholt wurde, sie konnten die Mutter nicht unterstützen. Kurze Zeit später wurden sie und ihre Geschwister von Angehörigen aufgenommen, was die Befragte nüchtern berichtete. Auch Albert G. beschrieb die Hilflosigkeit während der Trennung von seiner Mutter.

> Ja und da gingen die beiden Beamten mit uns zum Bahnhof, da standen wir am Bahnsteig. Das sehe ich heute noch. Also das sind so Eindrücke, die bleiben ein bisschen mehr haften. Der Bruder war ja über ein Jahr, etwas über ein Jahr älter wie ich. Der hat das eher noch anders empfunden, wie ich. Noch mehr die plastische Darstellung konnte der geben. Und da sagten wir: »Ja, wann kommt denn unsere Mutter?«, »Ja eure Mutter kommt nach«. In den Zug gestiegen, da sind wir gefahren nach Dormagen. (Albert G.: 95)

Den Aufenthaltsort der Mutter versuchten die Kinder zu erfragen, sie wurden aber getäuscht und konnten die Deportation der Mutter nicht abwenden. Diese Abschiedsszene wurde von ihm betont, insbesondere die Frage nach einem Wiedersehen mit der Mutter. Dies zeigt, dass er zu dem Zeitpunkt bereits wusste, dass seine Mutter in Gefahr war. Danach kam Albert G. zu einer Pflegefamilie. An den zwei Beispielen (die sich mit Erzählungen anderer Befragter deckten) kann gezeigt werden, dass die Angehörigen der staatlichen Unterdrückung hilf- und wehrlos ausgesetzt waren. Die staatlich angeordnete und durch Mediziner*innen sowie Pfleger*innen durchgeführte Gewalt griff unmittelbar in die Familie ein und zerstörte diese. Eindrucksvoll wird dies anhand von den angeblichen »Behandlungen« beschrieben.

Misshandlung durch »Behandlung«: Beschreibung der Verbrechen und deren Folgen

Die Zustände in den Heil- und Pflegeanstalten waren unerträglich und führten zu physischen und psychischen Leiden. Antje K. beschrieb die grausame Behandlung ihrer Schwester sowie die Herbeiführung von Krankheiten durch Ärzt*innen, die kein Interesse an einer Heilung hatten, sondern die Kinder durch Unterversorgung und Verabreichung von Medikamenten töteten.

> Und wenn sie dann am Ende waren und schon des längeren Luminal bekommen haben – was eigentlich ein Beruhigungsmittel ist, aber bei überhöhten Dosierungen und längeren Dosierungen zu Bronchien- und Lungenentzündung führt, in Verbindung mit Unterernährung und Hunger, wenn sie dann nicht von selbst gestorben sind, sind sie abgespritzt worden. Das haben so meine Nachforschungen ergeben und das ist natürlich Irma auch passiert. Irma ist am 27. September vom Haus 21 mit 13 anderen Kindern eben in die Kinderfachabteilung verlegt worden, Haus 15. Und nach dreieinhalb Monaten hat von diesen 14 Kindern keins mehr gelebt (Antje K. zweites Gespräch: 69)

---

8 Die Zahlen beziehen sich auf den zitierten Absatz im Interview.

Frau K. beschreibt diese Tatsache langsam, was auf eine emotionale Belastung während der Wiedergabe schließen lässt. Ihre Schwester Irma wurde nach Wien deportiert und dort in der Psychiatrie »Am Steinhof« getötet.[9] Die Abschreibung jeglicher Würde zeigt sich auch darin, dass die Angehörigen die Kosten für die Unterbringung in den Heil- und Pflegeanstalten zahlen sollten, worauf sie im weiteren Verlauf des Gesprächs hinwies.

Im Sinne eines radikalen utilitaristischen Denkens wurden an den Patient*innen, die in Anstalten lebten, insbesondere während der dezentralen »Euthanasie« und der »Kindereuthanasie« medizinische Versuche durchgeführt. Antje K. recherchierte die an ihrer Schwester durchgeführten Experimente und beschrieb sie mit klarer Stimme:

> Und wir wissen, dass an allen Kindern Enzephalografien vorgenommen worden sind, d. h. man hat Gehirnwasser entzogen und Luft eingepumpt, um Röntgenbilder der Gehirne herzustellen, was für die Kinder sehr schmerzhaft war und das hat auch zu Todesfällen geführt. Es sollen dort auch Versuche mit lebenden Tuberkelbazillen vorgenommen worden sein. Aber dass es so war, das wissen wir nicht genau. Auf jeden Fall sind diese 14 Kinder alle ermordet worden und von 228 von Hamburg, Alsterdorf deportierten Kranken nach Wien, haben 196 nicht überlebt. Einige sind noch nach der Befreiung an Hunger und Unterernährung gestorben, an Entkräftung. (Antje K. zweites Gespräch: 71)

Auch hier zeigt sich wieder die Entmenschlichung der Opfer, sie wurden nur als Forschungsobjekte angesehen und das Sterben ging auch nach dem Krieg weiter (für die Diskussion der Versorgung im Nachkriegsdeutschland siehe Teil 3 dieser Arbeit). Mia W. beschrieb ebenfalls die Entmenschlichungen durch das Verhalten von Ärzt*innen in Konzentrationslagern und Krankenhäusern. In einem Keller des Krankenhauses Buchs wurden Kinder für medizinische Versuche missbraucht:

> Er kann aber bezeugen, dass ich, als ich da unten im Keller war, und da gab es noch einen anderen Arzt, Dr. K., der auch Versuche mit mir gemacht hat, und da bin ich an einer Kellertür vorbeigekommen, die war offen, in dem Raum lagen Kinder und diese Kinder (…). Also das kann ich jetzt (weint) (…). (Mia W. erstes Gespräch: 79)

Die Interviewerin bot nach dieser Aussage an, dass Gespräch zu unterbrechen, doch Frau W. fuhr fort. Sie wollte ihre Gefühle nicht offen zeigen und entschuldigte sich für ihre Gefühlsregung. Hier wird die Schwierigkeit der Auseinandersetzung deutlich, es wurde versucht, der Entmenschlichung mit Selbstachtung und dem Zeigen von Stärke bei der Auseinandersetzung zu begegnen.

Die Zwangssterilisation wurde als weitere Form der Entwertung beschrieben. Wie einige Befragte schilderten, wurden Opfer der »Euthanasie« vor der Ermordung noch zwangssterilisiert, damit wurden sie schon vor der Tötung rassenhygienischen Maßnahmen unterzogen und ihre körperliche Unversehrtheit verletzt. Hierbei gab

---

9 Wie Michael Wunder beschrieb, wurden die Patient*innen am 14. August 1943 aus den Alsterdorfer Anstalten nach Wien in die Psychiatrie »Am Steinhof« deportiert, wo eine »Kinderfachabteilung« in der Jugendverwahranstalt »Am Spiegelgrund« eingerichtet wurde (vgl. Wunder 2016: 285).

7. Wahrnehmung von Ausgrenzung und (fehlender) Aufarbeitung

es nach der Aussage von Frau F. eine enge Verzahnung zwischen der Zwangssterilisation und der »Euthanasie«.

> Aber, ich muss jetzt vorgreifen, aus den vier Wochen wurden vier Jahre. Und das hatte den Grund, was wir damals überhaupt nicht wussten, dass sich das »Euthanasiegesetz« entwickelte und schon daraufhin gearbeitet wurde. Denn ich habe nun einen untrüglichen Beweis zur Vorbereitung des »Euthanasiegeschehens«, was ich erst vor Kurzem auch erfahren hatte, dass meine Mutter dann, sie war erst ein Jahr in der Anstalt und bereits zwangssterilisiert worden. (Lissa F.: 11)

Auch andere Befragte berichteten davon, so auch Albert G., dass ihre Angehörigen vor der Ermordung sterilisiert worden seien. Dies war jedoch schwer zu rekonstruieren. Auch Christina F. schilderte in dem Gespräch mit ihr zunächst, dass sie nicht wisse, ob ihre Mutter sterilisiert worden sei. Erst im späteren Verlauf stellte sie fest:

> Ende 41/42, dass ich da mit ihr (...) Im Krieg war ich mit ihr auf dem Repertsberg, da ist sie sterilisiert worden. Also ich habe (...) die Anneliese, die älteste Schwester, die lebt nicht mehr, die hat gesagt: Ei, fahr doch du mal mit rauf mit der Mama, die kriegt Spritze. Mama, das ist (...) Die Mutter kriegt Spritze da oben. Also was ich das (...) Ich habe mich nicht interessiert. (Christina F.: 824)

Die Berichte legen nahe, dass eine Sterilisation keine positive Auswirkung auf das Überleben der Betroffenen hatte. Dies wird in der Literatur über die NS-»Euthanasie« kontrovers diskutiert, es steht die These im Raum, dass eine Sterilisation zur Entlassung geführt habe (vgl. Wunder/Genkel/Jenner 2016).

Auch Angehörige von Opfern der NS-»Euthanasie« wurden sterilisiert. Charlotte D. hob hervor, dass nur das Kriegsende sie vor einer Sterilisation bewahrt habe.

> Das ist aber ein komischer Rauch immer dort und so. Eh das dann (...) Und da durfte man auch nicht laut werden, nicht. Da hatte man sicher Angst, also (...) Und dann, wenn ich nur daran denke, wenn wir wären zwei Jahre, wenn der Krieg zwei Jahre länger gedauert hätte, nicht, dann wären meine Schwester und ich sterilisiert worden. (Charlotte D.: 70)

Auf die Frage, ob sie während der Zeit des Nationalsozialismus regelmäßig untersucht wurde, schilderte sie, dass die Krankheit der Mutter verheimlicht wurde, es wurde nur von einer Krebserkrankung gesprochen. Hier wird die Logik der Nationalsozialisten deutlich, ihre Gesundheitspolitik fokussierte nicht die einzelnen Individuen, sondern stellte die Volksgesundheit in den Mittelpunkt. Auch die Angehörigen der Opfer von Sterilisation und »Euthanasie« wurden verfolgt bzw. beobachtet, dies führte zu einer Betonung der eigenen Gesundheit und zu dem Bedürfnis nach Legitimation.

Die Rekonstruktion der Zusammenhänge zwischen Sterilisationen und Ermordung ist schwierig, weil die Äußerungen von den Zeitzeug*innen zu diesem Aspekt vage bleiben. Im Gespräch mit Herrn R. wird die Frage der Zwangssterilisation angesprochen, er will sich allerdings nicht genau äußern, sie wird nur am Rande thematisiert und später auch nicht wieder aufgegriffen.

> Also, Kinder wären sowieso nicht mehr gekommen, weil ich ja auch sterilisiert wurde, ich konnte ja auch keine kriegen. (...) Aber da hätten wir auch wahrscheinlich auch keinen Wert mehr gelegt, will ich mal so sagen. Wir hätten ja die Gudrun [seine Stieftochter.

Anmerkung CH] gehabt, nicht, wollen wir mal so sagen. Und dann hätte sich das. Und dann hätten wir unseren eigenen Weg genommen. Aber es hat nicht sollen sein und was will ich dagegen machen? (Wilhelm R.: 92)

Er kann den genauen Zeitpunkt der Sterilisation nicht einschätzen und verdrängt diese. Er spricht nur von einer Entschädigung, die er erhielt, aber er weiß nicht wofür. Im gesamten Gespräch mit Herrn R. fokussiert er sich stark auf die Rettungsaktion seiner Freundin aus einer Wiener Heil- und Pflegeanstalt, aus der er sein Selbstbewusstsein schöpft, und die Ermordung seiner Stieftochter. Es kann angenommen werden, dass er sich nicht als »erblich belastet« definiert und deshalb seine eigene Sterilisation tabuisiert. Sie hat für ihn nicht die Bedeutung und wird nur als eine von zahlreichen Diskriminierungen gegen ihn aufgezählt. Die prägendste war für ihn wahrscheinlich die Internierung in den Alsterdorfer Anstalten, worauf bereits in bisherigen Rekonstruktionen seiner Lebensgeschichte eingegangen wurde (vgl. beispielsweise Wunder 2016).

Wie gezeigt wurde, stellten die Befragten das Handeln der öffentlichen Behörden sowie Mediziner*innen als Entmenschlichung dar, die sie systematisch abwertete. Dabei wurde der oben beschriebene vorherrschende wissenschaftliche Diskurs in die Praxis umgesetzt und eine Politik der Ausgrenzung forciert. Nach diesen Darstellungen muss nach der Wahrnehmung von Brüchen und Kontinuitäten im Nachkriegsdeutschland gefragt werden, weil die Deutung der Vergangenheit lange Zeit durch die an den Verbrechen beteiligten Professionen dominiert wurde und dadurch den Betroffenen die individuelle Deutung ihres Schicksals verwehrt wurde.

7.2. Bemühungen sowie Hindernisse hinsichtlich der Aufarbeitung in der Nachkriegsgesellschaft

Generell muss festgehalten werden, dass die systematische gesellschaftliche Entmenschlichung, die Nichtthematisierung in der Öffentlichkeit und die fortdauernde Ausgrenzung von Menschen mit Behinderungen bzw. Psychiatrieerfahrungen zu einer Tabuisierung der Tat auf Seiten der Betroffenen führte; sie wollten nicht in der Öffentlichkeit und der Familie über ihr Schicksal sprechen, weil sie eine erneute Ausgrenzung und Stigmatisierung befürchteten. Auf der anderen Seite löste dies einen Druck zur Recherche nach dem eigenen Schicksal bzw. dem der Angehörigen aus, wodurch eine Aneignung der Geschichte seitens der Betroffenen ermöglicht wurde. Dieses Dilemma erschwerte es ihnen, mit den erniedrigenden Erfahrungen zu leben. Die fehlende Aufarbeitung durch die Regierungen der Nachkriegszeit sowie innerhalb der Einrichtungen der Hilfen für Menschen mit Behinderungen und Psychiatrieerfahrungen wurde anhand unterschiedlicher Aspekte in der Mehrzahl der Gespräche thematisiert, sie wurde als erneute Ausgrenzung und Stigmatisierung empfunden. Der Ausschluss beim Erinnern zeigt sich exemplarisch bei den Gedenkfeiern, bei denen die Betroffenen nicht in ausreichendem Maße gewürdigt werden, wie in den Gesprächen thematisiert wurde.

Gedenkfeiern

Die Nichtwahrnehmung der Betroffenen bei Trauerfeiern wurde von mehreren Befragten beklagt, sie waren lediglich Gäste der Gedenkfeiern und wurden nicht in angemessener Weise gewürdigt, wie Herr E. feststellte. Dieser Eindruck wurde von der ehemaligen Geschäftsführerin des BEZ bestärkt, sie war ebenfalls bei der Trauerfeier in Niedermarsberg anwesend, bei der ein Gedenkstein eingeweiht wurde. Dies empfand sie als unwürdig, die anwesenden Opfer und Angehörigen wurden nicht erwähnt, was im Gespräch mit Paul E. thematisiert wurde:

> Ja, Leute getroffen, auch als Zeitzeugen. Da sind wir da oben auf dem (...) Vor dem Gedenkstein haben wir uns noch fotografiert. Das hat mich am schlimmsten aufgeregt von den ganzen Dings. Die haben nicht ein einziges Wort von uns, von den Zeitzeugen, die da noch waren, nicht ein einziges Wort von verloren. Ich war schon drum und dran, wo der Pastor und der Doktor da (...) Ich wollte erst gehen. Da haben sie dann gesagt: Herr E., bleiben Sie lieber hier. (Paul E.: 381)

Die fehlende Berücksichtigung der Betroffenen und ihrer Trauer wurde auch von anderen Befragten kritisiert. Bei einem Ärztekongress erstritt Wilhelm R. eine Trauerminute für die Opfer und erstritt dadurch eine seine Bedürfnisse berücksichtigende Erinnerungszeremonie. Frau K., deren Schwester Irma im gleichen Transport wie die Freundin von Herrn R. und deren Tochter deportiert wurde, hob diesen Akt der Aneignung der Geschichte hervor.

> Da steht der Herr R. auf und sagt: Ich will eine Rede halten. Der R., der eine ganz schlechte Schulbildung hat, aber ein sehr – wie soll ich sagen? – kluger Mann ist. Und der hat gesagt (...) Stellt sich hin, das muss ich vormachen, (alle lachen): Ich will jetzt eine Gedenkminute! Ihr könnt ja alle sitzen bleiben! So hat er gemacht. Ich mache jetzt eine Gedenkminute! Da blieb dem Hausherrn, Professor G. nichts übrig als die Anwesenden zu bitten, zu einer Gedenkminute sich zu erheben. Man muss sich das (...) Ein Mann, der 22 Jahre in der Psychiatrie gelebt hat. (Antje K. erstes Gespräch: 108)

Die Trauerfeier für Irma und die anderen Opfer des Spiegelgrunds war für Frau K. sehr wichtig, sie berichtete ausführlich in beiden Gesprächen über dieses Ereignis, von dem sie emotional ergriffen war. Dies wird am deutlichsten erkennbar in dem Bericht über die Rede ihrer Tochter bei der Gedenkfeier für Irma und die anderen »im Spiegelgrund« ermordeten Hamburger*innen. Sie ist im Anhang dieser Arbeit zu finden. Die Rede geht auf viele hervorzuhebende Aspekte ein: Neben dem Schicksal und der Betonung der aktiven Teilnahme am Familienleben wird die verweigerte Anerkennung und das Verdrängen thematisiert. Besonders interessant ist die Bewertung des Verhaltens der Großeltern, sie beschreibt dies als Folge eigener Diskriminierung und Zwang, was in der Familie lange nicht so gesehen wurde und zu Schuldzuweisungen führte (siehe hierzu auch Kapitel 8.3. zu Intersektionalität). Ferner geht sie auf Kontinuitäten ein und stellt einen Übergang zu heutigen ethischen Fragen her. Für Frau K. muss die Rede eine sehr große Bedeutung haben, sie konnte sie nicht zu Ende vorlesen und nach dem Verlesen durch eine Interviewerin brach sie in Tränen aus und brauchte eine Pause im Gespräch. Insgesamt muss festgehalten werden, dass die Betroffenen die Aufarbeitung eher als erneute Ausgrenzung empfanden, bei der die Interessen der Angehörigen und Opfer nur unzureichend berücksichtigt wurden. Die fehlende Anerkennung der Schicksale der Betroffenen wurde auch bei der Zusammenarbeit mit staatlichen Behörden und Einrichtungen beschrieben, die sich lange Zeit nicht mit der Thematik der »Euthanasie« und Zwangssterilisation auseinandersetzten und die Angehörigen nicht bei der Aufarbeitung unterstützten.

Mangelnde Aufarbeitung und Auseinandersetzung in Institutionen

Die Anfragen der Angehörigen wurden oft unsensibel beantwortet. Ihnen wurde in einem förmlichen Verwaltungsakt der Tod des Angehörigen übermittelt, wie Waltraud G. feststellte, die in der Gemeinde nach Unterlagen zu ihrem ermordeten Vater fragte. Bei ihrem Bericht stellte sie den Bürgermeister als taktlos dar, er hatte sie an eine Mitarbeiterin verwiesen und sich nicht weiter um sie gekümmert. Die verwendete Mundart zeigt ebenfalls das fehlende Einfühlungsvermögen der Rathausmitarbeiterin.

> Der Bürgermeister ist mit mir runter zu der Standesbeamtin (...) wieso grad zu der? Und dann hat er gesagt, die Frau G., die sucht Unterlagen. Ihr Vater ist vergast worden oder so etwas Ähnliches. Also, wissen Sie, von einem Bürgermeister, war das so eine taktlos (...): Der ihr Vater ist vergast worden. (entrüstet) Das sagt man doch nicht so dahin! (...) ob das der Umgangston wäre, den sie da hätten. Wie die mit mir umgegangen sind. Die haben ja gesagt (...) Die eine Angestellte hat zu mir gesagt: Ich habe nichts gefunden und somit ist der Käs' gegessen. (Waltraud G.: 261)

Insbesondere die DDR wollte sich nach Aussagen mehrerer Zeitzeug*innen nicht mit der »Euthanasie«-Vergangenheit auseinandersetzen. Obwohl mehrere Tötungsanstalten im Gebiet der ehemaligen DDR[10] lagen, fand dort kein Gedenken an die Opfer statt, weil sie sich nicht als Nachfolgestaat des »dritten Reiches« ansah. Das öffentliche Verdrängen der Verbrechen wurde von in der DDR lebenden Angehörigen übernommen, um mit diesem leben zu können und sich in das gesellschaftliche Leben zu integrieren, worauf Charlotte D. einging.

> Nein! Gar nicht weiter. Weil ja die DDR sich nicht als Nachfolger von denen fühlte, nicht. Also, wie Drüben, das war ja die Verbrecher sozusagen, die immer noch am Ruder waren. Nein, nein. Also, da war gar nichts. Und ich muss ganz ehrlich gestehen, ich habe auch nie davon gesprochen, weil es mir selber peinlich war dann, je älter ich wurde. Und ich heiratete dann, ich bin zehn Jahre mit meinem ersten Mann verheiratet gewesen. (Charlotte D.: 112)

Auch die ehemaligen Tötungsanstalten setzten sich erst spät mit ihrer Vergangenheit auseinander, so beispielsweise in Pirna-Sonnenstein, wo sich lange Zeit niemand für die Geschichte des Ortes (in der ehemaligen DDR) interessierte. Frau F. arbeitete nach dem Krieg auf dem Gelände der ehemaligen Tötungsanstalt Pirna-Sonnenstein, das nun für die Flugzeugindustrie genutzt wurde und deshalb unter militärischer Geheimhaltung stand. Erst 1989 wurde durch die Gründung des Kura-

---

10 Brandenburg an der Havel, Pirna-Sonnenstein, Bernburg bei Halle an der Saale.

7. Wahrnehmung von Ausgrenzung und (fehlender) Aufarbeitung

toriums damit begonnen, die Geschehnisse vor Ort aufzuarbeiten, Frau F. beteiligte sich von Anfang an. Es gab eine Mauer des Schweigens, wie Frau F. schilderte:

> Aber diese Stellen, so einfach machte man das. Es war wieder eine Mauer aufgebaut. Es war nicht nur die Mauer da zwischen Ost und West. Das waren etliche Mauern aufgebaut. Und wenn ich dann so einen Vortrag gehalten habe oder mit Menschen gesprochen habe, dann habe ich gesagt, ja, Gott sei Dank, es sind nicht nur die Mauern zwischen Ost und West gefallen, es sind Gott sei Dank auch die Mauern von unserem Betrieb gefallen, denn wir (...) um uns herum war ja ebenfalls eine Mauer, eben wegen der Geheimhaltung, was natürlich auch sicher, also oftmals Stein des Anstoßes war. (Lissa F.: 85)

Ein Erinnern war nur dank des Engagements der Betroffenen möglich. Ursächlich hierfür waren Kontinuitäten, ehemalige Täter*innen, insbesondere Mediziner*innen praktizierten nach dem Krieg weiter und das »Gesetz zur Verhütung erbkranken Nachwuchses« wurde nicht als nationalsozialistisches Unrecht bewertet. Damit war eine fortdauernde abwertende Haltung gegenüber Menschen mit Behinderungen und Psychiatrieerfahrungen verbunden.

Kontinuitäten

Mehrere Befragte schilderten den Unmut über die Tatsache, dass Richter, die am Erbgesundheitsgericht arbeiteten, auch in der Bundesrepublik Recht sprachen. So berichtete Karl-Heinz M., dass er den gleichen Richter, der beim Erbgesundheitsgericht tätig war, später in den Wiederaufnahmeverfahren wieder traf, was er nur schwer verkraften konnte.

> Wissen Sie, ich habe so viel Erfahrungen machen müssen. Zum Teil waren sie gute, zum Teil waren sie so niederschmetternd, die damals, ich habe den angesprochen bei diesem Wiederaufnahmeverfahren, ich habe den ganz freundlich gefragt: »Sagen Sie mal, was machen Sie denn hier?« »Ich bin Richter.« »Sie haben da Urteile gefällt, Todesurteile. Das mussten Sie machen, zur Nazizeit waren Sie Richter.« Und hat er mich angeguckt und hat kein (...) kriegte einen knallroten Kopf. (Karl-Heinz M.: 55)

Hier wird auf die Besetzung bei den Wiederaufnahmeverfahren angespielt, in den Kammern waren auch ehemalige Richter*innen der Erbgesundheitsgerichte tätig (vgl. Westermann 2010). Die Vertreter*innen der Fürsorge handelten auch nach Ende des Nationalsozialismus teilweise in der Logik der Rassenhygiene, erst durch Zureden des Hausarztes konnte Frau L. das Werturteil durch die Fürsorgerin entkräften. Es zeigt, dass auch nach dem Krieg in Kreisen der Fürsorge rassenhygienisches Denken vorhanden war und die Betroffenen mit Zuschreibungen zu kämpfen hatten.

> Und die Fürsorgerin, die meine Mutter aufsuchte: Sie wollen heiraten? Ich bin weinend zu unserem Hausarzt gekommen. Der hat mich damals in die Arme genommen und hat gesagt: Beruhige dich mal, es gibt so viele Leute, die sind herzkrank. Das ist auch eine Krankheit, die in der Anlage vererbt werden kann. Und wie viele der Nachkommen kriegen diese Herzkrankheit. Und bei dir, das weißt du doch gar nicht, ob du so eine Anlage hast. Und jedenfalls hat er mich damals dann getröstet, ich wusste ja gar nicht, wie ich mich verhalten sollte, ob ich meinen lieben Mann kennenlernen durfte und heiraten durfte. Also ich bin dann trotzdem beruhigt gewesen. (Irene L.: 87)

Viele Mediziner*innen, die an den Krankenmorden beteiligt waren, machten im Nachkriegsdeutschland Karriere, sie experimentierten weiter mit den »Präparaten« ihrer Opfer und benutzten sie zur Erlangung wissenschaftlicher Ehrungen, was Frau K. feststellen musste.

> Er hat ja an den Gehirnen seiner Opfer auch seine internationale Karriere da aufgebaut. Auf jeden Fall ist in diesem Institut [der LBG. Anmerkung CH[11]] dieser Schrank aufgebrochen worden und da waren fünf Krankenakten drin. Wir nehmen an, das lässt sich jetzt nicht mehr beweisen, dass das alles Akten von Opfern waren, (Antje K. erstes Gespräch: 142)

Nachdem die Verbrechen öffentlich gemacht wurden, begannen die Strafverfolgungsbehörden, die Taten doch noch aufzuklären. Jedoch wollte Frau K. keine juristische Aufarbeitung, weil sie endlich im Rahmen eines würdevollen Begräbnisses Abschied von ihrer Schwester nehmen wollte und der Meinung war, dass bereits genügend Beweise für die Verbrechen und die Verurteilung der Täter*innen zusammengetragen wurden. Als Rechtfertigung für das menschenverachtende Verhalten fungierte der Dienst an der Wissenschaft. Mit einem Fortschrittsoptimismus wurden die Verbrechen teilweise legitimiert und die Täter*innen rehabilitiert. Dies beruhte auf der Verschiebung des wissenschaftlichen Diskurses (Orientierung am Volksganzen statt dem Wohl des Einzelnen und Fortschrittswahns), das zu einem Enthemmen des ärztlichen Handelns führte. Mia W. ging auf die mit der wissenschaftlichen Freiheit verbundenen Willkürlichkeit ein.

> Es war nur ein Wissenschaftler. Es war nicht nur ein Wissenschaftler. Die hatten freie Hand, dieses oder jenes zu tun oder zu unterlassen. Also das kann mir keiner erklären. Und deswegen waren sie nicht nur (...) aber, nein, Professor G. meinte, ich würde das (...), das würde er auffassen als Verunglimpfung. Aber ich sage: Es muss doch möglich sein, dass ein ganz normaler Bürger, der den Holocaust überlebt hat, dass man eben so etwas sagt, ja? Aber sagt er: Das haut nicht hin, das (...) also, ich verbürge mich, Sie werden Ärger kriegen. (Mia W. drittes Gespräch: 214)

Um das fortdauernde Praktizieren der tötenden Ärzt*innen zu verhindern, wurden strafrechtliche Verfahren angestoßen, wovon Gerhard K. berichtet, der sich als Nebenkläger in einem Prozess gegen einen ehemaligen Arzt einbrachte. Hier wurde er von einem Rechtsanwalt unterstützt, der kostenlos das Mandat übernahm. Parallel versuchte er, dem angeklagten Arzt die Approbation aberkennen zu lassen und hatte damit Erfolg. Für den Befragten war die Rolle des Nebenklägers schwer erträglich, er schilderte seine Gefühle wie folgt:

> Nein, kann ich gar nicht beschreiben. Also als ich da in Frankfurt da im Gerichtssaal saß, wir saßen ja mit den (...) die Nebenkläger mit den Rechtsanwälten auf so einer hohen (...) Also am liebsten wäre ich umgefallen da vor (...). (Gerhard K.: 91)

Der Prozess hatte für den Befragten eine wichtige Funktion in der Verarbeitung des Verbrechens. Das Unrecht wurde anerkannt und der Täter musste sich dafür

---

11 Ludwig Boltzmann Gesellschaft: österreichische Forschungsgesellschaft, die außeruniversitäre Forschung fördert.

7. Wahrnehmung von Ausgrenzung und (fehlender) Aufarbeitung

verantworten. Durch die frühe Entschädigung wurde der Befragte ansatzweise rehabilitiert.

> Ja, die persönliche Genugtuung würde ich sagen, dass der Täter eben zur Rechenschaft gezogen worden ist. Ja. Und (lacht) ich habe dann lange bevor diese (...) Was gibt es denn jetzt? (Gerhard K.: 51)

Er berichtete von seiner Einmalzahlung in Höhe von 5.000 DM, für die er lange kämpfen musste und die keine angemessene Entschädigung darstelle. Der Täter wurde zu einer mehrjährigen Freiheitsstrafe verurteilt, die vom Bundesgerichtshof im Rahmen einer Revision reduziert wurde. Für den Nebenkläger war dieses Urteil zu wenig.

> Ja. (...) Das ist immer noch zu wenig. Aber was soll ich dagegen tun? Das ist zu wenig. Ist zu wenig. Andere sind mit dem Tode bestraft worden. (...) Die bei der Wehrmacht (...) oder irgendwas begangen haben. (...) Mord ist Mord. (Gerhard K.: 117)

Er geht hier auf die Stellung der Verbrechen der Zwangssterilisation und »Euthanasie« ein, die lange nicht den anderen Taten im Nationalsozialismus gleichgesetzt wurden, am Ende wurden meistens nur milde Strafen verhängt, wie beispielsweise Eckardt feststellte (vgl. Eckardt 1999). Auf eine zivilrechtliche Klage verzichtete er, sie hatte nach Meinung seiner Rechtsanwälte keine Aussicht auf Erfolg:

> Ja, ich wollte zivilrechtliche Ansprüche geltend machen und da sagte man mir, die wären verjährt. Weiß nicht, ich hatte kein Geld, um mir da einen teuren Rechtsanwalt zu nehmen. Ich möchte nur sagen, dass ja auch in der Justiz oder in der Rechtsprechung doch auch unterschiedliche Ansprüche vorhanden sind. Erstens mal der Anwalt H. aus Bremen, der ja dicke Akten für mich ohne einen Pfennig geschrieben hat und als nachher er den Prozess in Gang gebracht hat, dann haben sich in Frankfurt am Main wieder drei, vier, fünf Ärzte gefunden (...) Ärzte nicht, Rechtsanwälte, die den Prozess da kostenlos begleitet haben. Das hätte ja für mich Tausende von Mark gekostet. Wäre ich gar nicht in der Lage gewesen, das aufzubringen. (Gerhard K.: 121)

Wahrnehmung und Bedeutung von Entschädigung

Mit der Entschädigung war einerseits die Hoffnung nach gesellschaftlicher Anerkennung verbunden, auf der anderen Seite führte der Ausschluss von finanziellen Leistungen zu einer weiteren Stigmatisierung. Die Inanspruchnahme von Entschädigung war für die Betroffenen wichtig. Hierdurch konnten sie den Makel der »Minderwertigkeit« teilweise abstreifen, wie Karl-Heinz M. festhellt:

> Für mich war das also, nachdem ich da rehabilitiert war, war das für mich also abgeschlossen. Das Geld wurde ja, dank der Institution von Ihnen [BEZ. Anmerkung CH] wurde das erhöht. Erst waren es 60 und dann waren es 100 und jetzt sind es 120. Und das ist ja durch Ihre Arbeit da zustande gekommen. (Karl-Heinz M.: 125)

Gerda B. stellte auf die Frage, ob die Entschädigung wichtig für sie sei, fest, dass sie von den Eltern der Kinder ihrer Kindertagesstätte dazu gedrängt wurde, die Entschädigung anzunehmen. Sie konnte durch die Entschädigung ihre Berufung als Erzieherin fördern und ein selbstbestimmtes Leben führen, dieses Bedürfnis wird im Gespräch immer wieder von ihr betont:

> Ja, ich habe das durch Zufall erfahren und Eltern haben mich auch getriezt, holen Sie sich das Geld, wo Sie so viel Geld ausgeben für unsere Kinder, holen Sie sich das. Und ich habe die 5.000 Mark dann so mit reingebuttert in unseren Laden. (Gerda B.: 161)

Generell ist sie vom Staat enttäuscht, der ihr Lebenswerk, die Schule, kaputtschlug, was auch Frau Wierling in ihrer Analyse hervorhob (vgl. Wierling 2017: 124). Sie wollte die Entschädigung nicht für sich nutzen, sondern butterte es »in unseren Laden«, der vom Staat zerstört wurde, weil dort nicht die gesellschaftlichen Normen gelebt wurden. Auch ihr zweites Lebensprojekt, eine Wohngruppe für Jugendliche mit reformpädagogischen Ansätzen, wurde nicht von der öffentlichen Verwaltung anerkannt. Sowohl vom NS-Staat als auch von der jungen Bundesrepublik ist sie enttäuscht und zog sich deshalb zunehmend aus dem öffentlichen Leben zurück, worauf bereits in der Analyse im Rahmen des BEZ-Projektes hingewiesen wurde (vgl. Weber, Inge 2023).

Nicht nur den Verlust des Elternteils durch die Ermordung hatten die Kinder der Opfer der »Euthanasie« zu beklagen, sondern auch die damit verbundenen Folgen wie beispielsweise die Unterbringung in einem Heim, die nach Ansicht von Herrn W. nur unzureichend als Folge des NS-Unrechts anerkannt und entschädigt wurde.

> Ja, ja. Ja, es ist bloß bitter, dass die ganze Sache, dass wir nun nicht anerkannt wurden als NS-Opfer, ich habe ja dadurch meine Kindheit total eingebüßt. Als Kleinkind usw. Habe verschiedene Pflegestellen (...). (Werner W.: 459)

Bei der Forderung nach Entschädigung wurde Herr W. vom Opferverband BEZ unterstützt. Die Informationen über die Möglichkeit, Entschädigung zu beantragen, erfuhren die Betroffenen teilweise eher zufällig. Sie mussten sich bei den staatlichen Behörden melden und die Zuwendung beantragen. So schilderte Agnes E., dass sie erst über einen Aufruf im Radio erfuhr, dass sie Entschädigung beantragen könne. Dabei zeigt sich, dass Frau E. das Bedürfnis nach Entschädigung hatte, um das ihr angetane Leid anerkannt zu bekommen. Sie ist seit der Gründung des BEZ bei diesem bekannt und wird von ihm unterstützt.

> Jetzt fallen mir so einzelne Teile ein. Da fuhr ich morgens mit meiner Sozialarbeiterin irgendwo hin. Auf einmal, im Radio, was war da? Da wurde das schon bekannt gegeben. Ich sage: Hör mal, aufgreifen. Wo müssen wir uns dran wenden? Und dann bin ich schon zu Ihnen [BEZ. Anmerkung CH]. Da habe ich erst angefragt: Ja, da und da ist die Stelle. Da können Sie sich melden. (Agnes E.: 136)

Die Strategie des Hervorhebens anderer Diskriminierungen war notwendig, um überhaupt eine Entschädigung zu beantragen. Insbesondere zu Beginn der Wiedergutmachung war die Herausstellung der politischen und ethnischen Verfolgung die einzige Chance, Entschädigung in Anspruch zu nehmen. Es wurde davon berichtet, dass es Entschädigung für die Zugehörigkeit zu einer anderen verfolgten Gruppe gab, so beispielsweise der Vater von Werner W., der nicht wegen des Verlustes seiner Frau entschädigt wurde, sondern weil er Zeuge Jehovas war.

> Ja, hier. Der Status Opfer des Faschismus gab es ja nur hier. Den gab es drüben nicht. Ich weiß nicht, wie das drüben war. Ja, das hat er dann aberkannt bekommen. Und dadurch ist auch hier dann, ich weiß nicht, ob er hier irgendwas bekommen hätte, das weiß ich

7. Wahrnehmung von Ausgrenzung und (fehlender) Aufarbeitung

nicht. Ich weiß auch nicht, wie viel er entschädigt worden ist, das hat er mir nie gesagt. Na gut, seine Sache. Aber er ist entschädigt worden, ja.[12] (Werner W.: 355)

Auch Wilhelm R. wurde seiner eigenen Meinung nach nicht wegen seines eigentlichen Leidenswegs entschädigt – er musste in einem Heim leben und wurde dort seiner Freiheit entzogen –, sondern weil er seine Freundin Walli befreite. Es wird in dem Interview nicht klar, wofür er entschädigt wurde. Es kann sein, dass er für seine Zwangssterilisation die Leistung erhielt, wovon er am Rande spricht und die er nicht weiter thematisieren möchte (siehe die Aussage zu seiner eigenen Sterilisation oben). Hier kann an die in Kapitel 6 diskutierten Überlegungen Harald Welzers angeknüpft werden, es werde nicht die eigentliche Vergangenheit erinnert, sondern vielmehr die eigene Verarbeitung dieser.

> Ich habe ja nur Wiedergutmachung bekommen, weil ich Walli gerettet habe. Wenn ich Walli nicht gerettet hätte, wäre mir gar nichts passiert. Dann wäre es gleich Null gewesen. Aber weil ich ja ein Menschenleben gerettet habe, war das meine Leistung. Aber ich hätte, nach meiner Meinung, mehr haben müssen, denn das ganze Anstaltsleben, was ich da durchgemacht und dergleichen, da hat mir nicht einer einen Pfennig für gegeben. Wo ich eingesperrt war, nicht. Oder, wollen mal sagen, nach dem vierzehnten Lebensjahr, wo man ja rauskommt aus dem Heim, hätte man sagen müssen: Das müssen wir anders machen. Da hat sicher[13] Staat gar nicht drum gekümmert, da habe ich keinen Pfennig für gekriegt, habe nur für Walli Geld gekriegt. Das war mein Glück. (Wilhelm R.: 110)

Antje K. stellte fest, dass es eigentlich keine angemessene Entschädigung geben kann, weil das Leid der Opfer nicht wiedergutgemacht werden könne. Während die Opfer nicht begünstigt wurden, konnten die an den NS-Verbrechen Beteiligten wie beispielsweise baltische SS-Mitglieder, Entschädigungen beantragen, worüber sie sich empörte:

> [Z]ynisch. Man kann versuchen, Lebenssituationen durch Geld zu verbessern, weil viele ja auch, die im KZ waren, haben eine Lücke in ihren Rentenansprüchen und, und, und. Du [Frau Hamm. Anmerkung CH] kennst das alles. Eine Entschädigung kann es überhaupt nicht geben. Also weißt du was mir da einfällt als erstes, was mich fast ... Also nicht fast, das hat mich so wütend gemacht. Ich glaube, das war 1990, bevor Zwangsarbeiter finanzielle Zuwendung für ihre Zwangsarbeit bekamen, bevor Opfer Geld bekamen, da hat man den SS-Leuten, den baltischen SS-Leuten eine Kriegsopferrente zugesprochen. Und zwar sobald es möglich war (...).[14] (Antje K. erstes Gespräch: 188)

---

12 Die Gruppe »Jehovas Zeugen« wurde nur einige Jahre in der ehemaligen DDR entschädigt. Nachdem sie sich nicht in den Staat integrieren wollten, wurde ihnen der Opferstatus wieder aberkannt.

13 Die Formulierung von Herrn R. ist hier akustisch nicht deutlich, in der professionellen Transkription wurde es als »sicher« verstanden. Diese könnte Sinn ergeben, weil der Befragte dem Staat durch sie ein mangelndes Aufklärungsinteresse zuschreibt. Es könnte aber auch »sich der« gemeint sein, was allerdings nicht eindeutig herausgehört werden kann.

14 Die baltischen SS-Angehörigen kämpften an der Seite der deutschen Wehrmacht, sie erwarben hierfür von den deutschen Versorgungsämtern und den Rentenversicherungen Rentenansprüche. Auch baltische SS-Kämpfer*innen, die besonders brutal gegenüber jüdischen Deportierten waren, erhielten für ihren militärischen Dienst eine Rente.

Wie gezeigt werden konnte, wurden die Betroffenen während des Krieges ausgegrenzt, die Nichtwürdigung im Nachkriegsdeutschland wurde als Kontinuität bewertet. Eine würdevolle Aufarbeitung der Verbrechen konnte nicht stattfinden, weil die Gruppe nicht als Opfer des Nationalsozialismus anerkannt wurde, es wenig Bemühungen für eine gemeinsame Interessensartikulation in der Folge gesellschaftlicher Isolation gab und der öffentliche Diskurs auch in der jungen Bundesrepublik von Ärzt*innen dominiert wurde, die maßgeblich an den Verbrechen beteiligt waren. Es bedurfte eines hohen Engagements der Betroffenen, um ein öffentliches Erinnern zu ermöglichen. Hierbei standen sie jedoch in einem Dilemma aus Selbstschutz durch Vergessen, sich in die Nachkriegsgesellschaft zu integrieren und dem Bedürfnis nach Aufarbeitung, die zu gesellschaftlich ungewünschtem Verhalten führe und die gesellschaftliche Teilhabe erschwerte, man wäre dann ein »Störer«, wie Frau K. festhielt. Dies hängt auch mit einer Angst vor einer erneuten Stigmatisierung zusammen, wie bei der Beschreibung der Selbstkonstruktion und Fremdzuschreibung zu zeigen sein wird. Zunächst soll jedoch auf die Auswirkung der staatlichen Diskriminierung auf das Familienleben sowie das soziale Umfeld eingegangen werden.

8. Folgen der Ausgrenzung und Umgang mit Diskriminierung

Die beschriebene staatlich propagierte und durch verschiedene Funktionsträger*innen (Ärzt*innen, Pfleger*innen, Richter und Mitarbeitende der öffentlichen Verwaltung) durchgeführte Ausgrenzung und Gewalt erschwerte die Teilhabe in der Familie und dem sozialen Umfeld, was nun anhand einiger Aspekte gezeigt werden soll. Dabei wirkten die Dynamiken der Ausgrenzungen auch nach dem Ende des Krieges und erschwerten die Aufarbeitung der Familiengeschichte.

8.1. Familie

Während mehrere Betroffene Diskriminierungen innerhalb der Familie beschrieben, in denen die staatliche Propaganda nicht kritisch hinterfragt wurde, bzw. mit schwierigen familiären Konstellationen interagierte, wurde von anderen Befragten das Familienleben positiv wahrgenommen. In dieses wurden die Familienmitglieder mit Behinderungen oder Psychiatrieerfahrungen als Gleichberechtigte aufgenommen und dies der öffentlichen Ausgrenzung entgegengestellt.

8.1.1. Unterstützung und Problemlagen im Familienleben

Es wurde der Zusammenhalt der Familie betont, Familienmitglieder unterstützten sich gegenseitig, was als Widersetzung gegen die staatliche Diskriminierung gewertet wurde. Auf der anderen Seite interagierte die Diskriminierung der Betroffenen

8. Folgen der Ausgrenzung und Umgang mit Diskriminierung

der NS-»Euthanasie« und Zwangssterilisation auch mit schweren Familienkonstellationen innerhalb der Familien.

Familienleben und Auswirkungen schwieriger familiärer Konstellationen

Valentin F., dessen Bruder wegen einer »geistigen Behinderung« der »Euthanasie« zum Opfer fiel, schilderte die Ausgrenzung und Teilhabe seines Bruders in der Familie sowie der Öffentlichkeit. Hierbei hebt er würdevoll das Engagement seines Bruders hervor, der immer alle verlorenen Sachen wiederfand. Herr F. schilderte die Teilhabe innerhalb der Familie und stellte dies im Kontrast zur zunehmenden Diskriminierung seines Bruders dar:

> Ich habe immer gesagt: Papa oder Mama, was ist mit dem Hänschen? Da haben die mir das erzählt. Also das (...) und der Hänschen war ja auch der Mittelpunkt der Familie. Wir waren alle für Hänschen da. Der war lieb und der war nett und der war auch gar nicht dumm. Wenn irgendwas verloren gegangen ist in der Wohnung – wer hat es wiedergefunden? Hänschen. Da hat er sich einen Spaß daraus gemacht. Da wollte er sich irgendwie, wollen wir mal sagen, so ein Selbstbewusstsein holen, hat sich so engagiert, dass wir manchmal gestaunt haben. Nur: Als die Nazi-Zeit kam und man ging mit ihm über die Straße, da wurde er ja natürlich gehänselt: Was läuft da für ein Idiot rum? Sowas müsste man wegsperren (...) [Zwischenbemerkung der Interviewerin, um Entsetzen zu äußern. Anmerkung CH]. Aber wir sind trotzdem immer mit Hänschen raus gegangen, wir haben einen Bollerwagen genommen, sind nach Mengede gefahren oder irgendwo und haben so ein Picknick gemacht – Hänschen immer mitgenommen. Hänschen war immer der Mittelpunkt, Hänschen wurde nie ausgeschlossen – im Gegenteil: Es drehte sich einfach um unseres schwerbehindertes Hänschen, er war unser Mittelpunkt. (Valentin F.: 59–61)

Hier zeigt sich, dass vor allem in der Familie Teilhabe möglich war, während im öffentlichen Raum Menschen mit Behinderungen oder Psychiatrieerfahrungen zunehmend ausgegrenzt wurden. Hans war in die Familie integriert, seine Geschwister respektierten ihn. Die starke Betonung des Zusammenlebens kann auch als Abwehr einer kritischen Bewertung des Verhaltens der Eltern gedeutet werden, wie Herr F. in weiteren Verlauf festhielt, mussten die Eltern der Einweisung des Sohnes in eine christliche Einrichtung zustimmen, weil sie selbst diskriminiert und durch den NS-Staat getäuscht wurden. Ähnlich argumentierte auch Antje K., sie hielt fest, dass das Leben trotz der vielen Schwierigkeiten sich nicht wesentlich von dem anderer Familien unterschied. Ihre Schwester Irma wurde als Mitglied der Familie anerkannt und es wurde sich um sie gekümmert. Die Interviewte schilderte die aktive Teilhabe am Familienleben und zeigte die Wertschätzung gegenüber der diskriminierten und verfolgten Schwester. Dabei ist hervorzuheben, dass die Befragte die Krankheit der Mutter stärker wahrnahm als die Behinderung ihrer Schwester, die sie als gleichberechtigtes Familienmitglied beschrieb.

> Und wie gesagt, zu der Zeit waren wir schon neun Kinder und meine Mutter erwartete das zehnte Kind schon. Meine Schwester Irma, die 15 Monate nach mir geboren wurde, war ein behindertes Kind, was ich gar nicht so gemerkt habe. Mir ist nur aufgefallen, wahrscheinlich auch später erst, dass sie spät laufen gelernt hat, dass sie wenig gesprochen hat, aber sie ist in der Familie groß geworden. Meine ältere Schwester Ursel, die hat sie betreut. (...) Und Ursel ging damals noch zu Schule, ja natürlich. Und die hat – daran kann ich mich

erinnern – die ist mit Irma auf dem Arm durch die Wohnung gegangen, hat sie gefüttert, hat sie gebadet und gewickelt. Das ist mir so in Erinnerung geblieben. Und an was ich mich erinnere: Irma mochte es sehr gerne, wenn wir gesungen und musiziert haben. Das liebte sie, dann saß sie in ihrem Bettchen und hat so den Takt geschlagen und sie hatte eine Spieldose, mit der sie immer auch gespielt hat. Ja, da ist das, an was ich mich erinnere, wenn ich an Irma zurückdenke. Und eines Tages war Irma nicht mehr da. (Antje K. zweites Gespräch: 13)

Andere Interviewte berichteten, dass Angehörige, die nicht den gesellschaftlichen Normen entsprachen, aus den Familien herausgedrängt wurden. Dies beschrieb beispielsweise Frau N. ausgehend von einem Tagebucheintrag (siehe Anhang). Für Frau N. war das Vorlesen dieses Tagebucheintrags mit Emotionen verbunden, was sich durch Stocken während des Lesens und die Artikulation widerspiegelte. Es zeigt sich, dass in Einzelfällen familiäre Konstellationen ursächlich für die psychischen Diagnosen waren, die zu einer Verfolgung der Angehörigen führten. Aufgrund dieses Verhaltens wollte die befragte Tochter nicht mehr mit ihrem Vater sprechen. Während eines Berufswettbewerbs fand sie die Bäckerei des Vaters und besuchte ihn dort. Das Wiedersehen mit ihrem Vater im Alter von 15 oder 16 Jahren beschrieb sie wie folgt:

> Bin ich zum Schluss irgendwie, ohne eine Vorstellung zu haben, was ich wollte, bin ich wieder dahingelaufen. War natürlich der Laden zu, ich bin dann in die erste Etage gelaufen und da stand auch der Name an der Tür, und da habe ich geklingelt, und da kam er (...) kam er, was ich meinen Vater nannte, und guckte mich an und sagt: Wie geht es euch? Und ich weiß nicht, ob mich der Teufel geritten hat, ich habe mich umgedreht und habe gesagt: Danke, gut. Und bin davongelaufen. (Frau N.: 39)

Frau N. schilderte die Ohnmacht beim Wiedersehen mit ihrem Vater und beschrieb die Entfremdung von ihm mit den Worten »was ich meinen Vater nannte«. Sie konnte wegen der ihm zugeschriebenen Schuld nicht mit ihm über das Schicksal der Mutter sprechen. Aufgrund der systematischen Vertuschung der Taten durch die Nationalsozialisten müssen die Schuldzuschreibungen jedoch problematisiert werden. Auch in anderen Familien hatten Spannungen schwerwiegende Auswirkungen. So berichtete Christina F. über ihre Mutter, bei der eine Depression diagnostiziert wurde, infolgedessen sie ermordet wurde:

> Mutter war in dem Moment in die (...) hat sich herausgestellt, da ist ein Katharinchen, das angeblich den Großeltern noch gehört hat, das war vom Vater. Und das ist an Kindstod gestorben und da kam das raus, dass da (...) Und da hat die Mutter (...) Und es war immer Streit, die Oma und Opa war gut, also ich kann kein Streit nennen, aber die Oma war immer nur, ja die hat auch keine Eltern gehabt, die Eltern waren geizig gewesen, ist bei der Tante erzogen worden. (Christina F.: 260)

Christina F. beschrieb die Erschütterung ihrer Mutter wegen des unehelichen Kindes des Vaters. Die gesellschaftlichen Normen führten zu einer Verweigerung der Akzeptanz, es wurde ein Idealbild vom Familienleben propagiert, Abweichungen hiervon wurden nicht akzeptiert. Mehrere Befragte schilderten, dass die Eltern der Partner den Betroffenen nicht in die Familie aufnehmen wollten.

In einigen Familien gab es viel Streit, so beispielsweise bei Familie G. Dieser wurde durch die Untätigkeit des Vaters verursacht. Während die Mutter eine Gast-

8. Folgen der Ausgrenzung und Umgang mit Diskriminierung

stätte betrieb, lebte er in den Tag hinein und verreiste in das Berliner Kaffee »Kranzler«. Als die Mutter die Situation verändern wollte, sorgte der Vater nach Aussage des Sohnes dafür, dass die Mutter in eine Heil- und Pflegeanstalt kam und dort nach einer Weile ermordet wurde.

> Ja und da wurde (...) Er hat sie hingestellt als schizophren. Warum? Sie war in Luxemburg, hatten wir ja die Gaststätte gehabt. Er hat nie gearbeitet, hat nur das ganze Vermögen von ihrer Seite und von Vaters Seite aufgetrieben. (Albert G: 13)

Und im weiteren Verlauf erhob der Sohn folgenden Vorwurf. Offenbar hatte der Vater die Asylierung seiner Frau in Kauf genommen, um sich zu bereichern. Die Schuldzuschreibung als Mord ist jedoch problematisch, weil es kein offizielles Eingeständnis über die Existenz des »Euthanasie«-Programms gab.

> Und da kam sie weg aufgrund dessen. Und er wusste, was mit ihr passierte, dass wir die niemals wiedersehen würden. Und da sage ich, und das ist bei mir ein Mord. (Albert G: 125)

Mia W. schilderte ebenfalls familiäre Konflikte, sie wurde von der Frau ihres Vaters nicht angenommen. Sie war ein uneheliches Kind, der Vater betrog seine Frau. Nachdem diese versucht hatte, sie in einem Badesee zu ertränken, denunzierte die Stiefmutter Frau W. als Jüdin (die leibliche Mutter von Frau W. war Jüdin und wurde vor ihren Augen ermordet), um sie aus der Familie zu drängen, womit sie die Abholung und Deportation auslöste. Der Vater konnte sie wegen der schwierigen familiären Verhältnisse und seinem Engagement für verfolgte Kommunisten, um die er sich nach Aussage der Tochter mehr kümmerte, nicht schützen.

> Und diese Ausflüge nach Heiligensee, wo ich ertränkt werden sollte und alles lauter solche Sachen, die sind mir immer nur nebensächlich gewesen, weil ich immer gedacht habe: Ach ja, das sind so Ereignisse, die sind so am Rande, die laufen so am Rande. Aber sind sie nicht, die sind ganz gezielt gewesen. Und als ich dann in der alten Jakobstraße abgeholt wurde, wo schon viele (...) wo man so was schon gehört hatte, und mein Vater war bei Heinke unabkömmlich, der war also (...) ich war eben weg! Das hat sie so wunderbar eingefädelt, und kein Mensch hat gewusst, wie und warum überhaupt das passieren konnte. (Mia W. drittes Gespräch: 220)

Auch andere Befragte beschrieben die Wechselwirkung zwischen der öffentlichen Diskriminierung und dem familiären Ausschluss. Wilhelm R. wurde in die Alsterdorfer Anstalten eingewiesen, weil er nicht den Normen der Gesellschaft entsprach:

> Oh Gott, oh Gott! Wir waren sieben Geschwister, war ja damals noch modern, nicht. Und ich war wohl nicht der richtige. Und da haben sie mich nach Alsterdorf gebracht, mit vier Jahren abgeschoben. Und dadurch habe ich die Walli kennengelernt. Ich (...) Mir war ganz klar, die Walli hatte auch andere Männer gehabt, so ist das nicht. Aber, mein Gott noch mal, wie ist das Leben?! Und (...) aber das hat ja keiner geahnt, dass ich sowas mache (...). (Wilhelm R.: 72)

Während seines mehrjährigen Lebens in den Alsterdorfer Anstalten lernte er Walli kennen, die er später in einer spektakulären Aktion aus einer Wiener Heil- und Pflegeanstalt befreite (hierauf wird im Abschnitt zum Widerstand der Angehörigen eingegangen). Im Gegensatz zu seiner eigenen Familie, die ihn in die Alsterdorfer Anstalten abschob und von der er sich in der Konsequenz distanzierte, wehrte er sich gegen die Deportation von Walli, was er mit schneller Stimme betonte. Seine eigene Diskriminierung war möglicherweise eines der Motive, Walli zu retten.

Im sozialen Umfeld wurde das beschriebene Fehlverhalten der Angehörigen erkannt und missbilligt, wie Charlotte D. darlegte, deren Vater bei der Verfolgung der Mutter einen maßgeblichen Einfluss gehabt haben soll. Die Konsequenzen waren wahrscheinlich bekannt und wurden in der Öffentlichkeit thematisiert. Die Reaktion einer Nachbarin beschrieb sie wie folgt:

> Die hat immer auf meinen Vater sehr geschimpft. Sehr geschimpft, das weiß ich noch. Ja, die hat (...) also mein Vater, der war zwar noch sehr elegant und sehr (...) nicht, stellte was dar. Aber sie hat geschimpft, die Frau (...), weil sie das wahrscheinlich nun wussten, dass sie da so (...) und, ach. Also, wenn ich so rückwärts denke, was einem dann alles wieder einfällt, nicht. Ja, ja. Die eine, die Frau B., ja, die sagte: Ich spucke vor ihm aus! Solche Reden sind dort gekommen. (Charlotte D.: 94)

Angehörige mit Behinderungen oder Psychiatrieerfahrungen wurden unterschiedlich in den Familien aufgenommen: Während sie in einigen ausgegrenzt wurden, wurde ihnen in anderen der Rücken gestärkt. Einige unterstützten sie und leisteten aktiv Widerstand gegen die Verfolgung, wie im Folgenden beschrieben wird. Zuvor soll auf geschilderte Besuchssituationen eingegangen werden, diese waren für die Betroffenen von besonderer Relevanz, weil sie hierdurch die fortdauernde Wertschätzung gegenüber den verfolgten Angehörigen zeigen konnten.

Besuche

Zwar wurde vom Regime propagiert, dass sich um Angehörige mit Behinderungen oder Psychiatrieerfahrungen, die in Heil- und Pflegeanstalten lebten, gekümmert werden konnte und sollte, de facto war dies aber nur sehr eingeschränkt möglich, was mehrere Befragte feststellten. Der Vater von Lissa F. bemerkte während der Besuche bei seiner Frau, dass sich ihr Zustand verschlechterte, daraufhin wurde ihm der Zutritt zu ihr verwehrt. Es sollten keine Informationen nach außen gelangen, um die Geheimhaltung zu sichern. Angehörige, die in den Anstalten besucht wurden, durften nicht mit nach Hause gehen, auch wenn sie darum flehten, wie Frau F. betonte.

> Und meine Mutter stand bei dem ersten Besuch an der Tür, sie durfte uns Auf Wiedersehen sagen, und sie sagte: Nehmt mich doch mit. Das habe ich natürlich nie vergessen. Das klingt halt in mir. Aber wir konnten das ja nicht. Wir mussten uns ja auf die Aussagen des Arztes verlassen, denn wir konnten nicht einfach wieder als Familie zusammenkommen. (Lissa F.: 11)

Die Besuche fanden in den Jahren 1937, 1938, 1939 statt, der genaue Zeitraum konnte nicht mehr erinnert werden. Die Mutter lebte schon vor Beginn des zweiten Weltkriegs und der »Euthanasie« in der Heil- und Pflegeanstalt in Pirna, nach der Schließung und Umwandlung in eine Tötungsanstalt wurde sie nach Leipzig Dösen verlegt. 1940 wurde sie wieder nach Pirna-Sonnenstein deportiert und dort getötet (vgl. Fischer/Spataro/Vogt 2023). Frau F. hob mehrere Male hervor, dass ihr Vater zu seiner Frau stand, jedoch konnte er seine Frau nicht vor der Ermordung retten.

8. Folgen der Ausgrenzung und Umgang mit Diskriminierung

Vergeblich wurde versucht, in Anstalten lebende Familienmitglieder nach Hause zu holen. So schilderte eine weitere Befragte die Ohnmacht bei den vergeblichen Bemühungen, die Mutter aus einer Heil- und Pflegeanstalt zu befreien:

> Mein Onkel hat jedenfalls, also der Onkel Erich, der hat da (...) auf jeden Fall hat er mir dann so erzählt, sagte er: Ich habe mich ja beschwert, warum mir nicht Bescheid gesagt hätten, wir hätten sie doch geholt, dass sie so schwer krank ist. Und so und so. Und er würde da weitere Schritte unternehmen. Er war ja nun Geschäftsmann (lacht) und konnte sich ausdrücken. Und da wäre ihm gedroht worden, ich weiß nicht mit was. Also, jedenfalls, so sagte er, dass ich ganz still war und gar nichts mehr gesagt habe. Hätte ja nun auch, wie wir heute wissen, nicht viel noch genutzt. Ja. Und dann (...) entweder ist eine Urne (...) ich glaube, die Urne schicken wir Ihnen zu. (Charlotte D.: 46)

Hier wird deutlich, dass eine hohe soziale Stellung der Angehörigen nicht vor Verfolgung schützte, der Onkel war nicht in der Lage, seine Schwester zu retten, obwohl er Geschäftsmann war. Die Tochter realisierte die schwierige Situation, in der sich ihre Mutter befand und bedauerte ihre eigene Hilflosigkeit.

> Und da weiß ich, dass mein Vater mich besuchte und sagte: »Mutti ist wieder im Krankenhaus.« So. Und da habe ich mich herumgedreht, das weiß ich auch noch wie heute, und habe erst einmal ein bisschen geweint. (Charlotte D.: 26)

Über die Ohnmacht und die damit verbundenen Schmerzen der Angehörigen berichtete auch Frau N., die trotz eines Versprechens der Anstaltsleitung nicht ihre Mutter zu sich holen konnte. Die Tochter versuchte, sich um die Mutter zu kümmern, weil sie aber erst 15 Jahre alt war, hatte sie hierfür nur begrenzte Ressourcen.

> Und das hatte der Direktor der Anstalt hatte mir gesagt: Wenn Sie mir das schriftlich bringen, dann können wir die Mutti befreien. Denn sie war vollkommen geistig ansprechbar und normal. Und am nächsten Wochenende bin ich dann da hingefahren und habe das vorgelegt, und freudig erregt, ich dachte, jetzt kann ich meine Mutter holen. Und das war Samstag, und am Montag klingelte ein Bote und drückte mir einen Zettel in die Hand – der war von der Polizei – und da stand drauf: Mutter verstorben. (Frau N.: 12)

Der Großvater unterstützte sie nicht, weshalb die Rettungsversuche scheiterten. Sie beschrieb in ihrem Tagebuch ihren verzweifelten Versuch, ihre Mutter zu retten. Dies stellt sie den Verstrickungen des Großvaters gegenüber, der die Mutter aus der Familie drängte.

> (liest) Tief vom Leid gezeichnet. Sie weinte und klammerte sich fest ans Mädchen, doch das Kind sah es nicht die Macht, die Mutter mitzunehmen. Noch lange hörte es hinter sich die qualvollen Rufe der Mutter. So war es Sonntag für Sonntag, fünf Jahre lang. Ihre ganze Hoffnung hatte sie auf den Großvater gesetzt, dass er helfen möge, doch er blieb hart. (Frau N.: 141)

Die Kinder konnten ihre Eltern nicht aus der schwierigen Situation retten. Deshalb konnten sie nur Abschied nehmen, was vielen jedoch wegen des sofortigen Verbrennens und der fehlenden Trauerrituale nicht gestattet wurde. Frau F. hatte jedoch diese Möglichkeit und beschrieb diesen emotionalen Moment:

> Ja. Und da war ich dort, da hat sie noch die Augen offen gehabt. Da habe ich ihr die Augen zugedrückt und sie hat sie nicht zugelassen. Da sagt man doch innerhalb eines Jahres. (Christina F.: 308)

Hier wird wie auch schon bei den oben beschriebenen Deportationen der Umgang mit der Hilflosigkeit thematisiert, die Angehörigen konnten nicht mehr unterstützt werden und waren den staatlichen Diskriminierungen schutzlos ausgeliefert. Die geschilderte Verweigerung des Zugangs zu den Heil- und Pflegeanstalten ist interessant, weil vom Regime regelmäßige Besuche in den Meldebögen abgefragt wurden und das Ausbleiben ein Selektionskriterium darstellte. Diese Argumentation muss als Propaganda bewertet werden, wenn die Besuche gar nicht möglich waren.

Widerstand der Angehörigen

Neben dem Versuch, den Kontakt zu den Familienmitgliedern, die in Anstalten leben mussten, aufrecht zu erhalten, wurde auch über aktiven Widerstand der Angehörigen gegen die Diskriminierung der Menschen mit Behinderungen und Psychiatrieerfahrungen berichtet. Insbesondere gegen die Sterilisationsurteile wehrten sich Angehörige. Sie legten Beschwerde gegen die Urteile des Erbgesundheitsgerichts ein. Mehrere Interviewte schilderten das Engagement ihrer Angehörigen in dieser Hinsicht, so beispielsweise Irene L., die die Bemühungen ihres Vaters zur Abwehr der Sterilisation der Mutter darlegte:

> Mein Vater hat sich damals gegen diese Sterilisierung erst mal an das Erbgesundheitsgericht gewandt. Den Brief habe ich natürlich nicht vorliegen. (liest vor) Aufgrund Ihres Schreibens vom 3. Juli wird Ihnen erwidert, dass eine Änderung der bereits getroffenen Anordnung der Unfruchtbarmachung Ihrer Frau nur durch Entscheidung des Erbgesundheitsobergerichts im Wege der Beschwerde möglich ist. Ihr Schreiben soll offenbar keine Beschwerde sein. – Also das weiß ich nicht, was er geschrieben hat. – (liest vor) Ihnen stände auch das Beschwerderecht nicht zu, sondern nur Ihrer Frau selbst. Ihre Meinung, dass das Dasein des neugeborenen Kinds den Gesundheitszustand Ihrer Frau bessert, kann möglicherweise an sich richtig sein, trifft aber nicht das Wesen der Sache. (Irene L: 252)

Hier zeigt sich, dass entlastende Faktoren, bei dieser Familie das Vorhandensein des neugeborenen Kindes, nicht bei der Urteilsfindung berücksichtigt wurden. Die Tochter teilte die Diagnose der Behörden nicht. Weitere Befragte beschrieben die Möglichkeit der Unterstützung durch ihre Angehörigen. So berichtete Agnes E. über den Versuch, sich vor dem Erbgesundheitsgericht zu wehren und die Sterilisation zu verhindern. Sie beschreibt dies sehr langsam und leise, womit sie das mit Scham verbundene Urteil des Erbgesundheitsgerichts andeutet. Die Betroffenen konnten ihre Sichtweisen nicht in die Verfahren einbringen. Hier zeigte sich ihre Ohnmacht gegenüber der Unrechtsjustiz.

> Ja. Und der ist dann mit mir. Der Rechtsanwalt ist mit mir nach Münster gefahren und war mir zur Seite. Und da wurde ich ausgefragt und gefragt und gefragt. Es wurde mir zu viel. Ich konnte es nicht mehr aus meinem Kopf halten. Da bin ich zu meinem Rechtsanwalt gegangen und habe gesagt: Helfen Sie mir. Ich komme (...) Was wollen die? Ja. Ja und dann wurde ich wieder entlassen, weil (...) Das habe ich nicht kapiert, was die da ausgemacht haben. Das weiß ich nicht. Ja. Dann ging das eine ganz Zeit gut. Ich war wieder zu Hause bei meinen Eltern. Und dann ja, lief alles so, wie es laufen musste. Ja. Und dann musste ich wieder nach Münster. (Agnes E.: 99)

Das Engagement der Eltern zur Ermöglichung gesellschaftlicher Teilhabe umfasste auch die Bemühungen, ihren Kindern einen Besuch auf einer Regelschule zu ermöglichen. Der Mutter von Rolf T. gelang es, dem Sohn einen Regelschulbesuch zu ermöglichen. Er konnte aber nach der Volksschule keine weiterführende Schule besuchen. Ferner lehnte die Mutter schon vor Beginn des Nationalsozialismus die Einweisung in ein Heim ab, womit sie ihn vor einer systematischen Verfolgung schützte. So berichtete Rolf T.:

> Ja. Und ich kam dann 1928 in die Volksschule und sollte gar nicht aufgenommen werden. Durch die Behinderung, die ich habe. Da sollte ich in so eine (...) In Thüringen, da gab es eine Schule, wo nur Behinderte waren. Und dann hat meine Mutter so lange gesprochen und dann noch geweint, dass sie mich dann abrupter Weise in die Volksschule aufgenommen haben. (Rolf T.: 7)

Viele Bemühungen, sich gegen die systematische Ausgrenzung zu wehren, blieben erfolglos, weil die Verfolgung mit starken Repressionsmaßnahmen durchgeführt und Widerstand hart bestraft wurde. Außerdem stand die »Euthanasie« unter strenger Geheimhaltung und die Angehörigen wurden über den genauen Aufenthalt getäuscht. Dennoch gelang es vereinzelt, in Anstalten internierte Betroffene zu befreien, wie es Wilhelm R. beschreibt:

> Wenn sie es rausgekriegt hätten, dass ich Walli gerettet hatte. Sie habe ich ja gerettet. Die Gudrun [die Tochter seiner Freundin Walli. Anmerkung CH] konnte ich ja nicht mehr retten, nicht. Also, das war alles mit Lebensgefahr verbunden. Und dann kriegte ich dann noch aus diesem Buch heraus: Die ist nicht da, die Gudrun. Das hätte die Walli gar nicht wissen dürfen, die ist ja natürlich auch schon tot. Aber die hätte das gar nicht wissen dürfen, die hätte sich aufgehangen. Noch mal. Na, ist egal, nicht. Also, ich wollte nur sagen, das war schon bitter für mich genug, nicht. Und, ja, wie soll ich denn das sagen? Na ja, und dann habe ich ja noch Gefängnis bekommen, nicht. (Wilhelm R.: 33)

Herr R. berichtet im weiteren Verlauf über seine Rettungsaktion. Seine Freundin, die er in den Alsterdorfer Anstalten kennenlernte, in denen er seit seiner Kindheit lebte, wurde zusammen mit ihrer Tochter Gudrun nach Wien deportiert. Dort wurde die Tochter ermordet. Der Freund ließ sich einen Bombenschaden[15] ausstellen, konnte so die Front in Hamburg verlassen und erhielt Geld, um seine Reise zu finanzieren. In Wien gab er sich als Bruder aus, der seine Schwester mitnehmen wollte (vgl. Wunder 2016). Von seiner eindrucksvollen Rettungsaktion berichtete er folgendes:

> Nein, das habe ich die ersten Tage nicht. Da musste ich ja selbst erst mal mit mir klarkommen. Und dann habe ich das langsam gemacht. Und dann habe ich Walli ja immer mit auf Besuch genommen und mitgenommen. Und habe sie auch schon am Prater gehabt und soweit ich sie schon, dass ich sie wieder bei mir hatte. Aber aus dem Heim raus glattweg, war natürlich auch schwer. Aber das ist mir auch gelungen. Aber ich musste sie ja immer wieder abliefern, weil sie ja ins Heim gehört (...). (Wilhelm R.: 236)

---

15 »Bombenschaden« nannte er die Bescheinigung nach einem Bombenangriff während des zweiten Weltkrieges, die ihm erlaubte, die Front zu verlassen.

Frau K., deren Schwester im gleichen Transport wie die Freundin von Herrn R. nach Wien deportiert wurde, berichtete von der Rettungsaktion (siehe Anhang). In ihrer Beschreibung würdigte Frau K. das Engagement von Herrn R., sie beschrieb ihn als Mann, der in der Lage war, sein Leben zu meistern. Ihn stellte sie als aktiven Widerständler dar, der mit Geschick seine Freundin aus Wien rettete.

Das Familienleben wurde widersprüchlich bewertet: Während es einerseits als Schutzraum gegen die staatliche Diskriminierung beschrieben wurde, in dem ein wertschätzendes Gemeinschaftsleben stattfand und aktiv Widerstand gegen die Verfolgung geleistet wurde, verschärften die Familienkonstellationen andererseits die Ausgrenzung. Wie noch zu erörtern sein wird, wirkten andere Diskriminierungsursachen hierbei verstärkend.

8.1.2. Auswirkung der Diskriminierung des NS-Regimes auf das Familienleben

Durch den propagierten Druck zur Scheidung, die erzwungene Fremdbetreuung der Kinder in Heimen und bei Pflegeeltern und den Verlust der Möglichkeit, Kinder zu zeugen, war ein Familienleben nicht mehr möglich. Hieraus resultierten erneute psychische Problemlagen, was eine weitere Verstärkung der öffentlichen Diskriminierung zur Konsequenz hatte, hierauf wurde in den Gesprächen ausführlich eingegangen.

Druck zur Scheidung

Wie Margret Hamm und Andreas Scheulen feststellten, gab es keine offiziellen Dokumente, die einen Druck zur Scheidung ausübten, dennoch wurde in einigen Gesprächen mit den Zeitzeug*innen davon berichtet (vgl. Scheulen/Hamm 2023). Während in einigen Ehen das Werturteil übernommen wurde, lehnten es andere ab und zeigten weiterhin ihre Zuneigung. So stellte Lissa F. fest, dass sich ihr Vater nicht von seiner Frau scheiden ließ, sondern zu ihr hielt.

> Es wurde ihm angetragen, dass er sich ohne Weiteres von ihr scheiden lassen kann, eben weil sie als unheilbar deklariert wurde und dass er dabei (…) dass das seine freie Entscheidung ist, aber das ohne Schwierigkeiten möglich wäre. Und das war für mich ebenfalls ein Moment, den ich niemals vergessen werde. Ich war glücklich, als mein Papa mir das erzählte und er sagte: Nein, das mache ich nicht. Das tue ich nicht. Also ich habe das bereits wiederholt dargelegt, und es wäre ja eine Tatsache geworden, dass wir, das klingt zwar etwas komisch, aber es ist eine Tatsache, dass wir wirklich meine Mutter als Freiwild zur Verfügung gestellt hätten, denn wir hätten dann überhaupt keinen Zugang mehr gehabt. Das ist uns natürlich erst später, oder mir erst später klar geworden (…). (Lissa F.: 11)

Für das Familienleben und für die Kinder hatte, wie dieses Zitat zeigt, die Verweigerung der Zustimmung zur Scheidung einen besonderen Wert. Sie betonte dies und freute sich über den Zusammenhalt zwischen ihren Eltern. Der angeblich »minderwertige« Elternteil wurde vom anderen weiter geliebt und es wurde ein deutliches Zeichen der Wertschätzung gesetzt. Auch Irene L. hielt fest, dass ihr Vater die Scheidung ablehnte, wozu er durch die Behörden gedrängt wurde:

(...) und ich kann sie nicht im Stich lassen. Das hätte sogar dann auch finanziell bei ihm (...) also wahrscheinlich gar nicht durchführbar sein können, denn er hätte (...) nach der Scheidung für meine Mutter ganz sorgen müssen, da wäre sie ja nicht mehr im Haushalt gewesen, hätte für uns sorgen müssen, hätte, wie gesagt, jemanden für die Familie noch haben müssen. Also er hat eigentlich immer zu meiner Mutter gehalten. Es war bloß furchtbar schwer, er hatte, wie gesagt, einen sehr verantwortungsvollen Posten. (Irene L.: 308)

Durch die Unterstützung seitens der Angehörigen wurde vermutlich eine weitere Verfolgung der Mutter verhindert, sie wurde zwangssterilisiert, überlebte aber das nationalsozialistische Regime. Wie schon bei dem Bericht von Lissa F. wird hier der Zusammenhalt hervorgehoben und der rassenhygienischen Stigmatisierung entgegengesetzt.

Auf der anderen Seite wurden in Einzelfällen die angeblichen Krankheiten von den Angehörigen und der NS-Justiz als Begründung für eine Scheidung herangezogen, es wurde argumentiert, dass bei einer schwerwiegenden Erkrankung kein Eheleben mehr möglich und deshalb eine Scheidung angebracht sei. Interessant ist hervorzuheben, dass die Scheidung durch ein medizinisches Gutachten begründet wurde, das einen angeblichen Verlust der Ehetauglichkeit bescheinigen sollte. Das Urteil wurde 1935 gesprochen, d. h. nach der Machtübernahme durch die Nationalsozialisten. Davon berichtete Gerhard K., der während des Interviews aus dem Scheidungsurteil seiner Eltern zitierte.

Der Kläger beansprucht die Scheidung der Ehe, weil die Beklagte in Geisteskrankheit verfallen ist, ihre Krankheit während der Ehe schon über drei Jahre gedauert und einen solchen Grad erreicht, dass die geistige Gemeinschaft zwischen den Parteien aufgehoben und jede Aussicht auf Wiederherstellung dieser Gemeinschaft ausgeschlossen ist. Ich überreiche – aha – zum Beweis eine ärztliche Bescheinigung des Direktors der Brandenburgischen Landesanstalt in Eberwalde – nun wieder. Ja? – vom 8.2.1935. Aus derselben geht hervor, dass die Beklagte unheilbar geisteskrank ist. Die Beklagte befindet sich seit Weihnachten 1932 in der Landesanstalt Eberswalde. Es ist nicht mehr damit zu rechnen, dass die Beklagte geheilt wird. Beweis: Auskunft der Brandenburgischen Landesanstalt in Eberswalde. (Gerhard K.: 259)

Albert G. hielt fest, dass sein Vater die Mutter denunzierte, um sich von ihr scheiden zu lassen. Während gewöhnlich die Behörden Druck auf die Ehepartner ausübten, damit diese die Scheidung beantragen, war es in diesem Einzelfall anders. Der Vater nutzte die öffentliche Diskriminierung von Menschen mit Psychiatrieerfahrungen aus, um die Scheidung voranzutreiben.

Weswegen die vom Vater als schizophren gestellt wurde, wie er sich scheiden ließ in Düsseldorf von ihr. (Albert G.: 7)

Nach der Scheidung der Eltern stellte sich in den Familien die Frage, wo die Kinder der Betroffenen, die in Anstalten leben mussten, betreut werden sollten. Wie es den Kindern in Heimen, bei Angehörigen und Pflegeeltern erging, soll nun dargelegt werden.

Leben außerhalb der Familie

Kinder von »Euthanasie«-Opfern mussten in Kinderheimen leben oder wurden in Pflegefamilien betreut. In diesen hatten sie häufig einen schweren Stand und wurden in ihrer Trauer um den ermordeten Elternteil alleingelassen. Der getötete Elternteil wurde in einigen Fällen vergessen und durch die Pflegemutter ersetzt.

> Nein. Im Verwandtenkreis, im Bekanntenkreis, überall war ja meine Pflegemutter meine Mutter. Ich kenne ja meine Mutter nicht. Da war ich ja noch Kleinkind (...). (Werner W.: 42)

Er hatte keine Vorstellung von seiner Mutter, weil er noch ein Kleinkind war, als er von ihr getrennt wurde. Herr W. wurde von seiner Tante aufgenommen, die ihn aus einem Waisenhaus holte. Dadurch bewahrte sie ihn vor einer möglichen Sterilisation, so vermutet er.

> Das nehme ich an. Das kann ich jetzt nicht beweisen, ich möchte auch nichts Falsches sagen. Ich habe nur, ich habe das auch hier mit angegeben in meinem Vortrag, dadurch dass sie um mich gekämpft hat und vor allen Dingen auch mich herausgenommen hat aus dem Waisenhaus – ich weiß ja gar nicht, was da mit mir passiert wäre –, dass ich da vor einem solchen Eingriff wahrscheinlich bewahrt worden bin. (Werner W.: 72)

Nach einiger Zeit wurde er von einem Vormund aus der Familie der Tante genommen und kehrte zum Vater zurück, der mittlerweile wieder geheiratet hatte. Zu der neuen Frau hatte er kein gutes Verhältnis. Darüber berichtete er, während er den Tag ihrer Beerdigung beschrieb.

> Die ist auch gestorben, ja. Die ist gestorben. Da sind dann, als dann die Beerdigung mit war, da sagte meine Mutter, also meine Pflegemutter, ich stelle es dir frei, du kannst mitgehen. Ich bin dann auch mitgegangen, meinem Vater zuliebe. Da sind dann die Eltern zu mir gekommen, also ihre Eltern, die lebten ja da noch. Denn die war ja, wie alt war denn meine Stiefmutter, als sie gestorben ist, 30, 30 Jahre. (Werner W.: 234)

Wie auch schon Herr W. beschrieb auch Frau K. die Tabuisierung des Schicksals der Mutter bei den Großeltern, die sie aufnahmen. Der Großvater war überzeugter Nationalsozialist, er hatte einen Einfluss auf das Schicksal der Familie:

> Meine Eltern spielten ja keine Rolle. Meine Mutter war ja schon halb tot. Und ich war bei den Großeltern. Und meine Großeltern väterlicherseits – mein Großvater war ja nun ein richtiger alter Genosse. Der hat Reden gehalten in Zwickau. Hier gab es eine große Gaststätte, hier im Ort. (Irmgard K.: 41)

Irene L. beschrieb, dass ihre Mutter eines ihrer Kinder wieder zu sich holte, nachdem sie es zunächst nicht annehmen wollte. Dies war für die Tochter nicht nachvollziehbar, sie deutete es als krankhaftes Verhalten:

> Da wollte sie das Kind nicht annehmen. Da mussten wir das in Pflege geben. Sie hat es aber dann wieder mal von der Pflegemutter holen wollen. Und wenn ich jetzt Parallelen ziehe, also wie das oftmals jetzt gesagt wird, dass die Mütter die Kinder sogar töten oder (...) dann würde ich sagen, das ist nicht normal, da liegt eine Krankheit zugrunde. (Irene L.: 233)

Viele Amtsvormunde waren überzeugte Nationalsozialisten. Sie unterstützten die Trennung der Familien und die Überweisung der »kranken« Elternteile in Anstalten. Die Deportation der Mutter von Frau N. wurde mit einer angeblichen Kindeswohlgefährdung begründet. Den Eltern wurde die Fähigkeit zur Erziehung der Kinder aberkannt. Anstelle dessen sollten die Kinder bei linientreuen Pflegeeltern oder in einem Heim erzogen werden, wie Frau N. berichtete:

> (...) im Gegenteil, der hat sich mit dem Großvater noch zusammengetan, dass meine Mutter wegkommt von zu Hause. Da hieß es, dass ich gefährdet bin, weil sie geäußert hat, dass sie aus dem Leben gehen möchte, und dass das für mich schlimm wäre, wenn ich dann irgendwie reagiere. Ich war ein ganz fröhlicher, zuversichtlicher Mensch, also da bestand keine Gefahr. Ich habe mich überhaupt in meiner Jugend durch meinen Frohsinn usw., der hat mir sehr geholfen. Und ich habe auch versucht, immer etwas mehr zu erreichen und das ist mir auch gelungen. (Frau N.: 57)

Die Heimerziehung war in der Zeit des Nationalsozialismus problematisch. Neben den schlechten Bedingungen, die in den Heimen herrschten, war die Zahl der Verlegungen in »Kinderfachabteilungen« sehr hoch. Einige Befragte gingen auf ihre Erfahrungen in Heimen ein. Paul E. wurde wegen seines »Schwachsinns« in ein Kinderheim eingewiesen, das er als Kinder-KZ beschrieb. Hier wurde er misshandelt und er musste zusehen, wie andere Kinder ermordet wurden.

> Das Heim, wo ich da ankam, das sah aus wie ein Kinderheim. (...) weiter im Hause. Das war ein regelrechtes Kinder-KZ. Wie da die Kinder umgebracht worden sind und misshandelt worden sind durch falsche Spritzen, durch falsche Medikamente und sonst was. Die ganzen Jahre, die ich da war, ich habe nicht einmal Mittagessen gehabt, keine Kartoffeln, kein Fleisch, kein gar nichts. Da haben sie (Brötchen?) wie früher so Vanillesoße, ein bisschen dickflüssige. Und da konnten sie bei den Kindern, vier-, fünfjährigen Kindern, konnten sie (Ding?) drunter verstecken, ne. (Paul E.: 148)

Herr E. berichtete von seinen Erfahrungen in einer »Kinderfachabteilung«. Er beschreibt diese Einrichtung jedoch als Kinderheim. Er war sowohl in der »Kinderfachabteilung« Niedermarsberg als auch in der »Kinderfachabteilung« Aplerbeck (Dortmund). Es ist anzunehmen, dass er nach der Schließung der Anstalt Niedermarsberg dorthin deportiert wurde. Während seiner Internierung sah er, wie andere Kinder verbrannt wurden als er die Wäsche wegbrachte, in der die Kinder versteckt waren.

> Wieso nicht, ich bin froh, wenn ich mal aus dem Hause rauskomme, mal an die frische Luft. Das waren früher so Metallwagen (Krankenwagen?), wo sie heute in den Krankenhäusern die Wäsche mit weg. Da ist mir aufgefallen, dass der Wagen oft schwerer war wie gewöhnlich. Da habe ich in einem unbeobachteten Augenblick unter die Wäsche geschaut, da lagen jedes Mal die sechs Kinder, die musste ich zur Wäscherei abgeben. Die war ungefähr in die Richtung. Und zehn Meter weiter war das Krematorium. Und da habe ich mal einmal – ich wollte es aber nicht – einmal Zeit gehabt: Da haben die die Wäsche runtergetan und da stand die große Eisentür auf. Da waren da zwei junge Kerle, so 18-, 20-Jährige. Die haben oben die Klappe aufgemacht, haben die Kinder einer an den Händen, an den Armen und der andere an den Füßen und dann in den Ofen rein. Die wurden da verbrannt. (Paul E.: 155)

Andere Betroffene schilderten ihre Erfahrungen in Heimen, die zu Traumatisierungen führten. So berichtete Karl-Heinz M. über seine Erlebnisse in einem Kinderheim. Er wurde in einem Käfig unter menschenunwürdigen Bedingungen eingesperrt.

> (...) Ich könnte es aufmalen. Toreinfahrt, links war ein Gebäude, eine Etage, eine Zelle mit Gittern neben der anderen. Er hatte sein Haus gehabt rechts von dem Eingang, und ich musste durchgehen. Da kamen wir in einen Raum rein und dann war da ein Rundbau. Der Rundbau bestand aus Zellen (...) wie in einem Gefängnis. Ich wurde da reingepackt. So, und

dann kam in Abständen Delegation vom Gesundheitsamt. Und ich hörte da immer, wie er sagte: »Der ist gemeingefährlich, Staatsfeind Nummer 1.« Ich vergesse das nie wieder. Da guckten die durch diese Klappe, was ich da mache. Ich lag im Bett. (Karl-Heinz M.: 11)

Interessant ist festzuhalten, dass von den Befragten keine klare Unterscheidung zwischen Kinderheimen und »Kinderfachabteilungen« getroffen wurde.

Erzwungene Kinderlosigkeit

Neben dem unmittelbaren Freiheitsentzug im Rahmen von Internierungen in Anstalten wurde den Betroffenen durch die Zwangssterilisation die Möglichkeit zur Zeugung von Kindern genommen. Das damit verbundene Leid soll nun beschrieben werden. Insbesondere wenn eine*r der Partner*innen eine Familie gründen wollte, hatte die staatliche Diskriminierung unmittelbare Auswirkungen auf das Privatleben. Einige der Befragten wollten keine Ehe eingehen, weil sie sich nicht als »gleichwertige« Menschen sahen. Rolf T. hatte sich mit seiner erzwungenen Kinderlosigkeit abgefunden, weil er wegen der systematischen Abwertung die Sichtweise vertrat, keinen Anspruch auf die Zeugung von Kindern zu haben.

> Nein. Das nicht. Ich hatte mich da irgendwie abgefunden, dass ich nicht wertvoll war und dass es eben gemacht werden musste. Besser war es dann, als ich Arbeit hatte und dann noch von der Arbeit, wo ich dann, wie gesagt, Bürovorstand wurde bis zu der Zeit, wo ich dann überhaupt ganz aufhören musste. (...) Ich habe dann immer wieder gesagt oder gedacht, dass Frauen, denen so was passiert ist, dass die noch viel schlimmer dran waren, die Frauen. Konnten keine Kinder bekommen und so, eigentlich sind sie dafür da. Das fand ich noch viel schlimmer als bei (...) Bei mir war ja nun gar nichts mehr zum gut machen. (Rolf T.: 87)

Trotz der Sichtweise der eigenen »Minderwertigkeit« versuchte er sich zu legitimieren, insbesondere durch seine Arbeit, die ihm ermöglichte, eine Aufgabe zu übernehmen, für die er von seinem sozialen Umfeld wertgeschätzt wurde. Ferner versuchte er seinen Schmerz zu kompensieren, indem er feststellte, dass »die Frauen« mehr von der Sterilisation betroffen seien, weil für sie das Gebären und die Erziehung von Kindern eine natürliche Aufgabe sei.

Für Gerda B., die wegen ihrer Sterilisation keine Kinder gebären konnte, wurde die Sorge um Kinder eine Lebensaufgabe und sie relativiert die Sterilisation durch die Aussage, dass sie sich nun um mehrere Hundert Kinder kümmern könne, anstatt nur um einige wenige. Sie schilderte den Umgang mit ihrer Kinderlosigkeit wie folgt:

> Auf einen Mann konnte ich gerne verzichten, also auf die Kinder hätte ich nicht verzichten können. Das wäre ein Ding der Unmöglich[keit. Ergänzung durch CH] (...) Und ich habe mal so nachgerechnet, wenn ich eigene gehabt hätte, dann wären das vielleicht fünf oder vier gewesen und jetzt habe ich so 300. Das ist ja auch schon schön oder nicht? (Gerda B.: 249)

Auch andere Befragte schilderten, dass sie versuchten, die Kinderlosigkeit zu kompensieren: Paul E. wollte zusammen mit seiner Freundin in den 1950er Jahren ein Kind adoptieren. Sie bekamen ein Kind zugewiesen und freuten sich auf ihre Elternrolle, die nun trotz der Sterilisation möglich sein sollte.

> Ja, und da wollten wir ein Kind annehmen. Das ist uns verweigert worden. Ich hatte zwar eines, einen achtjährigen Jungen, das habe ich abends von der Arbeit aus (<Ort>) Kinderheim geholt, habe ihn dann von Kopf bis Fuß eingekleidet. Der hat (...) Den habe ich ja 14 Tage (...) Nach 14 Tagen kommt meine Frau, meine Schwiegermutter nach der Arbeit und hat (...) haben bitterlich geweint. Da haben sie den Jungen wieder abgeholt. (Paul E.: 95)

Herr E. berichtete, dass das Pflegekind schon nach zwei Wochen Papa und Mama gesagt habe und er sich auf das Familienleben freute. Doch dies wurde ihm verwehrt, das Kind wurde ihnen nach wenigen Tagen wieder genommen, weil die familiären Verhältnisse nicht angemessen seien. Hier zeigte sich möglicherweise die Übernahme der Normen im Nachkriegsdeutschland.

Wie erörtert wurde, versuchten die Befragten, mit den traumatisierenden Ereignissen weiterzuleben. Um Teilhabe in den neuen Familien oder in einem Heim zu ermöglichen, wurde das Schicksal der Angehörigen bzw. das eigene verdrängt. Ähnliche Mechanismen lassen sich auch bei der Partizipation im sozialen Umfeld aufzeigen.

8.2. Soziales Umfeld und Religionsgemeinschaften

Im sozialen Umfeld wurde nach dem Krieg das Schicksal teilweise tabuisiert, um sich in die Gemeinschaft zu integrieren. Bei der Analyse der Teilhabebemühungen der Betroffenen kann zwischen verschiedenen sozialen Räumen unterschieden werden, insbesondere scheint es sinnvoll, die Beziehungen zu Freundes- und Bekanntenkreisen, die Teilhabe am Arbeits- und Schulleben sowie die Unterstützung und Diskriminierung durch Religionsgemeinschaften zu betrachten. Da die Ausführungen zur Schule und zur Arbeit zur Beschreibung des Selbstwertgefühls genutzt wurden, sind diese Aspekte im Kapitel zur Selbstkonstruktion (Kapitel 10) zu finden.

Soziale Kontakte: Freund*innen und Bekannte

Die Akzeptanz bei Freund*innen und Bekannten wurde differenziert beschrieben, sie reichte von Unterstützung bis Ablehnung. Für den Freund spielte der jüdische Glaube von Herrn F. keine Rolle, die Freundschaft bestand unabhängig von der Religionszugehörigkeit. So beschreibt Valentin F. die Würdigung eines Kollegen seines Vaters, der ihn während des Krieges besuchte. Herr F. berichtete von einem Wiedersehen nach Ende des Krieges, wobei er die Bedeutung des Zuspruchs des Freundes betonte, was bei ihm starke Emotionen auslöste.

> Das war in den Räumen der Auslandsgesellschaft an der Steinwache. Da habe ich ihn gefragt: Sag' mal, Emil, was hast du dir eigentlich damals dabei gedacht? In der Uniform eines politischen Leiters in den Hinterhof eines jüdischen Anwesens? Das war ein arisiertes Haus gewesen, was arisiert war, enteignet. Das ist ja die andere Geschichte der Arisierung. In den Hinterhof zu gehen, einen zum Juden erklärten Kollegen zu besuchen? Was hättest du gesagt, wenn du da (...) und dich hätte da jemand entdeckt? Da sagt er: Ich weiß es heute gar nicht mehr, aber ich habe es für dich getan. Glauben Sie, dass ich in dem Moment geheult habe? (Valentin F.: 65)

Während in diesem Beispiel noch ein Rest von Humanität aufgezeigt wird, wurde auf der anderen Seite die Ausgrenzung vom sozialen Umfeld beschrieben. Die Ausgrenzung traf auch die Kinder der Zwangssterilisierten, sie waren ebenfalls der rassenhygienischen Stigmatisierung ausgesetzt. So beschrieb Irene L., deren Mutter zwangssterilisiert wurde, dass sie von den Nachbarskindern beleidigt wurde:

> Und da sie eben dann auch anders war (...) sie war anders. Wir haben in einer Siedlung gewohnt, wo jeder jeden kannte, und natürlich, Sie wissen ja, wie Kinder sind, ich habe mich dann manchmal gefürchtet, einkaufen zu gehen, das heißt, über die Brücke musste ich gehen zu einem Fleischer, da haben Jungs mit Steinen nach mir geworfen: Dort kommt wieder die, die die verrückte Mutter hat. Also solche Szenen habe ich erlebt. (Irene L.: 310)

Einerseits beschrieb sie die Ausgrenzung, andererseits stellte sie fest, dass sie auch Anerkennung erfuhr, weil ihr Vater in der Dorfgemeinschaft angesehen war. Hier zeigt sich, dass Schüler*innen die öffentliche Stigmatisierung übernahmen, die sie in den Schulen vermittelt bekamen. Antje K. berichtete ebenfalls von der Übernahme der öffentlichen Ausgrenzung im sozialen Umfeld, eine Nachbarin soll ihre Schwester denunziert haben, was sie erst später erfuhr:

> Irma ist am 21. Dezember 1933 nach Alsterdorf gekommen. Und zwar, was ich auch erst aus der Krankenakte erfahren habe, eine Nachbarin hat uns denunziert. (Antje K. zweites Gespräch: 13)

Freunde und Bekannte waren wie beschrieben teils eine Stütze bei der Bewältigung der Vergangenheit, teils auch eine Bürde, die die öffentliche Ausgrenzung verstärkte. Das gleiche galt auch für Religionsgemeinschaften.

Religionsgemeinschaften

Die Kirchen und die Auslebung der Religion unterstützten die Betroffenen in den schwierigen Zeiten, so bescheinigt Egon S., dass er durch die kirchliche Gemeinschaft Unterstützung bei der Verarbeitung seiner Sterilisation erhielt, obwohl er von einer Nonne missbraucht wurde und die christliche Würdenträgerin einen wesentlichen Einfluss bei seiner Sterilisation hatte. Weitere Befragte berichteten von der Hilfe der Kirche bei der Trauer. Irmgard K. erzählte, dass ein Pfarrer ihrem Vater bei der Suche einer neuen Frau behilflich war:

> Ach so Vater. Ja, da er der Kirche sehr verbunden war, hat er sich an die Kirche gewandt und hat gefragt, ob nicht eine Frau für ihn passend wäre, die vielleicht frei ist, die unverheiratet ist oder irgendwas. (Irmgard K.: 559)

Auch Wilhelm R. erhielt durch christliche Würdenträger*innen Unterstützung. Eine Hilfsschwester, die in den Alsterdorfer Anstalten arbeitete, brachte ihn und seine Freundin Walli zusammen, wovon er am Rande des Gesprächs berichtete:

> Nein, die habe ich in Alsterdorf kennengelernt. Das war so: Da war eine Schwester in Alsterdorf, das waren wohl Hilfsschwestern. Die Männer waren ja alle eingezogen, das war ja ein Wildwest damals. Und die hat mit uns die Verbindung aufgenommen. Ich wollte gar nicht. Aber die hat gesagt: Das ist die richtige. Das war so eine Kriegsschwester, die war (...). Und die hat uns praktisch zusammengekoppelt. (Wilhelm R.: 66)

8. Folgen der Ausgrenzung und Umgang mit Diskriminierung

Vereinzelt wurde auch vom widerständigen Handeln von Kirchenvertreter*innen gesprochen. So schildert Valentin F. die Unterstützung des Bischofs Clemens Graf von Galen, der ein Duzfreund seines Vaters war und die Familie mehrere Male unterstützte. Er hatte der Familie legale Papiere besorgt, um sie vor der Verfolgung durch die Gestapo zu schützen. Herr F. würdigte das Engagement des Bischofs mit folgenden Worten:

> Und von da aus sind wir ja ausgebombt im Mai 1943. Und der hatte vorher schon angeboten: Hans, wenn es ganz brenzlig wird, selbst wenn es ein Bombenangriff ist, flüchtet nach Münster. Ich werde euch da verstecken. Da hat er uns da im Mutterhaus versteckt. Und mein letzter Wunsch war, bei ihm Messe zu dienen. Wo sie ihn wieder dann hinten beobachtet haben, da standen die wieder, die Gestapo-Leute mit ihrem, heute sagt man ja Outfit, mit ihrer Kleidung. (Valentin F.: 85)

Während einerseits Mitarbeitende der Kirche die Betroffenen beim Widerstand gegen die Verbrechen und bei der Verarbeitung dieser unterstützten, wurde andererseits davon berichtet, dass die Diskriminierung durch die Kirche forciert wurde und die Religionsausübung zu Konflikten führte, die eine Ausgrenzung zur Folge hatten. Charlotte D. beschrieb, dass ihre Mutter katholisch war und dies nicht vom Vater akzeptiert wurde. Die unterschiedliche Religionsauslebung führte zu Konflikten in der Familie:

> Aber, wie gesagt, also, ich denke, meine Mutter hat (...) die ist richtig schizophren geworden, indem sie eben hier (...) Ach, sie ging auch hier in die katholische Kirche oft, nicht. Und wir sind katholisch getauft, meine Schwester und ich. Und das hat sie wahrscheinlich durchgesetzt oder die katholische Kirche hat das durchgesetzt damals. Und, ja, aber das war meinem Vater auch nicht so recht, also dass sie noch in die katholische Kirche ging und so. Da muss es wohl dann auch oft Meinungsverschiedenheiten gegeben haben. (Charlotte D.: 42)

Auch die katholische Kirche gab der Mutter keinen Halt, weil sie einen evangelischen Mann heiratete. Sie wurde von beiden Religionsgemeinschaften verstoßen, was mit ursächlich für die psychische Erkrankung war, die zur Verfolgung und Ermordung durch die Nationalsozialisten führte.

> Sie war ganz streng, war wirklich sehr (...) Ja. Sie hat uns ja taufen lassen. Aber, ich weiß, ich kann mich noch daran erinnern an die Taufe, also, ziemlich spät. Und ich habe auch das (...) das steht im Stammbuch drin, wann ich getauft bin, also von der katholischen Kirche, 1934. Und (...) so. Und da nehme ich an, die katholische Kirche, die war so richtig, die war ihr Feind geworden, nicht. Und das war ihr wie ein Fluch. Also, sie fühlte sich wahrscheinlich schon schuldig. (Charlotte D.: 64)

Die Frage nach der Zugehörigkeit zu einer Religionsgemeinschaft war auch für Mia W., die erst während des Theologiestudiums ihren Zugang zum jüdischen Glauben fand, eine drängende Frage: Sie wurde zunächst nicht in die jüdische Gemeinde aufgenommen, obwohl sie eine emotionale Zugehörigkeit zum Judentum spürte und ihre leibliche Mutter Jüdin war:

> Also im Grunde war mir eigentlich immer schon klar, dass ich Jüdin bin. Warum kann ich Ihnen gar nicht sagen. Ich bin in die jüdische Gemeinde gegangen, ich habe (...) Damals war ja Rabbiner R. noch nicht, sondern da war L. noch und (<Name>) war Kantor. Und da

> bin ich sogar mit meinen Kindern hingegangen. Und dann wurde meine jüngste Tochter schwer krank. (Mia W. erstes Gespräch: 61)

Die Tochter wurde in ihrer Arbeit gemobbt und wurde deshalb krank. Sie kam mit der Situation nicht klar, sie hatte keine religiöse Gemeinde, der sie sich anschließen konnte. Schließlich bat sie ihre Mutter, einem jüdischen Verein beizutreten, der sich um die Entschädigung kümmern sollte. Hier könnte möglicherweise eine Weitergabe des Traumas in die dritte Generation wirken. Es muss hervorgehoben werden, dass Frau W. wegen ihres jüdischen Glaubens Opfer der Medizinverbrechen wurde, ihr großes Bemühen um Aufnahme in die jüdische Gemeinde könnte auch mit dem Wunsch nach Anerkennung ihres Leidens erklärt werden. Das Leben in der Gemeinde war für sie mit Leid verbunden, weil viele ihrer jüdischen Freund*innen sich ebenfalls mit ihrer traumatischen Vergangenheit auseinandersetzen mussten, was sie ebenfalls belastete. Sie zog sich deshalb weitgehend zurück.

Die Maßnahmen der Sterilisation wurden von Vertreter*innen der Kirche mitgetragen: Agnes E. brachte sich aktiv in die Gemeinde ein, was aber nicht die Sterilisation verhinderte, sie wurde trotz ihres Engagements nach einem Anfall in der Kirche vom Pfarrer angezeigt und nach einem Erbgesundheitsverfahren sterilisiert.

> Ich habe tätig mitgewirkt, in der Kirche. Und da hatte ich oft die Aufsicht, über eine ganze Klasse. Da haben wohl die Kinder gesagt: Die Lehrerin ist krank. Ich habe das ja gar nicht gemerkt, bin ja umgekippt. Und danach haben meine Eltern aus Angst den Arzt geholt. Ich hatte ja sonst gar keinen Arzt. Und der hat das so weitergereicht. (Agnes E.: 362)

Wie bereits bei der Diskussion um die Teilhabe im Freundes- und Bekanntenkreis gezeigt werden konnte, wurde auch die Teilhabe an der Religionsgemeinschaft teilweise mit dem Verdrängen des eigenen Schicksals erkauft. Bei Mia W. ist dies anders, weil sie Jüdin war und die Gruppe der Jüdinnen und Juden eine eigene Opfergruppe bildete. Auf der anderen Seite verstärkten die Religionsgemeinschaften die Ausgrenzung, indem sie alle, die einen anderen Glauben lebten, delegitimierte und Druck auf die »Nichtgläubigen« ausübte. Damit gingen soziale Stigmatisierungen einher, die psychische Beschwerden auslösen konnten, die ursächlich für die Verfolgung, Sterilisation und Ermordung waren, wie von den Befragten dargelegt wurde.

8.3. Intersektionalität

Andere Diskriminierungsursachen, wie beispielsweise die Zugehörigkeit zum Judentum, verschärften den Ausschluss von Menschen mit Behinderungen und Psychiatrieerfahrungen. In den Interviews wurden komplexe Diskriminierungsdynamiken (Intersektionalität) beschrieben, bei denen unterschiedliche Differenzkategorien wirkten. Es scheint sinnvoll, vor allem die politische Verfolgung, die religiöse und weltanschauliche Haltung sowie die materielle Armut als wirkmächtige Differenzkategorien zu berücksichtigen.

Frau K. berichtete, dass ihre Eltern der Einweisung Irmas in die Alsterdorfer Heil- und Pflegeanstalt nach der Denunziation durch eine Nachbarin zunächst zustimmten, bevor sie sich gegen die Einweisung wehrten. Als Grund dafür nannte die interviewte Tochter die Überforderung durch die hohe Zahl von Kindern und materielle Not:

> Und ein Grund warum meine Eltern zugestimmt haben, außer der Krankheit meiner Mutter und der vielen Kinder, wir haben wirklich Not gelitten und ich nehme es an, ich kann es nicht beweisen, aber ich nehme an, meine Eltern werden gedacht haben, das Kind ist in Alsterdorf besser versorgt. Und wie gesagt, die Krankheit meiner Mutter und die vielen Kinder, das zehnte Kind war unterwegs. Ich nehme an, das ist aus der Not geboren, dass sie Irma dann weggegeben haben. Denn die ersten vier Lebensjahre hat sie ja in der Familie verbracht, nicht? (Antje K. zweites Gespräch: 17)

Die Mutter hatte eine Kopfrose (Gürtelrose im Gesicht), die Tochter vermutete, dass dies ursächlich für die Behinderung von Irma gewesen sein könnte. Die schwierige Lage der Familie wurde durch die Verfolgung des Vaters wegen seiner politischen Haltung verschärft, wie Frau K. zu Beginn des ersten Gesprächs schilderte:

> (...) wieder zurück, aus dem Gestapo-Hauptquartier in Stadthausbrücke, wo auch das Kommando zur besonderen Verwendung gehaust hat, muss man sagen. Dort wurde gefoltert, geschlagen. Grauenhaft. Mein Vater hatte einen schwarzen Rücken. Der war auch sehr geschlagen worden. (...) Denn mein Vater ist noch während der Gestapo-Haft entlassen worden, er war Angestellter bei der allgemeinen Ortskrankenkasse und hatte dann auch einige Jahre Berufsverbot. (Antje K. erstes Gespräch: 2-4)

Die Armut der Familie wurde durch die politische Diskriminierung des Vaters verursacht. Das Schicksal Irmas wurde in der Familie lange verschwiegen, weil die Eltern ihre Tochter nicht schützen konnten, was zu Schuldvorwürfen und Schuldzuweisungen innerhalb der Familie führte. Die Eltern wurden selbst verfolgt und waren der staatlichen Gewalt machtlos ausgeliefert.

> Und warum haben wir sie vergessen? Denn wir haben sie wirklich vergessen, schließlich. Und das finde ich so entsetzlich. Und da hat Vater gesagt: Ich stand ständig unter der Aufsicht der Gestapo und ich konnte dieses Kind doch nicht noch gefährden. Nicht, denn wenn bekannt geworden wäre, dass Irma das Kind eines Antifaschisten ist, wäre sie vielleicht noch früher (...). (Antje K. zweites Gespräch: 13)

Auch die Schwester von Frau K. wollte zunächst nichts von Irma wissen. Das war für die Interviewte, die lange für die Aufarbeitung des Verbrechens und die würdevolle Erinnerung an ihre Schwester kämpfte, nur schwer verständlich.

> Ja, bei meinen Schwestern war das zu Anfang (...) bei der einen Schwester zu Anfang ziemlich problematisch und da war ich auch (...) Ich konnte das überhaupt nicht verstehen, die hat zu mir gesagt: Was soll das überhaupt? Und: Das ist schon so lange her und alles wieder aufrühren. Und außerdem war sie ja auch krank. Und da war ich so (...) Also ich wusste (...). Habe ich gesagt: Sag mal, weißt du eigentlich, was du da eben gesagt hast? Sie war krank, also kann man sie ermorden. – Ja, so habe ich das nicht gemeint. Da habe ich gesagt: Dann darfst du so was auch nicht sagen. Die hat sich später dann auch (...) Sie fand das dann sehr gut, war auch mit bei der Trauerfeier, waren die ganzen Schwestern, die hier in Hamburg leben, waren alle da, Nichten und Neffen waren da mit. (Antje K. erstes Gespräch: 250)

Die Dynamik der Diskriminierung kann wie folgt nachgezeichnet werden: Der Vater wurde aufgrund seiner politischen Einstellungen verfolgt, durch das Berufsverbot und die Krankheit der Mutter lebte die Familie in Armut, hierdurch konnte sich nicht in gewünschter und notwendiger Form um Irma gekümmert werden, die Eltern mussten der Einweisung in die Alsterdorfer Anstalten zustimmen und hofften, dass Irma dort gut betreut würde. Die Einsicht in das eigene Verhalten führte zu Schuldgefühlen und Schuldzuweisungen, die ein Erinnern an die Ermordete lange unmöglich machte. Wie oben beschrieben, hatten Einrichtungen der Inneren Mission wie die Alsterdorfer Anstalten ein positives Ansehen innerhalb der Bevölkerung, der Missbrauch des Vertrauens der Eltern führte zur Einwilligung und diese zur Einweisung.

Auch der jüdische Glaube verschärfte die Diskriminierung. Valentin F. war der Überzeugung, dass dadurch die Verfolgung seines Bruders Hans verstärkt wurde. Er wurde aus einer christlichen Einrichtung verschleppt, hier muss an die im ersten Teil der Arbeit diskutierte Ausgrenzung innerhalb christlicher Einrichtungen verwiesen werden.

> Der Hänschen ist ja nach (…) also wir hatten da einen Geistlichen, der war der Ansprechpartner, einen Kaplan K. Der war Ansprechpartner, weil sein Chef, der Pastor K. sich nicht mit den Leuten ins Benehmen setzen durfte, weil er einen jüdischen Vater hatte. Er war auch genau, wie die F. alle, nach dem Rassegesetz der Nazis war er auch ein sogenannter Halbjude. Und deswegen musste er manches außen vor lassen und hat dann Leute weggeschickt. (…) Und dann hat er vorgeschlagen, weil unser Hänschen hatte so ein Faible für Tiere, für Pflanzen, er könne so eine Art Lehre in einem Schwesternheim machen in Obermarsberg. Und da ist er ja rausgeholt worden, ist nach Hadamar verschleppt worden. (…) Und höchstwahrscheinlich, nehmen wir ja heute auch an, dass Hänschen, weil er ja dann auch nach dem Rassegesetz ein sogenannter Halbjude war, bevorzugt umgebracht worden ist. (Valentin F.: 63)

Der Vater wurde wegen seiner jüdischen Herkunft diskriminiert, ihm wurde ein Berufsverbot auferlegt. Er litt unter den Auswirkungen der Internierung in Arbeitslagern und dem auferlegten Berufsverbot, kurz nach Kriegsende verstarb er an den Folgen.

> Mein Vater war Germanist, Lehrer an der Hochschule. Bedingt durch die Tatsache, dass der Antisemitismus schon Ende der 20er Jahre präsent war, hat er sich schon mit Kollegen und mit der Öffentlichkeit angelegt und schied dann schon (…) Anfang der 30er Jahre hat er sich von einer Schule in Soest und von einer anderen Schule in Verl verabschiedet. (Valentin F.: 2)

Wie auch schon bei Familie K. zeigte sich auch hier, dass die Diskriminierung der Eltern sich negativ auf die Kinder auswirkte. Bei Familie F. wurde die Dynamik der intersektionalen Verfolgung durch die Diskriminierung des Vaters wegen seines jüdischen Glaubens ausgelöst. Die Eltern gaben ihren Sohn in guter Absicht in ein Heim ab, er wurde aus dieser Anstalt nach Hadamar verschleppt (hier muss auf die vorzeitige Deportation jüdischer Anstaltspatient*innen verwiesen werden).

Auch die Zugehörigkeit zur Gruppe der Jehovas Zeugen verstärkte die Diskriminierung wie Werner W. schilderte: Seine Eltern waren Mitglieder dieser Gruppe, der Vater wurde in ein KZ interniert, an den Folgen litt die ganze Familie.

> Und da muss ich noch mal zurückkommen auf die Verwandtschaft von meiner Mutter. Die haben immer gesagt, dadurch ist die Familie, so eine blühende Familie kaputt gegangen. Und das konnten die nicht verstehen. Und dann haben die auch über diese ganzen Dinge

nicht sprechen wollen. Das hat uns zu sehr aufgeregt damals, wie wir miterlebt haben, wie die Familie kaputt gegangen ist. Mein Vater im KZ, aufgrund seiner religiösen Überzeugung. (Werner W.: 154)

Und im weiteren Verlauf beschreibt er die Dynamik der Diskriminierung. Die Internierung des Vaters führte zu psychischen Problemen der Mutter. Aufgrund dieser wurde sie verfolgt und im Rahmen des »Euthanasie«-Programms getötet, wie aus der Aussage des Sohnes gedeutet werden kann:

Nach meiner Geburt hat die sich gefreut und da hat man auch nichts gemerkt. Das hat mir mein Vater gesagt, wir hatten ja geschrieben immer. Also vollkommen normal. Das ist erst später so geworden, und zwar habe ich das aber auch nicht gewusst und habe das jetzt erst durch die Frau Hamm [ehemalige Geschäftsführerin des BEZ. Anmerkung CH], als die mir Dokumente geschickt hat, habe ich das erst mitgekriegt. Das ist dann schlimmer geworden, als er dann verurteilt worden ist zu mehr Jahren Zuchthaus. Das hat sie nicht verkraftet. Da ist das dann gekommen. Da kam dann der Zusammenbruch. (Werner W.: 293)

In diesem Fall wirkte die Zugehörigkeit zu den Jehovas Zeugen verstärkend. Neben der eigenen Diskriminierung musste die Mutter mit den Folgen der Stigmatisierung ihres Mannes zurechtkommen, wie der Sohn beschrieb. Dabei bleibt jedoch der genaue Grund für die Internierung in das Zuchthaus offen, es kann jedoch angenommen werden, dass die von den Nationalsozialisten ungewünschte religiöse Haltung hierfür ausschlaggebend war.

Eine weitere wirkmächtige Differenzkategorie war die materielle Armut, die zu Konflikten innerhalb der Familien führte. Psychische Probleme resultierten außerdem aus familiären Spannungen, die hierdurch ausgelösten Krankheiten waren ursächlich für die Verfolgung, wie bereits beschrieben wurde. Insbesondere bei der Diagnose von psychischen Erkrankungen spielte die soziale Lage der Betroffenen, etwa durch den Krieg ausgelöste Belastungen (z. B. Hunger), ständige Angst um das eigene Leben sowie Ungewissheit über den Verbleib von Angehörigen, eine gewichtige Rolle. Diese spiegelt sich in schwierigen Familienverhältnissen wider. Lissa F. berichtete, dass die schwierigen familiären Umstände, insbesondere die Armut, ursächlich für die Depression der Mutter waren.

Und das war ja damals eine sehr kärgliche und ärmliche Zeit. Mein Papa ging dann später zur Arbeit, denn zu Hause in der Werkstatt konnte er nichts verdienen, und die Familie musste ernährt werden. Und es war wirklich eine sorgenvolle Zeit für die Eltern, ihre Kinder zu ernähren. Erst einmal das. Und daraus resultierte sicher auch das Geschehen, dass meine Mutter an depressiven Erscheinungen litt. (Lissa F: 5)

Rolf T. berichtete vom Ausschluss aus Bildungseinrichtungen, insbesondere bei weiterführenden Schulen. So schilderte er, dass er nicht aufs Gymnasium gehen konnte, weil das Schulgeld aufgrund seiner Einschränkung nicht weitergezahlt wurde. Hier verschärfte die materielle Armut die Ausgrenzung der Betroffenen.

Ins Gymnasium kam ich halt nur, weil ich behindert war und brauchte da ja nichts bezahlen. Ja. Das ging so bis zur Mittleren Reife. Dann holte mich der Direktor rein und sagte mir, dass ich kein Geld mehr bekomme, dass mein Vater bezahlen müsste. (Rolf T.: 7)

Aus den dargelegten Berichten der Betroffenen kann rekonstruiert werden, dass die intersektionale Dynamik zu einer Verstärkung der Ausgrenzung von Angehörigen mit Behinderungen bzw. Psychiatrieerfahrungen führte, weil Ressourcen fehlten, um sie zu schützen. Die dadurch ausgelösten Schuldgefühle bedingten ein Verdrängen des Schicksals innerhalb der Familien. Unter den Umständen musste die Verfolgung aufgrund anderer Faktoren in der Nachkriegszeit betont werden, um Anerkennung und Entschädigung für das erlittene Leid zu erhalten. Nachdem Dynamiken der Diskriminierung und die Teilhabemöglichkeiten in den Familien und dem sozialen Umfeld beleuchtet wurden, soll nun die Auswirkung dieser auf die Fremdzuschreibung und Selbstkonstruktion beschrieben werden.

9. Fremdzuschreibungen

Die Befragten berichteten über die Einschätzungen durch andere, die sie als diskriminierend empfanden. Insbesondere die Nichtachtung der individuellen Persönlichkeit bei der Erhebung der Diagnose und die unzureichende Bereitstellung von Informationen schmerzte die Betroffenen.

Diagnosen
Bei der Diagnose (beispielsweise von Epilepsie) reichten wenige Anfälle aus, um eine Zwangssterilisation durchzuführen. Andere Ursachen, die nicht erblich bedingt waren, wurden nicht geprüft. Hier zeigt sich die mangelnde Fairness der Sterilisationsverfahren, belastende Beweise wurden schwerer gewichtet als entlastende. So schilderte Gerda B. die Ursache ihres ersten Anfalls, der als Anlass für die Sterilisation fungierte:

> Das war der Auslöser, dieser seelische Schock. Und nicht erblich. Aber das haben die mir damals ja nicht abgenommen. Epilepsie tritt eben auf in der Pubertät. Zufälligerweise war das nun meine Pubertät, als wir da von denen verkloppt werden sollten. Jedenfalls sind wir getürmt und die hinter uns her durch Wald und Feld. Das war grausam. (Gerda B.: 16)

Oft wurden, wie in diesem Beispiel, allein die internen Ursachen gesehen, externe Faktoren wurden nicht berücksichtigt. Die Erklärung des Schocks wurde nicht anerkannt, wie Frau B. betonte. Ferner wurde auch darüber berichtet, dass Ärzt*innen epileptische Anfälle provoziert haben sollen. Durch Spritzen wurden sie ausgelöst, wie Agnes E. berichtete:

> Ja. Mein Vater kam. (...). Da musste ich (...) Am Abend (...) bekam ich Bescheid, ich müsste morgen früh zum Chefarzt. Was passiert? Angst. Not. Dann habe ich da mehrere Spritzen gekriegt, im Nacken. Weg. Ich war an der Erde. Haben die gespritzt und dann haben (...) Ach, das wollte ich sagen. Dann haben die das ja jetzt gesehen. Die brauchten mich hier weiter nicht, ich hatte ja den Anfall. Epilepsie. Ja. (...) Ja, und dann bin ich mit Vater nach Hause gefahren, war ja auch wieder weiter nichts. (...) Ja. Dann ließen sie mich eine ganz Zeit in Ruhe. (Agnes E.: 97)

Es wird aus dem Gespräch nicht eindeutig klar, ob dieser provozierte Anfall ursächlich für die spätere Sterilisation war. Ferner wurde von dem Begleiter, der während des Interviews anwesend war, berichtet, dass sie etwas Schreckliches zu essen bekommen haben soll, um Anfälle auszulösen. Dies konnte die Befragte nicht bestätigen.

9. Fremdzuschreibungen

Die Fragwürdigkeit der medizinischen Begutachtung zeigt sich auch darin, dass sie ohne wissenschaftlich fundierte Standards erhoben wurde. Den Betroffenen wurden Fragen gestellt, die sie unter Druck beantworten sollten, wie der folgende Bericht in dem Gespräch mit Karl-Heinz M. zeigt:

> (...) Dann fragte er: »Was ist der Unterschied zwischen Fluss und See?« Jetzt muss ich sagen, ich habe im Fluss mal Rettungsschwimmen gemacht, also wenn ich nichts kannte, aber in einem See schwimmen, ist leichter wie in einem Fluss. Ich habe dem gar nicht geantwortet, mir kam das einfach so dumm vor, und ich war schockiert durch diese Prügel. Da sagt er: »So. Und was ist der Unterschied zwischen Treppe und Leiter?« Ich guckte ihn an, ich begriff das nicht, ich habe gedacht, der will mich verkohlen. Den Unterschied weiß ja jeder. Eine Treppe ist eine Treppe, wo man im Treppenhaus hochgeht, da kann man nicht mit der Leiter hochgehen. Habe ich nicht geantwortet. (Karl-Heinz M.: 9)

Diese Textstelle wurde auch in einer Szene in dem Film von Herrn Dreyfus gezeigt. Für den Film war der Interviewte besonders gekleidet mit einem blauen Hemd und einer Krawatte. Während er über die Diagnose und seine Sterilisation berichtete, schüttelte er immer wieder den Kopf, weil er das Verhalten der Ärzt*innen und des »Erziehers«[16] nicht nachvollziehen konnte (vgl. Dreyfuß 2014). Er hatte große Legitimationsbedürfnisse. Im weiteren Verlauf beschrieb Herr M., dass die Ärzt*innen behaupteten, er sei gemeingefährlich und müsse deshalb in eine Zelle eingesperrt werden. Die Befragten wurden unter Druck gesetzt, eine seriöse Diagnostik nach medizinischen Standards fand in der Regel nicht statt. Die Befragung diente nicht der Vorbereitung einer Therapie, sondern vor allem der Unterdrückung und systematischen Abwertung der Betroffenen. Unter den Folgen der Diagnosen sowie der Behandlung und Internierung litten die Betroffenen, wie Albert G. beschrieb:

> Die haben ja auch geschrieben aus den Kranken (...), sie hätte sich auf der Erde gewälzt und hätte geschrien. Und dann versuche ich da hinter zu kommen, warum. Das kann ich mir vorstellen. Weil sie so fertig war, denn die hatte ihren Verstand. Die war ja nicht daneben. Was heißt schizophren? Das ist für mich schon ein rotes Tuch. Man hat ja Menschen für schizophren gehalten, denen sie die Nerven kaputt gemacht haben. Und wenn sie sich das vorstellen und man jetzt hergeht und würde Sie in eine Anstalt stecken und würde sagen, Sie sind schizophren (...). (Albert G.: 391)

Herr G. beschreibt die Fremdbestimmung durch Ärzt*innen. Die Anstaltsinsass*innen wurden durch die dortigen Verhältnisse krank und nicht durch angeblich erblich veranlagte Erkrankungen. Auch weitere Befragte berichteten von den gravierenden Folgen der abwertenden Diagnosen, so beispielsweise Antje K. Den Verfolgten wurde die Möglichkeit genommen, sich zu entwickeln. Sie wurden ohne genaue Diagnose ausgesondert, obwohl sie bei ausreichender Förderung ein selbstbestimmtes Leben hätten führen können, wie aus folgender Stellungnahme hervorgeht:

---

16 Vor der Begutachtung durch den »Erzieher« wurde er geschlagen, weil er aus einem anderen Heim ausgebrochen war.

> Also wir wissen ja auch nicht, welche Krankheit sie wirklich hatte. Es kann sein, dass sie autistisch war. Also meine Mutter hatte während der Schwangerschaft eine Kopfrose. Ich denke, damals wusste man noch nicht, dass Rose eine Viruserkrankung ist und wahrscheinlich ist sie schon im Mutterleib dadurch geschädigt worden. Lässt sich heute auch nicht mehr feststellen. Und anhand der Krankenakte sowieso nicht, weil da stimmen manche Dinge, schon medizinisch, wissenschaftlich kann das nicht so gewesen sein. Wir wissen ja auch, wie damals über Menschen, die etwas anders waren, geurteilt und verurteilt worden ist, nicht? Wahrscheinlich, wenn sie therapiert worden wäre, wenn sie gefördert worden wäre, hätte sie vielleicht sogar eine Förderschule besuchen können, hätte, was weiß ich, ein normales, relativ normales Leben führen können. Sie war auf jeden Fall kein idiotisches Kind. Auf keinen Fall. Sie war ein spätentwickeltes, behindertes Kind. Aber sie war nicht geisteskrank, sie war kein Idiot, wenn man das überhaupt so sagen kann. (Antje K. zweites Gespräch: 141)

Durch die Wiederholungen einzelner Wörter wird hier die Argumentationskette gestärkt. Antje K. will die Diagnose aus der Krankenakte nicht teilen und stellt dieser eine verwehrte Förderung gegenüber, mit der ihrer Schwester ein selbstbestimmtes Leben hätte ermöglicht werden können.

Die willkürlichen Diagnosen waren Grundlage für eine »Behandlung«, die nicht der Steigerung der individuellen Lebensqualität diente, sondern der Leistungsfähigkeit des gesamten Volkes und der Profilierung der Täter*innen. Die Werturteile wurden auch nach dem Krieg lange beibehalten. Karl-Heinz M. hatte Angst vor einem falschen Urteil, was er anhand eines Gesprächs mit einer Narkoseärztin, die ihn nach dem Krieg zu seiner Sterilisation befragte, darlegte.

> Es werden einfach falsche Schlüsse gezogen. Mit meiner Nierenoperation: Ach, der hat ja keinen Anhang, da ist ja keiner, der irgendwie was Gegenteiliges sagen kann, der muss das unterschreiben. Das habe ich gemacht, weil ich gar nicht wusste, dass sie die Niere wegnehmen wollten, das hat mir ja keiner gesagt. Und Lateinisch konnte ich nicht lesen. Und zwar (...) so. Die Narkoseärztin hatte noch gefragt: »Sagen Sie mal, warum hat man das bei Ihnen gemacht, diese Zwangssterilisation?« Da habe ich sie angeguckt, ich sage: »Soll ich Ihnen mal was sagen, im Nachhinein, ich weiß das heute noch nicht. Ich weiß es heute noch nicht. (Karl-Heinz M.: 97)

Auch Gerda B. geht im Gespräch auf die Beschreibung durch Ärzt*innen ein, die ihr im Nachkriegsdeutschland zu verstehen gaben, dass sie zurecht sterilisiert worden sei. Sie wurde nach dem Ende des Nationalsozialismus mit der Aussage konfrontiert, dass die Sterilisation rechtmäßig sei und medizinischen Standards entspreche, was sie schmerzte.

> Ja, so ungefähr. Ich bin mit dem Tagesdatum nicht hingekommen. Erstens habe ich keinen Fernseher gehabt und habe keine Zeitung gekriegt. Ich wollte gern immer eine Zeitung haben, Tageszeitung. Tagesspiegel. Und man wusste nicht mehr, hat ja manchmal am Tag geschlafen. Und man hat immer hinter Vorhängen und zugezogenen Gardinen gelegen, also ich bin mit dem Tagesdatum nicht hingekommen. Und darum wollte er mir klarmachen, also, dass da ein riesengroßes Manko ist. Sie können mich fragen nach Geschichte, alte historische Sachen, da würde ich den vielleicht in die Pfanne hauen, da würde eine ganze Menge (...), aber ich weiß nicht, ob heute Montag oder Dienstag oder Freitag ist. Und er wollte mir auf diese Art und Weise mir klarmachen, na ja, Sie haben ja einen Stich im Keks, darum sind Sie sterilisiert worden, Sie wissen ja gar nichts. (Gerda B.: 165)

Sie hatte Angst vor falschen Schlüssen, die aus der Sterilisation und der zugrundeliegenden Diagnose gezogen würden. Das Vertrauen in die Ärzteschaft hatte sie verloren, die Stigmatisierung durch Ärzt*innen wurde auch im Nachkriegsdeutschland fortgesetzt und die Sterilisation nicht als Unrecht bewertet.

Realisierung und Anerkennung der Tat

Die Diagnosen wurden den Betroffenen nicht mitgeteilt und die erst späte Realisierung dieser wurde als erneute Diskriminierung wahrgenommen. Erst nach Ende des Krieges und intensiven Nachforschungen konnten sich die Betroffenen der Tat bewusstwerden, wie Paul E. darlegte:

> Ja, nach dem Krieg, weil ich habe immer weitergebohrt. Zuletzt kamen sie an, da wussten (...) Wir haben das Krankenbuch gefunden, da stand drin, weshalb, wegen Schwachsinn, ne. (Paul E.: 42)

Herr E. wandte sich zunächst an die Krankenkasse. Die dortigen Mitarbeitenden konnten ihm aber nicht weiterhelfen, sondern berichteten ihm nur, auf welcher Station er gelegen habe. Erst nachdem er im Krankenhaus nachforschte, konnten ihm Unterlagen über seine Sterilisation zur Verfügung gestellt werden und er erfuhr die angebliche Diagnose. Sein Bedürfnis nach Informationen zeigte sich im energischen Nachfragen, dieses Bedürfnis wurde auch von anderen geäußert. Die Akten, die die Schicksale dokumentierten, waren teilweise nicht auffindbar. Die Betroffenen mussten sich oft selbst darum kümmern. So schilderte Rolf T. die Schritte der Anerkennung seiner Sterilisation. Er hatte nur den Entlassungsschein, den er vom Krankenhaus bekam. Das Urteil des Erbgesundheitsgerichts war hingegen nicht mehr auffindbar, mit diesem hätte er die genaue Diagnose erfahren und einfacher eine Entschädigung beantragen können.

> Als ich von Detmold [Sitz des BEZ. Anmerkung CH] Bescheid wusste, bin ich ins Krankenhaus. Den Arzt gab es gar nicht mehr und die hatten gar keine Unterlagen, ja? Was ich natürlich gar nicht glaube. Jedenfalls hatten sie keine Unterlagen und ich sollte mich nach Leipzig wenden. Das habe ich aber nicht gemacht, ich bin zum alten Hausarzt, mit dem ich gut auskomme. Und der hat mir bescheinigt, dass ich sterilisiert bin. Und dann hat das alles geklappt. Sonst habe ich nichts außer dem Entlassungsschein. (Rolf T.: 128)

Den Angehörigen fehlten die Daten der Verbrechen, sie wussten weder den genauen Todestag noch den Ort des Verbrechens. Wie von Frau F. beschrieben, konnte nur bedingt an die ermordete Mutter erinnert werden, erst das Realisieren der Tat ermöglichte ein würdevolles Gedenken.

> (...)[W]ir haben auch mit diesem Datum gearbeitet, auch auf dem Grabstein damals, als wir die Urne kommen ließen, 28.11. erhielten wir die Nachricht, aber von unseren Ermittlungen jetzt bei logischer Betracht (...) bei sachlicher Betrachtung wäre dann der 14. November der Todestag, der Transport. Und der Beweis bei allen, dass sie in der Tötungsanstalt und in der Gaskammer endeten, das ist der Stempel: Verlegt auf Anordnung des Reichsverteidigungskommissars. Das war das Ende dieses Menschen, der auf dieser Karte stand. So alle, die diesen Stempel hatten, das war die Tötungsanstalt. (Lissa F.: 41)

Auch Waltraud G. schilderte energisch, dass ihr keine Unterlagen zum Schicksal ihres Vaters zur Verfügung gestellt wurden. Erst durch eigenes Engagement konnte sie den Leidensweg ihres Vaters nachvollziehen, der aus der Ortsgemeinschaft ausgeschlossen wurde.

> Aber ich habe ja nachgeforscht bei meinem Vater. Ich habe jetzt nachgeforscht. Jetzt weiß ich erst, der war schon (...) 32 war der schon in Heppenheim[17]. Und dort, wo er geboren ist, die wollen (...). Wo er geboren ist, mein Vater, bin ich auch geboren. Da müssen die doch eine Spur haben. Die haben ihn nicht gefunden. Aber ich habe nicht lockergelassen. (Waltraud G.: 6)

Albert G. warf den öffentlichen Behörden vor, die Akten nicht bereitzustellen, um das Verbrechen nicht thematisieren zu müssen und um Entschädigungsforderungen seitens der Angehörigen abzuwehren. Weiterhin beschrieb er ein generelles Misstrauen gegenüber staatlichen Behörden.

> Ja, ja. Das ließ sich aber nicht (...) Der Achim hat ja versucht, die Unterlagen über diese Scheidung zu kriegen. Die sind irgendwo, aber der Staat gibt sie ja nicht raus. Der verheimlicht ja alles. Bloß nicht so viel drin rumrühren. Könnte sonst irgendwer kommen, der sagt, er will Geld haben. Da biste abgeschoben. Wenn du Geld haben willst vom Staat, bist du abgeschoben. Deswegen muss ich aufpassen, dass sie mich auch nicht irgendwo hinstecken. (Albert G.: 240)

Auch in der DDR Lebende hatten Schwierigkeiten, an die Akten zu gelangen, diese waren nicht zugänglich und der Staat unterstützte die Angehörigen nicht bei der Aufarbeitung. Erst 1988 erhielt Werner W. die Todesurkunde der Mutter, die ihm noch während der DDR-Zeit zugeschickt wurde.

> Ja, also das kam so: Zu DDR-Zeiten hatte ich ja schon versucht, einiges herauszufinden über meine Mutter. Aber das war nicht möglich. Warum man das blockiert hat, weiß ich nicht. Wir sind da alle nicht zum Zug gekommen. Und erst nach (...) zur Wendezeit muss ich sagen. Es war nicht nach der Wende, zur Wendezeit habe ich dann mal versucht, über das Standesamt etwas zu erfahren, Näheres, was überhaupt mit meiner Mutter, welche Unterlagen da sind, was mit ihr geschehen ist. (Werner W.: 3)

Zum Bedauern der Befragten waren Teile der Lebensgeschichte nicht in den Krankenakten dokumentiert, es fehlten ganze Zeitabschnitte der Lebensläufe der Angehörigen, die in Anstalten lebten. Das war für die Betroffenen schwierig und schmerzhaft, wie Gerhard K. feststellte.

> Weiß ich nicht, nein. Ja, ach so, man weiß ja nicht, woher sie nach Brandenburg verlegt wurde. Kein (...) Nichts. Nein. Und in Brandenburg sind ja wahrscheinlich auch keine Unterlagen da oder zumindest ich habe noch nicht versucht, da nachzufragen. Wir waren dann lediglich noch anwesend da in Brandenburg als dieses Ehrenmal da eingeweiht wurde (...). (Gerhard K.: 17)

Im weiteren Verlauf tauschte er sich mit der ehemaligen Geschäftsführerin des BEZ über die Situation bei anderen Betroffenen aus. Ihm wurde mitgeteilt, dass bei den meisten Betroffenen die Situation ähnlich war. Auch Wilhelm R. bedauerte, dass es keine Dokumente über die Verfolgung seiner Stieftochter gab.

---

17 In Heppenheim liegt eine Psychiatrie, deshalb wird in der Mundart von »Heppenheim« gesprochen, wenn von angeblich psychisch auffälligem Verhalten berichtet wird.

9. Fremdzuschreibungen

> Denn wenn meine Stieftochter so wie ein Stück Vieh einfach so weg! Die Akten, die hätten doch irgendwo da sein müssen! Und nicht der Fall. Das hat mir ja nun auch wieder ein bisschen weh getan. Aber, das ist egal. Das wollte ich nur dazu sagen. (Wilhelm R.: 13)

Die genaue Ursache des Todes wurde ihm erst später bekannt, er wusste lange nichts über die genauen Abläufe der Ermordung. Für seine Lebensgefährtin war die Ungewissheit über die Ermordung ihrer Tochter eine schwere Belastung und sie konnte nicht mit ihrem Partner darüber sprechen.

Antje K. schilderte langsam und betont, dass sie lange nichts über die genauen Todesumstände ihrer Schwester wusste und erst durch einen Zufall die genauen Umstände von Irmas Tod realisierte. Erst im hohen Alter ihres Vaters fand sie Irmas Todesurkunde, was die Bedeutung von Generationsübergängen bei der familiären Aufarbeitung zeigt:

> Es ging so weiter, das war im Frühjahr 1983 oder im Sommer 1983, da habe ich mit meinem Vater, der inzwischen 87 Jahre alt war, Familienpapiere geordnet und zum ersten Mal Irmas Sterbeurkunde in der Hand gehabt. Und inzwischen war ich Mitglied im VVN – Bund der Antifaschisten, hatte natürlich auch geforscht, Akten gelesen, wie das so ist, wenn man aktiv mitarbeitet. Und beim ersten Blick fiel mir auf, das Sterbedatum 08. Januar 1944, ausgestellt Wien am 04. Januar 1945. Also Ausstellungsdatum und Todesdatum lag ja ein Jahr auseinander und Todesursache war mir sowieso von vornerein klar, Grippe, Lungenentzündung, angeborene zerebrale Kinderlähmung, was auch völliger Unsinn ist. (Antje K. erstes Gespräch: 24)

Sie versuchte, an die Krankenakte zu gelangen, erhielt aber nur zwei Seiten, aus denen die Rekonstruktion von Irmas Lebens nur schwer möglich war. Sie ermöglichten jedoch einen Einblick in die verachtende Diagnose. Doch 2002 bekam sie einen Anruf einer Ärztin aus Wien, der die Sachlage grundlegend veränderte:

> Ja, sagt sie: Irmas Krankenakte ist da. Irmas Krankenakte, die ich ständig wieder angefordert habe, von der ich immer gesagt habe: Das kann nicht sein, dass die Krankenakte nicht da ist. Und zwar ist die Krankenakte bei der Auflösung des Ludwig-Boltzmann-Institutes, in einem verschlossenen Schrank gefunden worden, der aufgebrochen worden ist von einer Kommission. (…) [W]o noch die ganzen Krankengeschichten aus Alsterdorf dabei waren. Und dann unter anderem auch diese Fotos von Irma von 1934 und '38 und das war wieder ein ziemlich schwerer Tag für mich, das zu lesen. Übrigens konnte man aus der Akte auch entnehmen, dass Doktor G., also der Mörder meiner Schwester, 1956 noch an ihrem Gehirn manipuliert hat. Da ist ein kleiner Zettel dabei, eigentlich nur ein Notizzettel, wo er das beschreibt. Handschriftlich sogar, ja. Das war dann letztlich das Ende (…). (Antje K. zweites Gespräch: 137)

Nicht sichtbar

Die systematische Ausgrenzung während der Zeit des Nationalsozialismus führte dazu, dass Menschen mit Behinderungen und Psychiatrieerfahrungen im öffentlichen Raum nicht sichtbar waren, worauf in den Gesprächen am Rande eingegangen wurde. Auch ein kritisches Hinterfragen fand wegen der starken öffentlichen Propaganda offenbar nicht statt, wie Charlotte D. festhielt:

> Ich kann mich daran erinnern, dass man überhaupt Behinderte oder was habe ich, hat man kaum gesehen zu meiner Zeit, nicht. Die waren einfach alle gesund. Aber wohin das

> nun alles ging, haben wir nicht gewusst, aber mein Vater machte solche Andeutungen. Aber, nun, nicht. Nein, das war auf jeden Fall und (...). (Charlotte D.: 270)

Es wäre jedoch zu einfach, die Ausgrenzung allein auf die öffentliche Propaganda zurückzuführen. Vielmehr war die Stigmatisierung von der Öffentlichkeit mitgetragen und eine Solidarisierung mit Betroffenen blieb weitgehend aus. So schilderte Valentin F. die Ausgrenzung seines Bruders im öffentlichen Raum:

> Und dann haben diese Menschen manchmal sogar Leute, also nicht nur Kinder und Jugendliche, selbst Leute im gestandenen Alter, sagen wir mal von fünfundzwanzig, dreißig oder vierzig oder fünfzig Jahren, haben gesagt: So etwas darf man doch gar nicht auf die Straße lassen! Die müsste man wegsperren oder die müsste man in Heime bringen. (Valentin F.: 61)

In den Heimen und Heil- und Pflegeanstalten wurden die Bedürfnisse der Menschen mit Behinderungen und Psychiatrieerfahrungen nicht berücksichtigt, sie wurden lediglich verwahrt, ohne hohe Kosten zu verursachen. Wilhelm R. beschreibt die Zustände in den Alsterdorfer Anstalten:

> Na, sicher war das das Grausame! Dass die sich da gar nicht um die Behinderten gekümmert haben, nicht. Und das waren ja, also unsere Jungs, das waren ja nicht nur Behinderte, das waren auch Gesunde, nicht. Es wurden ja draußen auch Gesunde eingesperrt, waren ja nicht nur (...). (Wilhelm R.: 288)

Auswirkungen auf sexuelle Selbstbestimmung und Partnerschaft

Den Betroffenen wurde die Fähigkeit abgesprochen, eine Beziehung einzugehen. Zwangssterilisierte konnten wegen des operativen Eingriffs keine erfüllte Sexualität erleben. Die Betroffenen konnten keine Lust mehr empfinden, was zu einer sexuellen Enthaltsamkeit führte.

> Beschwerden, ja. Wenn einer unfruchtbar gemacht wird, der kann anschließend nach der Operation (kurze Unterbrechung) weiter Verkehr haben, ne. Der kann mit seiner Frau weiter Verkehr haben. Ich habe die ganzen 50, 55 Jahre, wo ich mit meiner Frau verheiratet bin, nicht ein einziges Mal Verkehr gehabt. Es ging nicht. Es ging einfach nicht. Und das hat mich auch viel mitgenommen. (Paul E.: 132)

Durch die Sterilisation wurden die Opfer gegenüber sexuellen Belästigungen schutzlos, wie ein Befragter schilderte. Egon S. berichtete von seiner Sterilisation, die von einer Nonne forciert wurde, die ihn sexuell missbrauchen wollte. Dies ist deshalb bemerkenswert, weil im katholischen Milieu eine Beteiligung an Sterilisationen nach der Lehrmeinung nicht gestattet war, für die Täterin spielten allerdings persönliche Motive eine ausschlaggebende Rolle. Obwohl Herr S. von einer Ordensschwester missbraucht wurde, hielt er im Gespräch an seiner tiefen Verbindung zum katholischen Glauben fest.

> Ich gehe noch in die Schule, weil wir in Hagen die Schule hatten. Und dann kam eine Schwester, nahm mich mit aus der Schule und dann musste ich mich ausziehen. Da war die Ärztin da, erst eine Spritze gekriegt, ich weiß nicht, was man früher alles für Spritzen kriegte, war ja bei Hitler andauernd spritzen, und dann wollte ich mich anziehen. Kommt nicht infrage, sagte sie, die Nonne. Da musste ich zu der Ärztin hin, die gab mir eine Spritze, aber die hat nicht geholfen, kriegte ich Narkose. Und dann als ich wieder aufwachte, waren hier vorn dran Fäden, die habe ich selber gezogen nachher, weil das immer so juckte, bis auf ein paar, die ließ ich stehen. (Egon S.: 11)

Kinder von »Euthanasie«-Opfern berichteten darüber, dass sich die Ermordung eines Elternteils negativ auf ihre eigene Ehe auswirkte, weil die*der Ehepartner*in Angst hatte, dass die*der andere durch den angeblich erbkranken Elternteil belastet sei. Die rassenhygienische Diskriminierung wurde auf die nächste Generation übertragen.

> Durch das, wo ich geheiratet habe. Ich habe am 30. ihn geheiratet. Und wie der Krieg aus war, hat dieser Mann sich scheiden lassen, weil ich ihm angeblich verschwiegen hätte, meine Mutter war geisteskrank. Er will Kinder haben. Und da habe ich dann auch einen Schreck gekriegt. (Christina F.: 330)

Wie hier deutlich wird, wirkten sich die Zwangssterilisation und die Tötung eines nahen Angehörigen auch auf die Partnerschaft und das Ausleben der Sexualität der Betroffenen und ihrer Kinder aus. Während die Fremdzuschreibung vor allem als abwertend beschrieben wurde, versuchten die Betroffenen teilweise, eine positive Selbstkonstruktion zu zeichnen.

10. Selbstkonstruktion

In den Gesprächen wurde einerseits die eigene Wirkmächtigkeit betont, insbesondere die Möglichkeit des aktiven Erinnerns und die eigene Deutung der Lebensgeschichte. Auf der anderen Seite wurde die entwertende Fremdzuschreibung übernommen.

10.1. Übernahme der Abwertung

Für die Betroffenen stellte die Zwangssterilisation einen schweren Eingriff in ihre Selbstbestimmung dar und führte zu einer Abnahme der Selbstachtung. Rolf T. beschrieb seinen inneren Zwiespalt. Während er auf der einen Seite nicht über seine Beeinträchtigung nachdenken wollte, fühlte er sich auf der anderen Seite nicht als »richtiger Mensch«. Es zeigte sich eine zunehmende Abnahme der Selbstachtung, die durch die Übernahme der Fremdbestimmung verursacht wurde.

> Nein. Es war wirklich, wo ich eingeliefert wurde, da waren sechs (...) drin und die wollten eigentlich wissen, was mir fehlt. Und ich wollte das nicht sagen. Bis sie es dann doch erfahren hatten. Aber wie gesagt, ich fühlte mich da schon irgendwie nicht gut, oder (...) Wie soll ich sagen, also, kein richtiger Mensch. (Rolf T.: 51)

Auch Herr M. berichtete über eine ambivalente Selbstwahrnehmung: Einerseits wehrte er sich gegen die Fremdzuschreibung, indem er seine sportlichen und militärischen Leistungen herausstellte, andererseits definierte er sich als »krank«, er berichtete über seinen Einzug ins Militär, über den er sich wunderte, weil nun sogar schon »Geisteskranke« eingezogen würden. In einem Gespräch mit Stabsärzten fragte er diese nach seiner Behinderung:

> »Sagen Sie mal, werden jetzt noch Geisteskranke eingezogen zu den Soldaten?« »Was heißt denn das?« Sage ich: »Ich bin sterilisiert, wegen angeborenem Schwachsinn.« Da wurde

ich von diesen drei Stabsärzten untersucht, aber (...) schlimmer kann das nicht sein. Und dann kam es: »Herr M., Sie sind geistig und körperlich gesund, Sie werden Soldat.« (Karl-Heinz M.: 15)

Selbstregulation

Die Übernahme der Fremdzuschreibung führte zu selbstregulierendem Verhalten. Aus der fremdbestimmten »Minderwertigkeit« entwickelte sich eine Selbstregulation, die u. a. dazu führte, dass der eigene Kinderwusch aufgegeben wurde, wie Frau B. schilderte. Sie gab Auszüge aus einem Gespräch mit einem Arzt wieder:

> Ich [ein Arzt] habe den Eierstock direkt in die Gebärmutter verpflanzt. Und es würde mich brennend interessieren, wenn Sie schwanger werden. (...) [I]ch würde das dann gerne. Und da habe ich mir gesagt, es gibt so viele Kinder, die geschädigt sind. Musst du auch noch ein geschädigtes Kind in die Welt setzen, als Versuchskarnickel. Finger weg! Verzichte auf das eine, du hast genug Kinder, für die du sorgen kannst. Dieses Risiko wollte ich nicht eingehen. Und da waren eben die anderen meine Kinder. Hundertprozentig meine Kinder. (Gerda B.: 245)

Es ist interessant, hier auf die bisherigen Analysen des Interviews mit Frau B. einzugehen. Dorothee Wierling, die das Gespräch im Rahmen einer Sekundäranalyse untersuchte, sieht in der Entscheidung gegen Kinder einen Akt der Emanzipation. Zwar stellt sie eine Verinnerlichung der Abwertung in den Raum, auf der anderen Seite hält sie fest:

> Auf jeden Fall vollzog Gerda B. nach 1945 einen Akt, der ihr die Selbstbestimmung über ihre Gebärfähigkeit wieder ermöglicht – indem sie sich bewusst und aus eigenen Gründen gegen eine Schwangerschaft entschied. (zitiert nach Wierling 2017: 101)

Diese Argumentation ist nur bedingt nachvollziehbar, weil Gerda B. diese Entscheidung nach einem Refertilisierungsversuch in einer Berliner Privatklinik traf und einen sehr großen Kinderwunsch hatte, was sich im gesamten Interview zeigte, wie bereits Stefanie Westermann in ihrer Analyse feststellte, die bei dem Gespräch anwesend war (vgl. Westermann 2010: 281ff). Inge Weber, die das Interview im Rahmen eines Beitrags für einen von Margret Hamm veröffentlichten Sammelband untersuchte, deutete die Aussage von Gerda B. als Absage an ein medizinisches Experiment und als Zusage an die Mutterschaft für viele andere Kinder (vgl. Weber, Inge 2023: 200). So stellte Frau B. auch fest, dass sie eher auf einen Mann verzichten wollte als auf Kinder.

Die Übernahme gesellschaftlicher Normen hatte auch eine weitere Betroffene verinnerlicht, die Angst hatte, Kinder mit Behinderungen zu gebären. Sie beobachtete ihr Kind und fürchtete, dass sie von ihrer Mutter, die durch Zwangsmaßnahmen sterilisiert wurde, »erbkranke« Merkmale geerbt hätte.

> Ich habe mein Kind beobachtet. Ich habe jede (...) Ich meine, die Kinder machen verschiedene Phasen durch. Und wir sind in ein Haus gezogen, wo einige Gleichaltrige geboren wurden, die natürlich unten herumgetobt haben. Und da habe ich zum Beispiel gesehen, das eine Mädchen (...) also da habe ich manchmal gesagt, das sieht aus wie ein Veitstanz. Die blödelten da herum. Und da habe ich dann meinen Jungen angeguckt. Ich dachte, wenn

der mal bissel anders sich gebärdete, ist das nun normal oder ist das krank. Also das war eine furchtbare Zeit, muss ich sagen. Und es sind eben manche Äußerungen, die Sie einfach das ganze Leben lang nicht loslassen. (Irene L.: 87)

Auch eine Abnahme des Lebenswillens resultierte aus der systematischen Diskriminierung, wie Mia W. berichtete. Hierdurch wurde die gesellschaftliche Abwertung verinnerlicht. Es wird die Verzweiflung deutlich, die nicht nur aus der systematischen Entwürdigung resultierte, sondern auch aus der fehlenden Möglichkeit, ihr Schicksal auszudrücken.

> Ich habe keinen Auftrag. Ich komme nicht da (...) Da muss ich also (...) weiß ich nicht, vielleicht ist der Psychologe nun ein ganz großartiger Psychologe, der dann mich davon überzeugen kann, dass ich bestimmte Dinge in diesem Leben machen muss. Dass ich das schreiben muss, das weiß ich. Ich muss es vielleicht auch schreiben, weil ich mit meiner Tochter darüber nicht reden kann. (Mia W. drittes Gespräch: 125)

Verdrängung

In vielen Familien wurden die Schicksale der Betroffenen nicht thematisiert, erst in der folgenden Generation setzte ein Interesse für die Geschichten der Verwandten ein, so berichtete Waltraud G. folgendes über die Wahrnehmung des Schicksals ihres Vaters:

> Totgeschwiegen. Weil sie sich geschämt haben. Die haben sich geschämt. Der Verrückte in der Familie. Einer, der in Heppenheim (...) Ich meine, den Ausdruck werden Sie nicht kennen, aber wenn hier irgendetwas ist, dann sagen wir: Du kommst doch aus Heppenheim, oder? Warum? Weil da die Psychiatrie war. Und da wollen die nichts mit zu tun haben. Das war denen (...) war sowieso eine feine Familie also wollten die nichts mit zu tun haben. Mein Vater war ja ein paar Wochen (...) kam er ja zurück. (Waltraud G.: 134)

Von Verdrängung berichtete auch Agnes E.: Die Mutter wollte die Sterilisation nicht in der Öffentlichkeit thematisieren, in der Familie wurde jedoch versucht, die Geschehnisse zu verarbeiten. Herr F. berichtet von dem Zwiespalt zwischen familiärer Trauer und der öffentlichen Tabuisierung. Während die Geschwister sich an den ermordeten Bruder erinnern wollten, konnte die Mutter nicht um ihr ermordetes Kind trauern:

> Ja, ja, nicht. Also, wissen Sie, also, auch ich, wollen wir mal sagen, auch wir Geschwister, wenn wir später zurückkamen wieder nach Dortmund, dass wir uns alle allmählich wieder eingefunden haben – unser Hänschen ist uns nie aus dem Gedächtnis gegangen, nicht. Und es hat lange gedauert, bis einen Tag der Punkt kam, dass die Mutter einfach gesagt hat: Ich möchte da gar nicht mehr darüber sprechen. Das Schlimme war ja auch, dass ich der einzige in der Familie war, der sich schon sehr früh als Zeitzeuge zur Verfügung gestellt hat. (Valentin F.: 73)

In anderen Gesprächen wurde von dem unsensiblen Umgang mit den Verbrechen gesprochen. Die Ermordeten wurden als krank definiert, womit eine Legitimation der Verfolgung angedeutet wurde. Dies wurde entschieden zurückgewiesen, wie Herr W. schilderte:

> Denn ich habe ja nur, da muss ich jetzt was sagen, ich habe ja nur noch Halbgeschwister. Und unter anderem auch einen Halbbruder aus dieser Ehe eben. Wir haben eigentlich ein ganz gutes Verhältnis. Aber er sagte mal, das ist schon ein paar Jahre zurück: Deine Mutter war ja in der Klapsmühle. Das war natürlich für mich der Hammer. Da habe ich auch (...) ich dachte mir: Wie reagierst du nun? Und da habe ich, als sie dann wieder bei uns zu Besuch waren, habe ich ihm dann aus der Brücke, habe ich ihm das Buch gegeben und habe gesagt: Du weißt das alles gar nicht so, was mit meiner Mutter so war, das kannst du ruhig wissen. Lies das mal. (Werner W.: 102)

Herr E. schilderte, dass es seitens der Angehörigen keine Unterstützung beim Umgang mit der Sterilisation und der damit verbundenen Kinderlosigkeit gab: Er musste mit Diskriminierungen innerhalb der Familie kämpfen und wurde mit seiner Trauer allein gelassen.

> Weil ich habe mit (...) Meine anderen Geschwister, die haben mich auch ein bisschen gehänselt: Da guck, wir können Kinder kriegen. Du kriegst keine. Und das war auch eine schlechte Zeit. (Paul E.: 124)

Mit den Schmerzen, die mit der verlorenen Zeugungsfähigkeit einher gingen, musste auch Frau B. allein zurechtkommen. Ihre Angehörigen hatten keine Sensibilität für die mit der Sterilisation einhergehenden Schmerzen und stellten lediglich die vermeintlichen Vorteile dar.

> Meine Mutter und meine Schwester, die fanden das blöd, dass ich um meine Sterilisierung so viel Theater mache, weil die ja Abtreibungen hinter sich hatten. Die fanden das praktisch, dass man keine Kinder kriegt. (Gerda B.: 80)

Auch Albert G. beschrieb, dass er keinen Halt in der Familie fand. Seine Aussage passte zu den schwerwiegenden Vorwürfen, die er gegenüber seinem Vater erhob, dem er eine Mitschuld an der Verfolgung der Mutter zuschrieb.

> Wie der Vater bei mir war und hat gesagt: »Ihr seht eure Mutter nicht mehr wieder«, sowieso nicht mehr wieder, das war seine wörtliche Auskunft (...) Ja. Da habe ich natürlich geheult. Da war natürlich zappenduster für mich und da sind die Schwestern hergegangen und da kriegte ich, wie ich noch in Dormagen war, kriegte ich eine Karte von Weilmünster. Sie ist auf dem besten Wege der Gesundheit. (Albert G.: 226)

Einige Kinder von Getöteten wollten sich nicht länger mit dem Schicksal des getöteten Elternteils auseinandersetzen, weil es für sie eine sehr große Belastung war. So erläuterte Frau N. auf die Frage, ob sie mal zur Gedenkstätte Pirna-Sonnenstein fahren wolle, dass sie kein Bedürfnis danach habe und stellte fest:

> Ich merke an sich, dass ich eine gewisse Distanz auch erlebe, und ich möchte nicht mehr damit konfrontiert werden. (Frau N.: 267)

Die fehlende Anerkennung im Nachkriegsdeutschland führte dazu, dass viele Betroffene wenige soziale Kontakte hatten, das öffentliche Leben wurde gemieden. Die Bürde der Auseinandersetzung mit der Vergangenheit wurde oft nicht anerkannt. So lehnte es Albert G. aus Angst vor einer erneuten Stigmatisierung ab, sich in der Öffentlichkeit über sein Schicksal zu äußern:

> Ich habe noch nicht mal zu den Leuten gesagt, dass ich Entschädigung gekriegt habe. Will ich gar nicht mit anfangen. Da sagen sie ja (...) Da gehen sie nach Hause und sagen, guck

mal, der hat Geld gekriegt, wofür denn eigentlich. Die Mutter war doch krank. Das sind die Gedanken von den Menschen. Da garantiere ich Ihnen, 98 Prozent, dass das so gesprochen wird. Leider ist man ja alt und kommt so langsam hinter die Sache. (Albert G.: 463)

Im Verlauf des Gesprächs stellt Frau D. fest, dass sie ihrem Mann nie von der Todesursache der Mutter berichtet hatte. Es wurde nur von einer Krebserkrankung der Mutter erzählt und die Geschwister unterhielten sich nicht über das Schicksal. Erst in ihrer zweiten Partnerschaft kam das Schicksal der Mutter zur Sprache:

> Ja, das war mir unangenehm. Das hätte ich nie (...) Ich habe es niemandem erzähl, erst viel später. Ich heiratete dann nach fünf Jahren meinen zweiten Mann. Und meinem zweiten Mann, dem habe ich das dann erzählt, nicht. Und das ist dann erst gewesen (...). (Charlotte D.: 114)

Und im weiteren Verlauf stellte Frau D. dann fest, dass sie erst nachdem sie die Entschädigung in Anspruch genommen hatte mit ihren Freundinnen über die Todesursache ihrer Mutter sprechen konnte: Im Gegensatz zu ihr wollte sich ihre Schwester nicht mit dem Schicksal der Familie auseinandersetzen und verzichtete auf die Beantragung einer Entschädigung.

> Und da konnte ich dann auch mit meiner Freundin darüber reden, nicht, die ich schon lange kannte, die davon auch keine Ahnung hatte, nicht? Ach, und die hat manchmal gestaunt: Ach, so war das und so. Und, also wie gesagt, meine Schwester, die sagte: Nein, lass mich damit in Ruhe. Ich sage: Du bekämst auch das Geld. Sagt sie: Nein, das will ich gar nicht haben. Nein, das wollte sie nicht. Ja, also, das stimmt. Das war mir (...) Ich war froh, dass ich überhaupt darüber sprechen konnte. (Charlotte D.: 160)

Auch Rolf T. beschrieb, dass die öffentliche Aufarbeitung und Würdigung des Schicksals der Betroffenen der »Euthanasie« und Zwangssterilisation für seine Rehabilitation sehr wichtig war. Er schilderte, wie er auf die Ausstrahlung einer Dokumentation reagierte, die die Verbrechen der deutschen Ärzteschaft während des Nationalsozialismus und die juristische Aufarbeitung beleuchtete.

> Ich war froh, dass das irgendwie gebracht wurde, gezeigt wurde und habe seit der Zeit auch nicht (...) Wenn mich jemand fragt: Warum heiratest du nicht und so? Keiner wusste ja. Aber von der Zeit an habe ich es gesagt, ja. Und dann erst recht, wo wir da in Detmold [Sitz des BEZ. Anmerkung CH] angeschlossen waren. Da fühlte ich mich nicht mehr zu benachteiligt. Im Gegenteil, ich fühlte mich besser als andere. War vielleicht auch ein bisschen zu, na, wie soll ich sagen, zu eingebildet, (lachend) aber es war gut (lacht). (Rolf T.: 65)

Dieses Zitat ist deshalb interessant, weil es die Bedeutung der öffentlichen Anerkennung für die Betroffenen zeigt. Erst hierdurch wurden sie ein Stück aus der Isolation befreit und ihre Familiengeschichte wurde in der öffentlichen Wahrnehmung präsent. Lissa F. beschrieb ebenfalls, dass sie sich erst mit dem zunehmenden öffentlichen Bewusstsein mit dem Schicksal ihrer Mutter auseinandersetzen konnte.

> Nein, also wir haben das nicht so ausgebreitet in der Familie. Er wusste es, aber wir haben das nicht ausgebreitet, weil ich ja damals auch weiter nichts wusste, und ich wollte auch nicht die anderen mit meinem Schicksal so konfrontieren. Und ich war auch nicht so in der Lage, so viel darüber zu sprechen. Ich habe erst (...) Ich muss mal sagen, ich habe mich ins Wasser geworfen, als das Kuratorium [der Gedenkstätte Pirna-Sonnenstein. An-

merkung CH] entstand. Und dann habe ich die Kraft gefunden, dass ich das darlegen muss, um anderen zu sagen, wie es war. (Lissa F.: 101)

Das Verdrängen beruhte auf der Abwehr der zugeschriebenen »Minderwertigkeit«, das Schicksal der Sterilisation oder die Ermordung der Angehörigen wurde tabuisiert, weil man Angst vor einer eigenen Abwertung und dem Ausschluss aus dem sozialen Umfeld hatte. Erst die öffentliche Thematisierung ermöglichte die Auseinandersetzung mit der eigenen Familiengeschichte. Ferner war das Schweigen auch eine Form der Verarbeitung des Schicksals.

10.2. Widerstand gegen die Fremdzuschreibung und Versuche des Empowerments

Erst durch das zunehmende öffentliche Bewusstsein konnte ein aktives Erinnern stattfinden. Dies war eine Möglichkeit, um sich gegen die abwertende Fremdzuschreibung zu wehren, die auch im Nachkriegsdeutschland wirkte. Auf die beschriebenen Strategien zur Gewinnung einer Selbstachtung wird nun eingegangen.

Gesellschaftliche Anerkennung

Viele der Betroffenen realisierten die Willkürlichkeit der Diagnosen. Sie fühlten sich als gleichwertige Mitglieder der Gesellschaft, die auch in der Lage waren, durch Leistungen gesellschaftliche Anerkennung zu erlangen. Um dies zu beweisen, berichteten sie über Auszeichnungen, die sie vom NS-Staat erhalten hatten. So wollte sich Gerda B. legitimieren, indem sie der zugeschriebenen »Wertlosigkeit« eigene Erfolge bzw. die von nahestehenden Angehörigen gegenüberstellte:

> Nein. Das ist überhaupt ein Witz. Zur gleichen Zeit, als ich sterilisiert worden bin, hat meine Großmutter das goldene Mutterkreuz gekriegt, weil sie so viele Kinder auf die Welt gesetzt hat, die alle noch lebten. Bloß einer war im Ersten Weltkrieg gefallen. Jetzt waren sie alle noch da und haben für Hitler in der Rüstungsindustrie gearbeitet. Aber ich war erbkrank. (Gerda B.: 12)

Die Aussage von Frau B. ist deshalb interessant, weil sie einerseits das Bedürfnis zeigt, den Wertvorstellungen des nationalsozialistischen Staates zu entsprechen, während sie ihm auf der anderen Seite ablehnend gegenüberstand. Die Feststellung bewies auch die Willkürlichkeit der Diagnose und diente der Selbstlegitimation. Durch die Übernahme gesellschaftlicher Aufgaben, wie beispielsweise das Amt als Betriebsrat, von dem Herr M. berichtete, wollten die Betroffenen die Anerkennung ihrer Mitmenschen erhalten und ihr Selbstwertgefühl erhöhen. In gewisser Weise wollten sie die ihnen abgeschriebene Würde wiedererlangen. Herr M. wollte sich in den Staat integrieren, um durch die Arbeit als Soldat sein Selbstbewusstsein zu erhöhen. Dadurch versuchte er, einen Teil seiner Würde zurückzugewinnen. Er schilderte seine Erfolge als Soldat und deren Rolle für sich.

> Ja. Das war also, nach zwei Jahren habe ich das Sturmabzeichen gehabt, dann habe ich das EK1 gehabt und dann habe ich die Nahkampfspange gehabt. Die Nahkampfspange, da muss

man sagen, die bekommt man, wenn man jetzt bei dem Feind in den Graben reinstürzt und dann den versucht da rauszudrücken. Das sind dann Mann-gegen-Mann-Nahkämpfe. Da habe ich die Nahkampfspange gekriegt. EK1. (Karl-Heinz M.: 19)

Durch die Beteiligung am Krieg und die Zuordnung in die Rolle als Soldat, die während des zweiten Weltkriegs mit einer guten sozialen Stellung verbunden war, versuchte Herr M., dem Urteil der zugeschriebenen »Minderwertigkeit« etwas entgegenzusetzen. Er wollte den Krieg überleben, um seinen Mitmenschen seine Widerstandsfähigkeit zu beweisen, wohinter ein Legitimationsbedürfnis steht.

> Und als ich zurückkam, mir war hauptsächlich die Bestrebung, diesen ganzen Lumpen zu zeigen, was ich für ein Kerl bin. Darum war ich der Soldat. Einmal mein Bestreben war: Heinz, du musst den Krieg überleben, damit du weitergehen kannst. (Karl-Heinz M.: 109)

Ferner stellte er ausgehend von einer Kontroverse mit seiner Lebensgefährtin fest, dass er gesund und nicht von anderen abhängig sei. Er betonte hierbei seine eigene Autonomie. Dies kann auch zur Entkräftung der ihm während der NS-Zeit zugeschriebenen Leistungsunfähigkeit dienen:

> »Ja, du!« Ich sage: »Ich kann doch nichts dazu, wenn du nicht alles essen kannst, wenn du eine Allergie hast, ich kann alles essen.« Und dann erzählt sie: »Ich muss für Heinz kochen.« Da habe ich gesagt: »Hertha, erzähle bei anderen Leuten nicht, du musst für mich kochen. Ich kann in jedem Restaurant essen gehen, für fünf Euro kann ich mich satt essen. Was erzählst du so was. (Karl-Heinz M.: 97)

Herr M. und Frau B. zeigen Legitimationsbedürfnisse. Sie wollten durch ihr Handeln gesellschaftliche Anerkennung erhalten, die als Quelle für ihr Selbstbewusstsein dienen sollte.

Es wurde versucht, sich auch mit anderen Mitteln gegen die Diagnose und die damit einhergehende systematische Abwertung zu wehren. Durch Ahnenforschung sollte die Argumentation der Behörden entkräftet werden. Mehrere Befragte berichteten von diesem Instrument, so beispielsweise Rolf T.:

> Mir fehlen manchmal die Worte, ja. Und vorher hatten wir schon eine Ahnentafel aufgestellt. Die haben wir auch nicht selbst gemacht. Da war ein ehemaliger Lehrer, der die ganzen Ahnentafeln gemacht hatte. Das war bis zu den Urgroßeltern. Da war auch niemand, der irgend so eine Krankheit hatte wie ich oder so verkrüppelt war, ja? Das hat also gar nicht geholfen, ja? (Rolf T.: 19)

Der Versuch, sich gegen das Urteil des »erblich belasteten« Seins zu wehren, blieb ohne Erfolg. Das Erbgesundheitsgericht folgte nicht der Argumentation der Familie T. Daraufhin zerstörte Herr T. die Ahnentafel, was seine Frustration zeigte. Neben der Ahnenforschung durch ihren Vater, der die Gesundheit der Familie gegenüber den Behörden nachweisen musste, berichtete Irene L., dass sie durch die angebliche Erbkrankheit ihrer Mutter veranlasst wurde, eine Abschlussarbeit über »meine Sippe« zu verfassen, um den hohen Legitimationsdruck abzumildern.

> Und aus diesem Grunde, weil ich (...) Gut man hat als junges Mädel oder als Kind noch nicht die Vorstellung gehabt, die man dann in späteren Jahren hat. Aber weil ich eben auch damals schon unter diesem Druck gelitten habe und mir das nicht vorstellen konnte, da habe ich mich entschlossen, als Abschlussarbeit meine Sippe (...) also eine Arbeit anzufertigen. Natürlich musste das damals unter der Naziideologie erfolgen. (Irene L.: 47)

Im Verlauf des Interviews werden einige Passagen aus dieser Arbeit vorgelesen. Sie veranschaulichen die Etablierung der Rassenhygiene in die Bildungsinhalte jener Zeit sowie die teilweise Übernahme durch die Betroffenen.

> Ein Mensch, der von einer Familie abstammt, die schwer erblich ist, soll lieber keine Ehe eingehen, da er dadurch seine Nachkommen unglücklich macht. Denn die vorhandenen Anlagen vererben sich weiter und so auch die Krankheit. (Irene L.: 84)

Weil die Gesundheitsbehörden Sippentafeln führten und einforderten, ist dieser Aspekt besonders interessant, die Ahnenforschung wurde übernommen, um die zugeschriebene »Minderwertigkeit« zu widerlegen. Neben dem Versuch, die Erbkrankheit durch Leistungen und Ahnenforschung zu widerlegen, beschrieben die Betroffenen, dass sie sich mithilfe der Sorge um andere gegen die Definition des »minderwertig« Seins wehrten.

Besonderes Einfühlungsvermögen

Die erlebte Fremdbestimmung führte zu einem besonderen Einfühlungsvermögen gegenüber Menschen mit Behinderungen. Insbesondere die erzwungene Kinderlosigkeit hatte ein besonderes Bedürfnis nach der Unterstützung anderer zur Folge, wie Gerda B. schilderte:

> Na ja, dadurch, dass ich ja selber das erlebt hatte, dass ich eben das hundertprozentige Einfühlungsvermögen (...) Aber interessant ist auch, als ich kaum krauchen konnte selber, da habe ich schon mit den Kleineren gesungen und gespielt und gemacht. (Gerda B.: 243)

Nach ihrem Pädagogikstudium baute Frau B. eine Kindertagesstätte für Kinder mit Behinderungen auf, um die sich niemand kümmern wollte, wie sie betonte. Anstelle einiger weniger Kinder hatte sie dann Hunderte. Die von ihr betreuten Kinder waren für sie eine Möglichkeit, die eigene Kinderlosigkeit zu verarbeiten. Die Sorge um andere diente auch der Kompensation der ihr selbst verwehrten Elternliebe. In ihrer Familie wurde sie nicht akzeptiert und es wurde kein Raum für die Verarbeitung der Sterilisation geschaffen. Frau B. gelang ein sozialer Aufstieg durch Bildung. Sie absolvierte zunächst eine Ausbildung zur »Kindergärtnerin« und anschließend ein Studium. Auch Mia W., die durch medizinische Versuche traumatisiert wurde, schilderte ihre besondere Sensibilität gegenüber Kindern.

> Das Einzige, wenn ich gefragt werde, zu welchen Zeiten ich glücklich war, ich werde auch immer (...) ich habe mit verschiedenen Müttern noch so Kontakt, dann sage ich auch immer, es sind die Kinder gewesen. Da ich ein merkwürdig, ein merkwürdig gutes Verhältnis zu Kindern hatte. (Mia W. drittes Gespräch: 115)

Antje K., deren Schwester ermordet wurde, schilderte, dass sie sich lange Zeit für Menschen mit Beeinträchtigungen einsetzte und es ihr ein Anliegen war, sich für sie stark zu machen. Bei ihrem Engagement bemerkte sie, dass Menschen mit Behinderungen ein besonderes Einfühlungsvermögen gegenüber »Euthanasie«-Opfern zeigten. Während der Trauerfeier für ihre Schwester und andere Ermordete aus Hamburg stellte sie eine emotionale Verbindung zwischen den Getöteten und den Bewohner*innen der Alsterdorfer Anstalten fest:

> Ich sehe noch das Bild vor mir: Bewohner von Alsterdorf, also Gehandicapte haben die Urnen zum Grab getragen. Das ist so ans Herz gegangen und das war auch wieder schön. Weil da so eine Verbindung her war. Und die haben genau gewusst, warum diese Urnen dort bestattet wurden. (Antje K. erstes Gespräch: 90)

Arbeit

Auch das Bestehen im Arbeitsleben wurde zur Quelle der Selbstachtung. Durch die Teilhabe am Arbeitsleben konnten sich die Betroffenen ihre abgeschriebene Würde teilweise zurückerobern. Von mehreren Befragten wurde die eigene Leistung durch Arbeit hervorgehoben. Frau E. schilderte, dass sie nach ihrer Sterilisation in einem Schwesternheim gearbeitet hatte, was ihr die Verarbeitung des Eingriffs erleichterte:

> Und dann muss ich sagen, wir hatten bei uns hier in Vreden ein Schwesternhaus für Kindergarten. Und diese Schwester Oberin, die war so gut. Die hatte schon was erfahren. Sagt sie: Du kommst zu uns, in den Kindergarten. Wir können dich gebrauchen. Das war für meine Eltern ja schon so gut, dass sie wussten, wo sollen wir sie lassen. Ja. Und da bin ich dann in die Küche kochen, nähen, überall, tüchtig fertig geworden, bis ich dann zum Schluss selbstständig war und konnte kochen. Ich habe zwanzig Jahre gekocht. Da war meine Epilepsie bestätigt (lacht). (Agnes E.: 125)

Agnes E. berichtete dies, während sie zugleich vom Verschweigen ihrer Sterilisation in der Familie erzählte. Sie schilderte ihre Selbstlegitimation durch Arbeit, ihrer Sterilisation stellte sie ihre Leistungsfähigkeit gegenüber, wodurch sie gesellschaftliche Anerkennung erfuhr. Von Unterstützung durch ihre Arbeitgeber berichtete auch Gerda B. Sie arbeitete als Hausangestellte in einer Familie, die zu ihrem Glück nicht erwartete, dass sie bei Parteiaufmärschen mitlief, obwohl die Familie linientreu war. Ferner wurde sie bei der Suche nach einer Ausbildung unterstützt.

> Ja, ja, das war eine Halbtagsstelle. Mehr konnten die sich gar nicht leisten. Er war ein Postingenieur und Beamte sind ja nicht so dicke bezahlt worden. Und das war eben eine Halbtagsstelle, mittags bin ich nach Hause gegangen. Und das war interessant. Als (...) ach, die Kinder kamen in die Schule, und die wurden auch nach Ostpreußen verlagert hier. Und da wollten sie mich in die Rüstungsindustrie stecken. Und da hat sie, weil ich ja nun überflüssig war, schrieb sie hin, wenn ich in die Rüstungsindustrie gesteckt würde, besteht sie darauf, dass ich weiter zu ihr komme, sie hat vier Kinder unter sechzehn Jahre, sie hat Anrecht auf eine Hausangestellte. Bei der vegetarischen Ernährung kann sie nicht irgendeine nehmen, sie muss mich haben. Und sie verzichtet nur auf meine Mitarbeit, wenn ich die Kindergärtnerinnenausbildung machen muss, Sonst besteht sie darauf, dass sie mich weiter haben muss. (Gerda B.: 55)

Auch hier wird die Legitimation durch Arbeit betont, sie berichtete über ihre besondere Kompetenz bei der Zubereitung vegetarischer Kost, was sie für die Familie, die sie anstellte, unverzichtbar machte. Dadurch wurde ein Einzug in den Kriegsdienst verhindert. Sie hatte besondere Fähigkeiten, die ihr die freie Wahl einer Beschäftigung ermöglichten.

Andere Befragte beschrieben die Auswirkung der Sterilisation auf die Teilhabe am Arbeitsleben. So berichtete Herr S., dass seine zugeschriebene »Minderwertigkeit« ihm die Suche nach einer Arbeitsmöglichkeit erschwerte:

> Nein. Den habe ich mir selber ausgesucht. Ich konnte ja nirgendwo anders anfangen. Wegen meiner Augen haben sie mich nicht eingestellt. Wollte erst in eine Möbelfabrik, aber: Nein, mit Ihren schlechten Augen. Da habe ich mir die Landwirtschaft (...) Nachher habe ich mich auch ganz wohl darin gefühlt. (Egon S.: 143)

Kinder, die ihre Eltern verloren hatten, wurden ebenfalls von der Teilhabe am Arbeitsleben ausgeschlossen, wovon mehrere Befragte berichteten. Insbesondere im öffentlichen Dienst, wie beispielsweise in Kindergärten, orientierte sich die Auswahl an rassenhygienischen Kriterien, wie Frau G. schilderte.

> Und da hat meine Mutter gesagt: Wenn der mich jetzt erkannt hat, wird es mit deinem Beruf nichts. Prompt: Absage. Ich war nicht deutsch genug, deutsche Kinder zu erziehen. Das war der erste Schlag. Und dann musste ich zum Bauer mein Pflichtjahr machen. Da habe ich melken gelernt. Da werden Sie da hingeschmissen, dort hingeschmissen. (Waltraud G.: 238)

Die Tochter konnte die Ausbildung nicht beginnen, weil ihr Vater nicht in das Idealbild der Nationalsozialisten passte. Hervorzuheben ist, dass sie zu dieser Zeit noch nicht genau das Schicksal ihres Vaters nachvollzogen hatte. Auch andere Betroffene bzw. Angehörige mussten für die Teilhabe an Bildung und Ausbildung kämpfen.

Schule und Ausbildung

Gerda B. wollte eine Ausbildung zur Erzieherin machen, doch die öffentliche Verwaltung wollte Sterilisierte nicht zulassen. Trotzdem gelang es ihr mit Geschick, einen Ausbildungsplatz zu erstreiten, was sie als persönlichen Erfolg bewertete und der rassenhygienischen Stigmatisierung durch den NS-Staat entgegenstellte:

> (...) [D]ie Mittelschule, die ich dazu brauche. Und habe mich regelrecht eingeschwindelt ins Seminar. Ich wohnte hier in Reinickendorf und das Pestalozzi-Froebe-Haus war in Schöneberg. Und ich bin hingegangen, das war 43, habe meine Zeugnisse gezeigt von der Schule, alles gut und teilweise, Geschichte und Turnen und so war sehr gut, und mein Sportabzeichen trug ich so wie die Soldaten an ihrer Uniform, trug ich an meinem Kostüm, hatte ich ein braunes Kostüm, das hatte ich mir selber genäht. Aber nicht Nazi-Braun, sondern ein schöneres Braun. Und der Amtsarzt ist doch nicht auf die Idee gekommen, dass ich sterilisiert bin. Denn als Sterilisierte hätte ich nicht Kindergärtnerin werden dürfen. (Gerda B.: 2)

Gerda B. schilderte zu Beginn des Gesprächs, wie sie sich gegen die öffentliche Diskriminierung widersetzte. Sie wollte sich gegen die Fremdzuschreibung wehren und ein selbstbestimmtes Leben nach der Sterilisation führen. Dies unterstrich sie mit der Aussage »regelrecht eingeschwindelt« und der Feststellung, dass das braune Kleid kein »Nazi-Braun« sei, womit sie ihre ablehnende Haltung gegen das NS-Regime betonte. Auch Dorothee Wierling deutete in ihrer Analyse diese Aussage als Widerstand gegen den Nationalsozialismus (vgl. Wierling 2017: 98).

Die Schwierigkeiten, am Schulleben teilzunehmen, beruhten auch auf der Trauer um den verlorenen Elternteil und den damit einhergehenden Folgen. Die Trauer führte dazu, dass sich die Kinder nicht mehr in den Unterricht einbringen konnten und sich die schulische Leistung verschlechterte. Dies beschrieb Herr W.:

> Ja. Darf ich das noch sagen: Das hat mich natürlich sehr zurückgeworfen. Das schlimme Erlebnis im zweiten Elternhaus, so will ich das mal bezeichnen, das hat mich dann – ich war ein guter Schüler, aber das hat mich sehr zurückgeworfen. Das hat mich so zurückgeworfen, als ich dann herausgekommen bin aus der Schule, ich meine, ich habe das alles noch mal weiter (...) trotzdem ging es weiter, aber das wäre sonst schon noch besser gelaufen, das Leben. Das war eine große Zerrüttung, das muss ich schon sagen. Ich kann mich noch erinnern, eine Lehrerin, die Frau S., die war mit in der Schule, wo ich vorher war, bevor ich zu meinen Pflegeeltern kam, und da sagte die zu mir: Du warst doch so ein guter Schüler, die Noten, wie kommt denn das, dass das so nach unten gegangen ist. Na ja, die wusste das nicht. Habe ich das auch erzählt. (Werner W.: 92)

Hier zeigt sich, dass die Betroffenen im geringen Maße Anerkennung für ihr Leid erfuhren. Auf der anderen Seite gab es kein Verständnis für das Leiden der Angehörigen, die mit den Folgen der Verbrechen zurechtkommen mussten.

Widerstand gegen Fremdbestimmung

Neben der Arbeit sowie der Bildung war auch das aktive Widersetzen der Verfolgten gegen die Ausgrenzung Ansatzpunkt für eine positive Deutung. Aus einem Auszug aus der Krankenakte und Gesprächen mit Expert*innen schloss Frau K., dass sich ihre Schwester gegen die Misshandlungen wehrte.

> Schlug eine – das war am 24. September – schlug eine große Fensterscheibe ein, ohne sich zu verletzen. Zwangsjacke. Und am nächsten Tag hat sich das wiederholt. Und dann steht da: Gitterbett. Hat sie wieder eine Fensterscheibe eingeschlagen. Und ich weiß heute, das wurde mir auch von einem Psychiater gesagt und von Fachleuten, diese Kinder, die haben genau gewusst, dass sie sterben müssen. Sie hat sich gewehrt. Die hat sich gewehrt bis zuletzt. (Antje K. zweites Gespräch: 65)

Und im weiteren Verlauf schilderte Frau K. den Kampf ihrer Schwester gegen die von den Pfleger*innen ausgeübte Gewalt. Durch ihre Schilderungen wird die Grausamkeit des Vorgehens der Täter*innen deutlich. Die Opfer wussten über ihr Schicksal Bescheid und ihnen wurde nicht geholfen. Die Schwester musste außerdem feststellen, dass sich die ehemaligen Pfleger*innen nicht mehr mit der Vergangenheit auseinandersetzen wollten. Ferner wurden die Verbrechen in Krankenakten dokumentiert. Die Betroffenen waren nur noch Fälle, die bearbeitet werden mussten. Frau K. versuchte, durch die Feststellung, dass sich ihre Schwester wehrte, dieser Entindividualisierung etwas entgegenzusetzen. Auch ist interessant, dass die Schwester den Widerstand Irmas betonte. Darin zeigt sich die starke emotionale Verbindung zu ihr. Durch diese Akzentuierung wurde Irma Teil der Erzählung der Familie, die vom Widerstand geprägt war.

> Sie wollte immer gern in den Park und dann durfte sie nicht und dann hat sie geschrien und hat Stühle umgeworfen. Für mich ist das ein gutes Zeichen. Sie hat sich gewehrt. Sie wollte sich das nicht gefallen lassen. Ich hätte es auch getan. Ja, so habe ich dann doch

noch, wenn auch nicht viel, etwas über Irma erfahren. Ich konnte keine der alten Pflegerinnen mehr sprechen, es gab da noch zwei, die im Altenheim da gelebt haben, aber die wollten kein Gespräch, was ich auch verstehen kann. (Antje K. zweites Gespräch: 114)

Auch Wilhelm R., der seine Freundin aus einer Heil- und Pflegeanstalt rettete, beschrieb das Verhalten seiner Freundin gegenüber den Pfleger*innen. Sie wehrte sich wie auch schon die Schwester von Frau K. durch ein deviantes Verhalten gegen die Entmenschlichung durch die Mitarbeitenden der Alsterdorfer Anstalten:

> So, das ist erst mal das eine. Und Walli war für die Schwestern, so kenne ich sie, praktisch die Hexe. Die hat die Schwestern aufgehetzt noch und noch. Und sie war ja auch nicht dumm. Sonst hätte ich sie ja nicht genommen, nicht. (Wilhelm R.: 60)

Wie Frau K. stellte auch Herr R. fest, dass sich die Betroffenen aktiv gegen die Fremdbestimmung wehrten, wodurch sie Widerstand gegen die Unterdrückung leisteten. Andere Interviewte berichteten, dass sie aus Kinderheimen ausbrachen. Die Angehörigen konnten sich nicht um die Heimkinder kümmern, vereinzelt wurde jedoch von Fluchtversuchen berichtet. Als die Kinder dann bei ihren Eltern ankamen, mussten sie dies der Fürsorge melden, die dann eine erneute Heimeinweisung veranlasste, wie Paul E. erläuterte:

> Hat der mich da hingebracht, habe ich zweimal geklingelt, hat einer die Tür aufgemacht. Ich dachte, mir hätte einer die Luft abgedrückt. Ob das jetzt nun wirklich Freude war, ich weiß es nicht. Da kam meine Mutter raus, hat mich da in den Arm genommen und gedrückt und mein Vater auch. Und da war ich drei (...) Drei Tage habe ich mich da aufgehalten. Und meine Mutter musste damals die Fürsorge melden, dass ich da ausgerissen war. Da ist die Schwester Henni F. da gekommen. Da sagt sie zu meiner Mutter: Ja, Frau E., das machen wir. (Paul E.: 182)

Bedürfnis nach Wiedergabe der Lebensgeschichte und deren Bedeutung

Nach Ende des Nationalsozialismus wurden die Stimmen der Betroffenen in der Öffentlichkeit nicht gehört, obwohl sie das Bedürfnis hatten, ihre Geschichte zu erzählen. Die Bedeutung der späten Zeugnisabgabe wurde von mehreren Befragten geschildert. Die öffentliche Darlegung des Schicksals wurde als wichtiger Beitrag gesehen, um das Bedürfnis nach gesellschaftlicher Anerkennung zu befriedigen. Lissa F. schilderte die besondere Bedeutung des Erzählens für die Verarbeitung des Verbrechens:

> Nein, an und für sich ist es so, dass ja diejenigen, die das hören wollen, interessiert sind und zu dem stehen, dass etwas Grausames geschehen ist, erst mal so. Und die Jugendlichen, denen muss man das einfach anhand meines Beispiels mit Familie, was alles geschehen ist, wie man allein dagestanden hat, die haben ein Elternhaus, die können von zu Hause weggehen. Ich hatte nichts und so weiter. Denen kann man das schon an dem Beispiel zeigen, wie das in einer Familie dann sein kann und noch dazu (...). Es ist ja nun bei mir noch dazu, was ich denen aber auch immer sage, dass nun unglücklicherweise mein Bruder auch noch gefallen ist, mein Vater gestorben ist. (Lissa F.: 169)

Das Bedürfnis, die Geschichte für die Nachwelt zu bewahren, wurde auch von anderen Interviewten geschildert. In mehreren Familien kam der Wunsch auf, das Erlebte aufzuschreiben. So schilderte Frau N., dass sie von ihrem Enkel gebeten wurde, das Geschehene niederzuschreiben, was für sie aber eine sehr große Herausforderung darstellte, wie die anwesende Tochter berichtete.

> Meine Mutter hat das meinem Sohn erzählt, und dann sagt er: Du hast so viel erlebt, du müsstest mal ein Buch darüber schreiben. Und dann haben wir gesagt: So, jetzt geht es nicht mehr mit den Händen zu schreiben. Dann haben wir gesagt: Mit Computer, das geht so leicht. Als wir dann so weit waren, dann sagt sie: Nein, ich kann nicht, ich will nicht. Auch die Susanne, deine andere Enkelin, die wollte das auch gerne, aber (...). Das ist eigentlich heute das erste Mal, dass sie darüber spricht. (Frau N.: 262)

Ebenso erklärte Albert G., dass er das Erlebte nicht zu Papier bringen konnte, obwohl das Bedürfnis danach bestand. Während der Bruder die Unterlagen über das Schicksal der Mutter zusammentrug, stellte Herr G. zunächst keine Nachforschungen an.

> Also ja, wollen wir mal so sagen. In der Sache, dass ich (...). Wie soll ich das (...). Wie soll man das rausbringen? Wo soll man sich da jetzt an den Seitenspiegel (...). Ja, mich ärgert (...). Erstmal ärgert mich das, dass ich mir alles vom Bruder habe bringen lassen. Da komme ich heute noch nicht drüber, warum hast du das nicht gemacht. Aber das eine ist aber auch zum Ausgleich, das ist jeder Mensch anders. Deswegen denke ich sehr viel an unsere Mutter und hänge auch an ihr. Das hat aber (...) ob ich Befürchtungen hatte, d[er] Sache nachzugehen, weil da vieles drinsteht. (Albert G.: 391)

Herr R. hatte ebenfalls das Bedürfnis, seine Geschichte zu archivieren, jedoch erhielt er dabei keine ausreichende Unterstützung, keiner wollte sie hören. Er wurde mit seinen Erfahrungen allein gelassen und hatte keinen Raum, seine Deutung der Vergangenheit einzubringen, was auch mit dem allgemeinen Erinnerungsdiskurs erklärt werden kann (s. Teil 3 dieser Arbeit).

> Ich sollte mal ein Dokument über mich schreiben, über mein Leben. Hätte ich auch gemacht und war auch dabei. Aber leider haben mich die anderen geärgert, da habe ich gesagt: Wenn ihr das so macht, dann muss ich euch das sagen, wenn ihr kein Interesse habt, dann mache ich das auch nicht. (Wilhelm R.: 258)

Dass ihre Geschichte aufgeschrieben wird, wollte auch Mia W., was sie an mehreren Stellen in den Gesprächen betonte. Auf der anderen Seite wollte sie am liebsten ihre Unterlagen wegwerfen und dadurch die Erinnerung verdrängen. Hierauf wurde sie von Frau Hamm ermahnt, dass sie die Unterlagen nicht wegschmeißen dürfe, weil sie für die Erinnerung wichtig seien. Dieser Disput ist deshalb interessant, weil er den Konflikt zwischen Aufarbeitung und Weiterleben mit den unbegreiflichen Erlebnissen widerspiegelt, was teilweise nur mit dem Vergessen einiger schwer traumatischer Erfahrungen gelingen konnte.

> (...) [I]ch möchte, dass das Ganze aufgeschrieben wird und so, dass man das lesen kann. Es gibt einen Klaus K., der macht Kinderbücher, weil mir jemand gesagt hat, ich sollte eben auch eine Kindervariante, also eine Geschichte, die auch Kinder lesen könnten, damit auch Kinder schon vorbereitet werden auf diese Dinge. (Mia W. zweites Gespräch: 54)

Mehrere Befragte berichteten über ihre Arbeit als Zeitzeug*innen, die sie als wichtigen Beitrag wahrnahmen, aber auch als belastend, weil das Erlebte wieder ins Bewusstsein trat. Durch die Tätigkeit als Zeitzeuge erhielt Herr E. die Anerkennung durch Schüler*innen. Sie schätzten seine Arbeit und unterstützten ihn bei seinem Wunsch, mit seiner Frau zu verreisen.

> (...) [V]on einer Grundschule zur anderen. Und da haben wir nachher (...) musste dort (...). Die haben sich auch in so einen Halbkreis, habe ich mich direkt in die Mitte gesetzt. Die haben zugehört. Da konnten Sie aber wirklich eine Stecknadel fallen hören. Und zuletzt (...). Das war das letzte Mal, die letzte Schule. Bis nachher die Klassensprecherin mir auf dem Flur hinterhergegangen ist und wollte wissen, ob ich denn nicht noch mal einen Wunsch hätte. (...) Und ich habe gesagt: Ich bin noch nie mit meiner Frau weggewesen. Ich habe gesagt: Ich möchte mal gerne mit meiner Frau in ein Blindenerholungsheim, das ist in Malmberg. Ja, ist gut. Eine Woche, 14 Tage vor Weihnachten kriegte ich so einen Brief, schöne Weihnachtskarte. Und haben alle 46 Schüler unterschrieben mit Goldschrift. Da haben die gesammelt, da konnte ich 14 Tage nach Malmberg zur Erholung fahren. (Paul E.: 305)

Die Arbeit als Zeitzeug*in wurde teilweise an die Hoffnung auf Verbesserungen für die Betroffenen geknüpft, so schilderte Werner W., dass er sich nur öffentlich äußern wollte, um die Stellung der »Euthanasie«-Geschädigten zu bessern. Hier zeigt sich wieder das Dilemma zwischen dem Wunsch, die schmerzhafte Vergangenheit zu vergessen, und dem Bedürfnis nach Anerkennung für das erlittene Unrecht.

> (...) [I]ch bin da nicht dafür, dass das alle nur so erfahren, obwohl es doch irgendwie von Nutzen ist und weiterverwendet wird, dass man das publik machen kann, schön. Aber ich selber, ich will da nicht im Mittelpunkt stehen. Höchstens, wenn da irgendwas ist, das würde ich auch heute noch machen, wenn es dazu dienen würde, dass unsere Rechte da ein bisschen mehr gestärkt würden oder fundamentiert würden, da würde ich das auch vor einem Ausschuss oder irgendwie die da irgendwas regeln könnten, würde ich das noch mal sagen. Aber ansonsten schränke ich das ein. (Werner W.: 7)

Das Thema Zwangssterilisation und »Euthanasie« wurde von den Medien nach Einschätzung von Frau K. nicht berücksichtigt, was mit der fehlenden Möglichkeit der optischen Darstellung erklärt wurde. Auch die langanhaltende gesamtgesellschaftliche Tabuisierung kann hierbei eine entscheidende Rolle gespielt haben.

> Das ist für die Medien heute das Ausschlaggebende, dass sie optisches Material haben, in welcher Form auch immer, um damit an das Publikum zu gehen, weil nur in Anführungsstrichen jetzt in unserer Diskussion – Sie wissen oder du weißt [Frau Hamm. Anmerkung CH] wie ich das meine – Sensationen zählen. (Antje K. erstes Gespräch: 378)

Bemühungen für ein würdevolles Erinnern

Neben der Wiedergabe der Geschehnisse in der Vergangenheit wurden auch andere Formen des Erinnerns beschrieben, die der Würdigung der Betroffenen und ihrer Schicksale dienen sollten. Bei den Gesprächen wurde das Bedürfnis geäußert, die Orte des Verbrechens aufzusuchen. So wollte Werner W. gerne wissen, ob seine Mutter am Tatort begraben wurde. Dies wollte er noch gerne erfahren und dort hinreisen.

> Was mich jetzt bloß noch interessiert, und das wäre natürlich schön, in meinem Alter auch noch mal, ich möchte schon gern wissen, wie das war. Sie ist ja dort in Meseritz Obrawalde umgekommen, also ermordet worden, meine Mutter. Und ob sie dort begraben ist, das würde mich schon (...) ich würde schon mal hinfahren, nach Meseritz Obrawalde. Die Strecke, die fehlt noch. Das möchte ich sagen. Alles andere weiß ich nun so. Das weiß ich nicht.

10. Selbstkonstruktion

> Das würde ich gerne noch wissen wollen. Aber ansonsten habe ich da Abstand gewonnen. Aber ich will da auch nicht oft darüber reden. (Werner W.: 160)

Waltraud G. berichtete von ihrem Besuch in Hadamar. Insbesondere der Besuch des Friedhofs, der damals noch nicht für Besucher*innen hergerichtet war, löste Irritationen aus. Auf dem Friedhof sind keine richtigen Gräber zu sehen. Eine Tür führt zu einem weiteren Areal, auf dem auch Opfer begraben wurden.

Die ehemaligen Tötungsanstalten wurden nach dem Krieg für andere Zwecke weitergenutzt. Lissa F. arbeitete auf dem Sonnenstein im gleichen Gebäude, in dem ihre Mutter ermordet wurde. Sie war räumlich ständig in der Nähe. Über das Verdrängen der Vergangenheit berichtete Frau F. folgendes:

> Ja, das war aus Bekanntheitsgründen. Ich war damals an zentraler Stelle Sekretärin. Ich kannte viele, und die wussten auch zum Teil, dass meine Mutter hier umgebracht wurde, aber Ermittlungen in dieser Form konnten nicht gemacht werden. Und der Schwierigkeitsgrad der Ermittlungen lag auch darin begründet, das möchte ich noch sagen, weil, viele sagten: Wieso konnte es sein, dass hier auf dem Sonnenstein so lange alles totgeschwiegen werden konnte? Das hatte seinen Grund, und zwar, innerhalb des Betriebsgeschehens war dieses Haus in dem Betrieb eingebunden. Dieses Haus stand ja nicht isoliert, wie in Bernburg war es im Krankenhaus die Gaskammer. Aber hier war es ein Häuserblock, ein Dreierblock kann man so sagen, was direkt im Betrieb eingebunden war. (Lissa F.: 25)

Sie hatte wie viele andere auch keine Möglichkeit, ihre Angehörigen zu begraben. Manchmal blieb nur eine Tafel in einer Gedenkstätte wie bei Lissa F., die als Ort des Erinnerns dient. Die Stele steht bis heute in dieser Gedenkstätte und wird auch nicht durch andere ersetzt, um das Engagement von Frau F. zu würdigen, wie dem Autor bei einem Besuch der Gedenkstätte mitgeteilt wurde.

> Und ich muss sagen, dass jetzt endlich also irgendwie ein Abschluss gefunden wurde, nicht nur für mich, auch für die anderen, wie ich es persönlich erlebt habe. Aber wenn ich jetzt an diese Stele gehe, dann muss ich sagen, dass das so ist, als ob ich jetzt endlich an das Grab gehen kann, weil ja meine Mutter auch hier unten gestanden hat, und dass ich an das Grab gehen kann und so eigentlich der richtige Abschied entstanden ist. Und das ist also dann für die anderen auch, denn, die sind ja von weit hergekommen, kommen ja immer noch von weit her, und wir haben auch sehr viele Führungen, aber wer diesen Namen jetzt hier finden kann als Beweis, das ist ein Abschluss auch für die Seele und für das ganze Empfinden. (Lissa F.: 49)

Die Angehörigen wünschten sich einen Ort, an dem ein würdevolles Erinnern an die Opfer der NS-»Euthanasie« möglich ist. Dies zeigte sich auch in dem Verlangen nach einer Grabstätte, das von mehreren Befragten geschildert wurde. Die letzten Ruhestätten waren für die Angehörigen nur schwer zugänglich. Charlotte D. berichtete von den mühsamen Bestrebungen, das Grab ihrer Mutter zu finden, das vom Onkel angelegt wurde:

> Sind wir auf den Friedhof, das ist ja eine wunderschöne alte Kirche von sechzehnhundert (…) und oder noch früher, mit dieser Schädelkapelle dort. Da sind wir auf den Friedhof und haben erst mal das (…) ach, das konnten wir gar nicht gleich finden. Zum Glück waren Arbeiter in der Kirche. Die Steine waren ja alle umgeworfen und das Unkraut so hoch und da wusste man nicht richtig wie und was. Aber ungefähr zeigte uns dann eine andere Frau, die auch im Ort geblieben war, wo es etwa ist, wo sie immer mal etwas hingetan hatte.

> Und da haben wir dann auch mal die Steine aufgerichtet, mit der Hilfe von den Arbeitern, und so und haben nun das Grab auf jeden Fall gefunden. Und da hätte müssen die Gedenktafel noch stehen. Die hatte mein Onkel an den Grabstein der Eltern mit hingestellt. (Charlotte D.: 46)

Die würdevolle Beisetzung konnte erst durch das hartnäckige Engagement der Angehörigen gelingen. Bei ihren Anstrengungen stieß Frau K. auf zahlreiche Widerstände der österreichischen Behörden. Nachdem der Leichnam ohne Gehirn in einem Massengrab begraben wurde, konnte Irmas Gehirn erst Jahrzehnte später, nach der Auflösung der Wiener Gehirnkammer, in Hamburg beigesetzt werden. Später gefundene Gewebeproben wurden in einer dritten Beisetzung in Wien beerdigt (vgl. Wunder 2016: 32).

> Und eigentlich gibt es dort nur Einzelgräber und dann steht immer nur drauf, da sind nur Opfer des Faschismus begraben. Das heißt, die im Widerstand waren, überlebt haben und später gestorben sind, die nicht. Und (...) ich habe dann gesagt: Warum wollen wir Einzelgräber machen? Lasst uns doch die zehn Urnen in einem Grab beerdigen und eine große Grabplatte machen, denn die haben da über fünfzig Jahre zusammengestanden, in dem Regal, warum wollen wir sie jetzt vereinzeln? Und da ergab sich da auch, – und das finde ich so gut – dass nicht nur Name, Geburtsdatum und Todesdatum steht, sondern auf dem Kopf der Grabplatte steht: Opfer der Euthanasie, deportiert aus Hamburg, ermordet in Wien. (Antje K. erstes Gespräch: 64)

Hier zeigt sich das Bedürfnis nach einem kollektiven Erinnern, das den Opfern und ihrem Leid gedenkt und gleichzeitig als Mahnung für die Gegenwart dient. Die Betroffenen wurden nicht nur vom öffentlichen Gedenken ausgeschlossen, die Täter*innen benutzten sie nach ihrem Tod und nach dem Ende des Krieges weiter für medizinische Versuche. So wurde in Wien eine Gehirnkammer betrieben, in der gegen den Willen der Angehörigen die Gehirne der Opfer für medizinische Experimente aufbewahrt wurden. Antje K. beschrieb den mühsamen Kampf um die Auflösung der Gehirnkammer, was erst ein würdevolles Erinnern ermöglichen konnte. Frau K. berichtete, wie sie über die Medien von der Gehirnkammer erfuhr:

> Die Kamera hat diese Gehirnkammer gezeigt und ich kann mich gar nicht mehr erinnern. Ich bin rausgelaufen, aus dem Zimmer. Meine Tochter kam hinterher und ich wusste zu dem Zeitpunkt noch nicht, dass das Gehirn meiner Schwester auch dort im Keller steht. Auf jeden Fall habe ich dann gesagt: Das lasse ich nicht zu. Dagegen werde ich etwas tun. Und als ich in Hamburg war, wieder habe ich dann sofort an den Professor G., nein, an N. habe ich erst mal geschrieben und habe dagegen Einspruch erhoben. (Antje K. erstes Gespräch: 54)

Sie engagierte sich energisch für die Auflösung der Gehirnkammer, weil sie eine würdevolle Beisetzung erreichen wollte. Nach einiger Zeit begannen sich die Behörden für die Opfer zu interessieren. Es wurden Nachforschungen unternommen, bei denen Teile des Leichnams der Schwester von Frau K. gefunden wurden. Die daran anschließende Kommunikation wurde von ihr als unwürdig empfunden:

> (...) [D]as ist ein Institut, was extra für G. eingerichtet wurde, ein Forschungsinstitut – da haben wir von Ihrer Schwester noch Gehirnscheiben in Paraffin eingegossen gefunden. Sollen wir Ihnen das nach Hamburg schicken? Also ich habe erst mal geschluckt. Dann habe ich gesagt: Sagen Sie mal, wissen Sie überhaupt, was Sie da sagen? Wie stellen Sie sich das vor? Soll ich das Grab öffnen und die Urne öffnen oder soll ich mir es auf den

Schrank stellen? Das wird selbstverständlich in Wien mit beerdigt. Da muss man wirklich ganz energisch werden mit diesen Leuten, damit die überhaupt begreifen, was sie da sagen. Das ist wirklich unglaublich. Ich bin immer noch empört, wenn ich darüber nachdenke. Wie die mit Menschen umgehen. Ja. Also 2002 ist dann erst in einer Gedenkfeier Irmas Urne bestattet worden. (Antje K. zweites Gespräch: 97)

Zusammenfassend betrachtet, versuchten die Betroffenen, den systematischen Abwertungen eigene Leistungen entgegenzustellen. Hierzu gehörte die Übernahme gesellschaftlicher Aufgaben und der Einsatz für andere Menschen. Ferner sollte durch Ahnenforschung die eigene »Minderwertigkeit« widerlegt werden. Im Nachkriegsdeutschland gab es ein Bedürfnis, die eigene Geschichte wiederzugeben, was jedoch mit einer erneuten Konfrontation mit den traumatischen Erfahrungen verbunden war. Ein würdevolles Erinnern wurde durch das Fehlen von Orten für die Trauer sowie gesellschaftliche Kontinuitäten erschwert, was von den Angehörigen als kränkend empfunden wurde. Wie im folgenden, die Ergebnisse einordnenden Kapitel gezeigt werden soll, versuchten die Betroffenen, der systematischen Fremdbestimmung eine selbstbestimmte Lebensbewältigung entgegenzustellen.

11. Fazit Teil 2: Herausstellung der zentralen Argumentationslinien der Betroffenen und Einordnung in die bisherige Forschung

Nachdem die Aussagen der interviewten Betroffenen der Zwangssterilisation und »Euthanasie« dargelegt wurden, können einige zentrale Argumentationslinien nachgezeichnet und in die bisherige Forschung eingeordnet werden. Hierbei soll der Rahmen der vier Hauptkategorien Teilhabe, Ausgrenzung, Selbstkonstruktion und Fremdzuschreibung beibehalten werden, die das Material gut abbilden und das Aufzeigen von Wechselwirkungen ermöglichen. Ferner kann an die aus der bisherigen Forschung generierten Entwicklungsstränge, aus denen die Hauptkategorien abgeleitet wurden, angeknüpft werden. Bisher wurden die vom BEZ erhobenen Interviews in den folgenden Studien teilweise untersucht, die auch in dieser Arbeit analysiert wurden:

- *Stefanie Westermann*: Sie war bei mehreren Interviews anwesend und untersuchte in ihrer Promotion die von ihr geführten Gespräche mit Zwangssterilisierten, weil sie mit ihrer Arbeit die Aufarbeitung der Sterilisationspolitik beleuchten wollte. Sie hob die Auswirkungen der fehlenden Aufarbeitung und die daraus resultierende Tabuisierung hervor. In diesem Zusammenhang wird von einer zweiten Traumatisierung gesprochen, der die Betroffenen ausgesetzt waren (vgl. Westermann 2010).
- *Lars Polten*: In seiner Auswertung stellte er umfangreich die Stimmen einiger Betroffener dar und ging insbesondere auf die Folgen im Nachkriegsdeutschland ein. Er betonte die Auswirkungen der traumatisierenden Ereignisse für die erste und zweite Generation (vgl. Polten 2020).

- *Guillaume Dreyfuß*: Über die Ursachen und Folgen der Zwangssterilisation und »Euthanasie« berichtete er in einem Dokumentarfilm. Hierfür war er bei einigen Interviews, die von Margret Hamm geführt wurden, anwesend und pflegte Ausschnitte aus diesen in seinem Film »Lebensunwert, unerwünscht« ein. Die sequenzielle Darstellung führte dazu, dass die Schicksale teilweise etwas verkürzt dargestellt und die komplexe Dynamik der Diskriminierung nicht herausgearbeitet wurde. Auf der anderen Seite bietet der Film einen authentischen Einblick in die Lebenswelt der Zeitzeug*innen, es können Gestik und Mimik fokussiert werden, um die Emotionen der Zeugnisabgebenden zu rekonstruieren (vgl. Dreyfuß 2014).
- *Dorothee Wierling*: In einem Beitrag für einen Sammelband, der von Margret Hamm herausgegeben wurde, wurden Frau Wierling mehrere Interviews vom BEZ für eine Sekundäranalyse zur Verfügung gestellt. In ihrer Analyse geht Frau Wierling insbesondere auf die Legitimationsbedürfnisse ein. Die Betroffenen wollten mit verschiedenen Mechanismen die ihnen zugeschriebene »Minderwertigkeit« widerlegen und eigene Leistungen betonen. Die Zwangssterilisation wurde ihrer Meinung nach nur am Rande thematisiert und sei »eine beschwiegene Marginale« (vgl. Wierling 2017).
- *Margret Hamm*: In einem von Frau Hamm herausgegebenen Sammelband werden einige Interviews des BEZ-Bestandes besprochen. Unter anderem arbeiten Studierende der Hochschule Mannheim in Gruppen oder allein jeweils eine Biografie auf. Hierbei gehen sie auf sämtliche Quellen ein, die vom BEZ zur Verfügung gestellt wurden. In weiteren Aufsätzen werden einzelne Themen vertiefend aufgegriffen, hierzu gehören der Druck zur Scheidung und die Denunziation im Rahmen von Sterilisationsverfahren (vgl. Hamm 2023).

Ferner sind weitere Analysen mit den Befragten vorhanden, diese beruhen jedoch nicht auf den Interviews, die im Rahmen der Arbeit des BEZ erhoben wurden, sondern auf Interviews im Rahmen anderer Projekte und Sammlungen (beispielsweise der Forschungsstelle für Zeitgeschichte in Hamburg).[18] Auf Grundlage der eigenen Analyse und der von den Kolleg*innen können folgende Argumentationsmuster aus den Stellungnahmen der Betroffenen herauskristallisiert werden. Auffallend ist der Zwiespalt zwischen dem Bedürfnis, der systematischen Abwertung eigene Lebensbewältigungsstrategien entgegenzustellen, und der Übernahme der negativen Fremdwahrnehmung, was in den meisten Interviews thematisiert wurde. Bei der Darlegung der Teilhabechancen und Ausgrenzungsmechanismen wurden sowohl Auswirkungen der öffentlich propagierten Ausgrenzung auf das Leben in den Familien sowie dem sozialen Umfeld als auch Formen des Widerstands gegen die staatliche Diskriminierung beschrieben.

---

18 Die Interviews in der Forschungsstelle für Zeitgeschichte in Hamburg sind eine interessante Quelle, weil sie nicht einen Fokus auf die »Euthanasie« legen, das durch die Ansprache durch den Opferverband BEZ gesetzt wurde.

11.1. Teilhabe und Ausgrenzung

Die Ausgrenzung wurde als Erniedrigung und Entmenschlichung beschrieben, denen die Betroffenen bzw. die Angehörigen nichts entgegensetzen konnten. Die Ausgegrenzten waren der öffentlichen Diskriminierung schutz- und wehrlos ausgeliefert. So wurde beispielsweise berichtet, dass die Deportationen nicht verhindert werden konnten und Besuche nicht möglich waren. Auch die finanziellen Forderungen der Behörden, die die Aufenthalte in den Anstalten in Rechnung stellten, wurden als diskriminierend wahrgenommen. Die Internierung in »Kinderfachabteilungen«, die oft nur als Kinderheime beschrieben wurden, waren für die Befragten traumatisierende Erlebnisse, in denen sich kaum wiederzugebende Szenen abgespielt haben sollen. Dies zeigt die radikale Fremdbestimmung der Betroffenen, sie konnten die genauen Institutionen nicht nennen und mussten zwangsweise in diesen leben.

Die Zwangssterilisation wurde als systematische Abwertung gesehen, die Betroffenen konnten sich gegen diese nicht wehren und lebten eine Weile im Ungewissen, weil sie nicht über den Eingriff informiert wurden. Insbesondere die Verfahren der Erbgesundheitsgerichte wurden als Teil der systematischen Entwürdigung bewertet, weil die Betroffenen keine Möglichkeiten hatten, ihre Standpunkte in die Verfahren einzubringen. Hier zeigt sich die schon von anderen Autor*innen beschriebene Willkürlichkeit der NS-Erbgesundheitsgerichte, die den zu Sterilisierenden keine Möglichkeit gaben, sich zu verteidigen (vgl. Bock 2010). Neben der tabuisierten eigenen Sterilisation wurde auch davon berichtet, dass die Sterilisation der in Anstalten lebenden Familienmitglieder zunächst nicht nachvollzogen und erst nach eigenen Nachforschungen rekonstruiert werden konnte. Die beschriebene Verbindung zwischen Sterilisation und Asylierung lässt den Schluss zu, dass es keine Option gab, durch die Sterilisation die Entlassung aus der Heil- und Pflegeanstalt zu ermöglichen. In der bisherigen Literatur wird dies kontrovers diskutiert, einerseits wird die Möglichkeit beschrieben, durch einen freiwilligen Anstaltsaufenthalt die Sterilisation abzuwehren, andererseits wird über systematische Sterilisationen von Anstaltspatient*innen berichtet (vgl. Richter 2001, Wunder 2016).

Generell wurde die öffentliche Aufarbeitung der »Euthanasie« und Zwangssterilisation eher als erneute Ausgrenzung bewertet. So wurden die Gedenkfeiern ohne die Beteiligung der Betroffenen durchgeführt und dienten vor allem der Reputation der jeweiligen Einrichtung, die mit dem öffentlichen Erinnern ihre aktive Vergangenheitsbewältigung zeigen wollte, was noch näher zu erörtern ist. Auf der anderen Seite wurde die spät beginnende Auseinandersetzung mit der institutionellen Vergangenheit gewürdigt. Insgesamt passen diese Aussagen in die bisherigen Erkenntnisse zur Aufarbeitung des Themenkomplexes der Zwangssterilisation und »Euthanasie«, die erst Ende der 80er Jahre einsetzte. Dabei ist hervorzuheben, dass die Impulse für das Erinnern von den Betroffenen und externen Forscher*innen bzw. Medien kamen, die durch Nachfragen in den jeweiligen Institutionen zur Sensibilisierung der Verantwortlichen beitrugen (vgl. Wunder/Genkel/Jenner 2016). Die ehemaligen Täter*innen und Mitwirkenden waren immer noch in verantwortungsvollen Positionen tätig, wie die Befragten festhielten. Mit teilweise sehr starken Emotionen wurde von den personellen Kontinuitäten berichtet, so beispielsweise bei der Wiedergabe der Äußerungen einer Fürsorgerin, die nach dem Krieg eine Tochter einer Sterilisierten fragte, warum sie Kinder gebäre. Die starke Irritation konnte erst durch den Zuspruch des Hausarztes gelindert werden. Hier zeigt sich der auch im Nachkriegsdeutschland wirkende Diskurs, der Menschen mit Behinderungen und Psychiatrieerfahrungen abwertete und die nationalsozialistische eugenische Sterilisation nicht als Unrecht bewertete. Es muss an die vor allem von Kappeler (vgl. Kappeler 2018) beschriebene offene Zustimmung zu negativen eugenischen Maßnahmen innerhalb der sozialen Arbeit und von Fürsorger*innen angeknüpft werden, die den rassenhygienischen Gedanken aus ideologischen Gründen positiv gegenüberstanden. Auch innerhalb der Justiz konnten die Richter, die während des Nationalsozialismus Recht sprachen, auch nach Ende des Nationalsozialismus wieder Recht sprechen. So musste ein Befragter feststellen, dass der gleiche Richter, der am Erbgesundheitsgericht urteilte, sich auch an dem Wiederaufnahmeverfahren beteiligte, was auch schon Stefanie Westermann feststellte (vgl. Westermann 2010).

Die fortdauernde Entwürdigung wurde auch dadurch zum Ausdruck gebracht, dass die an den Verbrechen beteiligten Mediziner*innen rehabilitiert wurden und weiter an ihren Opfern bzw. deren Leichnamen forschen konnten. Ferner wurde berichtet, dass die Täter*innen nicht oder nur milde bestraft wurden, was sich mit den Einschätzungen der bisherigen Literatur deckt (vgl. Eckart 1999). Auch die Diskussionen über die Rechtmäßigkeit der eugenischen Sterilisationen im Nachkriegsdeutschland wurden von beteiligten Mediziner*innen dominiert, was die Forderung nach Entschädigung zunächst unmöglich machte. Die Deutungsmacht lag bei diesen beteiligten Mediziner*innen, die ausgehend von einem defizitorientierten Ansatz die Betroffenen und die ihnen zugefügten Leiden beurteilten. In mehreren Gesprächen wurde thematisiert, dass nicht das eigentliche Leiden anerkannt wurde, sondern andere Verfolgungsursachen wie beispielsweise die Zugehörigkeit zu einer ungewünschten Religionsgemeinschaft. Ferner wurde die Intransparenz bemängelt, einige wussten zunächst nicht, dass und wie sie Leistungen erhalten konnten bzw. in welchem Rahmen diese gewährt wurden. Diese Erkenntnisse decken sich mit der bisherigen Diskussion der deutschen Entschädigungspolitik, etwa dass insbesondere zu Beginn der Aufarbeitung Zwangssterilisierte nur dann eine Entschädigung in Anspruch nehmen konnten, wenn die Sterilisation aus religiösen oder weltanschaulichen Motiven durchgeführt wurde und nicht auf Grundlage einer medizinischen Diagnose (vgl. Tümmers 2011).

Dieser gesellschaftlichen Nichtwürdigung wurde vor allem das individuelle Erinnern gegenübergestellt, das die Selbstachtung wiederherstellen und die verschwiegenen Angehörigen wieder in das Bewusstsein holen sollte. Durch die aktive Recherche über die Verbrechen sowie das konsequente Fordern nach Erinnerungsorten und Gedenktagen wurde versucht, einen Beitrag zur öffentlichen Erinnerungskultur zu leisten. Erst durch die Gründung von wirkmächtigen Interessensverbänden wie dem BEZ konnten sich die Betroffenen organisieren und ihre Anliegen einbringen. Die fehlende öffentliche Aufarbeitung interagierte mit der

Tabuisierung des Schicksals in den Familien. Erst durch das langsame Bewusstwerden und Anerkennen des Leidens in der Öffentlichkeit war innerhalb der Familien sowie im sozialen Umfeld ein Gedenken an die verschwiegene Tat möglich. So stellte ein Befragter fest, dass er nach der Ausstrahlung einer Reportage, die über die Verbrechen der deutschen Ärzteschaft aufklärte, begann, öffentlich über seine Sterilisation zu berichten. Während einerseits die Entschädigungspolitik problematisiert wurde, stellten die Befragten andererseits die Bedeutung der finanziellen Leistungen fest. Erst durch diese fand im geringen Maße eine Anerkennung statt und die Betroffenen konnten ihr Schweigen brechen. Jedoch wurden die Entschädigungsleistungen teilweise abgelehnt, weil die Befragten Angst vor einer erneuten Stigmatisierung hatten. In den bisherigen Arbeiten, insbesondere in der von Stefanie Westermann, wird die Tabuisierung der Taten als Folge der gesellschaftlichen Ausgrenzung beschrieben (vgl. Westermann 2010: 259f). Hier passt sich die eben beschriebene Dynamik ein, dass durch den Beginn der öffentlichen Aufarbeitung das Schweigen gebrochen werden konnte.

Während die öffentliche Politik als Ausgrenzung beschrieben wurde, stellten die Befragten das Familienleben differenziert dar. In den meisten Familien wurden Angehörige mit Behinderungen und Psychiatrieerfahrungen integriert und ihre aktive Teilnahme am Gemeinschaftsleben geschätzt. Es wurde von aktiver Unterstützung seitens der Angehörigen berichtet, die versuchten, die Sterilisationen abzuwehren und die in Anstalten lebenden Familienmitglieder besuchten, wodurch die fortdauernde Wertschätzung hervorgehoben werden sollte. Mit verschiedenen Maßnahmen wurde versucht, die Sterilisationen zu verhindern, die Angehörigen reichten bei den Erbgesundheitsgerichten Widersprüche ein und versuchten, mit Ahnenforschungen das Werturteil zu widerlegen. Während gegen die Zwangssterilisation ein formaler Widerspruch möglich war, wenn jedoch meistens ohne Erfolg, konnte gegen die Ermordung von Angehörigen nur unter Risiken Widerstand geleistet werden. So wurde etwa davon gesprochen, dass unter Inkaufnahme schwerster Bestrafungen eine in einer Anstalt internierte Lebensgefährtin befreit wurde. Es zeigt sich ein tiefsitzendes Bedürfnis nach Teilhabe der diskriminierten Familienmitglieder. Es wurde ein Narrativ der Familie als Schutzraum dargelegt, das in einen Kontrast zur Ausgrenzung durch die NS-Gesundheitspolitik gestellt wurde. Der Widerstand kann als Versuch gedeutet werden, sich der Fremdbestimmung zu widersetzen. Der fehlende Erfolg des Widerstands gegen die Verfolgung der Angehörigen führte zu einer Tabuisierung des Schicksals innerhalb der Familien. Dies kann als Spätfolge der öffentlichen Ausgrenzung gewertet werden. Vom nationalsozialistischen Regime wurden Scheidungen forciert, wenn ein*e Ehepartner*in eine Erbkrankheit im Sinne der NS-Ideologie hatte. Während vereinzelt die Krankheit als Begründung für die gewollte Scheidung genutzt wurde, betonten mehrere Befragte, dass die bewusste Ablehnung der Scheidung eine fortdauernde Wertschätzung gewesen sei und als Widerstand gedeutet werden könne. Die Weigerung der Beantragung einer Eheauflösung wird in der bisherigen Forschung unterschiedlich bewertet. Während Hörnig die Scheidung als Methode zur Abwehr der Sippenhaft deutete (vgl. Hörnig 2023: 197), weisen Scheulen und Hamm auf den Zwang zur Scheidung und den Widerstand durch die Ablehnung dieser hin (vgl. Scheulen/Hamm 2023). Familiäre

Spannungen wurden als Ursache für die öffentliche Diskriminierung gesehen, weil psychische Erkrankungen und Problemlagen als Folge von familiären Konflikten gedeutet wurden. Es wurde davon berichtet, dass Familienmitglieder, die nicht den gesellschaftlichen Normen entsprachen, aus den Familien ausgeschlossen wurden, wodurch psychische Probleme entstanden. Bereits Lars Polten (vgl. Polten 2020) verwies auf die Auswirkungen der systematischen Ausgrenzung auf das Familienleben. Ausgrenzungen aus dem familiären Leben wurden auch durch externe Faktoren wie die materielle Armut der Familie erklärt. Das Verhalten der Familien ist schwierig zu bewerten, weil dieses vor dem Hintergrund einer systematischen Verfolgung und der Abwälzung der Schuld auf die Familien vor allem seitens (christlicher) Einrichtungen stattfand (vgl. Hörnig 2023).

Das Leben im sozialen Umfeld wurde sowohl als Halt als auch als Bürde wahrgenommen, so wurden der Zuspruch und die Unterstützung durch Freunde und Bekannte betont, die die Familien vor der staatlichen Gewalt schützten. Auf der anderen Seite wurde jedoch auch festgehalten, dass die staatliche Diskriminierung vom sozialen Umfeld übernommen wurde, was sich in »Hänseln« und Denunzieren der Angehörigen mit Behinderungen zeigte. Die Haltung der Kirchen wurde differenziert beschrieben, einerseits gaben sie Halt beim Umgang mit den Verbrechen, es wurde aktiv am Gemeindeleben teilgenommen. Andererseits verschärften sie die Ausgrenzung der Betroffenen, weil die Religionsausübung in den Familien nicht akzeptiert wurde, was zu Ausschlüssen führte. Sämtliche Religionsgemeinschaften wurden ambivalent beschrieben, die Befragten wollten sich in das Gemeindeleben integrieren, was teilweise verwehrt wurde. Ferner wurde festgehalten, dass die Ausgrenzung übernommen und wenig Unterstützung geleistet wurde. Diese Schilderungen reihen sich in die bisherige Beschreibung des Verhaltens der Vertreter*innen der Religionsgemeinschaften ein. Sie leisteten nur im geringen Maße Unterstützung für die Betroffenen und konnten nicht den gewünschten Halt geben (vgl. Nowak 1978, Richter 2001, Hörnig 2023). So stand es auch um die familiäre Ausgrenzung. Die Familienmitglieder wurden wegen einer »falschen« Religionszugehörigkeit ausgeschlossen, was mit der fehlenden Toleranz innerhalb der Kirchen interagierte.

Zusammenfassend betrachtet, muss festgehalten werden, dass die Deutungsmacht über die Verbrechen und deren Folgen lange Zeit nicht bei den Betroffenen und ihren Angehörigen lag. Sie waren einer entmenschlichenden Fremdbestimmung ausgesetzt, die sie durch aktives Handeln zu überwinden versuchten. Die Bewältigung dieser Fremdbestimmung wurde durch die fehlende Deutungsmacht erschwert. Die Definition und die Diskussion der Leiden und des gesellschaftlichen Umgangs mit diesen wurde maßgebend von Mediziner*innen bestimmt, ausgehend von ihren Sichtweisen auf Menschen mit Behinderungen und Psychiatrieerfahrungen (Defizitorientierung). Weil die Mediziner*innen maßgeblich an den Verbrechen der Zwangssterilisationen beteiligt waren und diese nicht als Unrecht ansahen, stand lange Zeit die Frage nach den Motiven der NS-Medizin im Mittelpunkt des Aufarbeitungsdiskurses (vgl. Schmuhl 1987). Hieraus resultierte eine Nichtwahrnehmung und Nichtwürdigung der Sichtweisen der Betroffenen. Ihnen wurde die Fähigkeit abgesprochen, für sich selbst zu sprechen und ihre Deutung der Geschichte darzulegen, worauf bereits Tümmers in seiner Analyse der Aufarbeitung der nationalsozialistischen Zwangssterilisation hinwies (vgl. Tümmers 2011). Erst mit dem zunehmenden öffentlichen Bewusstsein für die Verbrechen gegen Menschen mit Behinderungen und Psychiatrieerfahrungen wurde diesen zugehört und es wurden ihnen Räume eröffnet, für sich selbst zu sprechen. Dieses Empowerment war vor allem das Ergebnis des Engagements derjenigen Betroffenen, die erst spät ihre eigene Deutung der Geschichte einbringen konnten.

11.2. Selbstkonstruktion und Fremdzuschreibung

Ausgehend von der systematischen staatlichen Diskriminierung pendelte die Selbstwahrnehmung zwischen der Übernahme der Abwertung und dem Versuch, sich gegen die Abwertung zur Wehr zu setzen und sich zu empowern. Der als abwertend beschriebenen Fremdzuschreibung wurden eigene Leistungen entgegengestellt. Diese Bestrebungen sind wiederum Folgen der Diskriminierungen. Die Betroffenen wurden gezwungen, ihre Normalität und Leistungsfähigkeit darzulegen, um die Willkürlichkeit der NS-Medizin zu beweisen. Insbesondere die Bewertung mittels Diagnosen wurde als ausgrenzend empfunden, diese dienten nur der Entmenschlichung und wurden als unfair und willkürlich abgelehnt. Die exogenen Faktoren wurden nicht berücksichtigt, was von den Interviewten immer wieder betont wurde. Sie dienten nicht der Vorbereitung einer Behandlung, sondern vielmehr der Ausgrenzung der Befragten bzw. ihrer Angehörigen. Ferner wurden die Krankheiten auch als Folge des Missbrauchs durch die Behandlung im Rahmen der NS-Medizin beschrieben. Mit der wiederholten Betonung der willkürlichen Grundlage der Diagnose sollte die Feststellung der Krankheit widerlegt und die Fremddeutung über die eigene Persönlichkeit betont werden. Auch hier wird wieder das zentrale Bedürfnis nach Selbstbestimmung deutlich, das bei den Gesprächen immer gegenwärtig war. Auch nach Ende des Nationalsozialismus war die Angst vor falschen Schlüssen aus den Diagnosen latent vorhanden, was mit einer personellen und ideologischen Kontinuität begründet wurde. Die Zuschreibungen wurden beibehalten und dienten weiterhin als geltende Norm für den Zugang zur Partizipation am gesellschaftlichen Leben. Dies spiegelt den wissenschaftlichen und öffentlichen Diskurs in der jungen Bundesrepublik wider, in der insbesondere die Zwangssterilisation und das damit verbundene Leid nicht als Unrecht bewertet wurde. Ferner schmerzten die oft erst spät realisierten Diagnosen die Betroffenen. Es fehlte die Dokumentation der Leiden, weil die Krankenakten nicht bzw. erst spät zugänglich waren. Während sie einerseits als wichtigste und oft einzige Quelle gesehen wurden, wurden sie andererseits abgelehnt, weil sie nicht die Wahrheit wiedergaben und in den meisten Fällen unvollständig waren. Ferner wurde die fehlende Kooperation seitens öffentlicher Behörden bemängelt. Auch im Kontext der bisherigen Analyse von Krankenakten wird auf diese Problematik hingewiesen (vgl. Fuchs/Rotzoll/Müller/Richter/Hohendorf/Bader 2007). Hierin zeigte sich, wie auch schon in der Hilflosigkeit während der Deportationen, die verletzende Fremdbestimmung, der die Betroffenen ausgesetzt waren. Sie resultierte aus dem verschobenen Diskurs aus der Vorzeit des Nationalsozialismus sowie der rechtlichen Normierung und Entrechtung während der NS-Diktatur.

Durch die Darstellung eigener Leistungen wurde eine aktive Lebensbewältigung hervorgehoben, insbesondere das Bestehen im Arbeitsleben. Durch besondere Qualifikationen der Betroffenen, die sie für Arbeitgebende und Kolleg*innen besonders wertvoll machten, sollte die Abwertung entkräftet und die eigene Leistungsfähigkeit hervorgehoben werden. So berichtete beispielsweise Gerda B., dass die Familie, für die sie arbeitete, sie einstellte, weil sie vegetarisch kochen konnte und dies sie für die Familie unverzichtbar machte. Dadurch entging sie der Einberufung zum Militärdienst. Durch die freie Berufswahl konnte sie die ihr durch die Sterilisation abgesprochene Autonomie teilweise zurückerobern. Ferner wurde mit Ahnenforschung versucht, die Abwertung zu widerlegen. Dadurch sollte die temporäre Erkrankung des Angehörigen beschrieben und den Urteilen der Erbgesundheitsgerichte gegenübergestellt werden (Behauptung der erblichen Bedingung). Hier zeigt sich die Strategie, sich mit den Mitteln des NS-Staates gegen diesen selbst zu wehren, indem versucht wurde, sich innerhalb der Logik der nationalsozialistischen Rassenhygiene der Zuschreibung zu widersetzen. Bereits Lars Polten (vgl. Polten 2020) berichtete von dem Anfertigen von Sippentafeln, um mit dem Legitimationsdruck umzugehen. Auch in den Aufsätzen im Sammelband von Margret Hamm wird auf die Ahnenforschung hingewiesen, die als Strategie zur Normalisierung bewertet wurde (vgl. Hamm 2023, insbesondere der Beitrag von Joachim Weber 13ff). Die dargestellten Leistungen sollten zeigen, dass die Betroffenen in der Lage waren, ihr Leben zu bewältigen. Dies kann mit der Sozialisation im Nachkriegsdeutschland zusammenhängen, wo die erfolgreiche Lebensbewältigung ein Argument für die Rehabilitation der Zwangssterilisierten war, wie auch schon Stefanie Westermann festhielt (vgl. Westermann 2010). In einigen Gesprächen wurde ein besonderes Einfühlungsvermögen der Betroffenen gegenüber Menschen mit Behinderungen beschrieben, so stellte Frau B. fest, dass ihr eigenes Schicksal sie dazu veranlasste, sich für Menschen mit Behinderungen zu engagieren, um die sich sonst niemand kümmere. Auch hier wird wieder das Bedürfnis nach der Widerlegung des öffentlichen Werturteils und die Darstellung der eigenen Wirkmächtigkeit erkennbar. Es zeigt sich ein tiefsitzendes Bedürfnis, die rechtlich normierte Wertzuschreibung mit eigenen Erfolgen zu entkräften. Exemplarisch wurde dies an der Diskussion um die »Mutterkreuze« dargelegt, die als Beweis gegen die angebliche »Minderwertigkeit« angeführt wurden.

Der eigene Widerstand und der der Angehörigen wurde betont. In diesem Zusammenhang wurde von Ausbrüchen aus Heimen sowie der Rettung von Angehörigen berichtet. Hierbei sollte, wie auch schon bei dem oben beschriebenen Familienleben, die aktive Rolle der von Diskriminierungen Betroffenen beschrieben und der öffentlich propagierten Leistungsunfähigkeit entgegengestellt werden. Sie waren in der Lage, ihr Leben selbstbestimmt zu meistern. Antje K. hob ausgehend von der Deutung der abwertend formulierten Krankenakte hervor, dass sich ihre Schwester Irma gewehrt hatte. Sie entwickelte dadurch eine emotionale Verbindung zu dieser und der restlichen Familie, womit sie Irma zum Teil des vom Widerstand geprägten Familiennarrativs machte. Neben diesen Maßnahmen wurde auch mit anderen Mitteln versucht, die eigene Wirkmächtigkeit zu betonen und sie der systematischen Abwertung gegenüberzustellen. So wurde der Zugang zu Bildung erstritten und ein erfolgreicher Bildungsweg beschrieben. Durch das Erlangen formaler Bildungsabschlüsse sowie das Bestehen im Arbeitsleben erhielten sie Wertschätzung, die eine Selbstachtung möglich machte. Besonders eindrucksvoll kommen diese Bedürfnisse im Film von Herrn Dreyfuß zum Ausdruck. Karl-Heinz M. schüttelt in einer Szene den Kopf, während er in einem blauen Hemd und mit Krawatte von seinem Schicksal berichtet (vgl. Dreyfuß 2014). Insbesondere das aktive Erinnern ermöglicht es den Betroffenen, ein positives Selbstbild zu zeichnen. Während die Arbeit als Zeitzeug*in bzw. das Aufschreiben der eigenen Geschichte einerseits eine erneute Konfrontation mit den traumatisierenden Erlebnissen zur Folge hatte, konnten sie sich dadurch andererseits aktiv mit ihren individuellen Erfahrungen in die öffentliche Diskussion einbringen. Auch das Bedürfnis nach einer letzten Ruhestätte und einem Ort des Erinnerns kann als Mittel gesehen werden, der systematischen Entwertung und Entmenschlichung etwas entgegenzusetzen. In vielen Familien wurde dem Schicksal kein Raum gegeben, es wurde verdrängt und die Sterilisation wurde nüchtern zur Kenntnis genommen und teilweise als nicht problematisch bagatellisiert, weil in der Öffentlichkeit ein Diskurs geführt wurde, der die Zwangssterilisation normalisierte. Auch die Ermordung eines Angehörigen wurde verdrängt, weil die Angehörigen die Verbrechen nicht verarbeiten konnten.

Ähnliche Ansätze zur Selbstwahrnehmung finden sich auch in der Arbeit von Dorothee Wierling, die darauf hinwies, dass die diagnostizierten Erbkrankheiten lediglich ein »Missverständnis« seien (vgl. Wierling 2017: 67). Dieser Aspekt begegnet in den geäußerten Ängsten wieder, dass Ärzt*innen im Nachkriegsdeutschland die falschen Schlüsse aus der Sterilisation ziehen könnten. Ein generelles Misstrauen gegenüber der Ärzteschaft wird immer wieder geäußert, weil diese an zentraler Stelle der nationalsozialistischen Verfolgung tätig waren. Die daraus resultierenden Legitimationsbedürfnisse werden insbesondere in der Analyse von Frau Wierling betont. Sie beschreibt, dass die Betroffenen die Krankheiten als Folge temporärer Ereignisse deuten und die Erlebnisse der »Euthanasie« und Zwangssterilisation nur eine »beschwiegene Marginale« sei (vgl. ebd.: 59). Vor allem bei der Beschreibung von Herrn Polten (vgl. Polten 2020), aber auch bei den hier vorliegenden Ergebnissen werden die Auswirkungen auf die erste und zweite Generation deutlich. Den beschriebenen Versuchen, die gesellschaftlichen Werturteile zu widerlegen, müssen die Mechanismen der Verinnerlichung gegenübergestellt werden, die von einigen Befragten geschildert wurden. Einige Zeitzeug*innen übernehmen die Annahme der ihnen zugeschriebenen »Minderwertigkeit«, sie fühlen sich nicht »als richtiger Mensch« und haben Hemmungen beim Geschlechtsverkehr. Neben dem verinnerlichten Werturteil spielt hier auch die Angst vor erneuter Stigmatisierung in der Nachkriegsgesellschaft eine entscheidende Rolle. Es muss festgehalten werden, dass mit der eigenen Sterilisation bzw. der eines nahen Angehörigen eine Abnahme des Selbstwertgefühls einherging und Betroffene Angst hatten, dass sie ihre diagnostizierten »Erbkrankheit« auf ihre Kinder übertragen könnten. Dies führte teilweise auch zur Aufgabe des eigenen Kinderwunsches und zu Problemen innerhalb von Partnerschaften bzw. zu einem bewussten Verzicht auf das Eingehen einer Ehe. Gerda B. verzichtete bewusst auf einen Refertilisierungsversuch, weil sie Angst hatte, dass die Kinder eine Behinderung haben könnten. Dies ist bemerkenswert, da sie ein sehr großes Bedürfnis nach einem Leben mit Kindern hatte, was im Gespräch immer wieder von ihr betont wird. In den bisherigen Analysen wurde es jedoch auch als Versuch der Emanzipation bzw. als Absage an ein medizinisches Experiment gedeutet (vgl. Wierling 2017, Inge Weber 2023).

Die öffentliche Abwertung wurde auch im sozialen Umfeld übernommen. Während in einigen Gesprächen davon berichtet wurde, dass Freund*innen und Bekannte eine Stütze bei der Verarbeitung der Verbrechen waren, hielten andere fest, dass sie im öffentlichen Raum Diskriminierungen erfahren haben. Hierbei wurden die Narrative der öffentlichen Propaganda übernommen. Aus Angst vor einer erneuten Stigmatisierung wurden die Geschehnisse um die Zwangssterilisation und die Ermordung eines nahen Verwandten verdrängt. Es gab wenige, denen Betroffene ihr Schicksal berichten konnten. Um das Schweigen zu brechen, brauchte es externe Unterstützung wie die des Opferverbands BEZ. Wie bereits Stefanie Westermann (vgl. Westermann 2010) beschrieb, waren die dortigen Mitarbeiter*innen teilweise die einzigen, mit denen sich Betroffene über das Schicksal der Zwangssterilisation austauschen konnten. Hierzu gehörte auch die Suche nach Informationen zu den Verbrechen, das Ausfindigmachen der für das individuelle Erinnern so wichtigen Dokumente. Dies war für die Betroffenen nur durch die Unterstützung durch den BEZ möglich, wie von einigen Befragten würdigend hervorgehoben wurde. Wie gezeigt werden konnte, wurde von vielen Befragten die Fremdzuschreibung abgelehnt; dies ging mit einem Bedürfnis einher, die eigene Wirkmächtigkeit zu beweisen. Hierin zeigt sich ein Dilemma der Übernahme des Werturteils bei gleichzeitiger Ablehnung desselben. Die Teilhabe und Ausgrenzung der Betroffenen beeinflusste die Selbst- und Fremdwahrnehmung in mannigfaltiger Weise.

11.3. Dynamiken der Ausgrenzung und Teilhabe sowie deren Auswirkungen auf Fremdzuschreibung durch die Gesellschaft und Selbstkonstruktion der Betroffenen der Zwangssterilisation und »Euthanasie«

Nachdem die Ausgrenzung und Teilhabe sowie die Selbstkonstruktion und Fremdzuschreibung dargelegt wurden, sollen einige Wechselwirkungen aufgezeigt werden, denen die Betroffenen ausgesetzt waren. Diese verschärften die Diskriminierung während des Krieges und verhinderten die Aufarbeitung im Nachkriegsdeutschland. Insbesondere die Folgen der durch öffentliche Behörden propagierten Diskriminierung führte zu einer Unterbrechung des Familienlebens und einer Ausgrenzung der Angehörigen mit Behinderungen bzw. Psychiatrieerfahrungen aus den Familien. Dies wurde exemplarisch am Umgang in Pflegefamilien beschrieben. Aufgrund der staatlichen Gewalt war ein Leben in der Herkunftsfamilie oft nicht mehr möglich und in den neuen Familien wurde der getötete Elternteil durch die Pflegemutter ersetzt. Hierdurch setzte eine Entfremdung ein, die das Wahrnehmen des ermordeten Elternteils erschwerte. Auch wenn die Kinder in den Herkunftsfamilien blieben, war die

11. Fazit Teil 2: Zentrale Argumentationslinien der Betroffenen

Erinnerung an den ermordeten Elternteil nur schwer möglich, was mit Schuldzuweisungen erklärt wurde. So schilderte beispielsweise Albert G., dass sein Vater die Mutter denunziert hatte, um die Scheidung zu forcieren. Dadurch wurde diese nach Aussage des Sohnes der staatlichen Diskriminierung ausgesetzt. Hier muss festgehalten werden, dass es sich um ein Extrembeispiel handelt, jedoch wurden auch in weiteren Gesprächen familiäre Konflikte beschrieben, die mitursächlich für die öffentliche Verfolgung gewesen sein sollen.

Die Ausgrenzung von Angehörigen mit Behinderungen bzw. Psychiatrieerfahrungen wurde mit einer intersektionalen Dynamik erklärt. Aufgrund anderer Diskriminierungsursachen waren die Betroffenen nicht in der Lage, die Angehörigen mit Behinderungen und Psychiatrieerfahrungen in angemessener Weise zu betreuen und zu schützen, weil ihnen die notwendigen sozialen Ressourcen hierfür fehlten. Vor allem die Religion, die politische Opposition und die materielle Armut wurden als wirkmächtige Differenzkategorien beschrieben, die die Ausgrenzung verstärkten. Infolge dieser waren die Familienmitglieder mit Behinderungen bzw. Psychiatrieerfahrungen der staatlichen Diskriminierung schutz- und wehrlos ausgesetzt. Eine intersektionale Diskriminierung wurde zwar beschrieben und als Begründung für das Verhalten akzeptiert, gleichzeitig wurden Schuldvorwürfe aufgestellt und die Verfolgung der Angehörigen nicht als Legitimationsargument akzeptiert. So betont zwar Antje K. die Diskriminierung ihres Vaters, auf der anderen Seite macht sie aber ihren Eltern Schuldvorwürfe wegen der Zustimmung zur Einweisung ihrer Schwester in die Alsterdorfer Anstalten, die durch die Verfolgung der Eltern maßgeblich beeinflusst wurde. Es gibt Anzeichen für eine Reflektion in der dritten Generation, aus der Trauerrede der Tochter von Frau K. kann ein Wandel des Bewertens des Verhaltens der Angehörigen herausgelesen werden, der eine Berücksichtigung der intersektionalen Dynamik beinhaltet. In der bisherigen Forschung wird die Frage nach den Wechselwirkungen unterschiedlicher Diskriminierungen bisweilen nur am Rande thematisiert, auch wenn es einige Anhaltspunkte hierfür gibt, beispielsweise die vorzeitige Verlegung der jüdischen Anstaltspatient*innen, worauf Friedlander (vgl. Friedlander 1997), Wunder, Genkel und Janner (vgl. Wunder/Genkel/Janner 2016) hinweisen. Auch in den Arbeiten von Dorothee Wierling (vgl. Wierling 2017) und Lars Polten (vgl. Polten 2020) werden unterschiedliche Diskriminierungsformen beschrieben, es fehlt in diesen Studien jedoch eine Diskussion über die wechselseitigen Bedingungen der Differenzkategorien.

Ein Erinnern an die Ermordeten in den Familien wurde durch die mangelnde Kooperation öffentlicher Behörden erschwert, die Informationen zur Rekonstruktion der Vergangenheit waren nur schwer zugänglich, was die Würdigung in den Familien erschwerte. Hier zeigen sich Wechselwirkungen zwischen der öffentlichen Diskriminierung und der Wahrnehmung der Betroffenen in den Familien, sie wurden aufgrund der öffentlichen Ausgrenzung aus dem Bewusstsein der Angehörigen gedrängt, die keine Möglichkeit eines Erinnerns hatten. Dies wurde auch mit dem Mangel an Orten für ein Erinnern beschrieben. Infolge der öffentlichen Entmenschlichung fand kein würdevolles Begräbnis statt, Verstorbene wurden verbrannt, was die individuelle Trauer behinderte. Ferner wurde dies durch die mangelnde Bereitschaft vieler Pfarrer*innen, »Euthanasie«-Opfer beizusetzen, erschwert (vgl. Hörnig

2023). Auch die Zeugnisabgabe nach dem Krieg war mit Leid verbunden, weil es lange Zeit keine Möglichkeit gab, die Schicksale öffentlich zu thematisieren. Die hohen Anforderungen an die Zeitzeug*innen führten zu einer Professionalisierung. Dies hatte zur Folge, dass sie während der aufgezeichneten Interviews keine Emotionen zeigen wollten, um ihre eigene Stärke zu zeigen und dies der systematischen, andauernden Ausgrenzung entgegenzustellen. So werden Angebote nach Pausen ausgeschlagen, um die Rolle des*der professionellen Erzähler*in beizubehalten und von einem trotz des Schicksals gelungenen Leben zu erzählen. Es ist anzunehmen, dass dies auch mit der Sozialisation im Nachkriegsdeutschland erklärt werden kann, wo eine »Lebensbewältigung« Teil der Begründung für die Rehabilitation gewesen war. Die Betroffenen der Zwangssterilisation und »Euthanasie« mussten sich immer wieder aufs Neue beweisen, weil sich die Werturteile lange noch an den Logiken der Weimarer Republik orientierten.

Sowohl die Zwangssterilisation als auch die Ermordung eines Angehörigen wurden in den Familien lange verdrängt, jedoch lassen sich unterschiedliche Ursachen für das Verdrängen nennen: Die Zwangssterilisation wurde wegen einer Normalisierungsargumentation im Nachkriegsdeutschland von den Angehörigen legitimiert, die Betroffenen fanden in den Familien und dem sozialen Umfeld keine Unterstützung, die Zwangssterilisation wurde als notwendig gesehen und nicht als Unrecht. Dies führte zu einer Übernahme des Werturteils, was eine Verdrängung zur Folge hatte. Die »Euthanasie«-Morde wurden auch wegen der Angst vor falschen Schlüssen tabuisiert. Daneben litten die Angehörigen unter Schuldgefühlen, die Teil der nationalsozialistischen Propaganda und Folge der Diskriminierung der Angehörigen waren. Abschließend kann festgehalten werden, dass die öffentliche Ausgrenzung das Familienleben während der NS-Zeit in mannigfaltiger Weise erschwerte. Auch die Tabuisierung war eine Folge der öffentlichen Nichtwürdigung der Betroffenen und der Schuldverlagerung durch die Regierung und die Kirchen, die sich lange nicht ihrer historischen Verantwortung stellten (vgl. Hörnig 2023). Während einerseits die Fremdzuschreibung widerlegt werden sollte, übernahmen einige die stigmatisierenden Einschätzungen. Die damit einhergehenden Ambivalenzen können auch mit den Auswirkungen des Diskurses um Menschen mit Behinderungen und Psychiatrieerfahrungen auf den Erinnerungsdiskurs erklärt werden, worauf im folgenden Teil dieser Arbeit eingegangen wird.

Teil 3: Nachgeschichte – Auswirkung des Diskurses mit und über Menschen mit Behinderungen und Psychiatrieerfahrungen auf die Erinnerungskultur am Beispiel der Arbeit von »Euthanasie«-Gedenkstätten

Bei der Darlegung der Bemühungen der im zweiten Teil befragten Zeitzeug*innen um ein würdevolles Gedenken, wurde das Bedürfnis nach Stätten für ein kollektives Erinnern geäußert. Gerade Gedenkstätten können hierbei einen zentralen Beitrag leisten, weil sie an Orten der ehemaligen Verbrechen eine Erinnerung und Trauer um die Opfer der NS-»Euthanasie« ermöglichen und über die Gewalttaten aufklären. Ferner fallen bei einer erneuten Betrachtung des im zweiten Teil untersuchten empirischen Materials zwei Besonderheiten auf. Zum einen sticht die zeitliche Spanne zwischen den Verbrechen während der NS-Herrschaft und dem Erzählen dieser ins Auge, was erst Jahrzehnte später ermöglicht wurde. Zweitens wurden immer wieder Ängste vor einer erneuten Stigmatisierung geäußert.

Um die dahinterstehenden Dynamiken zu beleuchten, die auch ursächlich für das Verdrängen sind, soll in diesem Teil auf die Auswirkungen des Diskurses mit und über Menschen mit Behinderungen bzw. Psychiatrieerfahrungen auf die Erinnerungskultur an die Verbrechen der nationalsozialistischen Zwangssterilisation und »Euthanasie« eingegangen werden, weil das Tabuisieren der gruppenbezogenen Verfolgung auch mit der andauernden Ausgrenzung von Menschen mit Behinderungen und Psychiatrieerfahrungen erklärt werden kann und erst die zunehmende Einbindung in den politischen wie öffentlichen Diskurs ein angemessenes Gedenken ermöglicht. Die Sichtweisen gegenüber Menschen mit Behinderungen und Psychiatrieerfahrungen sind von drei Rollenzuschreibungen[1] geprägt, die zeitlich versetzt einsetzen, sich gleichzeitig überlappen und bis heute nachwirken. Auch die Erinnerungskultur in den »Euthanasie«-Gedenkstätten wird von diesen Entwicklungen beeinflusst:

- Exklusion: Reden in der Rolle als »ewige Kinder«
- Integration: Reden in der Rolle als Patient*innen und Klient*innen
- Inklusion: Reden in der Rolle als Expert*innen in eigener Sache

Während in den ersten Nachkriegsjahrzehnten die Rollenzuschreibung als »ewige Kinder« ausgehend von medizinischen Diagnosen dominant war, ermöglichten gesamtgesellschaftliche Veränderungen die Anerkennung als Klient*innen und Pati-

---

[1] Die vom Autor definierten Rollenzuschreibungen dienen hier der schlaglichtartigen Darstellung des Wandels im Umgang mit Menschen mit Behinderungen und Psychiatrieerfahrungen, um die Öffnungsprozesse der Gedenkstätten zu diskutieren. Dabei kann hier keine umfassende Rekonstruktion des gesellschaftlichen Umgangs mit Menschen mit Behinderungen und Psychiatrieerfahrungen im Nachkriegsdeutschland geleistet werden.

ent*innen, die neben Mediziner*innen und Psycholog*innen von einer sich professionalisierenden Sozialen Arbeit betreut werden, die nicht zuletzt durch die »68er«-Bewegung geprägt wurde. Ausgehend von der internationalen Behindertenbewegung erkämpften sich Menschen mit Behinderungen und Psychiatrieerfahrungen eine Rolle als »Expert*innen in eigener Sache«. Der Wandel der Rolle führte zu einer veränderten Position im Erinnerungsdiskurs. Diese These soll nun am Beispiel der Arbeit der »Euthanasie«-Gedenkstätten diskutiert werden.

Die nachfolgenden Überlegungen gehen sowohl auf den Umgang mit Menschen mit Behinderungen als auch mit Menschen mit Psychiatrieerfahrungen ein. Beide Diskussionen müssen differenziert betrachtet werden, weil die Gruppen eigene Politiken verfolgen und eine gemeinsame Gruppenidentität nicht ohne weiteres angenommen werden kann. Dennoch gibt es einige Gemeinsamkeiten, so müssen beide gegen eine fortwährende Stigmatisierung kämpfen und es verbinden sie Forderungen nach Deinstitutionalisierung und gemeindenaher Versorgung. Ferner etablieren sich zunehmend Ansprüche nach Selbstdeutung, Peer Beratungsangeboten und neuen Rollenbildern. Weil Gedenkstätten eine zentrale Rolle bei der Herausbildung eines kollektiven Gedächtnisses spielen und Orte für das Gedenken an die Betroffenen sind, sollen sie als Beispiel für den Wandel des Erinnerungsdiskurses fungieren. Ferner werden die ehemaligen Orte der Verbrechen (mit Ausnahme von Brandenburg an der Havel) bis in die heutige Zeit für die Versorgung von Menschen mit Behinderungen und Psychiatrieerfahrungen genutzt. Obwohl die Gedenkstätten institutionell unabhängig von den Einrichtungen sind, mit denen sie sich das Gelände teilen, prägt die Nachbarschaft ihre Arbeit, weshalb sie auch durch den Wandel der Institutionen für die Betreuung von Menschen mit Behinderungen und Psychiatrieerfahrungen beeinflusst werden.

12. Strategien zur Darlegung der Öffnungsprozesse in der Gedenkstättenarbeit

Während für den zweiten Teil dieser Arbeit auf archivierte Interviews, die vom BEZ organisiert und von unterschiedlichen Forscher*innen bzw. Journalist*innen durchgeführt wurden, zurückgegriffen wurde, werden die Erkenntnisse des dritten Teils ausgehend von Interviews durch den Autor der vorliegenden Arbeit gewonnen. In beiden Teilen wurde eine qualitative Inhaltsanalyse durchgeführt. Nachfolgend werden deshalb nur die Spezifika des Vorgehens bei der Erhebung und Auswertung der Untersuchung der Öffnungsprozesse in der Arbeit der »Euthanasie«-Gedenkstätten ergänzend zu den methodischen Überlegungen des zweiten Teils (Kapitel 6) beschrieben. Nach einer umfangreichen Online- und Literaturrecherche wurden alle historischen Orte der »Aktion T4«[2] vom Autor persönlich besucht und

---

2 Auf eine Ausweitung der Untersuchung auf die Tatorte der dezentralen »Euthanasie« wurde verzichtet, weil dies den Rahmen dieser Arbeit gesprengt hätte und eine Eingrenzung aufgrund der Vielzahl der historischen Orte nur schwer möglich gewesen wäre.

12. Strategien zur Darlegung der Öffnungsprozesse in der Gedenkstättenarbeit

Gespräche mit Mitarbeitenden geführt. Im Nachgang der Gespräche wurden Gesprächsprotokolle erstellt und den Befragten zur Freigabe und Ergänzung zugesandt. Ausgehend von dieser ersten Exploration wurden drei historische Orte ausgewählt, die aufgrund der zu erkennenden Öffnungsprozesse näher beleuchtet wurden. Diese wurden erneut besucht und mit haupt- und ehrenamtlichen Mitarbeitenden der Gedenkstätten wurden problemzentrierte Interviews geführt.

12.1. Problemzentriertes Interview

Das problemzentrierte Interview ist eine Mischform der qualitativen Forschung. Es beinhaltet Elemente des narrativen Interviews, der Fallanalyse und der Gruppendiskussion. Kernbestandteil eines problemzentrierten Interviews ist die Untersuchung einer gesellschaftlichen Realität aus unterschiedlichen (methodischen) Sichtweisen (vgl. Lamnek 2016: 345). Im dritten Teil dieser Arbeit soll die inklusive Öffnung, d. h. die Berücksichtigung der Betroffenenperspektive und die barrierefreie Gestaltung der Gedenkstätten analysiert werden. Ausgehend von im Vorfeld der Gespräche generierten Konzepten werden im problemzentrierten Interview theoretische Überlegungen überprüft oder falsifiziert (vgl. ebd.). In dieser Studie wurden auf Grundlage der Rekonstruktion des Diskurses um Menschen mit Behinderungen und Psychiatrieerfahrungen Überlegungen über mögliche Öffnungsprozesse der Gedenkstättenarbeit hinsichtlich der Berücksichtigung der Betroffenenperspektive und der inklusiven Gestaltung vorgenommen, die im Rahmen der Gespräche mit haupt- und ehrenamtlichen Mitarbeitenden der historischen Orte überprüft wurden.

Interviewleitfaden

Der Interviewleitfaden, der auf den identifizierten Rollenzuschreibungen gegenüber Menschen mit Behinderungen bzw. Psychiatrieerfahrungen basierte, umfasst drei Themenblöcke:

- Im ersten allgemeinen Teil wurden die Aufgaben und Themenschwerpunkte der Gedenkstätten abgefragt, um Auskünfte über deren Selbstverständnis zu gewinnen. Insbesondere mit der Frage nach dem gesamtgesellschaftlichen Auftrag, sollte auf die spezifische Funktion im Erinnerungsdiskurs eingegangen werden.
- Der zweite Themenblock lenkte die Aufmerksamkeit auf den Stellenwert der Betroffenensichtweise und die damit verbundenen Herausforderungen in der Arbeit der Gedenkstätte. Neben der Frage, wie auf individuelle Sichtweisen trotz der schwierigen Quellenlage eingegangen wird, war die Empathie gegenüber den Betroffenen der »Euthanasie« und Zwangssterilisation Bestandteil dieses Fragenkomplexes. Weil im ersten Interview mit der ehemaligen Mitarbeiterin der Gedenkstätte Hadamar ein starker Unterschied hinsichtlich der Empathie zwischen Menschen mit und ohne Behinderung festgestellt wurde, wurden auch die anderen Befragten nach dem Unterschied zwischen beiden Gruppen gefragt. Auch

wenn dem Autor die damit verbundene Gefahr des »Labelings«[3] bewusst ist, erschien die Frage doch legitim, weil die These der unterschiedlichen Verarbeitung durch die ehemalige Mitarbeiterin der Gedenkstätte Hadamar im Raum stand und im Sinne einer *disability history* Menschen mit Behinderungen oder Psychiatrieerfahrungen und eigene Betroffenheiten berücksichtigt werden müssen, wodurch eine Aneignung der Geschichte erst ermöglicht werden kann.
- Abschließend wurde im dritten Themenblock Raum für die Schilderung der Bemühungen zur inklusiven Ausrichtung gegeben. Neben der Bereitschaft für die barrierefreie Gestaltung, wurde auch nach möglichen Hindernissen und Ansätzen zur Überwindung dieser gefragt. Der Leitfaden ist im Anhang dieser Arbeit einsehbar.

Auswahl der Interviewpartner*innen

Die Gespräche in den Gedenkstätten wurden mit unterschiedlichen Funktionsträger*innen geführt. Bei der Auswahl war es wichtig, sowohl Vertreter*innen der Institution als auch Menschen, die sich in der Gedenkstätte engagieren, aber nicht als Mitarbeitende angestellt sind, zu berücksichtigen. Die Fokussierung auf die Arbeit in Hadamar, Grafeneck und Brandenburg an der Havel kann mit folgender Argumentation begründet werden. Die nachfolgende Übersicht stellt zudem die Gesprächspartner*innen des dritten Teils vor:

- *Hadamar*: In Hadamar wurde das erste Angebot für Menschen mit Lernschwierigkeiten entwickelt, sie waren aktiv in die Gestaltung der Materialien involviert. Nachdem die Anstrengungen zur inklusiven Gestaltung eine Zeit lang ruhten, finden aktuell neue Bemühungen in dieser Hinsicht statt.
    - Hier wurde mit einer ehemaligen pädagogischen Mitarbeiterin, die bei der Etablierung des ersten Inklusionsprojekts mitwirkte, ein Gespräch geführt sowie eine pädagogische Mitarbeiterin und eine abgeordnete Lehrkraft[4] interviewt. Weil das Gespräch mit der pädagogischen Mitarbeiterin und der abgeordneten Lehrkraft gemeinsam geführt wurde, werden in den Quellenangaben beide gemeinsam abgekürzt genannt (PM, AL), in den Erläuterungen werden die Aussagen der jeweiligen befragten Person zugeordnet.
- *Grafeneck*: Auch in Grafeneck sind Initiativen für die inklusive Gestaltung der Gedenkstätte erkennbar. Angehörige von Betroffenen werden aktiv in die Bildungsarbeit eingebunden. Ferner ist die Nähe zur heutigen diakonischen Einrichtung für Menschen mit Behinderungen eine besondere Rahmenbedingung für die Erinnerungsarbeit.

---

3 Durch die Frage nach Unterschieden im Empathie-Empfinden wird implizit eine Gruppe von Menschen mit Behinderungen definiert, der andere Verarbeitungsmechanismen zugeschrieben werden. Die Gefahr dieser Frage liegt darin, dass ihnen die Reflexionskompetenz abgesprochen und ihnen lediglich eine Betroffenheitsperspektive zugeschrieben wird.
4 Die abgeordnete Lehrkraft ist Sonderschulpädagogin und mit sechs Stunden an die Gedenkstätte Hadamar abgeordnet.

- Dort wurden die wissenschaftlich-pädagogische Mitarbeiterin Kathrin Bauer und eine engagierte Angehörige interviewt, die Führungen mit ihren persönlichen Erfahrungen als Angehörige eines »Euthanasie«-Opfers ergänzt.
- *Brandenburg an der Havel*: Eine intensive Auseinandersetzung mit der inklusiven Gestaltung fand in der Gedenkstätte Brandenburg an der Havel statt. Dort werden Menschen mit Lernschwierigkeiten aktiv als Guides in die Gestaltung und Umsetzung der Führungen eingebunden.
  - Nach der Teilnahme an einem inklusiven Workshop (Führung mit anschließender Reflexion) sprach der Autor über Zoom mit dem Gedenkstättenpädagogen Christian Marx und der Guide Kathrin König. Bei dem Gespräch mit der Guide Kathrin König war Christian Marx zur Unterstützung anwesend.

Der Erstkontakt fand per Mail statt. In einer ersten Anfrage wurde das Projekt vorgestellt und die Bereitschaft zur Teilnahme für ein Interview abgefragt. Bei den Guides der Gedenkstätte Brandenburg an der Havel erfolgte die Kontaktaufnahme über eine Mitarbeiterin der Lebenshilfe-Werkstatt Brandenburg an der Havel, die mit der Gedenkstätte gemeinsam das Guide-Projekt durchführt.

Ablauf der Gespräche

Die Gespräche wurden teilweise online (Gedenkstättenpädagoge der Gedenkstätte Brandenburg an der Havel, die Guide der Gedenkstätte Brandenburg an der Havel und die ehemalige Mitarbeiterin der Gedenkstätte Hadamar) als auch vor Ort (in Grafeneck und Hadamar) geführt. Die Interviews in Hadamar und Grafeneck wurden mit Besuchen der historischen Orte verbunden. Vor den eigentlichen Interviews besuchte der Autor die Dauerausstellung und achtete auf die Darstellung von Einzelschicksalen sowie die barrierefreie Gestaltung. Auch bei den online durchgeführten Gesprächen wurde die Örtlichkeit zuvor persönlich aufgesucht. Bei den Interviews wurde sich an dem Leitfaden orientiert, die Fragen wurden sowohl mündlich als auch visuell mit einer mitgebrachten PowerPoint-Präsentation gestellt. Die Gespräche wurden vom Autor offen gestaltet und die Befragten konnten eigene Schwerpunkte einbringen. Ferner wurde bei den Fragen auf Spezifika der einzelnen Gedenkstätten eingegangen, beispielsweise wurde in Brandenburg an der Havel nach dem Engagement der »Kellerkinder«, einer Selbstvertretungsorganisation von Menschen mit Psychiatrieerfahrungen, gefragt, weil dies in der Vorbereitung als ein interessanter Aspekt für die dortigen Öffnungsprozesse identifiziert wurde. In Grafeneck und Hadamar wurde die Aufmerksamkeit auf die Nachbarschaft mit der heutigen Psychiatrie (Hadamar) bzw. diakonischen Einrichtung der Eingliederungshilfe für Menschen mit Behinderung (Grafeneck) gelenkt.

In der Regel dauerten die Gespräche eine Stunde und wurden mit einem mitgebrachten Aufnahmegerät aufgezeichnet. Diese Audiodateien wurden vom Autor verschriftlicht. Weil vor allem die inhaltlichen Informationen von Relevanz sind, wurden Füllwörter und Sprünge nicht transkribiert, bzw. nur dann, wenn dies die Aussagen unterstreichen sollte. Die fertigen Transkripte wurden den Gesprächsteilnehmer*innen zur Autorisierung zugesandt. Die Interviews für den dritten Teil dieser Arbeit fanden nach der informierten Einwilligung der Interviewten statt, d. h. vor dem Interview legte der Autor den Teilnehmenden den Zweck (Überblick des Forschungsprojekts) und den groben Inhalt des Interviews (Sichtweisen der Betroffenen in der Gedenkstättenarbeit und inklusive Gestaltung der Gedenkstätte) vor. Dies war Grundlage für eine informierte Einwilligung, die im Vorfeld im Rahmen einer schriftlichen Vereinbarung eingeholt wurde. Die transkribierten Interviews sandte der Autor nach dem Interview an die Befragten und holte eine Autorisierung der Interviews ein. Ferner wurden die Wünsche nach Anonymisierung berücksichtigt.

12.2. Auswertungsverfahren

Um die Dynamiken hinsichtlich der inklusiven Gestaltung der Gedenkstättenarbeit sowie die Berücksichtigung der Sichtweisen der Betroffenen zu untersuchen, wurde, wie auch schon im zweiten Teil, eine computergestützte qualitative Inhaltsanalyse durchgeführt. Die allgemeinen Verfahren zur Durchführung einer Auswertung mit dieser Methode wurde bereits im Abschnitt 6.3. erläutert. In diesem Abschnitt soll deshalb lediglich auf die Entwicklung des Kategoriensystems für die Auswertung der Stellungnahmen der haupt- und ehrenamtlichen Mitarbeitenden der Gedenkstätten eingegangen werden. Ausgehend von der Überlegung hinsichtlich des Wandels der Rollenzuschreibung gegenüber Menschen mit Behinderungen und Psychiatrieerfahrungen wurden drei zentrale Rollenbilder entwickelt, auch die Arbeit der »Euthanasie«-Gedenkstätten wird von den sich verändernden Rollenbildern beeinflusst. Sie dienten als deduktiv abgeleitete Hauptkategorien für die Analyse des dritten Teils dieser Arbeit. Die jeweiligen Subkategorien der drei Hauptkategorien »Exklusion: Reden als ewige Kinder«, »Integration: Reden als Patient*innen und Klient*innen« und »Inklusion: Reden als Expert*innen in eigener Sache« wurden induktiv aus dem Material abgeleitet. Um die Gespräche einordnen zu können und die Fokussierung auf die Gedenkstättenarbeit bei der Rekonstruktion des Erinnerungsdiskurses zu begründen, sollen vor der Darstellung der Auswirkung des Diskurses über Menschen mit Behinderungen und Psychiatrieerfahrungen auf die Erinnerungskultur die Aufgaben und Funktionen von »Euthanasie«-Gedenkstätten kursorisch beleuchtet werden.

13. Aufgaben und Funktionen von »Euthanasie«-Gedenkstätten

An den Orten der Krankenmorde, insbesondere der »Aktion T4«, wurden Jahrzehnte nach Ende der nationalsozialistischen Gewaltherrschaft Gedenkstätten eingerichtet, die einerseits an die Opfer erinnern und andererseits Wissen über die Vergangenheit vermitteln sollen. Auch die kritische Reflektion gegenwärtiger gesellschaftlicher Entwicklungen sehen sie dabei als eine ihrer zentralen Aufgaben.

13.1. Auftrag von Gedenkstätten

Gedenkstätten sind zentrale Orte des kollektiven Erinnerns und prägen die Erinnerungsdiskurse maßgeblich: Sie dienten in der Zeit vor und während des Nationalsozialismus als Stätten eines heroischen Heldengedenkens, die die gefallenen Soldaten würdigen sollten. Der »unbekannte Soldat« opferte sich in nationalistisch aufgeladenen Narrativen für die Nation. Auf Grundlage der Erkenntnis, dass gerade Soldaten an den Verbrechen beteiligt waren, etablierten sich nach Ende des zweiten Weltkriegs Mahnmale, die eine kritische Auseinandersetzung mit dem Militär fördern sollten (vgl. Knoch 2020: 13). Die Nachkriegsregierungen wollten mit der Errichtung mehrerer Denkmäler, die alle an die Besatzung erinnerten, die Opfer auf Seiten der Deutschen beklagen. Ein Narrativ wurde erzählt, wonach die Deutschen von Adolf Hitler und seinen Gefolgsleuten überrannt und Deutschland von den Alliierten besetzt wurde. Es wurden die Opfer auf Seiten der Deutschen betont, sie litten unter der Flucht aus dem Osten und es wurde an die gefallenen Soldaten erinnert. Der Widerstand der Deutschen wurde mit dem Denkmal des deutschen Widerstands im Berliner Bendlerblock (Teil des Verteidigungsministeriums) bewusst hervorgehoben und eine Geschichtsinterpretation erzeugt, die als Stütze einer deutschen Identität dienen sollte (vgl. Siebeck 2015: 24). In diesen Erzählungen war wenig Platz für die eigentlich Verfolgten.[5]

Die Frage nach dem Opferstatus unterschiedlicher Gruppen wurde kontrovers in der deutschen Geschichtspolitik diskutiert, 1953 wurden im Bundesentschädigungsgesetz die Opfer des Nationalsozialismus definiert. So wurden Sinti*zze und Rom*nja, sowjetische Kriegsgefangene, Zwangssterilisierte, sogenannte »Asoziale« und Angehörige von durch die im Rahmen der »Euthanasie« Ermordeten nicht als Opfergruppen anerkannt. Dies führte auch zu einer langen Nichtthematisierung der gruppenspezifischen Verfolgung in den deutschen Gedenkstätten (vgl. Knoch 2020: 41). Die ersten Gedenkstätten für die Opfer des Nationalsozialismus wurden außerhalb des deutschen Territoriums eröffnet. Beispielsweise gab es bereits während des letzten Kriegsjahres Überlegungen für die Gründung eines Erinnerungsortes am Standort des Vernichtungslagers Auschwitz; die dortige Gedenkstätte wurde bereits 1947 eröffnet. Auch in anderen Staaten wie beispielsweise Österreich und Belgien wurden zeitnah nach Kriegsende erste Orte für ein kollektives Erinnern eingerichtet. Auf deutschem Staatsgebiet wurde vor dem Hintergrund internationalen Drucks und dem Engagement ehemaliger Häftlinge die erste Gedenkstätte 1965 im ehemaligen Konzentrationslager Dachau errichtet. Insbesondere seit den 70er und 80er Jahren haben sich zahlreiche bürgerschaftliche Initiativen gegründet, die auf regionaler Ebene die historischen Orte vor dem Vergessen bewahren wollten,

---

5 Bis heute fokussiert sich die Dauerausstellung der Gedenkstätte des deutschen Widerstands vor allem auf den militärischen Widerstand, auch wenn im Rahmen der Neugestaltung weitere Formen des Widerstands wie beispielsweise der jüdische Widerstand oder die Weise Rose thematisiert werden. Das Leiden der Verfolgten hat bis heute keinen nennenswerten Platz in der Gedenkstätte.

oft wurden sie nicht für ein kollektives Erinnern an die dort verübte Kollektivgewalt gestaltet. Dies stand im engen Zusammenhang mit den Bemühungen um Anerkennung von bislang ausgegrenzten Opfergruppen wie Homosexuellen, KZ-Häftlingen und Opfern der »Euthanasie«. Die zentralen Aufgaben von Gedenkstätten sind die Erinnerung an die dort verübten Verbrechen und die Aufklärung der Bevölkerung im Sinne der historisch politischen Bildung. Deshalb haben sie einen Auftrag als »Orte des Erinnerns« und »Orte des Lernens« wie es in der »Konzeption der künftigen Gedenkstättenförderung des Bundes« festgelegt wurde (vgl. Deutscher Bundestag 1999: 3).

Orte des Erinnerns

Gedenkstätten dienen der Erinnerung an die Vergangenheit, insbesondere an Massenverbrechen, die eine Entindividualisierung der Opfer zur Folge hatten. Die kollektive Gewalt macht eine individuelle Trauer unmöglich, weil die genauen Tathergänge und der Verbleib der Opfer nicht mehr rekonstruiert werden können. Hierfür werden die historischen Orte zur Begehung aufbereitet und regelmäßig öffentliche Veranstaltungen durchgeführt, um an die Opfer zu erinnern. So werden Gedenktage mit öffentlichen Veranstaltungen begangen. In religiöser Deutung dienen Gedenkstätten als Ersatzgrabstätten, die an einem historischen Ort das Gedenken an einzelne Individuen ermöglichen und ihnen die durch die verübte Gewalttat abgeschriebene Menschenwürde zurückgeben sollen. Die ehemaligen Tatorte werden zu Trauerorten umgewidmet, dadurch können sie die Funktion des Erinnerns an die Opfer und der Mahnung vor menschenfeindlichem Verhalten wahrnehmen (vgl. Knoch 2020: 115).

Neben der Möglichkeit der individuellen Trauer, haben Gedenkstätten auch einen gesamtgesellschaftlichen Auftrag. Vor dem Hintergrund des Versterbens der Zeitzeug*innen dienen Gedenkstätten auch als Beweis für die Massenverbrechen, weil sie die Tatorte zugänglich machen. Durch die Darstellung dieser können historische Orte Massenverbrechen beweisen und die Opfer vor einem Vergessen bewahren. Dies ist insbesondere in Post Conflict Gesellschaften eine wichtige Aufgabe, weil die Geschichtsschreibung konfliktgeladen ist und die Gewaltverbrechen nicht als solche anerkannt werden. Sie sind deshalb auch Teil des Konzepts *Transitional Justices*, das durch unterschiedliche Maßnahmen das Zusammenleben zwischen Opfern und Täter*innen in Nachkriegsgesellschaften ermöglichen soll. Zu den Maßnahmen gehören die Zahlung von Reparationen, die strafrechtliche Verfolgung von Täter*innen, Reformen des Sicherheitssystems, die Einsetzung von Wahrheits- und Versöhnungskommissionen sowie die Einrichtung von Museen und Gedenkstätten, die an die Schicksale der Opfer erinnern sollen (vgl. International center for transitional justice 2009: 1). Viele Besucher*innen fahren zu Gedenkstätten, um die besondere Topografie des Ortes wahrzunehmen, sie erhoffen sich einen emotionalen Zugang zur Vergangenheit. Dieser Punkt ist umstritten, durch die emotionale Aufladung der historischen Orte tritt an die Stelle der Trauer und der Auseinandersetzung mit den Ursachen des gruppenbezogenen, menschenfeindlichen Handelns eine unreflektierte Betroffenheit. So wird in Gedenkstätten, die an die Verbrechen in der DDR erinnern, durch das Nachspielen von Szenen, etwa die der Inhaftierung von politischen Gefangenen, eine emotionale Verunsicherung der Besuchenden provoziert. Neben dem unmittelbaren Erinnern sind Gedenkstätten auch Anlaufstellen für Forschende und Angehörige, beispielsweise werden Familien bei Nachforschungen nach ermordeten Angehörigen unterstützt und die vorhandenen Informationen bereitgestellt.

Orte des Lernens

Gedenkstätten haben neben dem Erinnern an die dort verübten Gewalttaten auch die Aufgabe, Informationen bereitzustellen und zu vermitteln. Das ist eine zentrale Voraussetzung für das Erinnern, weil dieses erst durch ein Wissen über die Geschichte ermöglicht wird. Dauerausstellungen vermitteln den Besucher*innen am historischen Ort die Geschichte und sollen zum Nachdenken anregen. Sie haben im Gegensatz zu den historischen Orten, die authentische Zeugnisse abliefern und die Betroffenen der kollektiven Gewalt würdigen sollen, die Aufgabe, umfangreich über die historischen Ereignisse und deren Bedingungen aufzuklären. Regelmäßige Führungen führen in die Thematiken der jeweiligen Orte ein. Die Gedenkstätten sind außerschulische Lernorte, die zu den jeweiligen historischen Orten und Themen Informationen bereitstellen. In meist mehrstündigen Workshops werden ausgehend von der jeweiligen Dauerausstellung die historischen Ereignisse vermittelt. Ziel der Bildungsarbeit ist neben einem rein historischen Lernen die Herausbildung einer demokratischen Kultur, die Lernenden sollen sich, ausgehend von den Erfahrungen der Vergangenheit im Sinne eines »nie wieder« dazu verpflichtet fühlen, bei der Ausgestaltung einer humanen Gesellschaft mitzuwirken. Dafür müssen einerseits die individuellen Geschichten der Opfer und die Auswirkungen der staatlichen Gewalt auf die individuelle Lebensgestaltung beschrieben werden, um die Empathie mit den Betroffenen zu stärken und über die Folgen von Diskriminierungen aufzuklären. Auf der anderen Seite müssen Motive der Täter*innen dargelegt werden, um die Entwicklungen hin zu einem menschenverachtenden Handeln nachvollziehen und einen Beitrag zur Prävention von Ausgrenzung und Diskriminierung leisten zu können. Drei zentrale Funktionen der Gedenkstättenpädagogik sind demzufolge:

- Empathie-Kompetenz durch die Auseinandersetzung mit dem Leiden der Opfer
- Wissen über die Verbrechen und den historischen Ort
- Transferfähigkeit, um eine politisch-moralische Handlungsorientierung zu entwickeln (zitiert nach Knoch 2020: 146).

Wie weitreichend der Gegenwartsbezug sein kann, ist dabei umstritten. Einerseits betonen Gedenkstätten ihren zivilgesellschaftlichen Ursprung, aus dem sie einen umfangreichen Bildungsanspruch ableiten, auf der anderen Seite sind sie im Sinne des Beutelsbacher Konsenses⁶ zur Neutralität und kontroversen Darstellung verpflichtet. Die besonderen Arrangements in Gedenkstätten ermöglichen eigene Dynamiken, weil die Gedenkstättenpädagog*innen eigene Zugänge wählen können. Es kommt zu einer Gruppenkonstellation zwischen einer sich kennenden Schulklasse, einem*r Lehrer*in, der*die Erwartungen an die Klasse und die Gedenkstätte hat und einem*r fremden externen Gedenkstättenpädagog*in. In der besonderen Gruppenkonstellation liegen Chancen. die Gedenkstättenpädagog*innen können einen anderen Zugang zum historischen Lernen vermitteln und außerhalb des Kontextes Schule Stereotypen und gesellschaftliche Normen hinterfragen (vgl. Haug 2015: 124).

Die Frage des Umgangs mit heterogenen Lerngruppen rückt zunehmend in den Fokus. In der Gedenkstättenpädagogik wird dies vor dem Hintergrund der Entwicklung hin zu einer Einwanderungsgesellschaft diskutiert. Damit geht eine zunehmende Einbindung von Angehörigen von Gruppen einher, die Teil jener ehemals verfolgten Gruppen sind bzw. Angehörige von Opfern anderer Formen kollektiver Gewalt (vgl. Gryglewski 2015: 166ff). Die Bereitstellung von Materialien in einfacher bzw. leichter Sprache wird vor diesem Hintergrund diskutiert. Hierdurch sollen Barrieren beim Sprachverständnis abgebaut und im Sinne eines weiten Inklusionsverständnisses Teilhabe ermöglicht werden. Des Weiteren werden in Publikationen und anderen medialen Produkten Informationen zur Verfügung gestellt. So werden Veröffentlichungen zu den jeweiligen Themen erstellt und vertrieben. Auch in sozialen Medien wie YouTube oder Facebook sind Gedenkstätten aktiv. Dies ist ebenfalls ein Beitrag zur barrierefreien Gestaltung der Gedenkstättenarbeit, so können virtuelle Rundgänge ortsunabhängig und barrierefrei durchgeführt werden, auch wenn dies nicht der intensiveren Erfahrung eines Besuchs in Präsenz entspricht.

Wie bereits im ersten Teil dieser Arbeit (Kapitel 4) beschrieben wurde, setzte die Aufarbeitung der Zwangssterilisation und »Euthanasie« erst vier Jahrzehnte nach Ende der nationalsozialistischen Gewaltherrschaft ein. Auch die Aufarbeitung der anderen Tatkomplexe wie dem Holocaust oder der Verfolgung der Sinti*zze und Rom*nja begann erst lange nach dem Ende der Verbrechen. Maßgeblich hierfür waren externe Impulse, wie beispielsweise die von dem amerikanischen Fernsehsender CNN 1978 produzierte Fernsehserie »Holocaust«, die die breite deutsche Öffentlichkeit mit den Verbrechen während des Nationalsozialismus konfrontierte. In einem Nebenstrang der Geschichte wurde in der ersten Folge das Schicksal von Anna Weiss thematisiert, die aufgrund ihrer jüdischen Herkunft diskriminiert wurde und nach einer Vergewaltigung, die auch als eine Folge der Verfolgung wegen

---

6 Vor dem Hintergrund der Studentenbewegung wurden im Beutelsbacher Konsens von 1976 Richtlinien für die politische Bildung festgelegt. Er umfasst erstens das Verbot von Überwältigung der Lernenden durch die Meinung der Lehrenden (Überwältigungsverbot). Zweitens sollen kontrovers diskutierte politische und wissenschaftliche Themen auch in der politischen Bildung kontrovers dargestellt werden (Kontroversität). Drittens sollen Lernende in die Lage versetzt werden, eigene Meinungen zu bilden (Schüler*innenorientierung) (vgl. Bundeszentrale für politische Bildung 2011).

ihrer jüdischen Herkunft zu sehen ist, an psychischen Problemen litt. Diese waren ursächlich für die Einweisung in die Heil- und Pflegeanstalt Hadamar, wo sie ermordet wurde. In ihrer Filmanalyse weist Susanne Knittel darauf hin, dass der Film eine Distanz zwischen Anna Weiss, die durch den temporären Akt der Vergewaltigung erkrankte, und den Menschen mit Down-Syndrom entwickle. Dadurch werde den Zuschauenden eine Trennung zwischen der Sympathie gegenüber Menschen mit Down-Syndrom und dem Opfer einer Vergewaltigung ermöglicht, sodass die Verbindungslinie zwischen der »Euthanasie« und dem »Holocaust« nicht berücksichtigt werde (vgl. Knittel 2018: 107ff).

Auch wenn bereits in den 50er Jahren erste Impulse für die Erinnerung an die Opfer der »Euthanasie« existierten, dauerte es noch mehrere Jahrzehnte, bis ein zentrales Denkmal für die Opfer eingerichtet wurde. Seit 2014 erinnert in Berlin-Mitte, am ehemaligen Sitz der Zentrale der »Aktion T4«, ein Mahnmal an die Opfer der »Euthanasie«, nachdem der Deutsche Bundestag 2011 die Errichtung beschlossen hatte. Auf Texttafeln, Audios und Videos werden die Entwicklungen zur und der Ablauf der »Aktion T4« beschrieben, die Ausstellung ist barrierefrei gestaltet (Informationen in Brailleschrift sowie Texte in einfacher Sprache) und es werden in Infoboxen individuelle Schicksale beschrieben. Das Denkmal ist Teil der zunehmenden Erinnerung an die ausgegrenzten Opfer des Nationalsozialismus. 2008 wurde im Berliner Tiergarten ein Denkmal für die ermordeten Homosexuellen eingeweiht und seit 2012 erinnert eine Installation in der Nähe des Reichstagsgeländes an die ermordeten Sinti*zze und Rom*nja. Alle drei Denkmäler sind wie auch das Denkmal für die ermordeten Juden Europas in der Trägerschaft der »Stiftung Denkmal für die ermordeten Juden Europas«, die von der Bundesrepublik Deutschland getragen wird.

Die Thematik der Zwangssterilisation wird auch in einigen der sechs zentralen »Euthanasie«-Gedenkstätten behandelt. Eigene Gedenkstätten, die sich auf die Thematik der Zwangssterilisation fokussieren, sind nur vereinzelt vorhanden, weil die Zwangssterilisation oftmals im regulären Klinikalltag stattfand. Sie wird in den »Euthanasie«-Gedenkstätten in der Regel als Vorstufe der »Euthanasie« behandelt, was zu problematisieren ist, weil die Zwangssterilisation einen eigenen Tatkomplex darstellt (siehe Teil 1 dieser Arbeit). Von der Stadt Mannheim wurde ein Wettbewerb für die Gestaltung eines Kunstwerks ausgeschrieben, das an die Leiden der Zwangssterilisierten erinnern soll. Es gewann ein Entwurf, der einen überdimensionalen Stolperstein darstellt, der viele kleine beinhaltet. Das Denkmal wandert innerhalb Mannheims zwischen den Orten der Verbrechen der Zwangssterilisationen.

13.2. Der lange Weg zur Erinnerung – die Entstehung der »Euthanasie«-Gedenkstätten

Die an die »Euthanasie«-Morde erinnernden Gedenkstätten gehen den beiden Funktionen als Lernort und Gedenkort nach. Ihre Errichtung wurde erst nach mehreren Jahrzehnten realisiert und war auch das Ergebnis bürgerschaftlichen Engagements. Dabei entstanden diese schrittweise, wie beispielsweise in Grafeneck, wo bereits

1960 ein erster Gedenkstein auf dem dortigen Friedhof eingerichtet wurde. In den 70er Jahren fanden erste Gedenkveranstaltungen statt, die vom BEZ und den VVN-BDA organisiert wurden. 1982 kam ein erster Gedenkort mit Gedenktafeln hinzu. Nachdem 1994 ein Trägerverein der Gedenkstätte gegründet wurde, konnte 2005 ein Dokumentationszentrum entstehen, das in einer Dauerausstellung an die Verbrechen der »Euthanasie« erinnert. Daneben werden seitdem auch regelmäßig Workshops angeboten. Die Entwicklung in Grafeneck ist typisch für die Entstehung der Gedenkstätten. Ausgehend von Orten des Erinnerns, die Angehörigen die Möglichkeit gaben, zu trauern, entstanden viele Jahre später Dokumentationszentren, die über die Geschichte der Orte aufklärten. Auch in Hadamar verlief die Entstehung der Gedenkstätte in Schüben. Obwohl unmittelbar nach Kriegsende amerikanische und britische Medien über die Verbrechen der »Euthanasie« in Hadamar berichteten, sollte es noch bis in die 80er Jahre dauern, ehe eine erste Dauerausstellung von Studierenden der Universität Gießen eingerichtet wurde. Bereits 1953 wurde ein Relief installiert und 1964 eine Gedenklandschaft gestaltet, u. a. mit einer Stele mit der Inschrift »Mensch achte den Menschen«. Studierende der Universität Gießen konzipierten 1983 eine erste Dauerausstellung, die 1991 im Zuge der Eröffnung der Gedenkstätte überarbeitet wurde (vgl. Knittel 2018). Aktuell findet eine Neukonzeption der Ausstellung statt, die in den kommenden Jahren eingeweiht werden soll (Stand Dezember 2024).

Des Weiteren ist wie auch bei der allgemeinen Gedenkstättenbewegung zu erkennen, dass sich die Gedenkstätten ausgehend von bürgerschaftlichem Engagement entwickelten. So wirkten in Pirna-Sonnenstein seit der Gründung des Kuratoriums 1991 Angehörige bei der Gestaltung des historischen Ortes mit. Die dortige Gedenkstätte eröffnete im Jahr 2000. Zuvor wurden bereits Führungen durch den historischen Ort angeboten, die auch von Angehörigen der Ermordeten betreut wurden. 2003 wurde in der österreichischen Gemeinde Alkoven der Lern- und Gedenkort »Schloss Hartheim« eröffnet. Auch hier sind die historischen Orte des Verbrechens zugänglich. Neben dem Zugang zu den historischen Orten vermittelt eine Dauerausstellung die Geschichte der Verfolgung von Menschen mit Behinderungen und Psychiatrieerfahrungen unter dem Titel »Wert des Lebens« und spannt einen Bogen von der Antike bis in die Gegenwart. Die letzte Gedenkstätte entstand 2012 in Brandenburg an der Havel. Auch dort gab es vorher bereits Gedenksteine (1962 Errichtung einer Gedenktafel), die an die Geschehnisse und ihre Opfer erinnern sollten. Der Erinnerungsort wurde ausgehend von Recherchen eines Arztes eingerichtet, der in Brandenburg praktizierte. In den 2000er Jahren wurden einige Gedenkstätten in die Trägerschaft der Landesstiftungen übertragen, bzw. von diesen aufgebaut. So erhielten die ehemaligen Tötungsanstalten Pirna-Sonnenstein und Brandenburg an der Havel dank der finanziellen Unterstützung Dauerausstellungen und konnten ihr pädagogisches Angebot ausbauen und somit ihre Aufgaben als Gedenkorte und Lernorte weiter ausgestalten.

13.3. Besonderheiten der »Euthanasie«-Gedenkstätten

Die Orte der nationalsozialistischen »Euthanasie« weisen im Vergleich zu anderen Gedenkstätten einige Besonderheiten auf, die zum einen aus der langen Tabuisierung und fortdauernden Stigmatisierung der Betroffenen erklärt werden können, zum anderen aber auch mit dem Weiterbetrieb durch die Eigentümer, die die Einrichtung bereits in der Zeit vor dem Nationalsozialismus genutzt hatten. Die fortdauernde Nutzung der historischen Orte für die Versorgung der ehemaligen Opfergruppen (wenn natürlich mit gänzlich anderen Gegebenheiten) ist eine Besonderheit der »Euthanasie«-Gedenkstätten, weshalb Susanne Knittel in Bezug auf die Gedenkstätte Grafeneck von »einem unheimlichen Ort« spricht (vgl. Knittel 2018). Die Tabuisierung der Betroffenen in den Familien und der Öffentlichkeit führte zu einer Kontroverse über die Nennung der Namen der Opfer, was in den Gedenkstätten bis heute unterschiedlich gehandhabt wird. So werden in Bernburg die Namen der Opfer anonymisiert, um die Angehörigen vor einer erneuten Stigmatisierung zu schützen. Auf der anderen Seite sollen in Pirna-Sonnenstein durch die Auflistung der Namen der Opfer auf einer Glaswand die individuellen Schicksale gewürdigt werden. Des Weiteren stehen im Keller mehrere Stelen, die jeweils eine kurze Biografie eines Opfers zeigen und in einiger Entfernung das zu den Betroffenen gehörende Foto. Wie Frau F., deren Schicksal und das ihrer Mutter im Teil 2 beschrieben wurde, betonte, ist dies ein wichtiger Ort für die Angehörigen, auch vor dem Hintergrund des Nichtvorhandenseins von Grabstätten.

Insgesamt muss festgehalten werden, dass die Erinnerung an die »Euthanasie«-Betroffenen eher in der Peripherie stattfindet. Die Gedenkstätten liegen in der Regel außerhalb von Ortschaften, was auch mit der Institutionalisierung der Hilfen für Menschen mit Behinderungen und Psychiatrieerfahrungen im 19. Jahrhunderts zusammenhängt, und die Kommunikation mit der ortsansässigen Bevölkerung findet nur in Ansätzen statt. So wurde von Mitarbeitenden der Gedenkstätte in Hartheim davon berichtet, dass es wenig Kontakte zur ortsansässigen Bevölkerung gibt. Ferner unterscheiden sich die historischen Orte hinsichtlich ihrer Topografie. So finden sich in einigen Orten Bausubstanz aus der Vergangenheit wie historische Kellerräume (Hadamar, Bernburg, Pirna-Sonnenstein und Hartheim) während in Grafeneck und Brandenburg an der Havel lediglich Grundrisse der Tötungsanstalten existieren. Die angerissenen Spezifika sollen in den folgenden Abschnitten näher erläutert werden, weil sie auch mit dem Wandel des Diskurses um Menschen mit Behinderungen und Psychiatrieerfahrungen erklärt werden können.

14. Exklusion: Reden in der Rolle als »ewige Kinder«

Die ersten Bemühungen zur systematischen Aufarbeitung der Zwangssterilisation und »Euthanasie« setzten 40 Jahre nach Ende der Verbrechen ein. Hierfür war neben einer generellen Tabuisierung des Nationalsozialismus auch eine Nichtthematisierung der Bedürfnisse von Menschen mit Behinderungen und Psychiatrieerfahrungen ursächlich, ihnen wurde eine aktive Teilhabe am gesellschaftlichen Leben abgeschrieben, sie waren nur »ewige Kinder«.

14.1. Fortdauernde Ausgrenzung und Nichtthematisierung

Das Herausdrängen aus dem öffentlichen Diskurs beruhte auf einer Kontinuität in medizinischen Kreisen, die ein defizitorientiertes Verständnis von Behinderungen vertraten. Hierbei wurde an Überlegungen hinsichtlich der abwertenden Beurteilung von Behinderungen und psychischen Diagnosen aus der Weimarer Republik angeknüpft und die verheerenden Konsequenzen dieser während der NS-Diktatur (Zwangssterilisation und »Euthanasie«) ausgeblendet.

14.1.1. Kontinuitäten und Separierung

Im Nachkriegsdeutschland herrschte eine Aufbruchsstimmung. Durch die großzügige Unterstützung der Alliierten konnte die deutsche Wirtschaft florieren. Von diesen Entwicklungen blieben Menschen mit Behinderungen und Psychiatrieerfahrungen ausgeschlossen, weil viele nach wie vor in stationären Großeinrichtungen leben mussten. In den Einrichtungen, die Eigenschaften von Krankenhäusern und Kasernen aufwiesen, herrschte ein gravierender Platzmangel, der eine bedarfsgerechte Versorgung unmöglich machte (vgl. Rudloff 2013: 110ff). Die Situation in den Einrichtungen war katastrophal und viele Bewohner*innen starben an den Folgen von Unterernährung und Verwahrlosung. »Das Töten wurde beendet, das Sterben ging weiter« (Reumschüssel-Wienert 2021: 21). Noch bis in die 70er Jahren war die Versorgungslandschaft von Großeinrichtungen geprägt, in denen anstelle einer Betreuung lediglich eine Verwahrung der Patient*innen stattfand. Die Einrichtungen der Diakonie, die Menschen mit Behinderungen betreuten, waren hierarchisch organisiert und orientierten sich an der traditionellen bürgerlichen Familie. An der Spitze stand eine »Hausmutter« oder ein »Hausvater«, denen Schwestern und Brüder unterstellt waren (sowie Schwesternschülerinnen und Brüderschüler). Die zu betreuenden Menschen mit Behinderungen wurden als »Pfleglinge« gesehen, die wenig Mitspracherecht hatten (vgl. Schmuhl 2013: 135f). In der Bevölkerung war die Abgeschiedenheit der Institutionen zur Versorgung von Menschen mit Behinderungen und Psychiatrieerfahrungen größtenteils akzeptiert und gewollt. So scheiterte beispielsweise die diakonische Einrichtung Wittekindshof mit der Errichtung eines Übergangswohnheims am Protest der ortsansässigen Bevölkerung und Kommunalpolitiker*innen (vgl. Rudloff/Kersting/Miquel/Thießen 2022: 18).

Auch das medizinische Denken und Handeln orientierte sich nach wie vor an den Grundüberzeugungen vor und während der NS-Herrschaft. Eine umfassende Entnazifizierung in medizinischen Kreisen fand wegen personeller Engpässe und einem fehlenden Unrechtsbewusstsein nicht statt. Die beteiligten Mediziner*innen inszenierten sich als Opfer des NS-Regimes. Vor dem Hintergrund der freiwilligen Beteiligung an den Verbrechen und dem Bewusstsein, dass eine Weigerung nicht zu schwerwiegenden Konsequenzen geführt hätte, ist dies jedoch eine nicht nachvollziehbare Haltung (vgl. Dörre 2021: 131ff). Abwertende Normen des NS-Staates wurden in den ersten Nachkriegsjahren beibehalten. Beispielsweise wurde der Halbierungserlass, der eine schlechtere Versorgung von Langzeitpatient*innen und Menschen mit Psychiatrieerfahrungen vorsah, erst 1981 aufgehoben. Generell sollte die Ungleichbehandlung noch über Jahrzehnte andauern und erst infolge des Reformprozesses der psychiatrischen Versorgung teilweise[7] überwunden werden (vgl. Reumschüssel-Wienert 2021: 123). Die Deutung der Zwangssterilisation oblag Mediziner*innen, die früher teilweise als Rassenhygieniker*innen tätig waren (Hans Nachtwein, Werner Villinger, Helmut Erhardt). Sie argumentierten, dass die Regelungen für die Entschädigungen ausreichend seien, weil die Möglichkeit bestehe, für aus rassistischen Gründen durchgeführte Sterilisationen eine Entschädigung in Anspruch zu nehmen und die medizinischen Gutachten, die zu den Urteilen der Erbgesundheitsgerichte geführt hatten, nicht zu beanstanden seien. Dies hatte zur Folge, dass das Leid der Zwangssterilisierten nicht anerkannt wurde (vgl. Dörre 2021: 499f). Bei den Anhörungen im deutschen Bundestag, die als Grundlage für die politische Bewertung der nationalsozialistischen Zwangssterilisation und »Euthanasie« dienten, wurden die Betroffenen nicht gehört, es wurde nur über sie gesprochen, aber nicht mit ihnen (vgl. Weber 2023: 62). Ferner sollte im Nachkriegsdeutschland ein neues Sterilisationsgesetz eingeführt werden, das an die Entwicklung in der Weimarer Republik anknüpfen sollte, eine neue rechtliche Norm wurde jedoch nie verabschiedet. Die Gewährung von Entschädigung hätte die Legitimation des Gesetzentwurfes erschweren können. Das fehlende Unrechtsbewusstsein und die vorherrschende Wissensordnung führten letztendlich dazu, dass an die Traditionen des Sozialdarwinismus und die Entwicklungen im 19. Jahrhundert und am Beginn des 20. Jahrhunderts angeknüpft werden konnte. So wurde die erbbiologische Orientierung bei Diagnosen von psychischen Erkrankungen, die keinem wissenschaftlichen Standard entsprachen, in den 50er Jahren beibehalten und ein kritisches Hinterfragen fand nicht statt (vgl. Konersmann 2013: 104).

Wie bereits im ersten Teil dieser Arbeit erwähnt, setzte die systematische Abwertung von Menschen mit Behinderungen Anfang des 20. Jahrhunderts ein. Schon zu dieser Zeit wurde die Unterscheidung zwischen Arbeitsfähigen und Arbeitsunfähigen eingeführt, so beispielsweise in der Definition von Konrad Bisalsky, der einen »Krüppel« als eine Person definiert, dessen Erwerbsfähigkeit nur in einem »Krüppelheim« gesteigert werden könne (vgl. Münner/Sierck 2012: 17). Diese Differenzierung wurde auch in der jungen Bundesrepublik nicht aufgehoben, so beispielsweise bei der Unterscheidung zwischen Kriegsversehrten und »Krüppeln«. Bei dieser Hierarchisierung zwischen den beiden Gruppen von Menschen mit Behinderungen wurde an die Diskussionen aus den 20er Jahren angeknüpft, schon zu jener Zeit fand eine Trennung zwischen den Kriegsverwundeten und den »erblich Belasteten« statt. Auch in der Arbeit von Otto Perl, der als einer der ersten deutschen Behindertenaktivisten gesehen wird, findet sich in den 20er und 30er Jahre eine Unterschei-

---

7 Wie noch zu diskutieren sein wird, wurden Langzeitpatient*innen auch nach Ende der Psychiatriereform deutlich schlechter gestellt als Akutpatient*innen.

dung zwischen den Körperbehinderten, die arbeitsfähig seien, und den Unproduktiven, den »Krüppeln«. Mit seinen Überlegungen zur differenzierten Fürsorge für Menschen mit Behinderungen konnte die Abwertung von diesen legitimiert werden (vgl. Fuchs 2022: 43). Dies könnte eine der Ursachen für die Trennung zwischen Personen mit körperlichen Behinderungen und jenen mit Psychiatrieerfahrungen sein, die sich negativ auf die Versorgung auswirkte. Neben der Orientierung an den Defiziten, die auch in der Bundesrepublik übernommen wurde, war auch der Terminus der »Sonderschule« ein Begriff, der aus dieser Zeit stammt. Im Reichsschulpflichtgesetz von 1938 wurde geregelt, dass Kinder mit »geistigen« und körperlichen Behinderungen die Pflicht zum Besuch einer »Sonderschule« haben. Damit wurde die Bildungsunfähigkeit von Menschen mit Behinderungen nicht mehr vertreten (vgl. Münner/Sierck 2012: 77ff). Erst in den 60er Jahre entstanden jedoch pädagogische Konzepte, die eine bedarfsgerechte Beschulung von Schüler*innen mit Lernschwierigkeiten konzeptualisierten. Bis heute ist die Geschichtsschreibung innerhalb der Sonderschulpädagogik umstritten. Während das Narrativ des Widerstands der Vertreter*innen der Sonderschulpädagogik lange nicht hinterfragt wurde, wird die Verstrickung nur vereinzelt thematisiert, auch wenn sich an die Ideologie angegliedert wurde und rassenhygienische Inhalte wie die Forcierung der eigenen Sterilisation gelehrt wurden (vgl. Hänsel 2013: 184). In den 50er Jahren stand die Versorgung von ehemaligen Kriegsgefangenen im Fokus der deutschen Sozialpolitik, mit eigenen Programmen wurden Vertriebene reintegriert und der Wohnungsbau gefördert. Mit dem Körperbehindertengesetz von 1956 wurde eine Behinderung mit dem Merkmal einer dauernden Erwerbsminderung definiert. Dadurch wurde an die Tradition der Weimarer Republik angeknüpft. Zwar gab es Überlegungen, ein skandinavisches Wohlfahrtsstaats-Modell zu etablieren, letztendlich wurde jedoch an die Tradition der bismarckischen Sozialversicherung angeknüpft (vgl. Reumschüssel-Wienert 2021: 18ff).

14.1.2. Vorherrschendes Verständnis von Behinderung

Menschen mit Behinderungen wurden bis in die 70er Jahre hinein vor allem als hilfsbedürftige Leistungsempfänger*innen gesehen, eine wirkliche Teilhabe wurde nicht gefördert. Das Problem liege bei den Menschen mit Behinderungen, es wurden von ihnen Anstrengungen zur Eingliederung in die Gesellschaft gefordert. Dahinter stand ein medizinisches Modell von Behinderung. Nach diesem muss der Mensch mit Behinderungen Anstrengungen unternehmen, um sich in die Gesellschaft zu integrieren. Die Definition von Behinderungen oblag der Medizin, die durch die Bestimmung von Diagnosen Abweichungen von einem »normalen gesunden« Menschen festlegte. So stellte der Soziologe Talcott Parsons ein Konzept auf, demzufolge Behinderung als »Störung und Abweichung« definiert wird, die den Betroffenen die Möglichkeit nehme, die ihnen zugeschriebene Rolle auszufüllen (vgl. Waldschmidt 2020: 60). Behinderung wird als Minusvariante des Normalen im individuellen medizinischen Modell gesehen, die Normalität wird hierbei nicht weiter in Frage gestellt. Dies führt zu einer Stigmatisierung der Betroffenen. In seiner

Theorie beschreibt der Soziologe Erwin Goffmann die Entwicklung von Stigmata. Sie entstehen, wenn die virtuelle soziale Identität von der aktuellen sozialen Identität abweicht. Menschen können im Folgenden nicht die an sie gestellten Erwartungen erfüllen. Ein Stigma ist eine zutiefst diskreditierte Eigenschaft, die immer relational entsteht. Eine solche Eigenschaft kann in einer bestimmten sozialen Situation erwünscht sein, während sie bei anderen sozialen Bedingungen nicht akzeptiert wird und zu einer Stigmatisierung führt (vgl. Goffmann 1975: 9ff).

Die medizinische Behandlung wurde als zentrales Mittel gesehen, um Behinderungen zu überwinden und die Grundlagen für die Teilhabe in der Gesellschaft zu schaffen. Dadurch sollten die Betroffenen Fähigkeiten erlangen, die ihnen ein Leben in der Gemeinschaft der »Nichtbehinderten« ermöglichen sollten. Ferner wurden Menschen mit Behinderungen nicht als Akteur*innen des politischen sowie gesellschaftlichen Diskurses gesehen, sie waren »ewige Kinder«, denen keine Rolle in politischen Diskussionen zugebilligt wurde. Sie lebten und leben in Großeinrichtungen, in denen ihnen lediglich ein liminaler Status zugesprochen wurde und wird. Durch diese Zuschreibung entwickelten die Betroffenen eine »erlernte Hilflosigkeit« und »erlernte Wunschlosigkeit«, was insbesondere ab den 80er Jahren durch die Behindertenbewegung zunehmend problematisiert wurde (vgl. Winkler 2022: 101). Dies hatte eine »Karriere in Sonderwelten« zur Folge, Menschen mit Behinderungen wurden in separierenden Institutionen betreut, vom Sonderkindergarten über die Sonderschule bis hin zur Werkstatt für Menschen mit Behinderungen sowie in Heimen, in denen sie außerhalb der »normalen« Lebenswelten versorgt wurden (vgl. Mürner/Sierck 2015: 32). Dieser vorherrschende abwertende und ausschließende Diskurs, der an die Entwicklungen im 19. Jahrhundert und am Beginn des 20. Jahrhunderts anknüpfte, begünstigte Kontinuitäten und verhinderte die Aufarbeitung, weil insbesondere die Behandlungen im Rahmen der Zwangssterilisation als legitimes Mittel zur Prävention von Behinderungen angesehen wurde. Außerdem führte dies auch zu einer Nichtberücksichtigung von Menschen mit Behinderungen oder Psychiatrieerfahrungen und die ihnen zugeführten Leiden bei der Gestaltung der Arbeit der Gedenkstätten, die lange Zeit die Betroffenen nicht würdigten, sondern vor allem sich mit den Tatbeteiligten der Medizinverbrechen befassten. Ferner waren Menschen mit Behinderungen und Psychiatrieerfahrungen keine Zielgruppe der Gedenkstättenarbeit, ihnen wurde ein Interesse abgesprochen. Die Auswirkung dieses gesellschaftspolitischen Diskurses auf die (frühe) Gestaltung der Gedenkstättenarbeit soll nun anhand der Informationen aus den Gesprächen mit den haupt- und ehrenamtlichen Mitarbeitenden der historischen Orte nachgezeichnet werden.

14.2. Nichtberücksichtigung von Einzelschicksalen und Menschen mit Behinderungen bzw. Psychiatrieerfahrungen insbesondere in der frühen Phase der Gedenkstättenarbeit

Erst nach Jahrzehnten wurden Gedenkstätten eröffnet, die an die Verbrechen der »Euthanasie« erinnern. Zunächst wurden Menschen mit Behinderungen und Psychiatrieerfahrungen nicht berücksichtigt, weil ihnen ein Interesse für die Geschichte der Verbrechen im Rahmen der Zwangssterilisation und »Euthanasie« abgesprochen wurde. Die Ausgrenzung bei den Erinnerungsbemühungen zeigte sich an der fehlenden Barrierefreiheit und der Nichtberücksichtigung von Einzelschicksalen. Mit diesem Erbe müssen sich die haupt- und ehrenamtlichen Mitarbeitenden der historischen Orte bis heute auseinandersetzen.

14.2.1. Umgang mit dem Erbe der Ausgrenzung

Die fehlende Ansprache und die räumlichen Barrieren erschweren die inklusive Gestaltung der Gedenkstätten. Eine ehemalige Mitarbeiterin der Gedenkstätte Hadamar beschreibt die Ausgangslage, die sie 1994 vorfand, wie folgt:

> Also, als ich die ersten Jahre da war, gab es nicht mal einen Aufzug runter in den Keller. Es gab zwar einen barrierefreien Eingang. Also für Rollifahrer hinten für die Ausstellung, aber der war auch hinten und ansonsten war sie null inklusiv. Das war so und natürlich die Tafeln sind für jemanden, der den Rollstuhl nutzt, der obere Teil, überhaupt nicht gut lesbar. Von daher, wir haben damals durch den Ansatz, die Gedenkstätte inklusiver zu gestalten, ist dieser Aufzug dann gebaut worden, vorher hieß es immer, es geht nicht und dann ist er gebaut worden. Es war zwar nur ein Lastenaufzug, aber immerhin ein Aufzug gewesen, mit dem man dann runterfahren konnte und das war natürlich ganz was anderes. Was damals schon barrierefrei war, war der Friedhof, das war schon zu Beginn, da konnte man mit dem Auto hinten rumfahren. Aber dafür brauchte man zumindest mal ein Auto, ansonsten war es zu weit. (Hadamar: ehemalige Mitarbeiterin: 39)

Auch wenn, wie noch zu zeigen sein wird, in den 2000er Jahren einige Schritte hinsichtlich der Öffnung der Gedenkstätte Hadamar für Menschen mit Behinderungen gegangen wurden, ist sie bis heute nicht inklusiv. Die Nichtbeachtung von Menschen mit Behinderungen durch die Gedenkstätte wurde im Gespräch durch die pädagogische Mitarbeiterin thematisiert.

> (...) [E]ine Zielgruppe, die bislang unzureichend angesprochen sind, sind tatsächlich Menschen mit Beeinträchtigung, sei das jetzt Lernbeeinträchtigung, sei das auch Menschen mit Sehbeeinträchtigung, Hörbeeinträchtigung und das liegt einfach auch daran, dass wir die Angebote aktuell einfach schlicht nicht haben. Also, selbst wenn jemand Interesse daran hat, er wird bei uns auf die Homepage schauen und wird feststellen, wir haben in der Ausstellung so wie sie aktuell noch steht, keinerlei Angebote in Gebärdensprache und dann kann man es auch niemandem verübeln, der dieses Angebot nicht wahrnimmt. Also, das ist auch etwas, was noch sehr, sehr stark ausbaufähig ist. (Hadamar: PM AL: 30)

Nach wie vor ist die Gedenkstätte Hadamar nicht barrierefrei, weil die Nachhaltigkeit des Projekts zur inklusiven Öffnung nicht gewährleistet wurde. Nach dem Weggang der ehemaligen Mitarbeiterin ist das Pilotprojekt nicht weiterverfolgt worden, als Grund hierfür wurde die mangelnde personelle Kontinuität genannt. Auch der Kontakt zur Selbstvertretungsorganisation »people first« besteht aktuell nicht mehr. Kathrin Bauer stellte für die Gedenkstätte in Grafeneck fest, dass insbesondere Menschen mit Sehbehinderungen nicht erreicht werden, obwohl sie eigentlich auch eine Zielgruppe sein sollten, weil generell »Alle« angesprochen werden müssten.

> Es gibt aber Zielgruppen, die wir nicht erreichen oder die bisher unzureichend angesprochen werden. Das sind z. B. Blinde oder Menschen mit Seheinschränkungen, die hier einfach noch auf Barrieren treffen, wenn sie die Gedenkstätte besuchen und das ist natürlich an uns, dass wir da auch dran weiterarbeiten, dass die weiter abgebaut werden (Grafeneck: Kathrin Bauer: 13)

Als weitere Herausforderung wurde die periphere Lage genannt. So liegt beispielsweise die Gedenkstätte Grafeneck »auf dem Berg«, wie die engagierte Angehörige der Gedenkstätte feststellt. Sie arbeitet heute in der Werkstatt für Menschen mit Behinderung auf dem Gelände. Dieser historische Ort ist nur schwer ohne Auto erreichbar, was als Erbe einer Politik des 19. Jahrhunderts (und auch des Nachkriegsdeutschlands) gedeutet werden kann, wo Menschen mit Behinderungen vornehmlich in abgelegenen, und damit separierenden Großeinrichtungen betreut wurden.

> Also ganz klar, das sehe ich genauso wie Sie. Dadurch, dass wir, auch durch das Inklusionsthema, Menschen mit Behinderungen mehr in der Gesellschaft heute haben und nicht mehr auf dem Berg verstecken, wie Grafeneck ein Beispiel dafür sein kann. Dadurch haben wir das Thema mehr in der Öffentlichkeit und auch dadurch wird sichtbarer, dass die Gedenkstätte Grafeneck speziell für diese Gruppen ein Angebot haben muss. (Grafeneck: engagierte Angehörige: 35)

Die mit der peripheren Lage verbundenen Schwierigkeiten, insbesondere bei der Öffnung für Menschen mit Behinderungen, wurden von Kathrin Bauer beschrieben. Die Gedenkstätte Grafeneck kooperiert mit der Diakonie Stetten, einer Einrichtung der Eingliederungshilfe für Menschen mit Behinderungen. Aufgrund der virtuellen Gestaltung des Seminarangebots während der Corona-Pandemie konnten Bewohner*innen der Einrichtung ihr Wissen über den historischen Ort vermitteln.

> Genau, das ist halt das ganz grundsätzliche Problem an Grafeneck, es ist halt dieser abgelegene Ort, d. h. für manche Menschen ist er einfach nicht zugänglich oder nur mit erhöhtem Aufwand. Und das ist der Fall in der Diakonie Stetten, wo es wirklich Expertinnen und Experten gibt, die dort wohnen, die sich mit Grafeneck inzwischen gut auskennen, die den Ort mehrfach besucht haben, die auch darüber sprechen wollen und können, wie sie den Ort wahrnehmen. Und was wir total gerne hätten, wo es aber hier noch nicht die Möglichkeit gibt, weil diese online Geschichten praktisch nicht mehr stattfinden auf der anderen Seite können wir sie noch nicht zuschalten. Weil es war auch mal die Überlegung, wir sitzen da drüben im Seminarraum und dann kommt noch eine Begleiterin aus Stetten an ihrem Laptop in Stetten dazu und erzählt uns einfach, wie sie den Ort hier wahrgenommen hat, aber wir haben da drüben noch kein WLAN. (...) Und natürlich, für Stettener ist es eigentlich unmöglich hierher zu kommen, wenn wir wissen, wir haben um 10 [Uhr. Anmerkung CH] eine Schulklasse. (Grafeneck: Kathrin Bauer: 47)

Das zugeschriebene Nichtinteresse für die Auseinandersetzung mit den Verbrechen des Nationalsozialismus führte zur Absprache einer aktiven Rolle von Menschen mit Behinderungen und Psychiatrieerfahrungen (insbesondere mit Lernbeeinträchtigung) bei der Mitgestaltung der Gedenkstättenarbeit. Dies stellte der Gedenkstättenpädagoge Christian Marx fest, als er von der Möglichkeit des Empowerments durch das Engagement in der Gedenkstätte berichtete:

> Und dazu gehört eben auch die Frage des Empowerns von Menschen mit Lernschwierigkeiten, das ist die Begrifflichkeit nach »Mensch zuerst«, die wir üblicherweise bevorzugen, dass die Gedenkstätten, nicht nur, aber insbesondere Orte, an historischen Orten, sich auch in diese Richtung öffnen, dass sie Menschen, denen üblicherweise, seien wir ehrlich, ein selbstbestimmtes, selbstbewusstes Engagement in der historisch-politischen Bildung häufig nicht zugetraut wird. Und ich glaube, insbesondere die historischen Orte der nationalsozialistischen Verbrechen, sind Orte einer besonderen Sensibilisierungsmöglichkeit. Und insofern haben Gedenkstätten ein großes, großes Potential und Repertoire zu diesen Fragen, zumindest auch in Ansätzen, Antworten zu geben, die natürlich auch wieder hinterfragt werden müssen. (Brandenburg an der Havel: Christian Marx: 11)

Hier zeigt sich das Erbe einer Sichtweise auf Menschen mit Behinderungen und Psychiatrieerfahrungen, die nicht als gleichberechtigte Erwachsene gesehen wurden und werden, sondern denen nach wie vor teilweise der Status von »ewigen Kindern« zugeschrieben wird. Auch die ehemalige Mitarbeiterin der Gedenkstätte Hadamar berichtete, dass Menschen mit Behinderungen und Psychiatrieerfahrungen (insbesondere mit Lernschwierigkeiten) das Interesse für Geschichte aberkannt wurde.

> Also, ich glaube, Faktoren für so einen inklusiven Zugang ist aus meiner Erfahrung (...) Am Anfang durchaus sehr, sehr schwer, aber da ist es immer wichtig, dass es Menschen gibt, die sagen, wir machen das. Und die müssen dann wirklich auch dahinter sein. Also ich bin auch immer gefragt worden, warum, warum, das brauchen wir doch nicht. Es war schon nicht einfach (...). (Hadamar: ehemalige Mitarbeiterin: 31)

Neben einem generellen Misstrauen hinsichtlich der Berücksichtigung bei der Ansprache von Menschen mit Behinderungen existierte in der frühen Phase der Gedenkstättenarbeit auch die Angst vor einer emotionalen Überforderung der Besuchenden. Wie weiter unten gezeigt wird, hat sich mittlerweile eine Empathie für eine potenzielle Betroffenheit bei Besuchenden entwickelt. Diese Verunsicherung wirkt jedoch bis heute nach, was sie zu Beginn des Gesprächs feststellte:

> (...) [D]ann wollte ich tatsächlich Menschen erreichen, die man heute als Nichtbesucher*innen bezeichnet, also Personen, die das Gefühl haben, so eine Gedenkstätte (...) da bin ich gar nicht angesprochen. Das waren eben Menschen mit Behinderungen, aber auch Menschen mit psychischen Erkrankungen. Weil die Gedenkstätte Hadamar ist ja auf dem Gelände eines psychiatrischen Krankenhauses und in der damaligen Zeit war es schon so, dass Patientinnen und Patienten, die dort lebten, haben gesagt, sie wollen die Gedenkstätte sehen und das hat bei uns immer eine große Verunsicherung ausgelöst. Was machen wir jetzt, weil es war jetzt in der Erzählung sehr stark über die Opfer zu sprechen und immer sehr stark aus einer anderen Perspektive. Es war klar, man muss anders sprechen in dem Moment, wo Personen dabei waren, die potentiell zu den Opfern hätten gehören können. (Hadamar: ehemalige Mitarbeiterin: 13)

14.2.2. Fehlender Raum für Einzelschicksale

Neben einer fehlenden Ansprache wurde auch auf die unzureichende Darstellung von Einzelschicksalen eingegangen. Die erste Dauerausstellung wurde in den 80er Jahren in der Gedenkstätte Hadamar eingerichtet. In dieser wurden die historischen Ereignisse dargelegt, aber nur wenige individuelle Lebenswege beschrieben. Ursächlich hierfür war der fehlende Kontakt mit den Angehörigen, die nicht in die Gestaltung der ersten Dauerausstellung in Hadamar eingebunden waren, die von vier Medizinstudent*innen konzipiert wurde. So stellte die ehemalige Mitarbeiterin fest:

> Also Angehörige in dem Sinne kaum, ich würde behaupten, dass sie die Gedenkstätte kaum beeinflussten. Es gab zwar seit Beginn einen engen Austausch mit dem BEZ. Und der BEZ als Organisation, ja, der hat sehr stark mitgewirkt. Also hat von daher auch die Entstehung beeinflusst, aber dass jetzt Angehörige von sich aus gesagt hätten, wir sind (...) ein Mensch aus unsere Familie ist ermordet worden und wir wollen da gerne etwas darüber wissen und wollen, dass hier ein Gedenkort entsteht, das war nicht der Fall. (Hadamar: ehemalige Mitarbeiterin: 15)

Kurze Zeit später ging sie auf die Ursachen der Nichtberücksichtigung der Einzelschicksale ein, was mit einer Tabuisierung innerhalb der Familien erklärt wurde. Hier zeigt sich die oben bereits beschriebene Besonderheit der NS-»Euthanasie«. Die Verbrechen wurden in den Familien tabuisiert, was eine Folge der fehlenden gesamtgesellschaftlichen Aufarbeitung und der fortwährenden Stigmatisierung der Betroffenen war.

> (...) [E]s war häufig unbekannt und viele Familien wussten es gar nicht, weil es ja wirklich auch verschwiegen worden war. Es ist ja nicht nur der Mord verschleiert worden, sondern häufig wurde der Opfer in den Familien nicht gedacht. Sie sind ja auch in den Familien versteckt, ignoriert und verschwiegen worden. (Hadamar: ehemalige Mitarbeiterin: 15)

Über Jahrzehnte änderte sich an dieser Praxis auch in anderen Gedenkstätten wenig. So wird beispielsweise in der Dauerausstellung in Grafeneck, die 2005 eingerichtet wurde, nur auf ein Einzelschicksal eingegangen. Mit einem großen Portrait wird an das Schicksal Theodor Kynasts erinnert, der in Grafeneck ermordet wurde. Diese Darstellung ist allerdings oberflächlich und geht nur kursorisch auf den Lebensweg des Ermordeten ein. Jedoch ist ein wachsendes Bewusstsein für die Notwendigkeit der Darlegung von individuellen Lebenswegen erkennbar. Kathrin Bauer verwies in unserem Gespräch auf die zunehmende Thematisierung in der Bildungsarbeit und eine stärkere Fokussierung auf die Einzelschicksale im Rahmen einer möglichen Erweiterung der Dauerausstellung in Grafeneck:

> Genau, also die Opfer selber nehmen natürlich einen großen Raum ein, in der Dauerausstellung einen weniger großen Raum, also, es gibt dieses eine große Portrait von einem Opfer, Theodor Kynast, das abgebildet wurde. In der Vermittlungsarbeit spielt es natürlich eine zentrale Rolle. Also, es ist so, dass wir immer wieder biografisch arbeiten, dass wir eben Dokumente wie dieses Fotoalbum (...), dass wir das mitnehmen, dass wir das zeigen. Dass wir natürlich auch ein bisschen das Bewusstsein dafür wecken wollen bei den Besucherinnen und Besuchern, wer waren die Menschen, die hier ermordet wurden. Man liest immer diese Zahl 10.654, aber, dass man sich eben auch bewusst macht, so viele Lebenswege gab es dahinter und diese Menschen waren ganz unterschiedlich, die hier in Grafeneck ermordet wurden. Sie haben alle eine Geschichte, die es wert ist zu hören und zu erzählen. Also, von dem her, das hat in der Vermittlungsarbeit einen sehr, sehr großen Raum. In der Dauerausstellung hat es einen Raum, der aber auch noch wachsen kann. Also, je nachdem, wie sich jetzt die Schlosspläne entwickeln, ist schon auch der Plan (...) also im Schloss soll zusätzliche Fläche für die Dauerausstellung entstehen und wenn sich das realisieren lässt, dann soll es da auch nochmal Platz geben für Opferbiografien. (Grafeneck: Kathrin Bauer: 19)

Ursächlich für die Nichtthematisierung von Biografien der Betroffenen ist nach Angaben der Befragten zum einen fehlender Platz in den Dauerausstellungen und zum anderen die dünne Quellenlage. In der Bildungsarbeit werden Krankenakten benutzt, so beispielsweise der Bestand R179 des Bundesarchivs in Brandenburg an der Havel, was Christian Marx festhielt.

> Die Sichtweise der Betroffenen ist natürlich, (...), ist insofern schwierig darzustellen, weil wir relativ wenig Egodokumente haben, vergleichsweise wenig. Üblicherweise leider, bedauerlicherweise, geben viele Dokumente die Sicht der Täterinnen und Täter wieder. Das ist uns bewusst, das reflektieren wir und wir versuchen, die Sichtweisen der Betroffenen so gut wie es nur geht auch darzustellen. Konkret haben wir Dokumente, also opferbiografische Ansätze, wo wir der Meinung sind, dass diese die Sichtweise relativ deutlicher als üblicherweise zum Ausdruck bringen können und die verwenden wir. (...) [D]ass wir R179 Dokumente in der Bildungsarbeit einsetzen und mit den Teilnehmenden dieser Studientage versuchen herauszuarbeiten, wo wir die Betroffenenperspektive rekonstruieren können, weil es ist ja wirklich eine Rekonstruktionsarbeit. Das ist natürlich im Rahmen von einer begrenzten Zeit nicht im vollen Umfang immer und komplett ausreichend möglich, aber es gelingt doch immer wieder auch zu zeigen, dass die Sicht der Betroffenen, z. B. der Eltern, aber auch die Sicht der später furchtbarerweise Ermordeten, dass dies natürlich eine ganz andere Sicht ist auf den gleichen Sachverhalt als die der Täterinnen und Täter. Und das herauszuarbeiten ist für uns ganz wichtig und wir versuchen auch, den Teilnehmenden damit zu verdeutlichen, dass sie erstmal erkennen, dass das ganz unterschiedliche Sichten sind und diese auch wertgeschätzt werden soll, um zu zeigen, wie der Blick der Täterinnen und Täter rassenhygienisch und sozialdarwinistisch geprägt ist und somit per se menschenfeindlich ist. (Brandenburg an der Havel: Christian Marx: 17–21)

Auch Kathrin König, die als Guide in der Gedenkstätte Brandenburg an der Havel arbeitet, bedauerte in dem Interview an mehreren Stellen, dass die Angehörigen der Ermordeten in der Gedenkstättenarbeit in Brandenburg an der Havel nicht zu Wort kommen. Auf Nachfrage stellten die haupt- und ehrenamtlichen Mitarbeitenden der Gedenkstätten fest, dass sie die Interviews vom BEZ, die in Archiven lagern, nicht in der Bildungsarbeit verwenden. Allerdings werden andere Quellen benutzt, die auf die Sichtweisen der Betroffenen näher eingehen. Generell kann eine Dominanz der Perspektive der Täter*innen, insbesondere in der frühen Phase der Gedenkstättenarbeit festgestellt werden, weil Stimmen der Betroffenen dort nur vereinzelt vorliegen. Diese Problematik wird den Gedenkstättenmitarbeitenden zunehmend bewusst.

Einordnend kann festgehalten werden, dass die Exklusion im öffentlichen und politischen Diskurs insbesondere in der Anfangszeit der Erinnerungsarbeit in den Gedenkstätten eine Nichtansprache zur Folge hatte. Dies erschwerte auch die ersten Bemühungen zur Öffnung, dabei stellten sowohl die Einstellungen als auch die örtlichen Gegebenheiten Barrieren dar. Ferner wurden Einzelschicksale nicht berücksichtigt, wofür nach Angaben der Befragten neben den fehlenden Quellen die Tabuisierung in den Familien ursächlich war. Das Integrationsparadigma und die veränderte Sicht auf Menschen mit Behinderungen und Psychiatrieerfahrungen beförderte den Ausbau der Gedenkstätten. Die zunehmende Berücksichtigung von Einzelschicksalen und die Ansprache von Menschen mit Behinderungen und Psychiatrieerfahrungen als Zielgruppe wurde auch durch eine selbstkritische Auseinandersetzung mit den Hilfen für Menschen mit Behinderungen von kritisch denkenden Mediziner*innen sowie weiteren Professionellen forciert, die sich mit der Vergangenheit der eigenen Profession und den Institutionen des Gesundheitssystems auseinandersetzten.

15. Integration: Reden in der Rolle als Patient*innen und Klient*innen

In den 80er Jahre änderte sich der Blick auf die Geschichte der »Euthanasie« und Zwangssterilisation erstmalig. Die ersten Studien zu diesem Themenkomplex wurden veröffentlicht, was auch mit einem Wandel des Diskurses über Menschen mit Behinderungen sowie Psychiatrieerfahrungen und die aufkommenden neuen sozialen Bewegungen erklärt werden kann, die neben einer Öffnung der Gesellschaft für die Interessen von Randgruppen auch eine stärkere Aufarbeitung der Vergangenheit forderten.

15.1. Wandel der Betrachtung von Menschen mit Behinderungen und Psychiatrieerfahrungen

Die erste Neuausrichtung des Diskurses über Menschen mit Behinderungen und Psychiatrieerfahrungen fand in den 70er Jahren statt, wo zahlreiche sozialpolitische Reformen angestoßen wurden. Diese Entwicklung wurde auch durch die »68er«-Bewegung begünstigt, die eine kritische Auseinandersetzung mit der deutschen Geschichte forderte und forcierte. Während die »68er«-Bewegung insbesondere die Missstände in den Heimen der Jugendhilfe und die Versorgung von Menschen mit Psychiatrieerfahrungen aufgriff, wurde jedoch die schwierige Lage in den Einrichtungen, die Menschen mit Behinderungen betreuten, erst in den 80er Jahren durch die Behindertenbewegung zunehmend kritisiert (vgl. Rudloff/Kersting/Miquel/ Thießen 2022: 16). Mit dem Regierungswechsel zur SPD und der Kanzlerschaft von Willy Brandt wurden die Randgruppen in den Fokus der Politik gerückt, was Teil der Modernisierung unter der Überschrift »mehr Demokratie wagen« war. In einer Regierungserklärung stellte er die Forderung auf, dass man sich um mehr Chancengleichheit für Menschen mit Behinderungen bemühen müsse. Der damalige Arbeitsminister Walter Arendt stellte am 19. März 1972 fest:

> »Die Gleichwertigkeit des Behinderten steht – trotz aller Rechtsansprüche und Deklarationen – solange auf dem Papier, solange Unverständnis, Ablehnung und bauliche Hindernisse als sichtbare oder unsichtbare Barrieren den Behinderten die volle Teilnahme am Leben der Gemeinschaft erschweren oder gar unmöglich machen«. (zitiert nach Münner/Sierck 2012: 94)

In der Folge dieser politischen Akzentsetzung entwickelten sich zwei politische Diskurse. Auf der einen Seite entstanden zahlreiche Diskussionsformate, beispielsweise im Rahmen des Internationalen Jahres der Behinderten 1981, in dem über die Lebensbedingungen von Menschen mit Behinderungen und Strategien zur Eingliederung von ihnen in die Gesellschaft diskutiert wurde. Auf der anderen Seite entstanden Selbsthilfegruppen, die teilweise mit radikalen Formen gegen die Aussonderung und die professionelle Fremdbestimmung von Menschen mit Behinderungen protestierten. Sie kritisierten die politischen Debatten, in denen oftmals nicht mit ihnen gesprochen wurde, sondern nur über sie. Parallel dazu rückte die Versorgung von Menschen mit Psychiatrieerfahrungen zunehmend in den Blickwinkel der öffentlichen Diskussionen, was zur Auflegung eines Reformprogramms der psychiatrischen Versorgung führte.

15.1.1. Psychiatriereform

Erste Ansätze zur Reform der psychiatrischen Versorgung wurden bereits 1943 vorgelegt. In einer Denkschrift wurde die Verbesserung der Versorgung von förderungsfähigen Patient*innen gefordert, die Psychiatrie müsse sich der nicht behandlungsfähigen Patient*innen entledigen, um neue Therapien realisieren zu können. Sie solle sich als leistungsfähige medizinische Teildisziplin verstehen, durch die Verfahren der Rassenhygiene und die dadurch eingesparten Ressourcen sollte die Verbesserung der medizinischen Versorgung für Menschen mit psychischen Krankheiten ermöglicht werden. Die durch die Tötungen eingesparten medizinischen Ressourcen sollten für die Verbesserung der Versorgung therapiefähiger Patient*innen genutzt und nicht für andere kriegswichtige Zwecke verwendet werden. Damit wurden mit dem Prinzip »Heilen und Vernichten« die Ambitionen der Psychiatrie hervorgehoben, so sollten durch medizinischen Fortschritt, wie beispielsweise die Arbeitstherapie, Erfolge erzielt werden. Es muss festgehalten werden, dass gerade reformorientiere Psychiater*innen sich der nationalsozialistischen Eugenik-Bewegung anschlossen. Die Denkschrift beinhaltete neben diesen indiskutablen Forderungen auch erste Reformansätze wie die Verkleinerung der Heil- und Pflegeanstalten und die bessere Ausbildung der psychiatrischen Fachärzt*innen. Es ist jedoch fraglich, ob diese Denkschrift nach Ende des zweiten Weltkrieges überhaupt bekannt war (vgl. Dörre 2021: 389ff). Grundsätzlich muss festgehalten werden, dass die Psychiatrie bereits vor dem zweiten Weltkrieg Defizite bei der Versorgung aufwies.

Die Reform der psychiatrischen Versorgung beruhte auf einem internationalen Diskurs, der auch in Deutschland rezipiert wurde und als Blaupause für die hiesige Psychiatriereform fungierte. So stellte der amerikanische Präsident John F. Kennedy in der Regierungserklärung zur »Special Address to Congress on Mental Illness and Mental Retardation« von 1963 eine Stärkung der gemeindepsychiatrischen Versorgung und der besseren finanziellen Ausstattung der psychiatrischen Behandlung auf Bundes-, Staaten- und Landesebene in den USA in Aussicht (vgl. Beyer 2022: 157). Während sich in Großbritannien schon seit Ende der 40er Jahre Reformbemühungen entwickelten, setzte die Reform in anderen Ländern wie Italien erst deutlich später ein. Dabei standen sich die beiden Positionen einer kompletten Auflösung (Antipsychiatrie) und einer Reform der psychiatrischen Einrichtungen gegenüber. In Großbritannien wurden psychiatrische Einrichtungen beibehalten, sie sollten allerdings reformiert werden und die Patient*innen sollten ein Mitspracherecht über »Peer«-Beratungsangebote erhalten (vgl. Becker/Schomerus/Speerforck 2022). Auf der anderen Seite war die italienische Reformbestrebung von antipsychiatrischen Impulsen geprägt, die die psychiatrischen Anstalten komplett abschaffen wollte. Sie beruhen auf den Überlegungen des Arztes Franco Basaglia. Entscheidend hierbei war das Gesetz Nr. 180 von 1978 zur psychiatrischen Versorgung in Italien. Darin wurde ein Verbot der Aufnahme von Patient*innen in psychiatrische Einrichtungen vorgeschrieben und auch eine Wiederaufnahme wurde weitestgehend verboten. Anstelle der traditionellen Einrichtungen sollten dezentrale kleine Versorgungseinrichtungen aufgebaut werden. Diese Modellprojekte führten nicht zu einer Zunahme der Mortalität in Italien (vgl. ebd.). In Deutschland führten die verschiedenen Denkansätze zu einer Spaltung der in der Psychiatrie tätigen Personen. Mit der »Deutschen Gesellschaft für soziale Psychiatrie« (DGSP) stand der traditionellen medizinischen Fachgesellschaft »Deutsche Gesellschaft für Neurologie und Psychiatrie« (DGNP ab 1992 DGPPN) eine reformorientierte berufsständige Organisation gegenüber, in der sich neben Mediziner*innen auch Psycholog*innen und Sozialarbeiter*innen engagierten. Inspiriert von der »68er«-Bewegung wurden von der DGSP mehr Reformanstrengungen gefordert (vgl. Dörre 2021: 431f). Beide Fachgesellschaften grenzten sich gegen antipsychiatrische Bestrebungen ab, die sich in den sozialistischen Patientenkollektiven (SPK) radikalisierten. Dies führte zu einer Delegitimierung der Bewegung, die im Dunstkreis der APO agierte (vgl. Beyer 2022: 167).

Die Psychiatrie stand unter zunehmendem Legitimationsdruck. In zahlreichen Presseberichten, etwa in »Der Spiegel« und der »FAZ«, wurde über die Missstände in den Psychiatrien berichtet. So schrieben beispielsweise Ernst Klee und Frank Fischer in dessen Buch »Irrenhäuser. Kranke klagen an« aus dem Jahr 1969 über die katastrophalen Zustände in der psychiatrischen Versorgung, fehlende Ressourcen und die Verlegung von kostenintensiven Patient*innen. Auch die Alsterdorfer Anstalten wurden in einer Fotoserie des ZEIT-Magazin unter der Überschrift »Schlangengrube in unserer Gesellschaft« öffentlich kritisiert (vgl. ebd.: 165). Das Aufdecken dieser Missstände und die Proteste von Mitarbeitenden führten zur Einführung einer Enquete-Kommission, die Vorschläge für eine Neugestaltung der psychiatrischen Versorgung erarbeiten sollte. Am 23.6.1971 wurde auf Anregung unter anderem des Abgeordneten Walter Picard eine »Enquete-Kommission zur Lage der Psychiatrie in der Bundesrepublik Deutschland« beschlossen. Sie sollte Vorschläge für die Neugestaltung der Versorgung von Menschen mit Psychiatrieerfahrungen erarbeiten. Bei der Arbeit der Kommission wurde auf bereits bestehenden Überlegungen aufgebaut, wie beispielsweise den Rodewischer Thesen[8], die eine dezentralisierte Versorgung von Menschen mit Psychiatrieerfahrungen vorsahen. Die Enquete bestand aus 19 Mitgliedern, darunter Vertreter*innen der Psychiatrie und der Bun-

---

8 Die in der ehemaligen DDR liegende Stadt Rodewisch war Austragungsort einer Tagung von Psychiater*innen, deren Ergebnis die Rodewischer Thesen waren. In ihnen wurden erste Ansätze für eine Reform der Versorgung von Patient*innen mit psychischen Erkrankungen vorgeschlagen.

des- und Landespolitik. Viele der Beteiligten waren Inhaber*innen eines Lehrstuhls für Psychiatrie (vgl. Häfner 2016: 130). Begleitet wurde die Reform durch die »Aktion Psychisch Kranker« (APK). Die APK war somit die zentrale Plattform und Lobbyorganisation für die Psychiatriereform. In ihr waren zunächst Vertreter*innen aus der Medizin versammelt, seit 1985 Angehörige und seit 1991 Menschen mit Psychiatrieerfahrungen. Dies ist hervorzuheben, weil es zeigt, dass die Reform zunächst nur durch Fachexpert*innen unter Ausschluss der Betroffenen stattfand (vgl. Reumschüssel-Wienert 2021: 72).

Im Abschlussbericht wurde eine dezentrale Versorgung von Menschen mit Psychiatrieerfahrungen gefordert. Es sollten gemeindenahe Standardversorgungseinrichtungen eingerichtet werden, die die zentralen Großeinrichtungen ablösen sollten. Daneben sollten psychiatrische Abteilungen an allgemeinen Krankenhäusern geschaffen werden, die Versorgung von Kindern mit psychischen Erkrankungen verbessert und Aus-, Weiter- und Fortbildung Mitarbeitender forciert werden. All diese Forderungen sollten zu einer Entstigmatisierung von Patient*innen mit psychischen Erkrankungen beitragen, ein zentrales Anliegen der Reform war die Gleichstellung der Patient*innen mit Psychiatrieerfahrungen mit denen, die unter somatischen Beschwerden litten. Infolge der Reform wurden einige Modellprojekte aufgelegt, die eine neue Versorgungsstruktur auf regionaler Ebene etablieren sollten (vgl. Häfner 2016). Die großen psychiatrischen Einrichtungen wurden nicht geschlossen, vielmehr wurden sozialpsychiatrische Zentren und psychiatrische Stationen an allgemeinen Krankenhäusern eingerichtet. Damit wurde eine Reform der psychiatrischen Versorgung durchgeführt, die grundlegende Verbesserungen mit sich brachte. Für eine radikale Auflösung, wie sie in Italien verwirklicht wurde, gab es in Deutschland keine Mehrheit (vgl. Rudloff 2013: 123). Während die Versorgung von akut psychisch Kranken durch die Psychiatriereform nachhaltig verbessert wurde, lebten Menschen mit chronisch psychischen Erkrankungen weiter am Rande der Gesellschaft und in Heimen (vgl. ebd.). Für den Erfolg der Reform waren wie auch in Italien und Großbritannien gesamtgesellschaftliche Diskurse, die in Deutschland nicht zuletzt von Jürgen Habermas und der Frankfurter Schule geprägt wurden, wichtige Impulse (vgl. Becker/Schomerus/Speerforck 2022).

Es muss festgehalten werden, dass die Psychiatriereform keine Vergangenheitsbewältigung war und auch nicht Teil einer Anerkennung der Opfer. Die Zwangssterilisation und »Euthanasie« wurden als Gegenbewegung zu Bemühungen um eine Verbesserung der psychiatrischen Versorgung beschrieben. Die Menschen mit Psychiatrieerfahrungen seien den Ärzt*innen durch den NS-Staat »entrissen« und zur Vernichtung freigegeben worden. Der Abschlussbericht der Psychiatrieenquete beinhaltete somit kein Eingeständnis des Versagens und Verstrickens der (vot allem reformorientierten) psychiatrischen Fachärzt*innen während der NS-Herrschaft (vgl. Dörre 2021: 521). Jedoch führten die Bemühungen um eine Reform der psychischen Versorgung zu einem Bewusstsein innerhalb der Institutionen. Die Aufarbeitung der NS-Vergangenheit beruhte vor allem auf einer Auseinandersetzung mit der eigenen Profession. Dies wird auch in den ersten wissenschaftlichen Arbeiten über die NS-Medizinverbrechen deutlich, in denen vor allem die Frage nach den Motiven der Täter*innen diskutiert wurde (vgl. Dörre 2021: 521).

15.1.2. (Re-) Institutionalisierung und Professionalisierung der Eingliederungshilfe für Menschen mit Behinderungen

Parallel zur Psychiatriereform entstanden auch Räume für eine Neuausrichtung der Hilfen für Menschen mit Behinderungen. Auch wenn bereits 1984 in einer Novelle des Bundessozialhilfegesetzes der Grundsatz »ambulant vor stationär« aufgestellt wurde, waren die stationären Einrichtungen nach wie vor dominant in der Versorgung von Menschen mit Behinderungen, wofür u. a. die unterschiedlichen Zuständigkeiten (örtliche und überörtliche Träger) ursächlich waren (vgl. Rudloff/Kersting/Miquel/Thießen 2022: 11). Wie auch die Psychiatrien, wurden die Großeinrichtungen für Menschen mit Behinderungen aufgrund der dort herrschenden katastrophalen Verhältnisse zunehmend kritisch beurteilt. Diese öffentliche Kritik interagierte mit einer zunehmenden Professionalisierung und Säkularisierung der Hilfen für Menschen mit Behinderungen. Die Mitarbeitenden waren nun weniger Ordensbrüder und -schwestern, so konnte beispielsweise in Bethel die Diakonissen-Anstalt Sarepta nicht mehr den Nachwuchs an Personal sicherstellen, zunehmend arbeiteten Sozialarbeiter*innen und weitere akademische und nichtakademische Kräfte, die an Hochschulen und Universitäten sowie in Fachschulen ausgebildet wurden, in den diakonischen Einrichtungen (vgl. Schmuhl 2022: 243ff). Infolge einer allgemeinen Politisierung, auch durch die »68er«-Bewegung und einen Generationenwechsel in den Einrichtungen, wurden die hierarchischen Ordnungen in den Institutionen zunehmend hinterfragt und Räume für die Öffnung der Einrichtungen geschaffen. Dabei verlief die Konfliktlinie nicht zwischen den Brüdern und Schwestern sowie den weltlichen Mitarbeitenden, sondern zwischen Reformorientierten und Traditionalist*innen (vgl. Schmuhl 2013: 146). Erste Initiativen zur Neustrukturierung des Wohnens von Menschen mit »geistigen Behinderungen«[9] wurden bereits in den 80er Jahren gestartet. So wollte die Elterninitiative Lebenshilfe ihren Kindern eine Versorgung außerhalb von Großeinrichtungen ermöglichen. Hierzu wurden Wohngruppen neben anderen Trägern der Eingliederungshilfen auch von Ortsgruppen der Lebenshilfe eingerichtet, die ein Leben im Stadtzentrum ermöglichen sollten. Beispielsweise setzte der Berliner Senat 1985 ein Modellprojekt ein, das Menschen mit »geistiger Behinderung« ein Leben in der Gemeinschaft ermöglichen sollte. Während einerseits die Kontakte mit »Nichtbehinderten« nur vereinzelt vorhanden waren, wollten die Bewohner*innen nicht die Wohngruppen verlassen und in ihre Heimatfamilien oder in Heime zurückkehren, weil sie durch die neue Lebensform wie »Nichtbehinderte« leben konnten und sich weniger kontrolliert fühlten (vgl. Rudloff 2013: 125ff). Diese Bemühungen fanden auch vor dem Hintergrund der Etablierung des Normalisierungsprinzips statt.

---

9 In diesem Abschnitt wird von »geistiger Behinderung« gesprochen, weil dies die übliche Bezeichnung zu jener Zeit war und von der Lebenshilfe nach wie vor genutzt wird. Der Begriff ist jedoch zu problematisieren und wird von Selbstvertretungsorganisationen wie dem Netzwerk »people first« nicht verwendet.

15.1.3. Veränderung des Verständnisses von Behinderung

Ausgehend von Bemühungen zur Enthospitalisierung und der Psychiatriereform entwickelte sich das Normalisierungsprinzip. Aufbauend auf den Überlegungen des Dänen Niels Erik Bank-Mikkelsen sollten Menschen mit Behinderungen (insbesondere mit Lernbeeinträchtigungen) so »normal wie möglich« leben. Hierfür sollten die Institutionen des öffentlichen Lebens ihre Angebote so gestalten, dass diese für alle zugänglich sind. In Deutschland wurde dieser Ansatz vor allem von Walter Thimm vertreten (vgl. Thimm 2005). Dieses Modell ist problematisch, weil es eine einseitige Orientierung auf die Fehlbarkeit des Individuums legt und die Integrationsfähigkeit vom zu Integrierenden abhängig ist. Dabei wird indirekt an dem Paradigma der Defizitorientierung festgehalten, weil die Teilhabe am gesellschaftlichen Leben von der »Integrationsfähigkeit« der Menschen mit Behinderungen abhängig ist. Beispielsweise müssen sich »Integrationskinder« an den Normen der Regelschule orientieren (vgl. Lob-Hüdepohl 2022). Des Weiteren wird an diesem Modell kritisiert, dass es sich stark an den Einschätzungen von Expert*innen orientiert, die »Normalität« definieren. Um Teilhabe am gesellschaftlichen Leben zu ermöglichen, sollen Dienstleistungen bereitgestellt werden. Mit den Forderungen nach Enthospitalisierung und Deinstitutionalisierung schließt das Konzept an die Bemühungen der Psychiatriereform und der ersten Elterninitiativen an. Im *International Classification of Impairments, Disabilities and Handicaps* (ICIDH) wurde Behinderung definiert als psychische und physische Beeinträchtigung (impairments), die zu funktionalen Einschränkungen (disabilities) führt, die eine Behinderung (handicap) zur Folge hat und die Teilhabe am gesellschaftlichen Leben erschwert. Vor dem Hintergrund der Reinstitutionalisierung und dem Normalisierungsmodell wurden Menschen mit Behinderungen zunehmend im öffentlichen Diskurs berücksichtigt. Während einerseits in den 60er Jahren das Thema Behinderung schon in der Öffentlichkeit diskutiert wurde, bedingt durch den Contergan Skandal, wurde andererseits an der Unterscheidung zwischen rehabilitierbaren Kindern und Erwachsenen mit körperlichen Behinderungen und jenen angeblichen unrehabilitierbaren Kindern und Erwachsenen mit Lernbehinderungen festgehalten (vgl. Bösl 2013: 40f). Für die Diskussion im Rahmen dieser Arbeit ist vor allem das zunehmende Bewusstsein für die Belange von Menschen mit Psychiatrieerfahrungen und Behinderungen im Zuge der Psychiatriereform und der (Re-)Institutionalisierung relevant, weil es die Möglichkeit bot, das Erinnern an die Opfer der »Euthanasie« und Zwangssterilisation zu forcieren.

15.2. Entwicklung eines Bewusstseins für die Schicksale der Betroffenen der »Euthanasie« und Zwangssterilisation und Menschen mit Behinderungen und Psychiatrieerfahrungen in der Gedenkstättenarbeit

Um die Schicksale der Betroffenen zu rekonstruieren, musste, wie schon im zweiten Teil thematisiert wurde, das Schweigen gebrochen werden. Die langanhaltende Nichtthematisierung in den Familien und der Öffentlichkeit erschwerte und erschwert immer noch die Arbeit der »Euthanasie«-Gedenkstätten.

15.2.1. Das Schweigen brechen

Die Entwicklung eines Bewusstseins für die Verbrechen der nationalsozialistischen Zwangssterilisation und »Euthanasie« bei den Angehörigen sowie der gesamten Gesellschaft wurde in den Gesprächen als eine zentrale Aufgabe der Gedenkstättenarbeit benannt. Hierzu werden historische Fakten erforscht und bereitgestellt.

Realisierung der Tat

In der Nachbarschaft der Gedenkstätte Grafeneck, in der heute Wohngruppen für Menschen mit Behinderungen und eine landwirtschaftliche Arbeitsstätte der diakonischen Einrichtung Samariterstiftung angesiedelt sind, arbeitet eine Sozialarbeiterin, die ehrenamtlich in der Gedenkstätte mitarbeitet. Nach Beginn ihres Arbeitsverhältnisses lernte sie die Gedenkstätte kennen und begann sich dort als Ehrenamtliche bei der Begleitung von Gruppen zu engagieren. Eher zufällig änderte sich ihr Blick auf diesen Ort, wie sie zu Beginn des Gesprächs mit dem Autor bemerkt.

> Ja, also insofern hat Grafeneck schon eine besondere Rolle für mich, weil Grafeneck habe ich als Arbeitgeber kennengelernt. Und erst als ich in Grafeneck schon gearbeitet habe, habe ich über die Geschichte des Ortes erfahren, obwohl ich 30 Kilometer von hier groß geworden bin, d. h. das war schon mal der erste Aha-Effekt. Dann hat mich die Geschichte von Grafeneck sehr interessiert. Ich habe erst, nachdem ich acht Jahre schon in Grafeneck gearbeitet habe, festgestellt, dass ich auch persönlich eine Verbindung habe, weil zu der Zeit meine Oma gestorben ist und ihr Haushalt aufgelöst wurde und in dieser Haushaltsauflösung waren Unterlagen drinnen, die mir meine Tante, die den Haushalt aufgelöst hatte, übergeben hat. Sie wusste, dass ich in Grafeneck arbeite. Und aus diesen Unterlagen haben wir recherchiert, dass mein Uropa mit der vorletzten Tötung hier ermordet wurde. Das hat mich insofern überrascht, dass ich während der Zeit, in der ich in Grafeneck gearbeitet habe, meiner Oma auch stolz von meinem Arbeitsplatz erzählt habe und meine Oma hat immer nur abgewunken und hat gesagt, darüber schwatzen wir nicht. Nach ihrem Tod konnte ich mir auch erklären, warum sie darüber nicht sprechen wollte, aber vorher hatte ich keine Idee. (Grafeneck: engagierte Angehörige: 5)

Sie geht im Folgenden auch auf die Reaktion ihres Vaters ein, der auch nicht über die Vergangenheit mit ihr sprechen wollte. Durch ihr Engagement konnte sie außerdem Kontakt zu anderen Angehörigen knüpfen, was sie als ambivalent wahrnimmt.

> Ich habe tatsächlich bis jetzt auch Kontakt zu anderen Angehörigengruppen knüpfen können und tatsächlich nur über diese Tatsache, dass ich die Führungen unterstütze. Weil mir ist zweimal passiert, dass ich im Anschluss an einen Vortrag, den ich gehalten habe, angesprochen wurde von Personen, die zugehört haben und gesagt haben: ja übrigens, ich habe auch in meiner Familie nach so und so vielen Jahren Unterlagen gefunden und habe dann angefangen, darüber zu sprechen. Das ist bereichernd, festzustellen, dass man mit so einer Geschichte nicht alleine ist und es tut gut. Aber dadurch, dass ich so nah an der Gedenkstätte Grafeneck arbeite, habe ich von mir aus nicht das Bedürfnis, zu Angehörigentreffen zu gehen, welche ausfindig zu machen oder groß in Austausch zu gehen. (Grafeneck: engagierte Angehörige: 37)

Auch wenn die Unterlagen, die eine Realisierung des Schicksals ihres Uropas ermöglichten, von ihrer Familie zufällig gefunden wurden und nicht im direkten Zusammenhang mit der Arbeit der Gedenkstätte stehen, hebt sie die Wichtigkeit der Kooperation mit der Gedenkstätte an verschiedenen Stellen des Gesprächs hervor: Für sie waren die dortigen Mitarbeitenden hilfreich bei der Einordnung der Dokumente. Diese Unterstützungsleistungen, die einen wesentlichen Beitrag für die Rekonstruktion des Schicksals der ermordeten Angehörigen darstellen, wurden schon im ersten Teil in Bezug auf die Hilfe durch den BEZ, der die Betroffenen ebenfalls bei der Rekonstruktion der Lebensgeschichte der Ermordeten unterstützte, wertschätzend hervorgehoben.

> Aber, was ich festgestellt habe, auch als Angehörige eines Opfers ist mir die Forschungsarbeit, die die Gedenkstätte leistet, auch sehr wichtig. Und die, finde ich, wird erst auf den zweiten Blick sichtbar, weil ich wurde mit meinem Ordner, den ich von der Familie übergeben habe, hier unglaublich wertvoll und hilfreich unterstützt von den Mitarbeitern der Gedenkstätte, um evtl. alte Unterlagen ausfindig zu machen, von denen ich mir mehr Informationen über meinen Urgroßvater erhofft habe. Das hat nicht funktioniert, also ich habe nicht viel Informationen rauskriegen können, aber die Unterstützung, die ich hier erhalten habe, war unglaublich wertvoll und ist es mir bis heute, weil ich weiß, ich kann jederzeit kommen und sagen, ich habe hier noch was gefunden. Was hat es denn damit auf sich? (Grafeneck: engagierte Angehörige: 9)

Die Forschungsarbeit wird auch von den hauptamtlichen Mitarbeitenden betont. Sie sehen die Recherche und Dokumentation von Einzelschicksalen als einen wichtigen Auftrag ihrer Arbeit.

Insgesamt zeigen sich Tendenzen, dass insbesondere in der dritten Generation eine größere Bereitschaft für die Auseinandersetzung mit der Vergangenheit vorhanden ist, wie Kathrin Bauer, die als pädagogisch-wissenschaftliche Mitarbeiterin in der Gedenkstätte Grafeneck tätig ist, bestätigt.

> Ja, also das, auf jeden Fall. Die [engagierte Angehörige Grafeneck. Anonymisiert durch CH] wird es ja erzählt haben, wie das in ihrer Familie war. Ich finde, das ist so ein ganz typisches Beispiel. Manchmal ist es nicht der Generationenwechsel, manchmal ist es auch einfach der zeitliche Abstand zu dem Verbrechen. Dass jetzt ältere Menschen, die jetzt nicht einer neuen Generation angehören, dass die aber sagen, sie möchten jetzt doch noch wissen, was passiert ist. Also das fällt mir durchaus auf. Und ansonsten würde ich sagen, dieser Generationenwechsel trägt sehr viel dazu bei, dass Angehörige aktiv werden. Dass da auch

so eine Scheu, so eine Befangenheit, eine Angst bei der Generation, die die Opfer wirklich noch kannte, da war, die 1940 schon älter war, das fehlt natürlich in der heutigen Generation. Da ist eher der Drang des Wissen Wollens. (Grafeneck: Kathrin Bauer: 25)

Wie bereits im zweiten Teil (insbesondere bei Familie K.) beschrieben, gingen mit dem Engagement um die Aufarbeitung (generationsübergreifende) Konflikte einher. Weil mit der Zeit nicht nur mehr Abstand zu den Taten gewonnen werden konnte, sondern die Folgegeneration weniger Angst vor Zuschreibungen möglicher schuldhafter Verstrickungen haben könnte, setzt sie sich tendenziell intensiver mit der eigenen Familiengeschichte auseinander, wovon auch die engagierte Angehörige der Gedenkstätte Grafeneck berichtete:

> Also, da fällt mir auf, dass ich in meiner Familie ganz unterschiedliche Erfahrungen gemacht habe, weil die Generation von meinem Vater und seinen Geschwistern, darüber gibt es ja mittlerweile keine Generation mehr, die lebt. Die sind sich einig, dass das Schweigen der richtige Umgang innerhalb der Familie mit dem Thema ist, d. h. die muss ich in Ruhe lassen mit meinem Thema. Genauso, dass ich von denen erwarte, dass sie es akzeptieren, dass ich rumwühle. Meine Generation wiederum, meine Cousine und Cousin oder unsere Kinder, die haben großes Interesse. Die möchten wissen, was unsere Familiengeschichte ist, und die sind alle hergekommen, zum Beispiel, die meisten sind gekommen, haben sich von mir das Angebot machen lassen, die Originalunterlagen im Ordner anzuschauen und die historischen Orte abzulaufen. Da glaube ich, ist auf jeden Fall ein Interesse da. Und da werde ich sicherlich wieder auf Resonanz treffen, wenn ich mich innerhalb der Familie melde und sage »Hey, es gibt Neuigkeiten. Oder lasst uns mal unsere Kinder einladen und denen erzählen, was passiert ist.« Da glaube ich, gibt es sehr viel Potenzial (Grafeneck: engagierte Angehörige: 39)

Kathrin König, die als Guide in der Gedenkstätte Brandenburg an der Havel arbeitet, hob hervor, dass die Angehörigen erst mit der Zeit die Verbrechen realisieren konnten, weil erst dann Nachforschungen möglich waren. Hier spielte auch die zunehmende Berücksichtigung in den Medien eine Rolle, worauf sie im weiteren Verlauf einging.

> Weil, das ist, weil jetzt die Zeit dran ist, dass viele auch nachgefragt haben, wahrscheinlich. Wo sind denn nun meine Verwandten hingekommen, was haben sie mit denen gemacht? Viele sind jetzt erst wahrscheinlich durch Unterlagen auch dahintergekommen, was mit ihnen geschehen sein konnte, weil sie eben dann nachgeforscht haben. Die Nachforschung ist da wichtig gewesen. (Brandenburg an der Havel: Kathrin König: 32)

Thematisierung der Verbrechen

Um das Bewusstsein für die Taten bei den Angehörigen und der gesamten Bevölkerung zu erhöhen, müssen diese stärker thematisiert werden, was in den Gesprächen mit den haupt- und ehrenamtlichen Mitarbeitenden der Gedenkstätten festgehalten wurde. Der Tatkomplex der »Euthanasie« und Zwangssterilisation wurde lange nicht in der Gesellschaft aufgearbeitet. Die haupt- und ehrenamtlichen Mitarbeitenden der Gedenkstätten heben deshalb die Information der Bevölkerung über die Verbrechen der Zwangssterilisation und »Euthanasie« als eine der zentralen Aufgaben hervor, so beispielsweise Kathrin König.

> »Euthanasie«-Gedenkstätten haben die Aufgabe, Leute aufzuklären, was mit den Leuten hier im zweiten Weltkrieg, in der Gedenkstätte, passiert ist, was hier vorher gewesen ist, dass es ein Gefängnis war und dann eine »Euthanasie«- und Tötungsanstalt. Meiner Meinung nach muss auch darüber aufgeklärt werden, dass es nicht nur die Verwaltung von Brandenburg [an der Havel. Anmerkung CH] war, das Bürgermeisteramt ist nämlich weiter weggezogen. Also, das ist gar nicht mehr in dem Gebäude drinnen. Das finde ich schon mal sehr wichtig, dass »Euthanasie«-Gedenkstätten, meiner Meinung nach, Aufklärungsstätten sind, die beibehalten werden müssen, dass die Leute wissen, was es bedeutet. (Brandenburg an der Havel: Kathrin König: 7)

Frau König verweist hier auf die vorherige und heutige Nutzung des Gebäudekomplexes, wovon die Gedenkstätte Brandenburg an der Havel ein Teil ist. Als einziger historischer Ort war die »Euthanasie«-Tötungsanstalt nie eine Einrichtung für Menschen mit Behinderungen bzw. Psychiatrieerfahrungen, sondern wurde vor dem Nationalsozialismus als Zuchthaus und nach dem zweiten Weltkrieg als Räumlichkeit für die Stadtverwaltung benutzt. Im weiteren Verlauf verweist sie auf die Bedeutung der Thematisierung, um die Betroffenen zu würdigen und Räume für das Trauern zu schaffen.

> Also, früher wurde weniger über »Euthanasie« überhaupt gesprochen, das wurde damals totgeschwiegen. Jetzt wird darüber mehr gesprochen und berücksichtigt, dass solche Leute viel zu Tode gekommen sind, die für die Nazis eben nicht lebenswert waren. Und das finde ich sehr wichtig, dass man heute so etwas berücksichtigt, dass die Leute eigentlich lebenswert gewesen wären in meinen Augen. Und die Betroffenen wussten davon gar nichts, was mit ihren Familienangehörigen passiert ist. Das finde ich sehr traurig, dass es normal gewesen ist, dass der Mensch eben sterben musste. Und das ist eben nicht so bei mir, dass man so mit den Betroffenen redet. Das hat sich mit der Zeit gewandelt, dass man eben die Betroffenen aufruft und sagt, kommt und seht euch den Ort an, wo eure Leute umgekommen sind. Wir zeigen euch die Stätten nochmal, ihr könnt nochmal Trauer zeigen. (Brandenburg an der Havel: Kathrin König: 30)

Vor dem Hintergrund der langanhaltenden Tabuisierung der Verbrechen war und ist die Informationsarbeit eine der zentralen Aufgaben der Bildungsarbeit an den historischen Orten, worauf alle Befragten in den Gesprächen hinwiesen. So wurde im Gespräch in der Gedenkstätte Hadamar durch die pädagogische Mitarbeiterin auf die Nichtthematisierung der »Euthanasie«-Verbrechen und die mit der erstmaligen Konfrontation verbundenen Gefühle aufmerksam gemacht:

> Und man vielleicht in dem Zusammenhang auch sagen muss, viele Schülerinnen und Schüler, das ist unsere größte Zielgruppe, die den Ort besuchen, sind zum ersten Mal an so einem Ort, das macht natürlich auch nochmal einen Unterschied und wir hören eben auch oftmals, dass die Ermordung und Verfolgung von Menschen mit Behinderungen und psychischen Erkrankungen durch die Nationalsozialisten unbekannt war. Es tut sich erstmal ein neues Thema auf, ist auch, was man rückblickend erfährt von Teilnehmenden aus dem Bereich der Erwachsenenbildung, weil es eben in der Schule keine Rolle gespielt hat, weil es sich nicht in den Schulbüchern wiederfindet und von daher ist das dann immer erstmal ein »Aha Moment« und es ist auch ein Moment, der durchaus auch emotional erfolgt oder mit Emotionen verbunden ist. (Hadamar: PM AL: 59)

Auch die abgeordnete Lehrkraft hob die Notwendigkeit der Sensibilisierung hervor, insbesondere vor dem Hintergrund der nach wie vor weit verbreiteten abwertenden Haltung gegenüber Menschen mit Behinderungen. So werden Ausdrücke wie »Du bist ja behindert« nach wie vor in der Jugendsprache als Beleidigung verwendet:

> (...) [V]ielleicht nochmal auch ergänzen so ein bisschen in die Sensibilisierung reinzugehen. Also gerade, wenn man oben in der Gedenklandschaft ist, die ja so einen guten Ort bietet, um nochmal darüber zu sprechen, warum sind wir heute hier. Dann finde ich ist so eine Sensibilisierung auch ganz wichtig. Das kann einfach sein bei Sprache, dass man ja heutzutage auch häufig Beschimpfungen verwendet wie »Du bist ja behindert.« oder so und was macht das, was bedeutet das für mich heute. Also ich glaube, ich würde mich wie gesagt anschließen, einfach auch nochmal sagen, dass man so eine Sensibilisierung schafft. (Hadamar: PM AL: 18)

Um das Wissen zu verbreiten, soll auch »vom Ort wegvermittelt werden«, worauf Kathrin Bauer verwies. Hierfür wird beispielsweise eine mobile Wanderausstellung genutzt, die von der Gedenkstätte Grafeneck verliehen wird. Die Mitarbeitenden der Gedenkstätten betonen die gesamtgesellschaftliche Wirkung durch die Besucher*innenzahl, so beispielsweise Kathrin Bauer für die Gedenkstätte Grafeneck:

> Was die Wirkung angeht, die Gedenkstätten werden wahrgenommen, also wir haben über 400 Besuchergruppen im Jahr sowie in etwa 30.000 Besucherinnen und Besucher an der Gedenkstätte. Das erzeugt natürlich auch eine Wirkung in der Gesellschaft. Dass es einfach einen Ort gibt, den man besuchen kann, an dem man Informationen vorfindet, wo man sich über das Verbrechen bilden kann. (Grafeneck; Kathrin Bauer: 9)

Die Gedenkstätten wollen eine breite Zielgruppe erreichen, eigentlich sollen »Alle« angesprochen werden, wobei insbesondere die Angehörigen der Pflege-, Gesundheits- und Sozialberufe als spezifische Zielgruppe fokussiert werden. Diese waren ausgehend von autonomen Entscheidungen an den Verbrechen beteiligt, was in der Gedenkstättenarbeit thematisiert werden muss.

> (...) [D]a würde ich sagen, letztendlich alle Gruppen, die sich in Ausbildungen befinden oder in schulischen Rahmen, d.h. Schülerinnen und Schüler möchten wir erreichen. Wir wollen aber auch Leute, die Berufe erlernen, z.B. alle pflegerischen Berufe oder die akademische Berufe erlernen, wie z.B. Soziale Arbeit oder auch medizinische Fakultäten wollen wir gerne erreichen, weil das zumindest auch bei den Berufsbildungsmaßnahmen Leute sind, die in einer gewissen Tradition stehen, dass sie erkennen, die Vertreter der Berufsgruppen vorher und vor allem in der nationalsozialistischen Zeit, Verantwortung übernommen haben, mitunter Mitverantwortung tragen für das Zustandekommen dieser Verbrechen und in verschiedenen Abweichungen auch an diesen Verbrechen beteiligt waren. Und genau diese Gruppen wollen wir erreichen. (Brandenburg an der Havel: Christian Marx: 13)

Daneben wurde in den Gesprächen auch die Bedeutung der Ansprache von Menschen mit Behinderungen und Psychiatrieerfahrungen hervorgehoben. Jedoch musste selbstkritisch eingeräumt werden, dass die meisten Angebote bisweilen nicht in barrierefreier Form vorhanden seien. Die bis in die Gegenwart andauernde, gesamtgesellschaftlich unzureichende Thematisierung stellt die Grundlage für die inhaltlichen Schwerpunktsetzungen der Vermittlungsarbeit an den historischen Orten dar.

Inhaltliche Schwerpunktsetzung

Die »Euthanasie«-Gedenkstätten wollen einen Beitrag leisten zur Gestaltung einer demokratischen Kultur. Auch wenn in den Gesprächen meist zu Beginn die Würdigung der Betroffenen und ihre Schicksale betont wurden, ist auffallend, dass der Fokus auf die Täter*innen liegt, denen eine aktive Rolle zugeschrieben wird. Hierbei wird auf die Motive eingegangen, wie Christian Marx festhielt:

> Die Frage nach den Schwerpunkten vor Ort ist (...), dass wir unter anderem, aber auch vor allem den Teilnehmenden der Veranstaltung verdeutlichen, wie zu erklären ist, dass z. B. hier in Brandenburg an der Havel 70 Männer und Frauen bereit sind, sich an diesem Verbrechen, in welcher Form auch immer, sich zu beteiligen. Da ist ein Schwerpunkt der Arbeit, dass wir darauf hinweisen oder auch mit den Teilnehmenden, anhand von Dokumenten nachvollziehbar zu machen, welche autonomen Entscheidungen dahinterstehen, dass eine Krankenschwester, ein Krankenpfleger, ein Arzt, ein SS-Mann, warum die sich, ohne dass man sie üblicherweise zwingt, sich an diesen Verbrechen beteiligten. Und das zu verdeutlichen, welche Strukturen, welche Handlungsoptionen bestanden haben, das ist ein Schwerpunkt unserer Arbeit, weil damit letztendlich deutlich wird, dass selbst unter den furchtbaren Bedingungen eines Terrorregimes es immer auch noch Möglichkeiten gegeben hat, sich gegen eine Teilnahme an diesen Verbrechen zu entscheiden. (Brandenburg an der Havel: Christian Marx: 5)

Die nachrangige Fokussierung der Lebensgeschichten der Verfolgten wurde mit der schlechten Quellenlage erklärt. Ein Hauptproblem hierbei ist die Dominanz der Täter*innensichtweise, die aus den vorhandenen Aktenbeständen rekonstruiert werden kann. Zentraler Bestandteil der Bildungsarbeit ist deshalb auch immer die Problematisierung der Quellen, wie Kathrin Bauer feststellt:

> Wenn da drinnen steht, der Mensch hat einen schweren Defekt. Also, was ist das für eine Abwertung und dass es kein Zufall ist, und dass es in der Zeit so war. Dass es das Bild der Menschen wiedergibt, das auf Menschen mit Behinderungen wirkte. Ich glaube, das ist ganz, ganz wichtig. Da kann man Schüler wunderbar sensibilisieren, also die sehen das dann ganz schnell und verstehen auch, dass so eine Krankenakte nicht wirklich viel über eine Person hergibt. Man kann einfach mal Fragen stellen wie: Was wisst ihr jetzt über die Person, nachdem ihr das gelesen habt und da kommt das dann oft auch gleich so zurück, so wirklich viel nicht. Das finde ich ganz, ganz wichtig, sich diese Leerstelle bewusst zu machen, das finde ich ganz, ganz wichtig. (Grafeneck: Kathrin Bauer: 21)

Da die Akten oft die einzigen zur Verfügung stehenden Unterlagen sind, wird mit diesen gearbeitet, um die individuellen Leidenswege zu rekonstruieren. Dabei muss, wie die pädagogische Mitarbeiterin der Gedenkstätte Hadamar festhielt, quellenkritisch gearbeitet werden, weshalb die Akten nur in längeren Workshops und mit Menschen, die schon Vorwissen haben, wie beispielsweise Krankenpflegeschüler*innen, verwendet werden können. Die ehemalige Mitarbeiterin der Gedenkstätte Hadamar versuchte, durch die Arbeit mit Akten eine Empathie der Teilnehmenden zu wecken, durch die bewusste Verwendung von Schicksalen von Kindern wollte sie eine Verbindung zur Lebenswelt der teilnehmenden Schüler*innen herstellen.

> Also, alleine dadurch, dass sie sich so intensiv damit auseinandergesetzt haben, das hat auch schon häufig was ausgelöst. Wenn ich z. B. mit Schulklassen mit Akten gearbeitet habe, dann habe ich häufig auch die Akten von Kindern genommen oder jüngeren Perso-

nen. Das war einmal, das weiß ich noch, das war schon sehr bewegend, das war eine junge Klasse und die haben sich mit einem jungen Buben beschäftigt und haben festgestellt, dass just an dem Tag, wo sie das bearbeitet haben, da hätte der Geburtstag gehabt. Und haben dann, das fand ich sehr empathisch (...). Ich habe dann auch immer so Vergleichsübungen gemacht, also zu sagen, was für einen Brief würden sie jetzt schreiben oder was würden sie gerne mit der Person machen (...). Also es waren ja Kinder, was würdet ihr vorschlagen, was man ihm für eine Freude machen kann. Und da haben die gesagt, es ist ja sein Geburtstag und sie würden eine Geburtstagsparty feiern und haben das auch so dargestellt. Und das war sehr berührend, weil ich glaube, sie haben sich sehr reinversetzt. Und von daher würde ich sagen, das waren schon methodische Zugänge, die wir damals auch genutzt haben. Also mit Akten zu arbeiten und zu sagen, da sehen sie, das ist eigentlich übrig geblieben von der Geschichte eines Menschen, weil mehr wissen wir häufig nicht über ihn. Aber man kann trotzdem, das war auch immer so eine Phantasieaufgabe. Was steht vielleicht nicht drin, aber was hat diesen Menschen vielleicht schon auch ausgemacht. (Hadamar: ehemalige Mitarbeiterin: 25)

Während diese Methode einerseits die Empathie mit den Ermordeten fördern kann, ist andererseits zu fragen, ob hierbei nicht eine Vereinnahmung der Betroffenen stattfindet, weil eine unreflektierte Übertragung auf heutige gesellschaftliche Entwicklungen stattfinden könnte. In den Gesprächen wurde auch der Umgang mit Menschen mit Behinderungen und Psychiatrieerfahrungen thematisiert, worauf nun eingegangen werden soll.

15.2.2. Umgang mit Menschen mit Behinderung und Psychiatrieerfahrung in der Gedenkstättenarbeit

Die Gedenkstätten befinden sich in unmittelbarer Nachbarschaft zu Hilfseinrichtungen für Menschen mit Behinderungen und Psychiatrien. In den Gesprächen wurden die damit verbundenen Möglichkeiten, wie beispielsweise die Chance, auch auf die gegenwärtigen Lebensbedingungen von Menschen mit Behinderungen und Psychiatrieerfahrungen einzugehen, thematisiert. Andererseits wurde auf die mögliche Betroffenheit, besonders von Menschen mit Psychiatrieerfahrungen und Behinderungen, eingegangen, die aufgefangen werden müsste.

Umgang mit jetzigen Einrichtungen

Die Gedenkstätte Grafeneck ist in das Gelände der diakonischen Einrichtung Samariterstiftung (Wohngruppen und eine landwirtschaftliche Produktionsstätte) integriert. Diese Nachbarschaft wurde von der engagierten Angehörigen, die in der diakonischen Einrichtung als Sozialarbeiterin arbeitet, thematisiert.

> Da kommt mir eben auch mein Auftrag bei der Samariterstiftung zugute an der Stelle, weil im Moment gehört in der Werkstatt auch zu meinen Aufgaben, auch Fortbildungsangebote zu koordinieren und im Zweifel auch selbst anzubieten. Dabei tauschen sich die Standorte der Werkstatt der Samariterstiftung aus und die sind u. a. in Wendlingen, Aalen, Crailsheim usw., d. h. mit einem Fortbildungsangebot für Menschen mit Behinderungen in Werkstätten der Samariterstiftung erreichen wir etwa 900 Menschen. Da war uns bisher, jetzt hatten wir den Corona Knick, da war uns bisher wichtig, dass wir jedes Jahr das Angebot gemacht haben, über die Arbeit der Gedenkstätte und über die Geschichte Grafenecks zu informie-

ren, d.h. alle hatten die Möglichkeit sich regelmäßig anzumelden. Darüber hinaus ist uns wichtig, dass am Standort Grafeneck ganz speziell, also für Menschen, die sich entscheiden, hier zu wohnen, auch die Möglichkeit gibt, sich nochmal speziell zu informieren, was ist hier passiert. Die Angebote machen wir u.a. in der Werkstatt, weil es der Bereich ist, wo ich tätig bin und wo ich hinsehe, aber auch die Wohngruppenmitarbeiter in Grafeneck geben gerne Auskunft über die Gedenkstättenarbeit sowie die Historiker hier vor Ort auch gern bereit sind, jedem Bewohner, der zur Tür reinkommt, Informationen zu geben. Das finde ich wichtig, weil, wenn man wo wohnt, darf man auch gerne wissen, was der Ort für eine Geschichte hat. (Grafeneck: engagierte Angehörige: 21)

Es scheint, als sei in Grafeneck damit begonnen worden, die besonderen Gegebenheiten zu thematisieren. Hierdurch könnte der Ort seine von Susanne Knittel attestierte Unheimlichkeit verlieren (vgl. Knittel 2018).

Ferner stellte Kathrin Bauer fest, dass durch die besonderen Gegebenheiten die jetzigen Lebenslagen von Menschen mit Behinderungen thematisiert werden können:

(...) Das andere ist natürlich, wenn man heute hierherkommt, ist es ja ein Ort, an dem Menschen mit Behinderungen leben. Jede Gruppe muss sich unweigerlich damit auseinandersetzen, sich zumindest die Frage stellen, wie ist eigentlich dieser Ort als Wohnort, ist er geeignet. Wie leben Menschen mit Behinderungen? Also ganz oft habe ich das auch als Frage an Schulklassen, die dann sagen, sie waren noch nie in einer Einrichtung, in der Menschen mit Behinderungen gelebt haben. (Grafeneck: Kathrin Bauer: 19)

Wie bereits oben beschrieben, gab es in der Anfangszeit Vorbehalte in Hadamar, die Patient*innen in der auf dem Gelände ansässigen Psychiatrie in der Bildungsarbeit zu berücksichtigen, wovon die ehemalige Mitarbeiterin berichtete. Mittlerweile hat sich das Verhältnis zur psychiatrischen Klinik auf dem Gelände entspannt, was die pädagogische Mitarbeiterin festhielt:

Also, Zusammenarbeit im Zuge von bestimmten Veranstaltungen gibt es, aber es gibt jetzt keine Zusammenarbeit in der Form, dass wir ein extra Bildungsangebot für die Vitos [Vitos Klinik für Psychiatrie und Psychotherapie Hadamar. Anmerkung CH] beispielsweise haben, aber wir haben durchaus immer wieder Patientinnen und Patienten der Vitos, die sich dann hier vor Ort umgucken, wissen wollen, was hier ist, sich dann auch die Ausstellung angucken, die Gedenkstätte angucken und Fragen stellen. Also es ist eine gute Nachbarschaft, aber es gibt kein gemeinsames Angebot. (Hadamar: PM AL: 65)

Während mittlerweile eine Bereitschaft für die Berücksichtigung der Bedürfnisse von Menschen mit Behinderungen und Psychiatrieerfahrungen vorhanden ist, wie an den eben angeführten Aussagen gezeigt wurde, ist die mangelnde Barrierefreiheit aus den Anfangsjahren nach wie vor existent. Der Umgang mit diesen Barrieren wurde in den Gesprächen ehrlich thematisiert und kann als Versuch der Anpassung im Sinne des Normalisierungsparadigmas gedeutet werden, weil die »normalen Angebote« für Menschen mit Behinderungen angepasst werden sollen.

»Stück für Stück« Normalisierung in der Gedenkstättenarbeit

Wie oben bereits beschrieben, finden sich in den Gedenkstätten nach wie vor Barrieren, die schrittweise abgebaut werden sollen. Von einem solchen Vorgehen berichtete beispielsweise Kathrin Bauer in Bezug auf die Gedenkstätte Grafeneck:

15. Integration: Reden in der Rolle als Patient*innen und Klient*innen

> Wo man aber auch wiederum sieht und das macht einem ein bisschen Hoffnung, dass man sagt, wir können nicht auf einmal die inklusive Gedenkstätte schaffen, das geht einfach nicht, wir müssen das Stück für Stück, können wir verschiedene Bereiche ändern und das nimmt einem dann auch so ein bisschen (...) es ist dieses riesige Ding, wie können wir das direkt perfekt hinkriegen. Sondern man kann sagen, wir haben jetzt das eine, die leichte Sprache ist etabliert, das gehört zu unserem pädagogischen Alltag mit dazu. Was ist das Nächste, was wir angehen wollen? Und so können wir das Stück für Stück verändern. Ich glaube, das ist einfach das, was für Gedenkstätten unserer Größe gilt. (Grafeneck: Kathrin Bauer: 43)

Die Gedenkstätte Grafeneck hat ein Interesse, ihre Angebote inklusiver zu gestalten. Nach einem Pilotprojekt, im Rahmen dessen u. a. ein Audioguide in leichter Sprache beschafft wurde, ist gerade in Zusammenarbeit mit der befragten »engagierten Angehörigen« und der Samariterstiftung ein Projekt zur Einbeziehung der ortsansässigen Bewohner*innen der Einrichtung der Eingliederungshilfe in Planung. In den Gesprächen mit den haupt- und ehrenamtlichen Mitarbeitenden der Gedenkstätten wurde auf die potenzielle Betroffenheit eingegangen. Die damit verbundenen Probleme sollen nachfolgend thematisiert werden.

Empathie und Gefahr der Ausgrenzung durch potenzielle Betroffenheit

Auf die Frage nach der Empathie der an den Bildungsangeboten in den »Euthanasie«-Gedenkstätten Teilnehmenden stellte die ehemalige Mitarbeiterin der Gedenkstätte Hadamar folgendes fest. Diese Aussage lässt auf eine Veränderung aufgrund der sich wandelnden Thematisierung der pränatalen Diagnostik schließen.

> Also, ich würde sagen, es war natürlich ein totaler Unterschied zwischen Menschen mit Behinderungen und Menschen ohne Behinderungen, das muss man sehr stark sagen, also das war klar anders. Menschen ohne Behinderungen, da würde ich schon sagen nach dem Motto, ja, die armen Opfer also schon, aber es war immer, wie ich es genannt habe der Blick von außen. Also es war immer das Gefühl, okay wir haben oder ich habe keine Behinderung. Mich kann das nicht treffen oder ich wäre da nicht Teil gewesen. Also dieses Gefühl, es hätte auch mich ereilen können, das würde ich sagen, haben die Wenigsten der nichtbehinderten Teilnehmenden gehabt. Und ich finde durch die gesellschaftliche Diskussion ist es wirklich ein Unterschied gewesen. Es ist anfänglich in den 90er Jahren gab es schon auch insgesamt zum Thema Zwangssterilisation größere Empathie als so mit Beginn der 2000er als es sehr stark um diese Lebensrechtdebatte ging und z. B. viel mehr das Thema kam z. B. Abtreibung bei Pränataldiagnostik mit entsprechendem Befund, Da habe ich mit Schulklassen wirklich über viele Jahre mit gearbeitet und habe festgestellt, dass es so in den 90er Jahren, da waren es so der Großteil, der damit nicht einverstanden war, es waren auch Erwachsene, mit denen ich das besprochen habe, weil es für die natürlich auch eher ein Thema war. Aber ich habe festgestellt, Mitte des ersten Jahrzehnts war es, also 2005, 2006 hat man in den Gruppen kaum noch jemanden gefunden der gesagt hat, finden sie verkehrt, eugenisch begründete Abtreibung. Und das war schon eine eindeutige Veränderung. Eindeutig und da würde ich auch sagen. Und manchmal gab es auch Menschen, die gesagt haben, ja mit Zwangssterilisation, dieses Kind könnte doch behindert werden oder so. Ansonsten ist es ja natürlich nicht so offen gesagt worden. Aber mit Fragen zur heutigen Situation ist man an die tatsächliche Meinung der Menschen rangekommen. Das hat sich ganz klar verändert in den 15 Jahren, wo ich da war. Das war sehr auffällig. (Hadamar: ehemalige Mitarbeiterin: 37)

Ausgehend von dieser Feststellung wurden auch die anderen Interviewten nach ihrer Einschätzung bezüglich der Empathie der Teilnehmenden gegenüber den Betroffenen der Zwangssterilisation und »Euthanasie« und nach einem möglichen Unterschied zwischen Menschen mit und ohne Behinderungen gefragt. Allgemein attestierten die Befragten den Teilnehmenden eine große bis sehr große Empathie, so beispielsweise Kathrin Bauer:

> Ich kann das natürlich nicht für alle Besucherinnen und Besucher beantworten, aber meine Wahrnehmung ist, dass es da eine sehr, sehr große Empathie gibt mit den Betroffenen und dass sie sich häufig so äußern… also man hört, dass oft in so Gesprächen, wenn man über das Gelände geht, wenn dann die Teilnehmenden noch untereinander Gespräche führen und man einfach merkt, das beschäftigt die jetzt noch, was die gehört haben, was sie über die Person wussten oder was sie erfahren haben über eine Person, die hier ermordet wurde. Da ist mein Empfinden, dass da eine sehr hohe Empathie da ist und dass auch völlig unabhängig, von wie alt die Teilnehmenden sind, gerade z. B. in den letzten Wochen hatte ich sehr viele Jugendliche, 14jährige, 13jährige, die waren im Konfirmandenunterricht da und wenn man liest, was die in die Gästebücher schreiben, was die hier für Nachrichten hinterlassen, es geht viel darum, dass es ihnen leidtut, was mit den Menschen hier passiert ist, dass sie das so schrecklich finden. Wir hatten da ein Beispiel, ein kleiner Junge und das hat dann eine Schülerin geäußert, sie fand das so schrecklich, dass so ein kleiner, wie sie auf dem Foto fand, lebenslustiger Junge, ermordet wurde. Also da sieht man in diesen Äußerungen, da ist eine Empathie da. (Grafeneck: Kathrin Bauer: 31)

Erst auf Nachfrage hinsichtlich der Unterschiede der wahrgenommenen Empathie zwischen Menschen mit und ohne Behinderungen durch den Autor ging Frau Bauer auf die potenzielle Betroffenheit ein, die aufgefangen werden müsse. Während hinsichtlich der Empathie von den meisten Befragten keine Unterschiede festgestellt wurden, wird die Gefahr der Übertragung auf eigene Diskriminierungserfahrungen wahrgenommen. Dies wird versucht in der Bildungsarbeit zu berücksichtigen.

> Eigentlich eher nicht. Ich meine, es ist manchmal so, dass Menschen mit Behinderungen das wieder sehr auf sich selbst beziehen, also eher nochmal mehr eine Identifikation mit dem Opfer vornehmen und sagen, was wäre mit mir in der Zeit passiert. Also, das äußert sich an dieser Frage. Wo man aber ein bisschen schauen muss, dass man klar macht, wir sind jetzt heute hier und man darf diesen Gedanken nicht zu sehr (…) oder ist ja nicht von uns beabsichtigt diesen Gedanken so zu erzeugen, ja, auf keinen Fall. Aber grundsätzlich würde ich da keinen Unterschied machen zwischen Menschen mit und ohne Behinderung. (Grafeneck: Kathrin Bauer: 33)

Insbesondere bei der Führung und der Bildungsarbeit der Guides in der Gedenkstätte Brandenburg an der Havel wird diese eigene Betroffenheit zumindest implizit thematisiert, während sie faktenbasiert und ausgehend vom historischen Wissen über die »Euthanasie« aufklären. Sie definieren ihre Arbeit auch als einen Kampf, damit so etwas wie »Euthanasie« nicht mehr passiert.[10] Kathrin König hob eine mögliche Betroffenheit am Rande des Gesprächs hervor:

---

10 Besonders eindrucksvoll ist dies bei einer Veranstaltung anlässlich des fünfjährigen Bestehens der Gedenkstätte Brandenburg an der Havel, wo der Guide Mario Sommer dazu aufruft, zu kämpfen, damit so etwas wie »Euthanasie« nicht mehr passiert. Ein Mitschnitt dieser Veranstaltung ist auf dem YouTube Kanal der Gedenkstätte Brandenburg an der Havel einsehbar (vgl. www.youtube.com/watch?v=ujsUfkTYMjc).

Und das ist wirklich, ne. Da wärst du nicht auf der Welt und ich auch nicht auf der Welt. Also das ist wirklich nicht schön sowas. (Brandenburg an der Havel: Kathrin König: 36)

Die Integrationsdebatte ermöglichte eine Thematisierung der »Euthanasie«-Verbrechen. Auf der anderen Seite war in dieser Phase das Reden mit und über dominant, es wurde sich auf die Täter*innen fokussiert, denen im Gegensatz zu den Betroffenen Handlungsmacht zugeschrieben wurde. Dies und die fehlende und (durch Täter*innensichtweise dominierte) mangelnde Quellenlage führte zu einer Unterrepräsentanz der Betroffenenperspektive. Auch die Ermöglichung von Teilhabe am Erinnerungsdiskurs in Gedenkstätten und die damit einhergehenden Probleme können als Konsequenz der Normalisierung bewertet werden, weil die Angebote nicht ausreichend die Bedürfnisse potenziell Betroffener berücksichtigen. Erst die Inklusionsdebatte und die damit verbundene Forderung nach umfangreicher Teilhabe am politischen und öffentlichen Diskurs ermöglicht eine umfassende Öffnung der Gedenkstätten.

16. Inklusion: Reden in der Rolle als Expert*innen in eigener Sache

Insbesondere seit der Ratifizierung der UN-Behindertenrechtskonvention (UN-BRK) im Jahr 2009 wurde die aktive Partizipation von Menschen mit Behinderungen am politischen Prozess rechtlich verbrieft. Diese war das Ergebnis der internationalen Behindertenbewegung. Unter Berufung auf die UN-BRK konnten auch Forderungen nach einem inklusiven Erinnern stärker vertreten werden. Sie lösten eine Diskussion aus, die vor einer Konfrontation von Menschen mit Beeinträchtigung (insbesondere Lernschwierigkeiten) und Psychiatrieerfahrungen mit der (eigenen) Geschichte warnte.

16.1. Verschiebung der Rolle vom Fürsorgeobjekt zum*r Akteur*in der Selbstbestimmung

Insbesondere seit den 80er Jahren engagierten sich Menschen mit Behinderungen gegen die Diskriminierung. Sie forderten eine umfassende Teilhabe und kämpften in »Krüppelgruppen« gegen die Ausgrenzung in Sondereinrichtungen. Ausgehend von der Behindertenbewegung erstritten sich Menschen mit Behinderungen umfangreiche Teilhaberechte (UN-BRK) und die Anerkennung als Rechtssubjekte.

16.1.1. Bewegungen von Menschen mit Behinderungen

Die Bürgerrechtsbewegung der 50er und 60er Jahre in den USA ermutigte Menschen mit Behinderungen in den USA, sich für ihre Rechte einzusetzen. Zwar beinhalteten die Bürgerrechtsgesetze von 1964 kein Diskriminierungsverbot gegenüber Menschen mit Behinderungen, von den Erfolgen hinsichtlich der Verbesserung für von

Diskriminierung betroffene Menschen gingen jedoch die Signale aus, dass man seine eigene Benachteiligung thematisieren muss und es sich lohnt, gegen diese zu kämpfen (vgl. Hermes 1998: 20). Ausgangspunkt der Proteste war die kalifornische Universitätsstadt Berkeley, wo sich der an beiden Beinen gelähmte und auf ein Atemgerät angewiesene Student Ed Roberts einen Zugang zur Universität erstritt. Nach diesem Erfolg erkämpften sich in den folgenden Jahren immer mehr Studierende mit Behinderungen das Recht zu studieren. Sie gründeten eigene Assistenzagenturen, in denen sie die für sie notwendige Unterstützung organisierten (vgl. ebd.: 21ff). Ausgehend von diesen Aktivitäten wurde 1972 von Ed Roberts und seinen Verbündeten das erste *Center for independent living* (CIL) gegründet, in dem neben Alltagshilfen auch *peer counseling* Angebote bereitgestellt wurden. Mit den CILs war eine neue soziale Bewegung entstanden, die sich gegen die Diskriminierung von Menschen mit Behinderungen wehrte. Der Protest verbreitete sich in den ganzen Vereinigten Staaten und forderte eine rechtliche Gleichstellung (vgl. Miquel 2022: 128). Eine zentrale Forderung des *Independent Living Movements* war die Verabschiedung eines allgemeinen Antidiskriminierungsgesetzes, das Menschen mit Behinderungen vor Ausgrenzung in sämtlichen Lebensbereichen schützen sollte. Zwar wurde 1972 ein Antidiskriminierungsgesetz erlassen, allerdings konnte es erst mit den dazugehörigen Ausführungsbestimmungen in Kraft treten, die aufgrund von Blockadehaltung nicht implementiert werden konnten. Um ihre Forderungen durchzusetzen, besetzten 200 Menschen mit Behinderung ein Regierungsgebäude in San Francisco. Dieser Protest hatte Erfolg, 1978 wurden die Ausführungsbestimmungen beschlossen und ein allgemeines Antidiskriminierungsgesetz konnte in Kraft treten. Es sieht vor, dass Menschen mit Behinderung Zugang zu allen Institutionen haben sollen, die staatlich gefördert werden (vgl. Hermes 1998). 1989 wurde dieses Diskriminierungsverbot durch den *Americans with Disabilities Act* (ADA) erweitert, der allen Institutionen, unabhängig von der Inanspruchnahme von öffentlichen Zuschüssen, die Diskriminierung von Menschen mit Behinderungen verbietet. Während sich in der Behindertenbewegung vor allem Menschen mit körperlichen Behinderungen engagierten, organisierten sich Menschen mit Lernschwierigkeiten im »network people first« (auf dem Oregon Kongress 1975) und Menschen mit Psychiatrieerfahrungen in eigenen Netzwerken (vgl. Miquel 2022: 149). Auch in anderen Nationen stritten Menschen mit Behinderungen für ihre Rechte.

Ermutigt durch die Erfolge in den Vereinigten Staaten kam es auch in Deutschland zu Protesten. Diese wurden durch das Frankfurter Reise-Urteil ausgelöst. Am 25. Februar 1980 sprach das Landgericht Frankfurt am Main einer Frau Teilminderung zu, weil sie sich durch die Anwesenheit von Menschen mit Behinderungen an ihrem Urlaubsort gestört gefühlt hatte und keine Erholung möglich gewesen sei. Ausgehend von diesem Urteil gab es in der gesamten Bundesrepublik zahlreiche Demonstrationen (vgl. Fischer 2022: 115). Der Protest richtete sich vor allem gegen das 1981 ausgerufene UNO-Jahr für Menschen mit Behinderungen, bei dem nur über Menschen mit Behinderungen und nicht mit ihnen diskutiert wurde. Mit dem Dortmunder »Krüppeltribunal« sollten die Menschenrechtsverletzungen gegen Menschen mit Behinderungen öffentlich angeprangert werden. Am 12. Und 13. Dezember 1981 wurde unter anderem die Unterbringung in Heimen und die damit verbundene Fremdbestimmung verhandelt (vgl. ebd.: 104). Der Beginn der Proteste von Menschen mit Behinderungen führte zu einem stärkeren Bewusstsein für die Bewohner*innen in Heimen, so wurde in einem Hintergrundpapier des Bundesministeriums für Jugend, Familie und Gesundheit festgestellt, dass sie die meistvernachlässigte Gruppe von Menschen mit Behinderungen seien (vgl. Rudloff 2013: 119). Neben den »Clubs Behinderter und ihrer Freunde«, die sich bereits in den 60er Jahren gründeten und gegen die Langeweile in den Anstalten selbstorganisierte Freizeitangebote organisierten sowie gegen die Isolation protestierten, formierte sich mit den »Krüppelgruppen« eine radikale Protestform: Mit Hungerstreiks und Anketten vor der Bremer Bürgerschaft forderten sie die Einsetzung eines Modellprojekts für die dezentrale Versorgung von Menschen mit Behinderungen, um Heime schließen zu können (vgl. Fischer 2022: 107). Insbesondere die »Krüppelgruppen« lehnten eine Zusammenarbeit mit Professionellen strikt ab und wollten durch die Gründung eigener Unterstützungsnetzwerke Selbstbestimmung verwirklichen (vgl. ebd.: 114).

Wie in den USA wollen auch die deutschen Initiativen die eigene Handlungsfähigkeit betonen. Durch Beratungen von Menschen mit Behinderungen für Menschen mit Behinderungen soll die Dichotomie zwischen den ratsuchenden Menschen mit Behinderungen und den beratenden Menschen ohne Behinderungen überwunden werden. Die Arbeit der ISL[11] orientiert sich an drei grundlegenden Prinzipien. Autonome Entscheidungsprozesse sollten etabliert und eine Beratung auf Augenhöhe gewährleistet werden.

- Alle Entscheidungskompetenzen liegen in den Händen oder Füßen von Menschen mit Behinderungen.
- Drei Viertel der bezahlten oder ehrenamtlichen Tätigkeiten liegen in der Verantwortung behinderter Personen.
- Im Sinne des Selbstvertretungsprinzips sollen Versammlungen, Verhandlungen und öffentliche Auftritte ausschließlich von behinderten Frauen und Männern wahrgenommen werden. (zitiert nach Münner/Sierck 2012: 104f)

Ausgehend von der allgemeinen Empowerment-Bewegung in den 80er und 90er Jahren schlossen sich auch Menschen mit Psychiatrieerfahrungen zusammen. 1992 gründete sich der *Bundesverband Psychiatrieerfahrene*, der sich zum Ziel setzte, Menschen mit Psychiatrieerfahrungen in der Fachwelt, Politik und Gesellschaft zu vertreten (vgl. Reumschüssel-Wienert 2021: 197).

Die sogenannte »Singerdiskussion« führte zu Konflikten und Kontroversen. Der australische Philosoph Peter Singer, ein radikaler Utilitarist, vertrat die Forderung, dass Babys mit Behinderungen getötet werden dürfen. Um sich mit diesen hoch umstrittenen Thesen Peter Singers auseinanderzusetzen, lud die *Bundesvereinigung Lebenshilfe* Peter Singer 1989 zu einer Tagung unter dem Titel »Biotechnik – Ethik – geistige Behinderung« nach Marburg ein. Gegen die Veranstaltung protestierten Aktivist*innen der Behindertenbewegung und erreichten eine Absage der Veran-

---

11 Initiative *Selbstbestimmt Leben*

staltung. Dies führte nach eigenen Angaben der Lebenshilfe zu einer stärkeren Auseinandersetzung mit der Vergangenheit der Gründungsväter Werner Villinger und Herrmann Stutte. Wie bereits an verschiedenen Stellen erwähnt, war Villinger während der NS-Zeit an den Sterilisationen beteiligt und hatte eine Rolle in der »Euthanasie«-Aktion inne. Stutte war als Gutachter des Erbgesundheitsgerichts tätig und vertrat auch nach 1945 rassenhygienische Thesen, wie die Lebenshilfe in ihrer Chronik festhielt.

> Erst viele Jahre später wurde uns Eltern bekannt, wie Menschen, die den Eltern nach der Gründung der Lebenshilfe zur Seite standen, in der Nazizeit gedacht, gesprochen und geschrieben haben und was sie getan haben. Wir waren betroffen und entsetzt (...). Unsere ethischen Grundsätze sind nicht vereinbar mit dem Denken und Tun der Ärzte während der Nazizeit (zitiert nach Lebenshilfe).

16.1.2. Deinstitutionalisierung und Expert*innen in eigener Sache

Die Entwicklungen im Rahmen des Empowerments von Menschen mit Behinderungen und Psychiatrieerfahrungen führten zur De- und Neu-Institutionalisierung der Unterstützungsangebote für diese. Mit dem Begriff der Deinstitutionalisierung ist die Forderung verbunden, die Institutionen nach den Bedürfnissen der Klient*innen auszurichten, was insbesondere in den ersten Nachkriegsjahrzehnten nicht praktiziert wurde (vgl. Rudloff 2013: 110).

Wie bereits erwähnt, traten mit dem *Center for independent living* Betroffene als Akteure der Unterstützung von Menschen mit Behinderungen auf. Durch die individuelle Lebensgestaltung mittels persönlicher Assistenz soll Selbstbestimmung verwirklicht werden, was als praktische Heimkritik interpretiert werden kann. Damit wandelte sich ihre Rolle von reinen Aktivist*innen hin zu »Expert*innen in eigener Sache« (vgl. Fischer 2022: 105ff). Vorbildhaft waren die CILs auch für die deutsche Initiative *Selbstbestimmt Leben* (ISL). Sie forderten eine Wohnform, in der jeder unabhängig vom Grad seiner Behinderung entscheiden kann, wie, wo und mit wem er zusammenlebt und wer die für ihn notwendige Unterstützung leistet (vgl. Rudloff 2013: 129). Diese Bemühungen zur Forcierung der Selbstbestimmung führten zu Konflikten zwischen den Selbstvertretungsorganisationen, die sich auf nationaler und internationaler Ebene formierten, und den nichtbehinderten Expert*innen, die an der Tradition der »institutionellen Fremdbestimmung« ihrer Klient*innen festhalten wollten (vgl. Miquel 2022: 141). Auch hinsichtlich der psychiatrischen Versorgung wurden Ansätze forciert, die ein selbstbestimmtes Leben mit einer psychiatrischen Diagnose ermöglichen sollten. So stellt der *Recovery Ansatz* nicht die Heilung hin zu einer allgemeinen Vorstellung von Gesundheit in den Mittelpunkt, sondern die Befähigung zur individuellen Selbstverwirklichung und Teilhabe auch mit einer Behinderung oder psychiatrischen Beeinträchtigung. Damit geht auch eine Beteiligung von Menschen mit Psychiatrieerfahrungen am Genesungsprozess einher (vgl. Reumschüssel-Wienert 2021: 265f). Durch die Forcierung einer an dem Individuum orientierten Heilung, um ein gutes Leben zu verwirklichen, schließt der *Recovery Ansatz* an die Forderungen der Antipsychiatrie Aktivist*innen an, die sich gegen stigmatisierende Zuschreibungen wehrten (vgl. ebd.: 293).

Die Entwicklungen der Deinstitutionalisierung förderten auch Öffnungsprozesse in diakonischen Einrichtungen, in denen die Stimmen der Bewohner*innen lange nicht berücksichtigt worden sind (vgl. Schmuhl 2013). Hierfür war ein Wandel des Verständnisses von Behinderung notwendig: Auf der 5. Vollversammlung des Ökumenischen Rates der Kirchen in Nairobi 1975 wurden erstmals Schritte zur aktiven Einbeziehung von Menschen mit Behinderungen in das kirchliche Leben angestoßen. Auch wenn 1983 die Öffnung sämtlicher kirchlicher Ämter für Menschen mit Behinderungen auf der Vollversammlung in Vancouver beschlossen wurde, blieb eine umfassende inklusive Gestaltung des kirchlichen Lebens lange aus. Wichtige Impulse für die Neuausrichtung des diakonischen Handelns im Sinne einer inklusiven Gestaltung lieferte der Theologe Ulrich Bach mit seiner »Theologie nach Hadamar«. Vor dem Hintergrund des Versagens der protestantischen Kirchen während des Nationalsozialismus, insbesondere bei den Themen Zwangssterilisation und »Euthanasie«, entwickelt Bach eine »ebenerdige Theologie«, die keine Unterscheidung zwischen oben und unten kennt. Er will keine Sondertheologie für Menschen mit Behinderungen entwickeln, sondern die allgemeine Theologie an die Bedürfnisse von Menschen mit Behinderungen anpassen, womit er anschlussfähig für die *disability history* und *disability studies* wird. Die Ebenbildlichkeit Gottes für Menschen mit Behinderungen leitet er aus der Krankheit Jesu und seiner Jünger ab. Dadurch wird das historische (ordnungstheologische) Argument entkräftet, demnach Menschen mit Behinderungen Teil einer »after Schöpfung« seien (vgl. Krauß 2014). Die Diakonie spielt für ihn eine zentrale Rolle und muss gestärkt werden, weil sie ein wichtiges Glied des gesamten Glaubens sei. Dabei beschreibt er das diakonische Handeln als gegenseitigen Dienst von Helfenden und Hilfsbedürftigen. Dieser Gedanke schließt an die Überlegung an, dass Menschen mit Behinderungen und Psychiatrieerfahrungen »Expert*innen in eigener Sache« sind.

16.1.3. Schritte zur rechtlichen Gleichstellung

Die Forderung nach Selbstbestimmung ist auch eine wesentliche Grundlage für die UN-BRK, die am Ende der Entwicklung hin zu einer rechtlichen Gleichstellung steht.1949 wurde das Grundgesetz der Bundesrepublik Deutschland eingeführt. Auch vor den Eindrücken der Verbrechen während des Nationalsozialismus wurde die Würde der Menschen und der Gleichheitsgrundsatz an den Anfang gestellt. In Artikel 3 wurde die Gleichheit vor dem Gesetz festgeschrieben, niemand soll aufgrund seiner Sprache, Religion oder »Rasse« diskriminiert werden. Das Diskriminierungsverbot bezog sich zu diesem Zeitpunkt noch nicht explizit auf Menschen mit Behinderungen. Es wurde durch Selbstvertretungsorganisationen darauf gedrängt, Menschen mit Behinderungen in den Artikel 3 des Grundgesetzes aufzunehmen. Mit öffentlichkeitswirksamen Veranstaltungen wie dem Dortmunder »Krüppeltribunal« wurde die Situation von Menschen mit Behinderungen thematisiert und angeprangert. Hieraus resultierte ein Handlungsdruck für die politischen Entscheidungsträger*innen. In der gemeinsamen Verfassungskommission im Zuge der Wiedervereinigung von Bund und Ländern konnten neue Bestandteile in das Grundgesetz aufgenommen werden. Nach anfänglichen Konflikten wurde 1994 das Grundgesetz geändert, in Artikel 3 wurde der Grundsatz aufgenommen »Niemand darf wegen seiner Behinderung benachteiligt werden« (vgl. Welti 2014: 163f). Um die grundgesetzliche Norm in die Praxis umzusetzen, trat 2002 das »Gesetz zur Gleichstellung von Menschen mit Behinderungen« in Kraft. Damit wurden öffentliche Behörden dazu verpflichtet, ihre Angebote barrierefrei zugänglich zu machen. Das Problem dieses Gesetzes war, dass es nur öffentliche Behörden zur Barrierefreiheit verpflichtete, die Privatwirtschaft war hiervon ausgeschlossen (vgl. Bösl 2013). Wie alle anderen Menschen sind auch Menschen mit Behinderungen rechtsfähige Subjekte, die im Staat ihren Willen artikulieren, Verträge schließen und an Wahlen teilnehmen können. In den Novellierungen des Betreuungsrechts in den 90er Jahren wurde die Vormundschaft zugunsten der rechtlichen Betreuung abgeschafft. Hierbei ist der Wille der Betroffenen und die Unterstützung dieser bei der Verwirklichung einer autonomen Lebensgestaltung die zentrale Aufgabe der rechtlichen Betreuung.

Durch die UN-BRK, die 2006 von der UN-Vollversammlung beschlossen und 2008 durch Bundestag und Bundesrat ratifiziert wurde, wurden die Rechte von Menschen mit Behinderungen konkretisiert. Sie enthält keine neuen Menschenrechte, sie basiert auf den bestehenden Menschenrechten sowie den wirtschaftlichen, sozialen und kulturellen Menschenrechten (WSK-Pakt) und fordert die uneingeschränkte Anwendung dieser (vgl. Degener 2015: 59). Die Anerkennung als Rechtssubjekte steht am Ende einer vier Phasen umfassenden Entwicklung im Verständnis von Behinderungen auf UN-Ebene: In der ersten Phase (1945–1970) waren Menschen mit Behinderungen kein Thema in der Politik der UN und lediglich Objekte der Rehabilitation und Fürsorge. Daran schloss sich eine Phase (1970–1980) an, in der sie Träger*innen eines »weichen« Rechts und Subjekt der Rehabilitation waren. 1980–2000 wurden sie als Subjekte der Menschenrechte anerkannt und ab 2000, in der letzten Phase, wurden sie zu Menschenrechtssubjekten, womit eine Abkehr vom medizinischen Modell und eine Forcierung des sozialen Modells verbunden war, was sich auch in der UN-BRK widerspiegelt (vgl. ebd.: 61ff). In der Präambel der UN-BRK wurde Behinderung wie folgt definiert:

> e) in der Erkenntnis, dass das Verständnis von Behinderung sich ständig weiterentwickelt und dass Behinderung aus der Wechselwirkung zwischen Menschen mit Beeinträchtigungen und einstellungs- und umweltbedingten Barrieren entsteht, die sie an der vollen, wirksamen und gleichberechtigten Teilhabe an der Gesellschaft hindern.

Anstelle eines Modells, das Behinderung als Defizit des Individuums sieht (individuelles Modell) wird in der UN-BRK eine Definition von Behinderung verwendet, die Behinderung als Wechselwirkung zwischen einer individuellen Beeinträchtigung sowie umwelt- und einstellungsbedingten Barrieren deutet.

Im internationalen Recht wird nur die englische Version als rechtlich verbindlich anerkannt, was zu Übersetzungsproblemen führen kann. So wird »Inklusion« in einigen Übersetzungen mit Integration übersetzt, was problematisch ist, weil die beiden Begriffe nicht deckungsgleich sind (vgl. Wansing 2015: 45). Der wesentliche Unterschied ist, dass Integration von einer bestehenden Gesellschaft ausgeht, in die integriert werden soll, während Inklusion die gesellschaftlich ausgrenzenden Verhältnisse problematisieren und überwinden will. Damit ist der Anspruch verbunden, dass sich die Institutionen an den Bedürfnissen der Individuen orientieren müssen. Hierdurch entstehen Innovationsmöglichkeiten, die das Wohl der gesamten Gesellschaft erhöhen können, beispielsweise bietet die Verwendung von einfacher Sprache sämtlichen Gruppen mehr Teilhabechancen (vgl. ebd.: 51f). Aus den dargelegten Überlegungen und Entwicklungen der Politik für Menschen mit Behinderungen auf internationaler Ebene ergeben sich folgende Prinzipien für die UN-BRK, die im Artikel 3 der Konvention festgeschrieben werden:

- die Autonomie und die damit verbundene Achtung der Menschenwürde
- die Grundsätze der Nichtdiskriminierung, Chancengleichheit und Barrierefreiheit
- die Partizipation und Inklusion
- die Anerkennung der Diversität behinderter Menschen und die Akzeptanz dieser Menschen als Teil menschlicher Vielfalt (vgl. Degener 2015: 58).

Damit beinhaltet die UN-BRK auch einen intersektionalen Charakter, sie geht insbesondere auf die Überschneidung von Geschlecht und Behinderung ein. In den einzelnen Kapiteln werden einzelne Bereiche des gesellschaftlichen Lebens beschrieben und jeweils Normen für die inklusive Gestaltung aufgestellt (beispielsweise Bildung Artikel 24, Arbeit und Beschäftigung Artikel 27, Teilhabe am politischen und öffentlichen Leben Artikel 29; vgl. Welti 2014: 166). Das Hilfssystem soll so gestaltet werden, dass Menschen mit Behinderungen aktiv und selbstbestimmt ihr Leben führen können. Dazu zählen Assistenzleistungen und die Orientierung an der jeweiligen Person (Personenzentrierung).[12] Ferner werden die Selbstvertretungsorganisationen von Menschen mit Behinderungen gestärkt.

Die Behindertenrechtskonvention verpflichtet primär die öffentliche Hand. Weil sowohl Bundestag als auch Bundesrat der Konvention zugestimmt haben, sind sowohl die Länder als auch der Bund für die Umsetzung der UN-BRK verantwortlich. Diese wird durch einen internationalen Überwachungsmechanismus überprüft. So müssen einzelne Staaten regelmäßig vor dem UN-Menschenrechtsrat über die Umsetzung der UN-BRK berichten, ferner haben Einzelverbände und Institutionen das Recht, auf internationaler Ebene die Einhaltung der UN-BRK einzuklagen (vgl. Degener 2015: 67ff). All diese Entwicklungen ermöglichen eine zunehmende Partizipation in sämtlichen gesellschaftlichen Bereichen. Hierzu gehört auch das Bildungssystem und die Partizipation am politischen Willensbildungsprozess. Vor diesem Hintergrund haben sich die »Euthanasie«-Gedenkstätten in Anträgen auf die UN-BRK berufen und teilweise die Öffnung ihrer Angebote forciert.

---

12 Während in der Literatur einerseits die erweiterten Teilhabechancen begrüßt werden, regt sich auch Kritik, weil sich das Modell der Personenzentrierung an der Individualisierungsdebatte orientiert und als Folge einer neoliberalen Entwicklung gesehen wird (vgl. Lob-Hüdepohl/Eurich 2020).

2016 wurden die internationalen Regelungen mit dem BTHG (Bundesteilhabegesetz) ins deutsche Recht integriert. Es soll die Eingliederungshilfe von einem Fürsorgesystem hin zu einem umfangreichen Teilhaberecht transferieren (vgl. Schmachtenberg 2020: 152). Hierfür werden die Fachleistungen und Existenzleistungen voneinander getrennt. Die Existenzleistungen sind die Leistungen zur Sicherstellung des Existenzminimums (Grundsicherung SGB II und Sozialhilfe SGB XII). Die Teilhabeleistungen umfassen die Leistungen zur Medizinischen Rehabilitation, Leistungen zur Teilhabe am Arbeitsleben, Leistungen zur Teilhabe an Bildung und Leistungen zur Sozialen Teilhabe. Durch die Trennung der Leistungsgruppen soll eine individuelle Lebensgestaltung ermöglicht werden. Menschen mit Behinderungen sollen selbst entscheiden können, wo und mit wem sie zusammenleben wollen und wer ihnen bei der Lebensführung assistierend zur Seite stehen soll. Im Bereich Arbeit und Beschäftigung wurde mit dem Budget für Arbeit eine Alternative zur Werkstatt für Menschen mit Behinderungen geschaffen. Die Leistungsempfänger*innen der Eingliederungshilfe, die dauerhaft voll erwerbsgemindert sind, sollen selbst entscheiden können, wo sie arbeiten, hierbei unterstützt sie das »Budget für Arbeit«. Ein dauerhafter Zuschuss zum Lohn soll Arbeitgebende dazu ermuntern, mehr Menschen mit Behinderungen einzustellen und einen Übergang von einer Werkstatt für Menschen mit Behinderungen zum ersten Arbeitsmarkt zu garantieren. Damit sollen Alternativen zum Werkstattsystem geschaffen werden, das aus menschenrechtlicher Sichtweise problematisch ist. Erstens arbeiten Menschen, die in einer Werkstatt für Menschen mit Behinderungen beschäftigt sind, in Sonderwelten. Zweitens wird die Entlohnung problematisiert, die unterhalb des Mindestlohns liegt und nicht ausreicht, um Rentenanwartschaften zu erwirtschaften. Ferner erschwert es die Wahrnehmung des in der UN-BRK festgeschriebenen Rechts auf die freie Wahl eines Arbeitsplatzes auf dem ersten Arbeitsmarkt (Artikel 27 UN-BRK; vgl. Palleit 2016). Die Werkstattbeschäftigten stellen zwar den Wert ihrer Arbeit fest, bewerten jedoch andererseits ihre Leistungen niedriger als die von Menschen ohne Behinderungen. Hierdurch werden die Teilhabechancen am gesellschaftlichen Leben und die Ausbildung einer positiven Selbstwahrnehmung erschwert. Durch Außenarbeitsplätze, wobei die Werkstatt der Hauptarbeitgeber bleibt, soll ein Übergang auf den ersten Arbeitsmarkt ermöglicht werden. Während der Kontakt zu Menschen außerhalb der Werkstatt für Menschen mit Behinderungen und das Kennenlernen des allgemeinen Arbeitsmarktes positiv gesehen werden kann, muss die unzureichende Bezahlung und die mögliche Ersetzung von sozialversicherungspflichtigen Beschäftigungsverhältnissen durch kostengünstigere Werkstattarbeitskräfte, die flexibel eingesetzt werden können (vergleichbar sind diese Beschäftigungsverhältnisse mit jenen von Leiharbeitnehmer*innen), problematisiert werden (vgl. Schreiner 2017).

Bei der Entwicklung und Implementierung des BTHG wurden auch Selbstvertretungsorganisationen einbezogen, die in der »Arbeitsgruppe Bundesteilhabegesetz« die Gesetzesentwicklung mitgestalten konnten und diese überwachen (vgl. Schmachtenberg 2020: 152). Ferner wurden mit der EUTB (ergänzende unabhängige Teilhabeberatung) neue Beratungsangebote für Menschen mit Behinderungen geschaffen, wobei mit einem Peer-Ansatz Beratungsangebote bereitgestellt werden sollen. Durch die neuen Wahlmöglichkeiten werden einerseits mehr Räume zur Verwirklichung individueller Freiheiten und der gleichberechtigen Teilhabe in der Gesellschaft ermöglicht. Auch wird das Prinzip der Orientierung an der Arbeitsfähigkeit und der damit einhergehende Zwang zur persönlichen Optimierung teilweise überwunden. Auf der anderen Seite kann die Individualisierung der Leistungen zu einer zunehmenden Singularisierung führen. Menschen mit Behinderungen werden Teil eines neoliberalen Marktes, auf dem sie ihre Assistenzleistungen einkaufen müssen. Die Entwicklung im Rahmen der Behindertenrechtskonvention und die Aktivitäten der Behindertenbewegung führten zu einer Dekategorisierung von Behinderungen.

16.1.4. Dekategorisierung von Behinderungen

Spätestens mit der UN-BRK wird die Frage nach einer Dekategorisierung von Behinderung zentral. In einem menschenrechtlichen Modell von Behinderung, das auf einem sozialen und kulturellen Behindertenbegriff beruht, wird der Fokus weg vom Individuum und hin auf die gesellschaftliche Vielfalt gelegt. Das soziale Modell beruht auf drei Annahmen:

- Behinderung ist eine Form sozialer Ungleichheit
- Behinderung (*disability*) ist unabhängig von Beeinträchtigung (*impairment*) und entsteht erst durch die Wechselwirkung mit der Umwelt
- Nicht der Einzelne muss sich ändern, sondern die Gesellschaft. Barrieren müssen abgebaut werden (vgl. Waldschmidt 2020: 65).

Das kulturelle Modell fügt dem Fokus auf soziale Ungleichheit noch eine kommunikative Komponente hinzu. In ihm wird Behinderung wie folgt definiert, wobei der Fokus auf die Dekategorisierung gelegt wird.

- Behinderung ist nicht nur eine Form sozialer Benachteiligung, sondern wird durch kulturelle und kommunikative Praktiken konstruiert.
- Die zugrundeliegenden Kategorisierungsprozesse und ausgrenzenden Wissensordnungen werden problematisiert.
- Nicht Behinderung wird als Problem diskutiert, sondern die Mehrheitsgesellschaft wird kritisch hinterfragt.
- Gesellschaft und Kultur wird im Allgemeinen hinterfragt (vgl. ebd.: 67f).

Zentral ist in beiden Ansätzen, dass nicht der Einzelne »behindert« ist, sondern die Gesellschaft durch Barrieren die Teilhabe verhindert. Um Teilhabe zu ermöglichen, müssen diese Barrieren abgebaut und Zugänge ermöglicht werden. Teilhabe muss in jeder politischen Entscheidung mitgedacht und als Querschnittsthema behandelt werden, beispielsweise muss das Bildungssystem inklusiv und öffentliche Orte barrierefrei gestaltet werden.

Auch die Klassifizierung von Krankheiten und Behinderungen hat sich geändert. Behinderung wird nicht mehr als die Interaktion zwischen Individuum und Umwelt, sondern als das Ergebnis der Wechselwirkung zwischen Individuum und Umwelt gesehen, wie das neue Klassifizierungsmodell ICF der WHO festlegt (vgl. Schumann 2020: 69). Dies ist eine Weiterentwicklung der ICID, die bereits die Umweltbedingungen berücksichtigte, aber noch nicht als zentrale Bedingung definierte. Aber auch diese neue Klassifikation im ICF kommt nicht ohne eine medizinische Diagnose aus, wie kritisch angemerkt wird (vgl. Münner/Sierck 2012). Die Betonung der Wechselwirkung zwischen Beeinträchtigungen und Umweltfaktoren findet sich auch im neunten Sozialgesetzbuch wieder, wo Behinderung wie folgt definiert wird:

> Menschen mit Behinderungen sind Menschen, die körperliche, seelische, geistige oder Sinnesbeeinträchtigungen haben, die sie in Wechselwirkung mit einstellungs- und umweltbedingten Barrieren an der gleichberechtigten Teilhabe an der Gesellschaft mit hoher Wahrscheinlichkeit länger als sechs Monate hindern können. Eine Beeinträchtigung nach Satz 1 liegt vor, wenn der Körper- und Gesundheitszustand von dem für das Lebensalter typischen Zustand abweicht. Menschen sind von Behinderung bedroht, wenn eine Beeinträchtigung nach Satz 1 zu erwarten ist. (§ 2 Abs. 1 SGB 9)

Aus all diesen Überlegungen lässt sich der Anspruch ableiten, nicht die Geschichte von Behinderung zu erzählen, sondern die allgemeine Geschichte mit Behinderungen neu zu erzählen, was der zentrale Anspruch der *disability history* ist (vgl. Bösl 2013: 29). Vor diesem Hintergrund ist die Frage zu klären, welchen Raum Menschen mit Behinderungen und Psychiatrieerfahrungen bei der Aufarbeitung der Geschichte einnehmen können und wie die im Rahmen der NS-Medizinverbrechen Verfolgten in der Erinnerungsarbeit berücksichtigt werden können. Dies soll nun anhand der in dieser Studie näher untersuchten Öffnungsprozesse der »Euthanasie«-Gedenkstätten in Hadamar, Grafeneck und Brandenburg an der Havel diskutiert werden.

16.2. Geschichtsschreibung durch die Betroffenen und Menschen mit Behinderungen oder Psychiatrieerfahrungen

Wie gezeigt wurde, war die Entstehung der Gedenkstätten zu Beginn vor allem vom »Reden ohne die Betroffenen« geprägt. Erst langsam wurde den Betroffenen Raum gegeben, um ihre Sichtweisen einzubringen und damit begonnen, die Arbeit an den historischen Orten inklusiv zu gestalten. Hierfür waren externe und interne Faktoren sowie die Einbeziehung von Betroffenen als »Expert*innen in eigener Sache« notwendig, erst die eben beschriebenen gesamtgesellschaftlichen Entwicklungen, die nicht zuletzt ein Erfolg der Behindertenbewegung und der Selbstvertretungsorganisationen waren, ermöglichten eine Öffnung der historischen Orte für Menschen mit Behinderungen sowie Psychiatrieerfahrungen und eine stärkere Fokussierung auf die Schicksale der Verfolgten. Auf der anderen Seite konnte durch die Beteiligung am Erinnerungsdiskurs auch ein Beitrag zum Empowerment geleistet werden, weil Menschen mit Behinderung die ihnen zugeschriebene Überforderung bei der Auseinandersetzung mit den Verbrechen der Zwangssterilisation und »Euthanasie« widerlegen und zunehmend eine aktive Rolle in der Vermittlung einnehmen konnten.

16.2.1. Aneignung der Geschichte

Durch die Überwindung der zugeschriebenen Unfähigkeit hinsichtlich der Auseinandersetzung mit der Geschichte werden Menschen mit Behinderungen und Psychiatrieerfahrungen zunehmend sowohl zu Adressat*innen der Informations- und Bildungsarbeit als auch zu Mitgestalter*innen der »Euthanasie«-Gedenkstätten. Die dahinterstehenden Dynamiken der Öffnung können mit den nun dargelegten Entwicklungen beschrieben werden.

Adressierung von Menschen mit Behinderungen und Psychiatrieerfahrungen

Mit ihrer Anerkennung als Zielgruppe der Gedenkstättenarbeit wurden Bildungsformate entwickelt, die eine Adressierung von Menschen mit Behinderungen und Psychiatrieerfahrungen ermöglichten. Erste Impulse hierfür gingen von der Gedenkstätte Hadamar in den 2000er Jahren aus, wovon die ehemalige Mitarbeiterin berichtete, die nach der Erstellung eines Katalogs in leichter Sprache auf Ergänzungen der Dauerausstellung einging, wodurch diese inklusiver werden sollte:

> Es gab immer eine Überblickstafel und die haben wir in leichte Sprache übersetzt und haben es eingeschweißt und daneben gehängt, so dass man es lesen konnte. Also wir haben mit den geringen Möglichkeiten, die wir hatten, es war einerseits geringeres Budget, wirklich sehr, sehr gering und auf der anderen Seite auch mit geringem Platz, weil die Ausstellung, die da war, hat einfach allen Platz eingenommen. Es war einfach nicht möglich, da einfach noch etwas dazu zustellen, haben wir, finde ich, einen ganz guten Schritt gemacht. (Hadamar: ehemalige Mitarbeiterin: 41)

Für die Umsetzung waren nur wenig räumliche und finanzielle Ressourcen vorhanden. Die ehemalige Mitarbeiterin berichtete außerdem davon, dass sie auch gegen Einstellungsbarrieren kämpfen musste, worauf sie an mehreren Stellen im Gespräch einging.

> Also, heute ist es selbstverständlicher, dass man sagt, die Betroffenenperspektive muss berücksichtigt werden, dass man auch sagt, so eine Gedenkstätte muss sich aktiv öffnen oder inklusiver werden. Das glaube ich, dass ist heute State of the Art, also es ist glaube ich nochmal ein bisschen anders als damals, wo gesagt wurde, wofür brauchen wir das (...) Trotzdem glaube ich, das dahinterstehende Gefühl, dass es vielleicht doch alles zu anstrengend ist, das wirklich inklusiv zu gestalten. Das glaube ich, das ist immer noch da, Also, da ist immer noch so viel zu tun wie vor 25 Jahren, sag ich mal. (Hadamar: ehemalige Mitarbeiterin: 47)

Auch wenn sie eine Veränderung hinsichtlich der Offenheit der Akteur*innen der Gedenkstätte wahrnimmt, kann hier eine Skepsis herausgelesen werden, die sich angesichts der schleppenden nachhaltigen Implementierung bewahrheiten sollte. So ist der Kontakt zu »people first« und die inklusive Öffnung nach dem Fortgang der ehemaligen Mitarbeiterin eingeschlafen und es brauchte einen Neuanfang bei der inklusiven Gestaltung der Gedenkstätte.

Ab dem Jahr 2022 unternimmt die Gedenkstätte einen neuen Versuch, ihre Arbeit inklusiv aufzustellen, wofür die Materialien, die im Rahmen des ersten Projekts zur inklusiven Ausrichtung erstellt wurden, ein wichtiger Referenzrahmen sind, wie die pädagogische Mitarbeiterin wertschätzend feststellte. Für die Implementierung einer inklusiven Gedenkstättenarbeit wurde eine Lehrkraft mit einer sonderpädagogischen Ausbildung an die Gedenkstätte abgeordnet, die einen Workshop für Menschen mit Lernschwierigkeiten und inklusive Gruppen entwickeln sollte. Die Umsetzung und ihren Auftrag beschreibt sie mit folgenden Worten:

> (...) [A]lso ich habe ja jetzt, sage ich mal, den speziellen Auftrag, nochmal den Inklusionsbereich weiter nach vorne zu bringen, d. h. ich möchte natürlich über die jetzt schon bestehende Arbeit hinaus die Zielgruppe der Lernenden mit Lernbeeinträchtigung, sag ich mal, stärker in den Fokus rücken und wir haben da jetzt angefangen, eine Kooperation mit meiner Stammschule, an der ich angestellt bin, zu kreieren und da hatten wir jetzt auch schon die erste Führung mit Schülerinnen und Schülern mit Lernbeeinträchtigung und wollen jetzt mit dem Feedback, das wir erhalten haben, weiterarbeiten und in Zukunft eben auch das bewerben. (Hadamar: PM AL: 33)

Dabei sollen die Informationen so bereitgestellt werden, dass sie den jeweiligen Kompetenzen entsprechen, wie sie zu Beginn des Gesprächs feststellt. Sie beschreibt unterschiedliche Lernziele. Als elementarer Aspekt wird das Geschehen-Sein der Mordaktionen genannt, wodurch ein rudimentäres Wissen über die Opfer geschaffen werden kann.

> (...) [D]a hatten wir überlegt in Bezug auf Minimalziel, Maximalziele, also was sollte jeder Schüler, jede Schülerin, die hier den Gedenkort verlässt, mitgenommen haben und da wäre jetzt das Minimalziel zu schauen, ich weiß, dass hier an der Gedenkstätte in Hadamar Menschen ermordet wurden mit psychischen Erkrankungen und Behinderungen. Das wäre so das, was jeder mitnehmen sollte und dann sozusagen on top wäre es natürlich schön, wenn dann geschaut wird, dass die Schülerinnen und Schüler wissen, weshalb wurden die Menschen hier ermordet, welche Menschen wurden hier ermordet, vielleicht das Wissen über die zwei Phasen, also die erste Phase, in der ganz zentral gemordet wurde, aber eben auch die zweite Phase, in der dann hier vor Ort durch die Ärzte individuell entschieden wurde. Da kann man dann immer noch einen Baustein obendrauf setzen und sagen, was hat das jetzt heute mit mir zu tun und das sozusagen immer an die Lerngruppe angepasst, schaut, in welcher Bandbreite man noch sozusagen kleine Bausteine obendrauf setzt. (Hadamar: PM AL: 15)

Durch die Differenzierung des Bildungsangebots wird eine Orientierung an den Lernenden ermöglicht. Ferner berichtet sie, dass auch individuelle Schicksale bei den neugestalteten inklusiven Workshops berücksichtigt werden:

> Ja, genau, also wir haben so genannte Memory Boxen, die es auch schon in anderen Workshops gab, überabeitet, d. h. wir haben die Texte in barrierearmer Sprache verfasst, wir haben Audiodateien dazu erstellt anhand eines Programmes, das man über Tablet nutzen kann, d. h. wir haben es versucht, auf der visuellen und auditiven Ebene und auch der sprachlichen Ebene aufzubereiten, so dass die Lernenden die Möglichkeit haben auf ihrer Grundlage sich die Biografien zu erarbeiten. Also, die Biographiearbeit stellt im Rahmen des Workshops auf jeden Fall einen sehr, sehr wichtigen Teil dar. (Hadamar: PM AL: 42)

Im Rahmen eines Projekts (Laufzeit 2014–2016) implementierte das Kollegium der Gedenkstätte Grafeneck eine inklusive Gestaltung der Vermittlungs- und Bildungsarbeit. Hierzu gehören Informationen in einfacher bzw. leichter Sprache und ein Audioguide in einfacher Sprache. Die Materialien fokussieren Menschen mit Lernschwierigkeiten, andere Behinderungsformen werden hingegen nicht in umfangreicher Weise berücksichtigt.

(…) Mit der Zeit hat dann der Wandel aber insofern stattgefunden, dass die Gedenkstätte an sich besser aufgestellt war, personell, das Dokumentationszentrum war da und dann war die Möglichkeit da, dieses Projekt »Barrierefreie Gedenkstätte« anzuschieben. Also, ich würde sagen, es gab nicht wirklich den Wandel im Sinne von, dass es auf einmal der Gedenkstätte wichtig gewesen wäre, das war es von Anfang an, es war noch nicht die Struktur da, die eine Umsetzung ermöglicht hätte. Und die Impulse, die dafür notwendig waren, war, dass es schlicht und ergreifend die Nachfrage gab. Und als dann klar war, man macht dieses Projekt, wo es um leichte Sprache ging, dass es nicht nur ein Seminarangebot ist, sondern, dass sich das auch in den verschiedenen Bereichen, hier auch im Dokumentationszentrum, widerspiegeln soll durch die Materialien und den Audioguide. Also, die Impulse waren das Interesse und die Struktur, die es inzwischen gibt. (Grafeneck: Kathrin Bauer: 37)

Interessant ist hier hervorzuheben, dass die Gedenkstätte unter anderem ausgehend von externen Faktoren wie der steigenden Nachfrage ihre Bemühungen hinsichtlich der inklusiven Gestaltung intensivierte. Diese kann auch mit den gesamtgesellschaftlichen Inklusionsbemühungen begründet werden, die zu einer Steigerung des Interesses für politische und historische Themen führte, weil Menschen mit Behinderungen sich zunehmend als Akteur*innen des politischen Diskurses sehen. Die engagierte Angehörige bescheinigt der Gedenkstätte Grafeneck, dass sie auf einem guten Weg sei, sieht jedoch auch noch weiteren Handlungsbedarf, insbesondere bei der Anpassung der Materialien für Menschen mit mehrfachen Behinderungen. Sie verweist auch auf die Zusammenarbeit mit der Pädagogischen Hochschule Ludwigsburg, im Rahmen derer Materialien für Menschen mit Behinderungen entwickelt wurden.

(…) Ich sehe schon auch noch großes Steigerungspotential in der Barrierefreiheit der Gedenkstätte, wenn wir jetzt überlegen, wie wir hier in den Raum gekommen sind, nämlich nur über die Treppe. Wir haben noch großes Steigerungspotential, dieses Angebot in leichter Sprache auszudifferenzieren für Menschen ohne Sehvermögen oder ohne Hörvermögen. An der Stelle ist gute Vorarbeit geleistet worden durch die Materialien in leichter Sprache, die heute da sind und die ja auch in Zusammenarbeit mit der pädagogischen Hochschule [Ludwigsburg. Anmerkung CH] entstanden sind. (Grafeneck: engagierte Angehörige: 47)

Kathrin König, die als Guide arbeitet, hebt die umfassende Barrierefreiheit der Gedenkstätte Brandenburg an der Havel hervor. Es werden sämtliche Formen von Behinderungen berücksichtigt, beispielsweise motorische Einschränkungen, Seheinschränkungen und Lernbehinderungen.

Inklusiv ist die Gedenkstätte für Menschen, die blind sind, da steht alles in Blindenschrift. Barrierefrei ist die Gedenkstätte auch noch, weil sie eine Rollstuhlrampe haben und einen Fahrstuhl haben sie auch. Die ist sehr barrierefrei für Menschen, die einen Rollstuhl benutzen. Und wenn sie zu der anderen Gedenkstätte rüber müssen mit dem Rollstuhl, da haben sie nämlich eine Rollstuhlrampe drangebaut. Und das finde ich sehr gut. Und für Menschen mit Lernschwierigkeiten ist es in leichter Sprache geschrieben alles und sodass es jeder lesen kann, auch in größerer Schrift und nicht mit Worten, die schwer auszusprechen sind. Das ist mir auch schon aufgefallen und immer mit der Brailleschrift dabei. (Brandenburg an der Havel: Kathrin König: 40)

Erst durch aktive Ansprache von Menschen mit Lernschwierigkeiten kann die Zielgruppe erreicht werden. Während wie bereits oben erwähnte fehlende Barrierefreiheit zu einer Nichtbeachtung von und durch Menschen mit Behinderung in Hadamar führte, stellte Christian Marx fest, dass erst durch die inklusiven Angebote Menschen mit Lernschwierigkeiten, die ein Interesse für die Vergangenheit[13] haben, die Gedenkstätte besuchen.

> Wir erreichen auch Menschen mit Lernschwierigkeiten, die uns besuchen, weil sie die inklusiven Formate kennenlernen möchten, weil sie gehört haben, dass es die gibt. Und nach unserer Erkenntnis, auch von dem, was wir davon profitieren, weil sie hier das oft schon vorhandene Wissen noch mal überprüfen können im Rahmen der inklusiven Formate, die wir anbieten. (Brandenburg an der Havel: Christian Marx: 13)

Mitgestaltung der Gedenkstättenarbeit

Um die Arbeit der Gedenkstätten weiter zu öffnen, wurde die Forcierung der aktiven Mitgestaltung durch Menschen mit Behinderungen und ihre Angehörigen betont. Kathrin Bauer berichtete darüber, dass Angehörige die Dauerausstellung und die Materialien für die Bildungsarbeit der Gedenkstätte durch persönliche Gegenstände und Erzählungen ergänzen, wodurch die einzelnen Schicksale stärker berücksichtigt werden können, nachdem die Betroffenen zu Beginn keinen Einfluss auf die Entstehung hatten.

> Es gibt kleine Ergänzungen, die Angehörige zur Gedenkstätte beigetragen haben, die wir heute sehen. Und heute haben wir auch einen viel engeren Kontakt. Also, als es mit dem Dokumentationszentrum klar war, es gibt diese Anlaufstelle, sind mehr Angehörige hier, die dann auch Fragen haben, die Biografien beisteuern, schreiben über ihre eigenen Angehörigen und das beeinflusst dann wiederum unsere Arbeit, weil wir dann in der Vermittlungsarbeit mit Dokumenten arbeiten können, die uns Angehörige überlassen haben. (Grafeneck: Kathrin Bauer: 15)

Sie hebt im Folgenden die Bereitschaft zur Einbeziehung von Menschen mit Behinderungen hervor und verweist dabei auf die Zusammenarbeit mit der Diakonie Stetten. Auf der anderen Seite stellte sie jedoch fest, dass die Bemühungen hinsichtlich der inklusiven Gestaltung ausbaufähig seien.

> Genau, mit Stetten hatten wir ein Projekt, aber ganz grundsätzlich wäre eine gleichberechtigte Rolle wünschenswert, also, dass auch auf allen Ebenen Menschen mit Behinderungen aktiv mitgestalten können, d. h. von der Mitarbeit im Verein über (…) es gab oder gibt in anderen Gedenkstätten das Konzept, das in Tandems begleitet wird. Das war eben das mit

---

13 Während insbesondere in der Anfangszeit der Gedenkstättenarbeit Menschen mit Behinderungen und Psychiatrieerfahrungen ein Interesse an der Geschichte des Nationalsozialismus und der »Euthanasie« abgeschrieben wurde, verweisen neuere Studien auf ein Bedürfnis nach Informationen von Menschen mit Lernschwierigkeiten, die jedoch durch die mangelnde inklusive Gestaltung nur unzureichend bereitgestellt werden. Ferner wird auf die Notwendigkeit der Beteiligung von Menschen mit Behinderungen verwiesen, um ein selbstbestimmtes Erinnern zu ermöglichen (vgl. Wegscheider/Schwanninger/Bachmayer 2019).

der Diakonie Stetten, dass wir während der online Zeit dieses Konzept auch hatten, aber dann wurde ja wieder geöffnet und deshalb dieses Projekt nie ganz ins Rollen kam. Aber z. B. bei der Erarbeitung der Videos in leichter Sprache oder auch bei der Erarbeitung von Texten, da arbeiten wir mit der Diakonie Stetten zusammen. Aber ich fände es ganz grundsätzlich wünschenswert, wenn in allen Bereichen der Gedenkstättenarbeit Menschen mit Behinderungen aktiv sind oder aktiv mitarbeiten können. Von der Vermittlung, über die Forschung und Dokumentation bis zur Erarbeitung von Materialien. (Grafeneck: Kathrin Bauer: 45)

Sie verweist auf die Entwicklung in Brandenburg an der Havel. Hier führen Menschen mit Lernbehinderungen als Guides durch den historischen Ort. Der Prozess, ausschlaggebend für die inklusive Öffnung, war dort besonders eindrucksvoll. Die »Kellerkinder«[14] haben in einem symbolischen Akt den historischen Ort besetzt, um dort ihre Angebote durchzuführen, worauf Christian Marx auf Nachfrage im Interview einging:

> Wenn du wünschst, dass ich was über die Kellerkinder sage, dann kann ich daran erinnern, dass diese 2014 bereits bei uns in der Gedenkstätte waren und ganz bewusst in einem symbolischen Sinne die Gedenkstätte besetzt haben. Sie haben sie nicht wirklich besetzt und haben keine Gewalt angewandt, um das klarzustellen, sondern sie haben sich vorher angekündigt und haben gesagt, wir würden ganz gerne hier auftauchen und würden gerne unser Zelt aufstellen und würden gerne unser Programm darbieten, und zwar unabhängig was ihr als Gedenkstätte wollt oder nicht wollt. Das war der Auftritt und das war ein ganz gutes Erlebnis und dann haben wir in der Gedenkstätte entschieden, dass wir das aufgreifen und auch wertschätzen und in diesem Sinne auch zulassen. Damit haben wir ganz gute Erfahrungen gemacht, dass eben dieses Format von Menschen, die sich selber als Menschen mit psychischen Besonderheiten oder Barrieren oder Bedürfnissen, diesen Ort selbst bespielt und auch selbst definiert haben und sich so dargestellt haben und die Vermittlung dieser Inhalte so wahrgenommen haben, wie sie es für richtig halten. Das hat letzten Endes dazu geführt, dass wir uns auch nochmal ermutigt sahen, dass wir Menschen mit Lernschwierigkeiten eingeladen haben, hier eine aktive und unmittelbare aktive Rolle in der Gedenkstätte zu spielen. Und das ist, glaube ich, eine Gestaltungsmöglichkeit, die auch Zukunft hat. Und das sollte man letzten Endes auch machen, diese Kolleginnen und Kollegen sind selbstbewusste und nahezu gleichberechtige Kolleginnen und Kollegen in der Vermittlungsarbeit. (Brandenburg an der Havel: Christian Marx: 49)

Durch die Impulse der »Kellerkinder« wurde das Kollegium für die inklusive Gestaltung der Gedenkstätte sensibilisiert, stellte Herr Marx fest. Neben den externen Impulsen waren auch das Selbstverständnis und die Bereitschaft für die inklusive Öffnung ausschlaggebende Impulse. So wurde betont, dass erst durch den Willen der Mitarbeitenden und insbesondere der Leitung eine inklusive Öffnung möglich wurde.

> Es ist sehr gut, wenn das Team einer Gedenkstätte sich gut austauscht, welche Vorstellung von Inklusion es hat, wie es diese inklusive Umgestaltung auch voranbringen kann, dass

---

14 Der Verein »Kellerkinder« ist eine Selbstvertretungsorganisation. Die Mitglieder bezeichnen sich als Menschen, »die aufgrund ihrer Lebenserfahrungen seelische Hindernisse (andere nennen es psychische Erkrankung/en) in ihrem Leben zu bewältigen haben« (zitiert nach https://seeletrifftwelt.de/test-2/).

> man sich auch über Möglichkeiten, über Schwierigkeiten auch austauscht, dass in die Überlegungen, Planungen und tatsächlichen Umsetzungen auch miteinarbeitet und insofern kann man dann auch die Einstellungen miteinander diskutieren. Wie sehen wir das eigentlich, was wollen wir, wie können wir die verschiedenen Wege, die wir hier diskutieren, auch so zusammenfassen, dass wir erfolgreich hier sein können. Strukturell ist immer gut und auch sehr, sehr wichtig, dass vor allem auch die Leitung einer Gedenkstätte hinter diesen Formaten steht und diese auch unbedingt will. Und es ist natürlich auch wichtig, dass es eine breite Bereitschaft im Kollegium einer Gedenkstätte gibt. Dass sie sich gemeinsam informieren und auch bereit sind sich mit diesen Fragestellungen konstruktiv auseinanderzusetzen, so dass wir hier auch gute Strukturen entwickeln können, um das Ganze auch langfristig und breit aufstellen zu können. (Brandenburg an der Havel: Christian Marx: 45)

In Brandenburg an der Havel wurden mit dem Guide-Projekt Menschen mit Lernschwierigkeiten in die Lage versetzt, an dem historischen Ort Führungen anzubieten. Seit 2016 findet dieses Projekt in Zusammenarbeit mit der Lebenshilfe Brandenburg an der Havel statt. Im Rahmen einer Werkstatttätigkeit wurden sechs Menschen mit Lernschwierigkeiten zu Guides ausgebildet und führen Besuchende durch den historischen Ort. Kathrin König beschrieb, dass durch die Arbeit als Guide Empowerment ermöglicht wird.

> Na, indem sie als Guide da sind und als Guide auch die Leute, die nichtbehindert sind, mit ihrer Intelligenz trotz einer Behinderung, die sie mit sich tragen, schlau genug sind, die Gedenkstätte gut darzustellen auch zu gestalten zum Beispiel mit dem Rollenspiel im grauen Gebäude [Dauerausstellung. Anmerkung CH], wie es z. B. der Christian [Marx. Anmerkung CH] und der Mario [weiterer Guide. Anmerkung CH] schon viele Male gemacht haben. Das ist auch ein kleines Rollenspiel mit einem Arzt und einem Heimleiter und das finde ich sehr niedlich, wie sie das beide machen, da ist auch ein klein bisschen Sarkasmus dabei. Das finde ich sehr unterhaltsam. Und so Sachen müsste man mehr mit uns machen, also Menschen mit Behinderungen, dass es mehr Rollenspiele mit Menschen mit und ohne Behinderungen in die Bildungsarbeit eingebaut werden, die zusammenarbeiten. Das müsste man öfter machen. (Brandenburg an der Havel: Kathrin König: 48)

Bei dem Rollenspiel werden, ausgehend von einem fiktiven Gespräch zwischen einem Arzt und einem Heimleiter, die Selektionskriterien der »Euthanasie« offengelegt. Frau König hebt hier ihre Rolle als Expertin hervor, die sich nicht nur auf die inklusive Gestaltung beschränkt, sondern auch das Wissen und Vermitteln von historischen Fakten umfasst. Für die gleichberechtigte Teilnahme an der Gestaltung waren Aushandlungsprozesse von Nöten, die die Übernahme der Rolle als Expert*in erst möglich machten, worauf neben der ehemaligen Mitarbeiterin aus Hadamar, die auf die Neugestaltung der Dauerausstellung im Rahmen eines Workshops gemeinsam mit der Selbstvertretungsorganisation »people first« hinwies, auch Christian Marx einging:

> Bei den Methoden, bei der Umgestaltung im Hinblick auf kognitive Barrieren ist eine der wichtigsten Methoden, dass wir Expertinnen und Experten in eigener Sache, wie es ja auch heißt, eingeladen haben, hier nicht nur bei der Umgestaltung der Gedenkstätte mitzuwirken oder uns Ratschläge zu geben, sondern dass wir hier in der Gedenkstätte 2016 den Schritt gegangen sind, dass wir gesagt haben, wie wäre es, wenn sie uns nicht nur beraten sondern im Team hier selbst arbeiten und in die Vermittlung unmittelbar eingreifen, ganz bewusst eingreifen. Selbst ihre Stimme erheben, selber sagen das und das möchten wir, so

und so möchten wir vorgehen. (...) Um nur zwei Beispiele zu nennen: Die Guides haben im Team unserer Planung von vornherein gesagt, sie wollen nur in der Gruppe arbeiten, ansonsten würden sie das hier gar nicht machen. Und darauf mussten wir uns einlassen, das hatte den super methodisch-didaktischen Begleiteffekt, dass wir merken, dass, wenn mehrere Leute eine Führung anbieten, z. B. für eine Schulklasse, wenn das gut eingespielte, nacheinander von Stimmen und thematischen Schwerpunkten Aufmerksamkeit evoziert in einem größeren Maße als wenn das immer eine Person vorträgt. selbst wenn sie es sehr gut macht, sie kann nicht so gut sein wie mehrere Leute, die sich da abwechseln und verschiedene Aspekte auch verschieden darstellen. Das ist das eine, und das andere, die Guides hatten auch die Idee gehabt, dass nicht nur Menschen mit Lernschwierigkeiten von diesen inklusiven Projektformaten profitieren können, sondern sie hatten die Idee, dass sie auch Schulklassen oder Auszubildende oder Studierende zu uns kommen, das hatte ja Frau König bereits gesagt. (Brandenburg an der Havel: Christian Marx: 47)

Durch die Arbeit als Guide in der Gedenkstätte wird Menschen mit Lernschwierigkeiten eine aktive Rolle bei der Gestaltung der Gesellschaft zugeschrieben. Sie können ihre Werkstatttätigkeit ergänzen durch eine Aufgabe, aus der sie Selbstbewusstsein schöpfen, was bei einer Werkstattbeschäftigung nur bedingt der Fall ist. Die Arbeit der Gedenkstätte Brandenburg an der Havel wird von Mitarbeitenden an anderen historischen Orten als Vorbild gesehen, was neben Kathrin Bauer, die gerade zusammen mit der engagierten Angehörigen ein an der Arbeit in Brandenburg an der Havel orientiertes Projekt aufbaut, auch von der pädagogischen Mitarbeiterin der Gedenkstätte Hadamar festgehalten wird:

Also, das ist auch ein bisschen, das sage ich jetzt ganz offen, Vorbild für uns, dass wir sagen, so ein Angebot finden wir gut, das würden wir auch gerne entwickeln und das ist ja unser Ziel für die Neugestaltung. Dass wir da eben mit Fokusgruppen gemeinsam was entwickeln. Idealerweise, das ist jetzt sehr, sehr viel Zukunftsmusik, auch langfristige Kooperationen schaffen, wo dann eben Guides konstant eingebunden sind. (Hadamar: PM AL: 22)

Durch die inklusive Gestaltung der Gedenkstättenarbeit kann diese für alle Besuchenden attraktiver und zugänglicher gestaltet werden, dieses Innovationspotential wird auch von der UN-BRK hervorgehoben. Neben diesem Vorteil stellte die pädagogische Mitarbeiterin im weiteren Verlauf auch den Nutzen der Zusammenarbeit mit einer Fokusgruppe heraus, die nicht nur die Barrieren für Menschen mit Behinderungen minimiert, sondern letztendlich die Dauerausstellung und die Bildungsarbeit für alle Besuchenden zugänglicher macht.

Und jetzt grundsätzlich, das ist auch meine Wahrnehmung aus der Besuchendenperspektive, profitiert am Ende jeder von, wenn man es möglichst umfassend inklusiv gestaltet, also z. B. beim taktilen Leitsystem (...) also, wenn ich in eine Ausstellung gehe und ein taktiles Leitsystem sehe und ich weiß, die haben eine Highlight Tour, dann folge ich auch diesem Leitsystem als sehender Mensch und ich weiß, wenn ich das mitnehme, dann habe ich eigentlich eine ganz gute Übersicht, einen guten Rundgang und dann weiß ich, wo es lang geht. Und dann kann ich die anderen Sachen links liegen lassen. (...) Und alleine dadurch ist es unheimlich gewinnbringend, glaube ich, mit einer Fokusgruppe zu arbeiten. Ich würde für uns gesprochen, also für die Fragen der »Euthanasie«-Gedenkstätten auch noch sagen, es ist nicht nur die Frage nach Menschen mit Behinderungen, sondern auch die Frage von Menschen mit psychischen Diagnosen, das ist eben auch für uns eine Gruppe, die für unser Haus eine Rolle spielt. Psychiatrisch diagnostizierten Ermordeten, sei es jetzt

Epilepsie (ist ja nach heutigem Verständnis auch nicht psychiatrisch) oder sei es jemand mit einer Depression oder jemand mit einer neurologischen Diagnose, auch das würde ich gern in dem Zusammenhang noch erweitern, weil wir uns schon auch die Frage stellen müssen, wessen Geschichte erzählen wir. (Hadamar: PM AL: 81)

Um die Gedenkstättenarbeit inklusiv zu gestalten, muss Expertise hinsichtlich der methodischen Ausgestaltung vorhanden sein. Neben der Zusammenarbeit mit der Fokusgruppe als Expert*innen in eigener Sache wurden auch die Heranziehung von Fachleuten und die gegenseitige Beratung als wichtige Strategien in den Gesprächen genannt. Die beschriebenen Aneignungsprozesse können Beiträge zur Veränderung der Sichtweisen gegenüber Menschen mit Behinderungen und Psychiatrieerfahrungen leisten, wie Kathrin König bei der Wirkung ihrer Arbeit als Guide betonte. Die Öffnungsprozesse in der Gedenkstättenarbeit wurden durch gesamtgesellschaftliche Reformen begünstigt.

16.2.2. Auswirkungen und Diskussion gesamtgesellschaftlicher Entwicklungen

Wie bei der Beschreibung der Aufgaben der Gedenkstätten bereits erörtert wurde, haben die Gedenkstätten neben der Verbreitung von historischem Wissen, auch die Aufgabe, den Besuchenden eine politisch-moralische Handlungsorientierung zu geben. Die in der Gedenkstättenarbeit haupt- und ehrenamtlich engagierten Personen gehen in ihrer Bildungsarbeit auf den gesamtgesellschaftlichen Umgang mit Menschen mit Behinderungen und Psychiatrieerfahrungen ein, weil dieser die Erinnerungskultur beeinflusst. Ferner sehen sich »Euthanasie«-Gedenkstätten als Orte der Diskussion gesamtgesellschaftlicher Normen, etwa über die Stellung von Menschen mit Behinderungen bzw. Psychiatrieerfahrungen in der Gesellschaft.

Auswirkungen gesamtgesellschaftlicher Entwicklungen auf die Gedenkstättenarbeit

> (...) naja, also ich würde schon sagen, wir haben seit den 1970er, 1980er, vor allem auch in der Bundesrepublik, diesen Paradigmenwechsel, dass die Sicht der Betroffenen, als zunächst der betroffenen Lebenden, sich auch dahingehend auch verändert hat, dass ja die sogenannte, ich zitiere, die sogenannte »Krüppelbewegung«, entstanden ist und diese hat ja auch in den 70er und 80er Jahren wichtige Impulse gegeben, überhaupt die Sichtweisen der Betroffenen von Marginalisierung und Stigmatisierung, Menschenfeindlichkeit, überhaupt in den gesellschaftlichen Diskurs zu bringen. Ich glaube auch, dass das auch wichtig war im Hinblick darauf, welche Rücksicht in historischer Weise dann möglich wurde. Dass man ja, (...) ab Ende der 70er, vor allem ab Anfang der 80er Jahre überhaupt geschaut hat, was ist eigentlich mit den Menschen im Rahmen der »Euthanasie«-Aktion passiert. Ich glaube, das geht Hand in Hand. Insofern würde ich sagen, waren der gesellschaftliche Paradigmenwechsel, dass man also auch zunehmend dahin schaute, welche marginalisierten Gruppen der Gegenwart äußern sich, fordern das Hören ihrer Stimmen ein und verweisen letztendlich damit auch auf die Vergangenheit. Dass das also Hand in Hand ging und somit auch in dieser Zeit, 70er, 80er Jahre, da sich auch einiges gewandelt hat. (Brandenburg an der Havel: Christian Marx: 27)

Wie Herr Marx hier feststellte, führte erst der Wandel der Sichtweisen auf Menschen mit Behinderungen dazu, auch in der Rückschau sich mit dieser von Ausgrenzung und Ermordung betroffenen Gruppe zu befassen. Auch Kathrin Bauer verwies darauf, dass der gesamtgesellschaftliche Wandel intensive Bemühungen zur Aufarbeitung der »Euthanasie« ermöglichte.

> Also, ich würde auf jeden Fall sagen, dass es da eine Veränderung gab. Ich würde das mit dem Beginn von einem gesamtgesellschaftlichen Wandel, glaube ich, erklären wollen. Also, dass einfach der Fokus auf Inklusion größer geworden ist in den letzten Jahren, dass auch Fragen gestellt werden, wie zugänglich sind diese Orte, was kann so eine Dauerausstellung. Und dass auch die Gedenkstätten allgemein, aber wir vielleicht auch speziell als Ort uns das vorgenommen haben immer mehr Barrieren abzubauen und dadurch auch immer mehr Betroffenen die Möglichkeit zu geben, an diesem Ort aktiv zu werden, egal in welcher Form, sei es als Besucherin und Besucher, sei es als Menschen, die mitarbeiten möchten. Also, das glaube ich, hat sich auf jedem Fall gewandelt. Und das gleiche gilt auch für die Arbeit mit z. B. Angehörigen, auch das, finde ich, hat sich gewandelt, weil da eine größere Offenheit in der Gesamtgesellschaft ist, mit dem Thema umzugehen. (Grafeneck: Kathrin Bauer: 23)

Erst durch die Errungenschaften der Selbstvertretungsorganisationen fand eine Verschiebung von der Fokussierung der Perspektive der Tatbeteiligten hin zur Sichtweise der Betroffenen statt, worauf die ehemalige Mitarbeiterin der Gedenkstätte Hadamar einging:

> Also auch mit der Selbstbestimmt-Leben-Bewegung und so. (...) Also in den 90er Jahren war ganz stark der Blick eher von außen auf das Geschehen. So würde ich mal sagen und wie gesagt, wir haben uns viel mit Täterinnen und Tätern auseinandergesetzt. Aber ich habe mit Beginn der Jahrtausendwende mich sehr stark mit der Perspektive von Menschen mit Behinderungen auseinandergesetzt (...). (Hadamar: ehemalige Mitarbeiterin: 23)

Auch Kathrin Bauer stellte fest, dass haupt- und ehrenamtliche Mitarbeitende der »Euthanasie«-Gedenkstätten Ausgrenzung thematisieren und dadurch einen Beitrag zum Empowerment leisten können. Damit wollen sie zur Gestaltung einer inklusiven Gesellschaft beitragen.

> Also ich finde, das können sie auf jeden Fall, vor allem, wenn wir einen Aktualitätsbezug herstellen und uns überlegen, warum machen wir das eigentlich und dann vor allem auch jüngeren Menschen mit auf dem Weg geben, dass das Auseinandersetzen mit der Geschichte einen in der eigenen Position auch stärken kann. Dass man einfach für Werte wie Menschenwürde zum Beispiel einsteht, wenn man gesehen hat, wozu das in der Geschichte führte, wenn das nicht gegolten hat. Ich finde in dem Sinne können sie zu Empowerment beitragen, das eine Stärkung der Menschen sein kann, die hierherkommen und man ihnen sagen kann, mit diesem Wissen seid ihr jetzt ausgestattet, geht in zukünftige Diskussionen rein oder wenn ihr eigene Erfahrungen habt, Ausgrenzungserfahrungen oder ähnliches. Dass man lernt als Gesellschaft, die Gedenkstätte spiegelt dies dann ja auch wider, gibt es ein Konsens auf was anderes. Für den muss man einstehen. Also es ist ein Empowerment, hat aber auch so ein bisschen was den Menschen eine Aufgabe mitgeben. (Grafeneck: Kathrin Bauer: 11)

Die engagierte Angehörige stellte auf die Frage nach der Berücksichtigung anderer Verfolgtengruppen eine Verbindung zur gegenwärtigen Debatte um Werkstätten für Menschen mit Behinderungen her. Damit geht sie indirekt auf die Verbindung der Kontinuität der Ausgrenzung und der unzureichenden Berücksichtigung komplexer Diskriminierungen ein.

> Also, wenn ich jetzt an die Dauerausstellung hier denke, dann fällt mir überhaupt kein Raum ein, den andere Verfolgtengruppen haben. Aber ich stelle fest, dass für uns in der Werkstatt Randgruppen durchaus ein Thema sind, weil wir ja ständig versuchen, auch einen Platz auf dem ersten Arbeitsmarkt zu finden, an dem Arbeit stattfinden kann. Und da gibt es großes Potential, Dinge zu verändern und da wünsche ich mir auch, dass wir gesamtgesellschaftlich noch mehr, noch mehr Toleranz entwickeln, um unseren Arbeitsmarkt inklusiver zu gestalten. Aber ich glaube, das erzähle ich jetzt mit meiner Samariterbrille, hier bin ich gerade nicht mehr Angehörige. (Grafeneck: engagierte Angehörige: 41)

Die gesamtgesellschaftlichen Entwicklungen führten zu einer langsamen Öffnung der Gedenkstätten, die bis heute andauert und noch weiterer Anstrengungen bedarf. Auf der anderen Seite wollen Gedenkstätten einen Beitrag zum gesellschaftlichen Diskurs leisten.

Diskussion gesamtgesellschaftlicher Diskurse in »Euthanasie«-Gedenkstätten

Im Verlauf des Gesprächs geht die pädagogische Mitarbeiterin der Gedenkstätte Hadamar auf die vermittelnde Rolle ein, die »Euthanasie«-Gedenkstätten bei der Diskussion gesamtgesellschaftlicher Kontroversen einnehmen können, wie sie anhand der Debatte um Pränataldiagnostik darlegt. Sie wollen die Teilnehmenden zur Reflektion anregen, ohne eine bestimmte Meinung zu vermitteln, was auch vor dem Hintergrund des Beutelsbacher Konsenses diskutiert werden kann, der zur Neutralität verpflichtet.

> Wenn man jetzt aber tatsächlich auch ausgehend von der Frage, was hat das mit mir zu tun, verstehen wir uns schon als ein Ort, an den bestimmte gesellschaftspolitische Entwicklungen diskutiert werden können oder Themen diskutiert werden können. Wobei uns in dem Zusammenhang auch ganz wichtig ist, wegen dem historischen Gesamtkontext, wir nehmen uns aber keine Wertung heraus von das ist richtig und das ist falsch. Wenn man jetzt beispielsweise über sowas wie Pränataldiagnostik spricht, dass wir dann sagen, das geht, das geht nicht, aber dass wir im Prinzip vor dem Hintergrund der Thematik, mit der wir uns beschäftigen, Denkanstöße bieten können, sich selbstständig mit der Frage auseinanderzusetzen auch gerade vor dem Hintergrund der Geschichte und dann im Prinzip zur eigenständigen Urteilsfindung anzuregen und dafür den Rahmen bilden. Vielleicht eine moderierende Funktion, aber nicht als der ständig erhobene Zeigefinger, das darf man, das darf man nicht. (Hadamar: PM AL: 17)

Während insbesondere die Mitarbeitenden der Gedenkstätte Hadamar sehr stark auf die »Lebensrechtdebatte« eingingen, wurde von den haupt- und ehrenamtlichen Mitarbeitenden der anderen Gedenkstätten das Thema nicht angesprochen, sondern der Beitrag zur Gestaltung einer demokratischen Kultur betont, so beispielsweise von Christian Marx.

> Gedenkstätten können wie alle andere Orten, wo Menschen sich austauschen, zusammenkommen in der Öffentlichkeit, können Gedenkstätten, und gerade auch Gedenkstätten, einen Beitrag leisten, dass sie die Frage stellen, wie wollen wir eigentlich in einer demokratisch verfassten Gesellschaft miteinander umgehen, d.h. welchen Blick wollen wir auf die Geschichte diskutieren, welchen Blick wollen wir auf unsere Gegenwart richten und was wollen wir erreichen in der Zukunft, da haben Gedenkstätten ein besonderes Potential, diese Fragen zu stellen. (Brandenburg an der Havel: Christian Marx: 11)

Eingehen auf intersektionale Dynamiken

Nachdem allgemein auf die Auswirkungen gesamtgesellschaftlicher Entwicklungen und die Diskussion dieser in den »Euthanasie«-Gedenkstätten eingegangen wurde, soll nun mit der Debatte um Intersektionalität ein wissenschaftlicher und politischer Diskurs vertiefend fokussiert werden. Weil im zweiten Teil von den Interviewten die Auswirkungen von Mehrfachdiskriminierungen beschrieben wurden und es Teil der Inklusionsdebatte ist, wurden die haupt- und ehrenamtlichen Mitarbeitenden der Gedenkstätten bei den Interviews nach dem Eingehen auf komplexe Diskriminierungen in ihren Angeboten gefragt. Bereits zu Beginn berichtete Kathrin König, wie sie Mehrfachdiskriminierungen im Rahmen ihrer Bildungsarbeit thematisierte.

> Meine Aufgaben in der Gedenkstätte sind, dass ich als Guide die Leute durch das Gelände führe, ihnen an einer Tafel in der Gedenkstätte im grauen Gebäude zeige, was eine jüdische Familie ist, was ihnen geschehen ist und das vermittel ich den Leuten hier in der Gedenkstätte. Das sind die beiden Sachen, die ich mache, das ist einmal die Einführung in die Gedenkstätte, dass sie erst mal den räumlichen Ort kennenlernen, dass sie wissen, wo es lang geht und dann, wie ich gesagt habe, die jüdische Familie mir sehr am Herzen liegt. (Brandenburg an der Havel: Kathrin König: 3)

Sie geht hier auf die Familie von Günther Ewald ein, der als 10jähriger in Brandenburg an der Havel ermordet wurde. Christian Marx berichtete in dem Gespräch, dass sich die Eltern gegen die Verfolgung ihres Sohnes wehrten. Inwieweit intersektionale Dynamiken wirkten, wurde in den Gesprächen zwar nicht thematisiert, vor dem Hintergrund der im zweiten Teil herausgearbeiteten Verfolgungsdynamiken kann dies jedoch angenommen werden. Im weiteren Verlauf des Gesprächs mit Frau König solidarisiert sie sich mit der Gruppe der Jüdinnen und Juden und mahnt zum Kampf gegen Antisemitismus und »Nazis« als das Gespräch auf die Thematisierung von intersektionalen Diskriminierungen gelenkt wurde.

> Im ersten Punkt ist es zum Beispiel, dass in den Verfolgtengruppen z. B. auch Juden dabei gewesen waren, die bis heute verfolgt werden. Die brauchten immer ihre richtigen Papiere, die sie dann noch nicht gekriegt hatten. In meiner Bildungsarbeit sind Juden ein wichtiges Thema und in der Dauerausstellung haben sie eine Stele. Die zeigt, dass sie auf Plakaten gezeigt wurden. Die Diskriminierung, das finde ich, ist heute noch sehr groß mit den Neonazis und das finde ich sehr traurig, dass es immer noch Nazis gibt. Die Neonazis müsste man endlich mal abschaffen, dass die nicht mehr uns auf dem Kicker haben uns Behinderte und Nichtbehinderten, die den Nazis nicht in den Kragen passen. Das darf man einfach nicht gutheißen, was die machen die Leute. (Brandenburg an der Havel: Kathrin König: 34)

Das Eintreten gegen gruppenbezogene Menschenfeindlichkeit wird von ihr im Gespräch immer wieder betont und kann als eines der zentralen Motive für das Engagement in der Gedenkstätte bewertet werden.

Von den anderen Befragten wurde festgehalten, dass die Thematisierung intersektionaler Diskriminierungen zunehmend Raum in der Bildungsarbeit findet, was in den Anfangsjahren (aufgrund der Fokussierung auf die Täter*innen und der erst langsam sich etablierenden Debatte um Intersektionalität nicht der Fall war), weil dies Teil des Themenkomplexes ist. Kathrin Bauer begründete die Auseinandersetzung mit intersektionalen Diskriminierungen mit der Selektionspraxis der Täter*innen.

> Es wird aber natürlich auch thematisiert, wenn wir uns anschauen, wie wurden die Opfer hier selektiert. Anhand von so einem Meldebogen wird z. B. »Rasse« als Kategorie angegeben werden musste, wo dann auch klar wird, wenn man das mit Gruppen bespricht, okay, es gab einfach mehrere Dinge, die in so eine Selektion reingespielt haben. Also von daher sind andere Verfolgtengruppen auch immer Thema sowohl in der Bildungsarbeit als auch in der Dauerausstellung, natürlich auf beschränktem Raum, weil es nicht unser Hauptfokus sein kann. Wobei das auch immer ein bisschen auf die Länge der Angebote ankommt, wenn wir jetzt z. B. ein Ganztagsseminar haben, können wir da auch noch mal anders darüber sprechen als nur bei zwei Stunden. Und das gleiche gilt auch für das Thema Diskriminierung ganz allgemein oder komplexe Diskriminierung, weil ich würde sagen, es hat auf jeden Fall einen Raum hier an der Gedenkstätte. Die Frage ist immer, wieviel Zeit bleibt und wir machen das in der Vermittlungsarbeit immer dialogisch, d.h. es geht um ein Gespräch mit den Besuchergruppen, vor allem mit den Schülerinnen und Schülern. (Grafeneck: Kathrin Bauer: 29)

Frau Bauer beschreibt, dass es ein Thema ist, das aufgegriffen wird, aber nicht zentraler Bestandteil der Bildungsarbeit ist. Wie auch weitere Befragte feststellten, sehen die Gedenkstätten die Auseinandersetzung mit und Prävention von Diskriminierungen als einen wichtigen Aspekt ihres Bildungsauftrags. Auch in Hadamar wird auf die intersektionale Diskriminierung eingegangen, wie auch schon in Grafeneck wurde jedoch betont, dass dies nicht das zentrale Thema der Gedenkstätte ist, wie die pädagogische Mitarbeiterin festhielt:

> Also jenseits von »Euthanasie«-Verfolgten und Zwangssterilisierten sind das vor allem aktuell Gruppen, die in Anführungsstrichen doppelt verfolgt wurden. Wir haben natürlich auch Biografien von Ermordeten, die jüdischen Glaubens waren und auch gerade im Zusammenhang mit der Zwangssterilisation beispielsweise auch von Menschen, die homosexuell waren, dass die doppelt verfolgt waren. Für Hadamar gesprochen haben wir auch die zwei Gruppen, der sogenannten jüdischen Mischlingskinder ersten Grades, die ja nicht im Zuge der »Euthanasie« oder des eugenischen Glaubens oder der eugenischen Theorien ermordet wurden, sondern im Zusammenhang mit der rassistischen Verfolgung und dann eben auch die Gruppe der Zwangsarbeitenden, die auch zum Großteil somatisch diagnostiziert auch hier außerhalb des psychiatrischen Spektrums (...). (Hadamar: PM AL: 54)

Auch in dem aktuell entwickelten Workshop für inklusive Gruppen wird auf Mehrfachdiskriminierung eingegangen, was die an die Gedenkstätte abgeordnete Lehrkraft ergänzte. Dabei sollen die für Hadamar bedeutenden Opfergruppen wie beispielsweise die jüdischen Mischlingskinder und Zwangsarbeiter*innen berücksichtigt werden.

> Vielleicht können wir es noch ergänzen, dass wir darauf geachtet haben, im Rahmen des Workshops für Schülerinnen und Schüler mit Lernbeeinträchtigung all diese Gruppen abzubilden, also, sowohl die jüdischen Mischlingskinder als auch die Zwangsarbeiter finden sich jeweils in einer Biografie im Rahmen des Workshops wieder. (Hadamar: PM AL: 57)

Als wirkmächtige Differenzkategorien wurde neben der Zugehörigkeit zum Judentum und der sexuellen Orientierung auch die Genderdimension beschrieben. So stellte Christian Marx die Folgen der geschlechtsbegründeten Diskriminierung dar.

Komplexe Diskriminierungen greifen wir insofern auch auf, als dass wir in unseren Veranstaltungen z. B. auch darauf hinweisen, dass Frauen, also junge Frauen, die damals unter 21 waren und ein selbstbewusstes Leben mit einer selbstbestimmten Sexualität gelebt haben, auch Opfer dieser Maßnahmen werden konnten. Also hier versuchen wir auch deutlich zu machen nur beispielhaft, dass der Blick der Täter, und das sind dann eben Männer, hier auch eine Gender Dimension haben und insofern versuchen wir auch deutlich zu machen, dass das auch der Blick eines männlichen Mediziners auf ein potenzielles weibliches Opfer ist. Auch das verdeutlichen wir immer wieder. (Brandenburg an der Havel: Christian Marx: 39)

16.2.3. Raum für die Sichtweisen der Betroffenen

Wie gezeigt wurde, veränderten gesamtgesellschaftliche Diskurse die Gedenkstättenarbeit. Im Rahmen dieses Wandels sind Tendenzen erkennbar, die auf eine Verschiebung des Fokus von der Auseinandersetzung mit den Täter*innen und ihren Motiven auf die Betroffenen schließen lassen. Auf die zunehmende Einbeziehung ihrer Sichtweise wird nun eingegangen. Nachdem es insbesondere in den Anfangsjahren (und auch bis heute) wenig Raum für die individuelle Deutung der Verbrechen gab, werden zunehmend Angebote entwickelt, die sich mit den Perspektiven der Ermordeten und ihrer Angehörigen auseinandersetzen.

Formen der Darstellung der Betroffenenperspektive

Während in der Dauerausstellung nur eine Biografie schematisch dargestellt wird, ermöglicht die Gedenkstätte Grafeneck im Rahmen der Bildungsarbeit ein Gespräch mit einer Angehörigen. Sie beschreibt ihre Schwerpunktsetzung dabei wie folgt:

> Ich versuche, wenn ich den Part übernehme, von meiner Geschichte zu erzählen, anzufangen, an der Stelle, dass ich Grafeneck kennengelernt habe als Arbeitsort und indem ich in Grafeneck eine Arbeit aufgenommen habe, um die Geschichte des Ortes erfahren habe. Dementsprechend baue ich dann chronologisch auf und erzähle, dass es dann eben nach acht Jahren Arbeit in Grafeneck eine Horizonterweiterung insofern gab, dass ich die Geschichte meiner Familie dann wusste. Es ist tatsächlich so, dass ich versuche, sehr persönlich auch von meinen ganz persönlichen Erfahrungen zu erzählen und dazu kein Bildmaterial bisher verwende. Wobei ich feststelle, in meiner Vorstellung könnte auch z. B. ein Stammbaum hilfreich sein, einfach auch nur, um zu sehen, in welcher Generation sprechen wir denn gerade. Oder wie weit reicht das zurück und das ein bisschen bildlich unterstützen zu können. Aber ich habe mir die Mühe bisher nicht gemacht, mir Material zu erstellen. Von der Methodik her ist es tatsächlich im Moment nur ein sehr persönlicher Vortrag. Und wirklich nur verbal, kein Bildmaterial. (Grafeneck: engagierte Angehörige: 29)

Interessant ist hier festzustellen, dass sie sich bei ihrem Engagement sehr auf die Aufarbeitung und die Realisierung der Tat konzentriert, das Schicksal wird wegen mangelnder Informationen nicht ausführlich thematisiert. Sie reflektiert, dass generell die Darstellung der Schicksale der Ermordeten nur wenig Raum einnimmt, sie jedoch ein großes Interesse seitens der Teilnehmenden feststellen kann.

> Die Fragestellung [nach der Berücksichtigung der Perspektive der Betroffenen. Anmerkung CH] finde ich spannend, die Sichtweise habe ich so noch nicht eingenommen, aber, wenn ich jetzt versuche, darüber nachzudenken, dann kommt mir der Raum, den die Sichtweisen

der Betroffenen einnehmen, nicht so groß vor. Und insofern wäre da schon Potential da, mehr Informationen zu geben. Allerdings hätte ich im Moment keine Idee, in welcher Form man das darstellen sollte. Ich mache immer wieder die Erfahrung, dass sobald ich einen Part übernehme, in einer Führung und von meiner Geschichte erzähle, die Resonanz darauf schon auch groß ist, insofern als das mir Dankbarkeit zum Ausdruck gebracht wird, die Perspektive so einzubringen. Und insofern gibt es da auch noch Potential nach oben. (Grafeneck: engagierte Angehörige: 25)

Generell werden die Sichtweisen der Betroffenen zunehmend stärker berücksichtigt, worauf Kathrin Bauer einging, die eine stärkere Fokussierung im Rahmen einer möglichen Erweiterung der Dauerausstellung in den Raum stellte. Damit soll die nach wie vor dominierende Sichtweise der Täter*innen überwunden werden, worauf Christian Marx einging.

Also z. B. die opferbiografischen Dokumente zu dem Jungen Günther Ewald, der 1940 hier als 10jähriger Junge umgebracht wird. Er selbst kommt nicht zu Wort, allerdings versuchen wir, stellvertretend für ihn, die Sicht der Eltern, die sich gegen die Aussonderung ihres Sohnes wehren, in einem so breiten Raum wie möglich wiederzugeben. Nicht zuletzt sind wir jetzt gerade dabei am Beispiel eines hier ermordeten Architekten und Künstlers, Paul Gösch, der hier auch 1940 ermordet worden ist, versuchen wir so nah wie möglich an seine Sicht auf ihn, auf sich, auf sein Leben, auf seine psychische Erkrankung so nah wie möglich heranzukommen und diese ins Zentrum unserer Aufarbeitung und unserer Beschäftigung mit diesem Opfer zu stellen. Um das noch mal deutlich zu machen, wir versuchen so weit wie es immer auch geht, die Sicht der Betroffenen, die Sicht der Ermordeten, auch die Sicht der Angehörigen, ich habe es gerade am Beispiel der Eltern genannt, bei Günther Ewald, in den Vordergrund zu bringen und das deutlich zu machen, damit die Täterinnen und Täter nicht in den Dokumenten heutzutage, immer noch das letzte Wort haben. (Brandenburg an der Havel: Christian Marx: 17)

Ferner bieten Gedenkstätten eine Plattform an, auf der Angehörige über die Schicksale der Ermordeten berichten können, worauf er im weiteren Verlauf des Gesprächs einging. Er hob hervor, dass die Darlegung der Familiengeschichte für die Betroffenen jedoch nicht einfach war und Tabus überwunden werden mussten.

Also, was wir hier in der Gedenkstätte zum Beispiel machen bereits ist, dass wir die Sichtweise von Betroffenen und in diesem Sinne, (...) auch der Angehörigen ganz dezidiert auch suchen, nachfragen und wenn wir diese haben auch hier präsentieren, zu Wort kommen lassen und der Öffentlichkeit zur Diskussion stellen. Ich möchte ein konkretes Beispiel nennen, im Januar 2022 haben wir einen Film in Deutschland uraufgeführt, den ein Angehöriger einer hier ermordeten Frau selber produziert hat und zwar der israelische Staatsbürger Itamar Wexler, der über den Lebensweg seiner hier ermordeten Großmutter, der das recherchiert hat und damit auch in Israel zu finstersten Familientabu über den Lebensweg und das gewaltsame Ende dieser Großmutter, dieses Tabu, aufgegriffen hat und durch seine Recherche der Familie auch jetzt, vor wenigen Jahren erst, also 2, 3 Jahren, auch erst verdeutlichen konnte, dass das seine Großmutter, und er hat ja auch mehrere Cousinen und Cousins, die auch diese Frau als Großmutter haben (...) klar wurden, diese Frau wurde im Rahmen der nationalsozialistischen »Euthanasie«- Verbrechen ermordet. Und das ist natürlich also eine Sichtweise der Betroffenen, die wir gerne aufnehmen, diesen Raum geben im Rahmen von Veranstaltungen und somit also auch das Wissen oder den Diskurs in der Öffentlichkeit also auch suchen und das Wissen verbreiten wollen, um eben klarzumachen, dass das für die heutige Gesellschaft und ihr Selbstverständnis natürlich immer noch große Relevanz hat. (Brandenburg an der Havel: Christian Marx: 31)

Wirkung der zunehmenden Berücksichtigung der Betroffenenperspektive

Der Zugang über Einzelschicksale wurde als wichtige Methode in der Vermittlungsarbeit bewertet, die Wirkung der zunehmenden Fokussierung auf die Biographiearbeit wurde in den Gesprächen mit den haupt- und ehrenamtlichen Mitarbeitenden wie folgt beschrieben. Durch die zunehmende Auseinandersetzung mit ihrer Familiengeschichte wird die engagierte Angehörige auch mit der fehlenden Anerkennung der Betroffenen und ihrer Angehörigen konfrontiert, wie sie auf die Frage nach dem Wandel der Berücksichtigung der Sichtweisen der Betroffenen feststellte.

> Also, ich versuche die Frage erstmal für mich persönlich zu beantworten, weil ich stelle fest, je länger ich um meine familiäre Verbundenheit mit dem Ort und diese gemeinsame Geschichte weiß und je mehr ich Vorträge halte vor Gruppen, die sich meine Geschichte anhören möchten, desto mehr merke ich, dass es für mich ein Thema wird (...) der Umgang vom Staat, weil die Opfergruppe an sich hat bis heute keine Entschädigung oder Anerkennung bekommen, also es gab keine Entschädigung. Das nimmt für mich mehr Raum ein, je mehr ich mich mit dem Thema beschäftige. Das merke ich ganz persönlich. Und wenn ich jetzt versuche, die Frage allgemein zu beantworten, dann glaube ich, in der Rückschau und ich beobachte jetzt die Geschichte der Gedenkstätte seit 1999, in der Rückschau hat die Arbeit, die die Gedenkstätte macht, von 1999 bis heute in jedem Jahr an Bedeutung gewonnen. Das sieht man nicht nur an den Räumlichkeiten, die die Gedenkstätte in Grafeneck in Anspruch nimmt, das sieht man auch am Umfang vom Material, an der Anzahl von Besuchergruppen usw. (Grafeneck: engagierte Angehörige: 33)

Während einerseits die fehlende Aufarbeitung für sie ein Thema wird, das auch mit Belastungen verbunden ist, führt sie hier andererseits ihre Hoffnung an, durch die zunehmende Aufarbeitung die Geschichte zu bewahren und das Vergessen zu verhindern. Auch in anderen Gesprächen mit den haupt- und ehrenamtlichen Mitarbeitenden der Gedenkstätten wird die Notwendigkeit der Würdigung der Betroffenen hervorgehoben, so beispielsweise von Christian Marx, der die Wichtigkeit der Berücksichtigung der Sicht der Betroffenen bei Gedenkfeiern betonte, um die individuellen Schicksale zu würdigen.

> Also, was wir schon machen, wir haben Kontakt zu Angehörigen und wir haben ja auch im Rahmen von Veranstaltungen haben wir auch schon Angehörige, das sind, selten, die Generation ist ja auch schon recht alt, es sind selten inzwischen Kinder von Ermordeten, sondern zum Teil sind das Nichten, Neffen oder auch Enkelkinder von Ermordeten und wir haben sie auch schon das ein oder andere Mal hier eingeladen, bei unseren Veranstaltungen, Gedenkveranstaltungen und Feierlichkeiten hier zu sprechen und jetzt quasi, erstmal nur für sich, ist klar, für sich selbst, aber dann auch stellvertretend für die Ermordeten das Wort zu ergreifen und ihre Sicht der Dinge darzustellen. (Brandenburg an der Havel: Christian Marx: 19)

Auch geht er auf die Notwendigkeit der Rekonstruktion der Einzelschicksale ein, um an die individuellen Lebenswege zu erinnern, wodurch dem zentralen Auftrag von Gedenkstätten als »Orte des Erinnerns« entsprochen wird. Bei der Auseinandersetzung mit Quellen kann Teilnehmenden die Schwierigkeit der Rekonstruktion von individuellen Lebensgeschichten vermittelt werden, die aufgrund der dünnen Quellenlage und der darin oftmals dominierenden abwertenden Beschreibungen mit zahlreichen Schwierigkeiten verbunden ist.

> (...) [U]nd damit nicht nur Strukturen von Verbrechenszustandekommen auseinanderdividieren, sondern auch, das ist wichtig, als Gedenkstätte auch sehr wichtig, den Mensch dahinter, der ermordet wurde, sichtbar zu machen. Und das gelingt, wie ich sagen darf, sehr häufig. (Brandenburg an der Havel: Christian Marx: 33)

Die engagierte Angehörige ging ebenfalls am Rande auf Aktionen ein, die dem Gedenken an die Ermordeten dienen sollen. Durch diese konnte sie Kraft für ihr eigenes Engagement gewinnen:

> (...) Aber ich erinnere mich, als ich noch relativ frisch in Grafeneck gearbeitet habe, also um 99, 2000, irgendwo um den Zeitraum, gab es auch die erste Spur der Erinnerung, also eine Aktion, die auf Landesebene nach meiner Erinnerung organisiert war und wo sich sehr viele Angehörige auch engagiert haben und aus meiner Sicht damals auch viele Angehörige der Personen, die in Grafeneck gelebt haben. Zu dem Zeitpunkt, nicht zwingend Angehörige von »Euthanasie«-Opfern, sondern einfach Angehörige von Menschen mit Behinderungen. An der Stelle hat es mich sehr gefreut, dass es die Plattform gab, sich darin Gehör zu verschaffen. Das zieht sich durch, dass es bis heute einige Kunstaktionen, oder auch nochmal »Spur der Erinnerung«-Aktion, Stolpersteinaktion, die immer bereichernd waren, weil sie nicht nur für die Personen, die am Angebot teilgenommen haben, öffentlichkeitswirksame Informationen geben konnten, sondern weil es immer auch Presse dazu gab. (Grafeneck: engagierte Angehörige: 23)

Sie hebt hier die Wirkung hinsichtlich der Sichtbarmachung der Schicksale der Betroffenen hervor, die erst durch ein öffentlichkeitswirksames Gedenken ermöglicht wurde. Die Funktion des Erinnerns an die Betroffenen als eine zentrale Aufgabe der Gedenkstätten hebt auch Kathrin Bauer hervor:

> Und dann natürlich ganz zentral, darum sind wir auch eine Gedenkstätte, die Erinnerung an die Opfer, an die Menschen, die hier ermordet wurden. Also, das würde ich einfach nach wie vor als eine unserer wichtigen und zentralen Aufgaben sehen, diese Erinnerungsarbeit. (Grafeneck: Kathrin Bauer: 9)

Ferner wird den Angehörigen die Funktion des Korrektivs für die Krankenakten zugesprochen, die hauptsächlich die Sicht der Täter*innen wiedergeben und die positive Selbstdeutung meistens ausblendeten aufgrund der rassenhygienischen Prägung der NS-Ärzt*innen. Dies hob die pädagogische Mitarbeiterin der Gedenkstätte Hadamar hervor.

> (...) [D]ie Perspektive der Angehörigen ist natürlich für uns enorm wichtig, weil es einfach die Perspektive der Akten natürlich ergänzt. Das ist das Problem der »Euthanasie«, dass wir hauptsächlich die Aktengrundlage haben, die natürlich ein sehr konkretes Bild der Täterinnen und Täter haben und uns nicht die Möglichkeit bietet, da den Menschen näher zu kommen. Das ist dann die Perspektive, die durch die Angehörigen ergänzt wird. (...) (Hadamar: PM AL: 35)

Die dargelegten Entwicklungen in der Ausgestaltung der Erinnerungsarbeit zeigen eine zunehmende Öffnung der Gedenkstätten für die Bedürfnisse von Menschen mit Behinderungen oder Psychiatrieerfahrungen und die Berücksichtigung der Sichtweisen der Betroffenen der Zwangssterilisation und »Euthanasie«, die erst durch den Wandel der Rolle möglich wurde. Auf der anderen Seite begegnen bei der Berücksichtigung der Betroffenenperspektive zahlreiche Herausforderungen, vor allem die fortdauernde Nichtthematisierung in den Familien. Möglicherweise können Generationsübergänge bei der Überwindung der Tabuisierung helfen. Auch die Öffnung der Gedenkstätten für Menschen mit Behinderungen stellt sich als langandauernden Prozess dar, die beschriebenen Pilotprojekte und Ansätze zeigen jedoch positive Entwicklungen.

17. Fazit Teil 3: Bedingungen und Barrieren für die Öffnung der Gedenkstättenarbeit hinsichtlich der inklusiven Gestaltung und der Berücksichtigung von Perspektiven Betroffener von Zwangssterilisation und »Euthanasie«

Resümierend kann festgehalten werden, dass die Entwicklungen zur inklusiven Öffnung hinsichtlich der Sichtweisen der Betroffenen der NS-Zwangssterilisation und »Euthanasie« sowie die Ansprache von Menschen mit Behinderungen und Psychiatrieerfahrungen durch den Wandel der Rollenzuschreibung beeinflusst wurden. Auch vor dem Hintergrund der fortdauernden Nutzung der ehemaligen Tatorte für die Versorgung von Menschen mit Behinderungen und Psychiatrieerfahrungen, wirkten sich die Entwicklungen der institutionellen Kontinuitäten und Reformbestrebungen unmittelbar auf den Erinnerungsdiskurs und die Arbeit der »Euthanasie«-Gedenkstätten aus. Obwohl bereits 1978 durch die amerikanische Fernsehserie »Holocaust« erste Impulse für die Entwicklung eines Bewusstseins für die im Rahmen der »Euthanasie« Verfolgten existierten, wurde in Deutschland erst 2014 ein zentrales Denkmal für die im Rahmen der »Euthanasie« Ermordeten errichtet. Dabei ist auffallend, dass die Verbrechen der Zwangssterilisation nur am Rande thematisiert wurden. Eigene, diesen Tatkomplex fokussierende Erinnerungsorte sind kaum vorhanden. Einer der wenigen existiert in Mannheim, ein Mahnmal, das vom »AK-Justiz« betreut wird und hier an unterschiedlichen Tatorten der Zwangssterilisation aufgestellt wird.

Bei der Entstehung der Gedenkstätten waren Angehörige nur teilweise beteiligt, während sie einerseits, beispielsweise in Pirna-Sonnenstein, eine aktive Rolle einnahmen, wurden andere Gedenkstätten (insbesondere in Hadamar und Bernburg) durch Initiativen kritisch denkender Mediziner*innen eingerichtet, die sich mit der Geschichte ihrer Profession auseinandersetzten. Die Öffnung wurde durch einen gesamtgesellschaftlichen Prozess beeinflusst. Durch die Entwicklung hin zu einer Einwanderungsgesellschaft wurde ein Bewusstsein für die Heterogenität der Zielgruppe entwickelt, was sich auch positiv auf die inklusive Gestaltung der »Euthanasie«-Gedenkstätten auswirkte. Bisherige Studien setzten sich mit der inklusiven Ausgestaltung und der Einbeziehung von Menschen mit Behinderungen an einzelnen Orten auseinander. Ein Vergleich der Bemühungen um die inklusive Öffnung und die Berücksichtigung der Stimmen von Betroffenen ist hingegen nicht vorhanden. Uta George untersuchte in ihrer Promotion die Öffnungsprozesse in Hadamar, wofür das von ihr maßgeblich initiierte Kooperationsprojekt gemeinsam mit »people first« (Selbstvertretungsorganisation von Menschen mit Lernschwierigkeiten) beschrieben wurde. Dabei geht sie auch auf die Auswirkung des veränderten Diskurses um Menschen mit Behinderungen und Psychiatrieerfahrungen ein und arbeitet dessen Auswirkung auf die Erinnerungskultur in Hadamar heraus (vgl. George 2008). In mehreren Publikationen wird über das Pilotprojekt in Brandenburg an der Havel berichtet, beispielsweise in einem Aufsatz von Clara Mansfeld (vgl. Mansfeld 2020) und in einem Handbuch, das von der Gedenkstätte Brandenburg an der Havel selbst herausgegeben wurde (vgl. Gedenkstätte Brandenburg an der Havel 2023). In ihrer Arbeit beschrieb Susanne Knittel die Besonderheiten der Gedenkstätte Grafeneck und hob die Nähe zur heutigen Einrichtung der Eingliederungshilfe für Menschen mit Behinderungen (Samariterstiftung) und das unzureichende Eingehen auf Einzelschicksale hervor (vgl. Knittel 2018). Wie ausgeführt wurde, können drei Entwicklungsdynamiken nachgezeichnet werden, die den Diskurs um Menschen mit Behinderungen und Psychiatrieerfahrungen prägten und die Arbeit der »Euthanasie«-Gedenkstätten beeinflussten.

17.1. Exklusion: Reden in der Rolle als »ewige Kinder«

Von der allgemeinen Wohlstandsentwicklung in der jungen Bundesrepublik wurden Menschen mit Behinderungen und Psychiatrieerfahrungen systematisch ausgeschlossen. Sie lebten in Großeinrichtungen, in denen lediglich eine Verwahrung stattfand. Auch in diakonischen Institutionen herrschte eine strikte hierarchische Ordnung, in der die »Pfleglinge« nur wenig Mitspracherecht besaßen. Das medizinische Modell, demzufolge eine Behinderung eine Minusvariante des »Normalen« sei, war handlungsleitend. Menschen mit Behinderungen und Psychiatrieerfahrungen wurden systematisch schlechter gestellt gegenüber Kriegsverwundeten und somatischen Patient*innen. Die Überzeugung der erbbiologischen Bedingtheit von psychischen Erkrankungen wurde beibehalten. Alle diese Zuschreibungen führten dazu, dass Menschen mit Behinderungen und Psychiatrieerfahrungen nur als »ewige Kinder« betrachtet wurden und keine Teilnehmer*innen des politischen Diskurses waren. Diese Exklusion erschwerte die Aufarbeitung der Verbrechen der nationalsozialistischen Zwangssterilisation und »Euthanasie«, die Betroffenen wurden bei den Verhandlungen um Entschädigungsleistungen nicht gehört und die Initiativen für ein neues Sterilisationsgesetz verhinderten die Bestimmung der nationalsozialistischen Zwangssterilisation als NS-Unrecht.

Auch in der Arbeit der »Euthanasie«-Gedenkstätten wirkte die gesamtgesellschaftliche Exklusion nach, worauf die haupt- und ehrenamtlichen Mitarbeitenden der Gedenkstätten in den Interviews des dritten Teils hinwiesen. Menschen mit Behinderungen und Psychiatrieerfahrungen, insbesondere mit Lernbeeinträchtigungen, wurde lange ein Interesse für die Geschichte abgesprochen, dies führte zur Nichtbeschäftigung mit Möglichkeiten für eine inklusive Gestaltung der Gedenkstättenarbeit, worauf auch Uta George in ihrer Arbeit hinwies (vgl. George 2008). Ferner wurde den betroffenen Menschen eine aktive Rolle beim Erinnern aberkannt, es musste gegen »Barrieren in den Köpfen« gekämpft werden, um die Zuschreibung des Nichtinteresses zu überwinden. Auf der anderen Seite hob insbesondere Christian Marx, der als Gedenkstättenpädagoge in Brandenburg an der Havel arbeitet, hervor, dass Gedenkstätten dies hinterfragen können. Über lange Zeit wurden die Gedenkstätten nicht von Menschen mit Behinderungen und Psychiatrieerfahrungen wahrgenommen, weil die hierfür notwendigen Angebote nicht existierten. Dies resultierte auch aus fehlendem Kontakt zu Initiativen der Selbstvertretung, wie in einigen Gesprächen festgehalten wurde. Ferner wurde reflektiert, dass lange die Sichtweisen von Menschen ohne Behinderungen dominant waren. Die Konfrontation mit Menschen mit Behinderungen und Psychiatrieerfahrungen wurde gemieden, weil ihnen eine reflektierte Auseinandersetzung mit den Verbrechen abgesprochen wurde. Auch die periphere Lage, die aus der Politik der Exklusion im 19. und zu Beginn des 20. Jahrhunderts resultierte, erschwerte die inklusive Ausrichtung der Gedenkstättenarbeit insbesondere in Grafeneck.

Stimmen von Angehörigen werden nach wie vor nicht in ausreichender Weise berücksichtigt, was mehrere Gesprächspartner*innen feststellten. Ursächlich hierfür sind zum einen die fehlenden Quellen, oftmals existieren nur Krankenakten, aus denen sich lediglich die Sicht der Täter*innen rekonstruieren lassen. Dies wird jedoch zunehmend kritisch reflektiert. Zum anderen erschwerte die Tabuisierung der Taten in den Familien nach Angaben der Befragten eine stärkere Fokussierung der Sichtweisen der Betroffenen. Insbesondere die Kontinuitäten der Dauerausstellung, die über mehrere Jahrzehnte nicht wesentlich verändert wurde, erschweren ein stärkeres Eingehen auf die Sichtweisen der Betroffenen. Auf die unzureichende Berücksichtigung von Einzelschicksalen am Beispiel von Grafeneck verwies bereits Susanne Knittel (vgl. Knittel 2018: 80). In der Bildungsarbeit, die flexibel gestaltet werden kann, schaffen die Bildungsreferent*innen zunehmend Möglichkeiten für das Eingehen auf individuelle Schicksale.

17.2. Integration: Reden als Patient*innen und Klient*innen

Die Entwicklung und Nachwirkungen der ab den 70er Jahren aufkommenden Integrationsbestrebungen veränderten die Arbeitsweisen in den »Euthanasie«- Gedenkstätten mannigfaltig und nachhaltig. Zusammenfassend können folgende Entwicklungen hin zur Rollenübernahme als Patient*in und Klient*in sowie deren Auswirkung auf den Erinnerungsdiskurs in Gedenkstätten nachgezeichnet werden. Ab den 70er Jahren wurden unter der Überschrift »mehr Demokratie wagen« zunehmend Randgruppen in der öffentlichen Diskussion berücksichtigt. Vor allem in Fachdiskursen wurde die Verbesserung der Lage von Menschen mit Behinderungen und Psychiatrieerfahrungen diskutiert. Ausgehend von einer medialen Skandalisierung, die die unheilbaren Zustände in der Psychiatrie und in Einrichtungen der Hilfe für Menschen mit Behinderungen thematisierte, wurden die Versorgungsstrukturen in der Politik und der Öffentlichkeit problematisiert. Während sich bereits vor dem zweiten Weltkrieg Reformbemühungen ausbreiteten, die sich wegen der Nähe zur NS-Ideologie von »Heilen und Vernichten« in Teilen delegitimierten, beruhten die neuerlichen Entwicklungen auf internationalen Diskussionen, die auch die deutsche Psychiatriereform inspirierten. Auf internationaler Ebene standen sich zwei Positionen gegenüber, vor allem die in Italien weit verbreitete Strömung der »Antipsychiatrie« forderte eine komplette Auflösung psychiatrischer Einrichtungen. In Großbritannien wurde eine Reform der psychiatrischen Institutionen forciert, die auch durch Peer-Beratungsangebote den Betroffenen mehr Mitspracherechte einräumen wollte. In Deutschland konnten sich Forderungen nach einer Auflösung der Psychiatrien im Sinne der Antipsychiatrie nicht durchsetzen. 1971 wurde eine Enquete-Kommission für die Neustrukturierung der psychiatrischen Versorgung eingerichtet, die aus Mediziner*innen und weiteren Professionellen bestand. Die Stimmen von Menschen mit Psychiatrieerfahrungen wurden lange (bis 1991) nicht berücksichtigt. Im Abschlussbericht der Enquete-Kommission wurden einige Verbesserungen wie beispielsweise die Einrichtung von psychiatrischen Abteilungen in Allgemeinkrankenhäusern vorgeschlagen und mit einigen Modellprojekten wurden diese Überlegungen in die Praxis umgesetzt. Eine kritische und selbstreflektierte Auseinandersetzung mit der Geschichte der Psychiatrie fehlte in der Zeit der Psychiatriereform. Es wurde ein Narrativ gezeichnet, demzufolge die Patient*innen den Ärzt*innen im Rahmen der »Euthanasie«-Aktion entrissen wurden. Die schuldhafte Verstrickung fand im Abschlussbericht keinen Raum. Resümierend kann festgehalten werden, dass die Psychiatriereform einen Beitrag zur Entstigmatisierung von Menschen mit Psychiatrieerfahrungen leistete. Auch die Gleichsetzung mit somatisch Erkrankten wurde erreicht, jedoch verbesserte sich die Situation von Menschen mit chronisch psychischen Erkrankungen kaum.

Parallel veränderte sich auch die Ausrichtung der Arbeit in den Einrichtungen der Eingliederungshilfen für Menschen mit Behinderungen vor dem Hintergrund einer Professionalisierung und Säkularisierung. Damit ging eine zunehmende Hinterfragung der hierarchischen Ordnung in diakonischen Einrichtungen einher, die sich an der traditionellen bürgerlichen Familie orientierte. Mit zentral gelegenen Wohngruppen, die unter anderem von der Elterninitiative »Lebenshilfe« getragen wurden, sollten Alternativen zur Unterbringung in Großeinrichtungen und der Familie geschaffen werden. Während die selbstbestimmte Lebensführung und die Angleichung an die Lebensverhältnisse von Menschen ohne Behinderungen positiv bewertet werden kann, muss der auch in den Wohngruppen vorhandene fehlende Kontakt zu Menschen ohne Behinderungen problematisiert werden. Im Gegensatz zum Inklusionsparadigma, demzufolge ausgrenzende Barrieren problematisiert werden müssen, soll nach dem Integrationsparadigma eine Teilhabe von Menschen mit Behinderungen in den Regeleinrichtungen ermöglicht werden, wohinter das vor allem in Dänemark in den 50er Jahren vertretene Konzept der »Normalisierung« steht. Diesem zufolge sollen sich Menschen mit Behinderungen in die Regeleinrichtungen integrieren, eine kritische Hinterfragung der Institutionen und ausgrenzenden Ordnungen fand jedoch nicht statt.

Wie anhand der empirischen Ergebnisse in Teil 3 gezeigt werden konnte, ermöglichte die zunehmende Auseinandersetzung mit der Lebensrealität von Menschen mit Behinderungen und Psychiatrieerfahrungen auch eine stärkere Auseinandersetzung mit der Geschichte der Medizinverbrechen, bei der die »Euthanasie«-Gedenkstätten eine wichtige Funktion einnehmen. Sie wollen ein Bewusstsein für die Geschichte schaffen, was in den Gesprächen mit den haupt- und ehrenamtlichen

Mitarbeitenden der Gedenkstätten als eine der zentralen Aufgaben beschrieben wurde. Dadurch soll auch ein Beitrag für die Prävention von Ableismus und andere Formen gruppenbezogener Menschenfeindlichkeit geleistet werden. Wie von den Mitarbeitenden festgehalten wurde, sind die Besuche in den »Euthanasie«-Gedenkstätten oftmals die erste Konfrontation mit dem Themenkomplex, die mit Emotionen verbunden ist, die aufgefangen werden müssen. Ferner können hierdurch Räume für eine individuelle Trauer um die Ermordeten geschaffen werden. Insbesondere in Grafeneck wurde festgehalten, dass auch Menschen mit Behinderungen, die auf dem Gelände wohnen, für die Geschichte sensibilisiert werden sollen. Die unmittelbare Nachbarschaft zur diakonischen Einrichtung Samariterstiftung wurde als Chance gesehen, um für die Lebensrealität von Menschen mit Behinderungen zu sensibilisieren. Die Konfrontation mit der Lebenswelt von Menschen mit Behinderungen führt nach Susanne Knittel zu Irritationen, weil die Besuchenden sich unmittelbar mit potenziellen Opfern und der möglichen stillschweigenden Zustimmung ihrer Vorfahren auseinandersetzen müssen (vgl. Knittel 2018: 97). Insgesamt ist ein zunehmendes Interesse in der dritten Generation erkennbar, wie von den Befragten beschrieben wurde, auch weil diese weniger Angst vor dem Aufzeigen von eigenem zugeschriebenen Fehlverhalten haben könnte. Die engagierte Angehörige, die in der Gedenkstätte Grafeneck Führungen durch ihre individuelle Familiengeschichte ergänzt, hob hervor, dass erst die Realisierung und teilweise Rekonstruktion des Schicksals ihres Urgroßvaters ihr Engagement ermöglichte. Das fehlende Eingehen auf die Sichtweisen der Verfolgten wurde mit der Dominanz von Täter*innenquellen begründet. Auch wenn Krankenakten, die in der Bildungsarbeit genutzt werden, zur Rekonstruktion individueller Lebensverläufe genutzt werden können, ermöglichen sie nicht die Deutung durch die Betroffenen. Vor dem Hintergrund dieses Dilemmas stellte Kathrin Bauer von der Gedenkstätte Grafeneck fest, dass die Teilnehmenden für die abwertende Sprache in den Krankenakten, die vor allem durch die rassenhygienische Ideologie geprägt ist, sensibilisiert werden müssen.

In den Gesprächen wurde betont, dass eigentlich »Alle« angesprochen werden sollen, wobei jedoch Angehörige von Gesundheits- und Sozialberufen eine spezifische Zielgruppe sind, der eine aktive Rolle zugeschrieben wird. Auf der anderen Seite muss problematisiert werden, dass Menschen mit Behinderungen und Psychiatrieerfahrungen lange Zeit nicht als Zielgruppe angesprochen wurden, womit implizit die Zuschreibung einer passiven Rolle beibehalten wird. Bis heute sind die Angebote in den Gedenkstätten nicht in umfangreicher Weise barrierefrei. Um trotzdem einen Zugang zu schaffen, wurde berichtet, dass mit Zwischenlösungen gearbeitet wird. Hierdurch wird im Sinne des Normalisierungsprinzips eine Anpassung an die Strukturen der Institutionen vorgenommen. Grundsätzlich wurde den Teilnehmenden der Angebote der »Euthanasie«-Gedenkstätten eine hohe Empathie für die Betroffenen bescheinigt. Lediglich die ehemalige Mitarbeiterin der Gedenkstätte Hadamar hob eine Unterscheidung hinsichtlich der Empathie bei Menschen mit und ohne Behinderungen hervor. Eine mögliche Erklärung könnte auch die veränderte Rollenzuschreibung gegenüber Menschen mit Behinderungen sein. Andere Befragte gingen auf die Gefahr einer potenziellen Betroffenheit ein, die abgefedert werden müsse. In der Arbeit der Guides (Menschen mit Lernschwierigkeiten, die durch den historischen Ort führen) in der Gedenkstätte Brandenburg an der Havel spielt die emotionale Verbundenheit eine entscheidende Rolle, sie solidarisieren sich mit den Opfern der »Euthanasie«, dennoch berichten sie sachlich und faktenbasiert über die Verbrechen und ermöglichen dadurch eine Überwindung des ihnen nach wie vor zugeschriebenen rein emotionalen Zugangs zur Geschichte. In diesen Zusammenhang passt die Feststellung der ehemaligen Mitarbeiterin der Gedenkstätte Brandenburg an der Havel, Clara Mansfeld, dass die Guides eine inhaltliche und emotionale Auseinandersetzung kaum trennen können (vgl. Mansfeld 2020: 240).

17.3. Inklusion: Reden als Expert*innen in eigener Sache

Durch die zunehmende Forderung nach Inklusion wurde die Überwindung von Barrieren eine zentrale Aufgabe für die Arbeit der »Euthanasie«-Gedenkstätten, was in den Gesprächen mit den haupt- und ehrenamtlichen Mitarbeitenden an verschiedenen Stellen festgestellt wurde. Mit der internationalen Behindertenbewegung kamen Forderungen nach mehr Selbstbestimmung auf. Ausgehend von Initiativen in den USA formierte sich die internationale Behindertenbewegung.[15] Parallel dazu schlossen sich Menschen mit Lernschwierigkeiten im »Network people first« auf dem Oregon Congress und Menschen mit Psychiatrieerfahrungen in eigenen Netzwerken zusammen. In Deutschland gingen die Proteste unter anderem vom Frankfurter Reiseurteil 1980 aus, in dem einer Frau Schadensersatz zugesprochen wurde, weil sie sich durch die Anwesenheit von Menschen mit Behinderungen an ihrem Urlaubsort gestört gefühlt hatte. Auch das UNO-Jahr für Menschen mit Behinderungen, wo nur über sie, aber nicht mit ihnen gesprochen wurde, war ein Mobilisierungsmotor der Behindertenbewegung. Neben den »Clubs Behinderter und ihrer Freunde«, in denen mit selbstorganisierten Freizeitangeboten gegen die Langeweile in den Einrichtungen protestiert wurde, formierte sich mit den »Krüppelgruppen« eine radikale Protestbewegung, die beispielsweise mit Anketten vor der Bremer Bürgerschaft die Einsetzung eines Modellprojektes forderten. Insbesondere die »Krüppelgruppen« distanzierten sich von Professionellen, um autonome Entscheidungsprozesse zu ermöglichen. Dies war auch eines der zentralen Anliegen der Initiative »Selbstbestimmt Leben« (ISL), die eine Beratung auf Augenhöhe ermöglichen wollte. Ferner forderten die ISLs die Etablierung von Wohnformen, die unabhängig vom Grad der Behinderung ein selbstbestimmtes Wohnen ermöglichen sollten. Auch in diakonischen Einrichtungen konnten Öffnungsprozesse angestoßen werden. Hierfür war eine Veränderung der Betrachtung gegenüber Menschen mit Behinderungen notwendig. Einen Anstoß dafür gab beispielsweise die Arbeit von Ulrich Bach, der mit seiner »Theologie nach Hadamar« Ansätze für eine die Bedürf-

---

15 Nach Protesten wurde 1978 ein erstes Antidiskriminierungsgesetz und 1989 mit dem *Americans with Disabilities Act* ein Gesetz erlassen, das sämtliche Einrichtungen unabhängig von der Inanspruchnahme von öffentlichen Zuschüssen zur barrierefreien Gestaltung ihrer Angebote zwingt.

nisse Aller berücksichtigende, ebenerdige Theologie bot. Die Diskussion um den australischen Philosophen Peter Singer führte zu Konflikten zwischen der Elterninitiative Lebenshilfe und der Behindertenbewegung. Im Nachgang zu dieser Kontroverse begann sich die Lebenshilfe kritisch mit der Verstrickung ihrer Gründungsväter in die NS- »Euthanasie« auseinanderzusetzen. 1992 schlossen sich auch Menschen mit Psychiatrieerfahrungen zusammen. Mit dem Recovery Ansatz wurde zudem ein Konzept entwickelt, das Betroffene in den Genesungsprozess einbeziehen sollte, um ein gutes Leben zu ermöglichen.

Ausgehend von ihrem Engagement konnte die Behindertenbewegung zahlreiche rechtliche Errungenschaften verbuchen. 1994 wurde der Satz »niemand darf wegen seiner Behinderung benachteiligt werden« in das Grundgesetz aufgenommen und 2002 wurde das Gesetz zur »Gleichstellung von Menschen mit Behinderungen« verabschiedet, das jedoch nur öffentliche Behörden einschloss. Mit der UN-Behindertenrechtskonvention (UN-BRK), die 2006 von der UN-Vollversammlung verabschiedet und 2009 von Deutschland ratifiziert wurde, wurden die Menschenrechte für Menschen mit Behinderungen konkretisiert. Es wurden keine neuen Menschenrechtsnormen eingeführt, sondern Inklusion als Querschnittsthema gesetzt, sodass sämtliche Rechtsnormen inklusiv gestaltet werden müssen. Damit wurde das Prinzip der Inklusion als handlungsleitende Maxime etabliert, der zufolge die ausgrenzenden Barrieren und deren Überwindung in den Fokus gerückt werden. Hierbei werden komplexe Diskriminierungen im Sinne des Konzepts der Intersektionalität explizit berücksichtigt. Bei der Entwicklung der UN-BRK waren Menschen mit Behinderungen eingeschlossen. Auch bei der Ausgestaltung des Bundesteilhabegesetzes (BTHG) wurden Menschen mit Behinderungen einbezogen, allerdings stießen die Ergebnisse auf Kritik seitens der Behindertenbewegung. Die Umsetzung der UN-BRK, die sämtliche Lebensbereiche umfasst (beispielsweise Bildung, Wohnen und Arbeiten), ist mit zahlreichen Herausforderungen verbunden, die auch durch institutionelle Eigeninteressen begründet sind. Im Bereich »Arbeiten« beispielsweise, wo die UN-BRK eine selbstbestimmte Teilhabe am allgemeinen Arbeitsmarkt fordert, wird der exklusive Charakter des Werkstattsystems problematisiert. Die Werkstattbeschäftigung führt zu einem Ausschluss in Sonderwelten. Daneben muss die geringe Entlohnung und die damit verbundene geringe Wertschätzung für die eigene Arbeit kritisch bewertet werden. Ausgehend von dieser gesamtgesellschaftlichen Entwicklung setzt sich zunehmend ein Verständnis von Behinderungen durch, das Behinderung als Wechselwirkung zwischen Individuum und Umwelt definiert, weshalb der Abbau sämtlicher Barrieren gefordert wird.

Die Bemühungen hinsichtlich des Empowerments von Menschen mit Behinderungen und Psychiatrieerfahrungen ermöglichten die Etablierung von Öffnungsprozessen in den Gedenkstätten, die über die Verbrechen der »Euthanasie« aufklären. Diese Öffnungsprozesse wurden von den haupt- und ehrenamtlichen Mitarbeitenden in den Gesprächen für die vorliegende Studie beschrieben: Durch die Anpassung und Differenzierung der Materialien können Menschen mit Behinderungen angesprochen werden, sie erhalten die Möglichkeit, Teil des Erinnerungsdiskurses zu werden. Es wurde eine Wechselwirkung zwischen der Anpassung der Materialien und der Wahrnehmung durch Menschen mit Behinderungen festgestellt, erst durch die Bereitstellung barrierefreier Materialien können sie angesprochen werden und werden auf die Arbeit der Gedenkstätte aufmerksam. Dabei kann in vielen Fällen auf ein bereits vorhandenes Wissen zurückgegriffen werden. Bei der Neukonzeption von Workshops für inklusive Gruppen, die nach fehlender Kontinuität des ersten Pilotprojekts in Hadamar entwickelt werden, sollen auch Ansätze zum biografischen Arbeiten Anwendung finden. Auch in Grafeneck wurden mit dem Projekt »barrierefreie Gedenkstätte« Barrieren abgebaut, beispielsweise wird ein Audioguide in leichter Sprache bereitgestellt. Impulse für diese Öffnungsbemühungen waren die zunehmende Nachfrage sowie die Etablierung von Strukturen in der Gedenkstätte.

In allen Gesprächen wurde der große Mehrwert der Zusammenarbeit mit Selbstvertretungsorganisationen als »Expert*innen in eigener Sache« hervorgehoben. Sie können zur inklusiven Gestaltung mahnen. So hob Christian Marx von der Gedenkstätte Brandenburg an der Havel hervor, dass der Impuls der Selbstvertretungsorganisation »Kellerkinder«, die in einem symbolischen Akt die Gedenkstätte besetzten, zur Sensibilisierung der dortigen Mitarbeitenden beitrug. Neben der Zusammenarbeit mit Selbstvertretungsorganisationen wurde auch die Einstellung der Mitarbeitenden als wesentliche Bedingung bewertet. Erst wenn die Leitung einer Gedenkstätte die Notwendigkeit der inklusiven Öffnung erkennt, können die hierfür notwendigen Schritte umgesetzt werden. Durch die Arbeit als Guide in der Gedenkstätte Brandenburg an der Havel können Menschen mit Lernschwierigkeiten die Rolle als Expert*in übernehmen, sie vermitteln historisches Wissen und werden dabei nicht auf emotionale Zugänge reduziert. Damit übernehmen sie einen wichtigen Beitrag in der Gesellschaft, mit dem die mit der Werkstatttätigkeit einhergehende Stigmatisierung ansatzweise überwunden werden kann. Eine kritische Auseinandersetzung mit dem Werkstattsystem findet jedoch bei den inklusiven Führungen nicht statt. Bereits Clara Mansfeld verwies auf das veränderte Selbstverständnis durch die Arbeit als Guide. Auf der anderen Seite beobachtete sie, dass in den Führungen die Expert*innenrolle der Guides immer wieder durch die Besuchenden in Frage gestellt wird, indem die Teilnehmenden inhaltliche Nachfragen tendenziell eher an die Gedenkstättenmitarbeitenden stellen (vgl. Mansfeld 2020: 245f).

Das Engagement der Behindertenbewegung führte zur Intensivierung der Aufarbeitung der Zwangssterilisation und »Euthanasie«, wie von den haupt- und ehrenamtlichen Mitarbeitenden der »Euthanasie«-Gedenkstätten festgehalten wurde. Menschen mit Behinderungen und Psychiatrieerfahrungen werden zunehmend Akteur*innen im politischen Diskurs und streiten für die Berücksichtigung ihrer Stimmen. Dadurch werden auch Räume für die Berücksichtigung der Perspektive der Betroffenen der nationalsozialistischen Zwangssterilisation und »Euthanasie« in der Gedenkstättenarbeit geschaffen. Dabei stellen die oftmals Jahrzehnte alten Dauerausstellungen eine Barriere für die Fokussierung ihrer Sichtweisen dar. So wurde berichtet, dass in Neukonzeptionen mehr Räume für individuelle Schicksale geschaffen werden. Auch in der Bildungsarbeit wird mit Biografien gearbeitet, um sich den individuellen Schicksalen zu nähern. Um einzelne Biografien stärker zu fokussieren, wird Angehörigen eine Plattform gegeben, um eine individuelle Deutung der Geschichte zu ermöglichen. So werden Angehörige für Vorträge eingeladen und in Grafeneck aktiv in Bildungsangebote eingebunden. Wie die engagierte Angehörige festhielt, ist mit diesem Engagement auch eine erneute Konfrontation mit den Verbrechen und der mangelnden Anerkennung verbunden, was zu Unmut führt. Auf der anderen Seite können Gedenkveranstaltungen einen Beitrag gegen das Vergessen und zur Verarbeitung der Vergangenheit leisten. Generell wurde der Sichtweise von Angehörigen eine große Bedeutung zugewiesen, sie dienen unter anderem als Korrektiv für die Krankenakten, die nur die Sichtweisen der Täter*innen wiedergeben. Als Reaktion auf das Ende der Ära der Zeitzeug*innen wird der Gegenwartsbezug stärker betont, um die Notwendigkeit der Auseinandersetzung zu begründen.

Als zentraler Aspekt bei der Diskussion gegenwärtiger gesamtgesellschaftlicher Herausforderungen wurde der Beitrag zur Bildung einer demokratischen Kultur genannt. Insbesondere die Mitarbeitenden der Gedenkstätte Hadamar verwiesen auf die Auseinandersetzung mit bioethischen Fragestellungen wie beispielsweise der Pränataldiagnostik. Dabei nehmen sie nur eine moderierende Funktion ein und wollen die Teilnehmenden nicht belehren. Auf komplexe Diskriminierungen im Sinne von intersektionalen Dynamiken wird zunehmend stärker eingegangen, weil andere Gruppenzuschreibungen, wie beispielsweise die jüdische Herkunft, Selektionsmerkmale waren, jedoch ist dies nicht ein zentrales Thema der Bildungsarbeit. Auch in dem in Hadamar aktuell entwickelten Inklusionsworkshop wird auf intersektionale Dynamiken eingegangen.

Wie gezeigt werden konnte, wirkten die gesamtgesellschaftlichen Entwicklungen in vielfältiger Weise auf das Erinnern in den »Euthanasie«-Gedenkstätten. So ermöglichte erst die zunehmende gesamtgesellschaftliche Thematisierung des Umgangs mit Menschen mit Behinderungen und Psychiatrieerfahrungen die langsame Überwindung der Tabuisierung des Themenkomplexes der nationalsozialistischen Zwangssterilisation und »Euthanasie«. Abschließend kann festgehalten werden, dass insbesondere in jüngerer Zeit zunehmend Aneignungsprozesse stattfinden, so beispielsweise in Brandenburg an der Havel, wo Menschen mit Lernschwierigkeiten Führungen durch den historischen Ort anbieten. Hierdurch können sie die ihnen zugeschriebene Rolle als »ewige Kinder« überwinden und als Expert*innen Wissen vermitteln. Durch solche Angebote, wie auch die Thematisierung der heutigen Lebenssituation von Menschen mit Behinderungen und Psychiatrieerfahrungen, kann die Arbeit in den »Euthanasie«-Gedenkstätten auch Impulse in gegenwärtige Diskurse einbringen und im Rahmen ihrer Möglichkeiten einen Beitrag zur Gestaltung einer inklusiven Gesellschaft leisten. Hierfür muss bei den Mitarbeitenden und insbesondere bei der Leitung eine offene Einstellung hinsichtlich der inklusiven Gestaltung vorhanden sein sowie Plattformen für den Austausch mit »Expert*innen in eigener Sache« und Angehörigen von Betroffenen der Zwangssterilisation und »Euthanasie« geschaffen werden. Menschen mit Behinderungen bzw. Psychiatrieerfahrungen können neben der Sensibilisierung für die inklusive Öffnung auch bei der Umsetzung der inklusiven Gestaltung der Maßnahmen beratend unterstützen und die Betroffenen können Informationen über individuelle Schicksale bereitstellen.

Resümee und Ausblick

Zu Beginn dieser Arbeit wurde gefragt, wie Betroffene der nationalsozialistischen Zwangssterilisation den Umgang mit ihrer Beeinträchtigung bzw. wie die Angehörigen der »Euthanasie«-Opfer die Verbrechen erlebt und verarbeitet haben und am Beispiel der Arbeit in den »Euthanasie«-Gedenkstätten wurde untersucht, wie sich der Diskurs mit und über Menschen mit Behinderungen und Psychiatrieerfahrungen auf die Erinnerungskultur auswirkte. Wie gezeigt wurde, wirkte die systematisch propagierte und mit Zwangsmaßnahmen durchgesetzte nationalsozialistische Ausgrenzungspolitik in mannigfaltiger Weise auf das Leben in der Familie und das soziale Umfeld. Die daraus resultierende Selbstkonstruktion pendelte zwischen der Übernahme der abwertenden Fremdzuschreibung und dem Versuch, sich gegen diese zu widersetzen. Die Erinnerung an die NS-Medizinverbrechen wurde durch die Rollenzuschreibung von Menschen mit Behinderungen und Psychiatrieerfahrungen beeinflusst. Die drei gesellschaftspolitischen Dynamiken und Rollenbilder »Exklusion: Reden als ewige Kinder«, »Integration: Reden als Patient*innen und Klient*innen« sowie »Inklusion: Reden als Expert*innen in eigener Sache« spiegeln sowohl die Entwicklungen hinsichtlich des Umgangs mit Menschen mit Behinderungen und Psychiatrieerfahrungen als auch die Auswirkungen dieser auf die Öffnungsprozesse in der Arbeit der »Euthanasie«-Gedenkstätten wider. Sowohl das (familiäre) Gedenken als auch die Erinnerungskultur in »Euthanasie«-Gedenkstätten wurden durch die langanhaltende Beibehaltung gesellschaftlicher Normen erschwert und erst die teilweise Überwindung der stigmatisierenden Fremdzuschreibung ermöglichte neue Deutungen gegenüber Betroffenen der NS-Zwangssterilisation und »Euthanasie« sowie Menschen mit Behinderungen und Psychiatrieerfahrungen.

Nachdem die Entwicklungsstränge der Ausgrenzung (Fazit Teil 1: Kapitel 5), die zentralen Argumentationslinien der Betroffenen der NS-Zwangssterilisation und »Euthanasie« (Fazit Teil 2: Kapitel 11) und die Bedingungen und Barrieren für die Öffnungsprozesse der Gedenkstättenarbeit hinsichtlich der inklusiven Gestaltung und der Berücksichtigung von Perspektiven Betroffener von Zwangssterilisation und »Euthanasie« (Fazit Teil 3: Kapitel 17) zusammengefasst wurden, können resümierend mehrere Spannungsfelder beschrieben werden, die sowohl die Stellungnahmen der Betroffenen als auch die Erinnerungsarbeit in den »Euthanasie«-Gedenkstätten beeinflussen und bedingen.

Entmenschlichung und Widersetzung

Gegen die nationalsozialistische Gesundheitspolitik, die auf den Genotyp ausgerichtet war und mittels Zwangssterilisation und systematischen Tötungen von Anstaltspatient*innen die Gesundheit des gesamten Volkes in den Fokus rückte, wehrten sich die Betroffenen mit unterschiedlichen Maßnahmen. Um das nationalsozialistische Werturteil zu entkräften, wurden die Sorge um andere (Kinder), der vergebliche Versuch, ein Kind zu adoptieren, die Ausbrüche aus Heimen und der Versuch, die Erfüllung im Arbeitsalltag zu finden, beschrieben. Gegen die willkürlichen Sterilisationsurteile wurden Rechtsmittel eingelegt, die auch mit Ahnenforschung begründet wurden. Vor dem Hintergrund der Willkürlichkeit der NS-Justiz und der starken öffentlichen Propaganda hatte widerständiges Handeln oftmals keinen Erfolg. Die Taten wurden folglich verschwiegen, um Teilhabe in der Familie und dem sozialen Umfeld zu ermöglichen. Die Familie wurde als Schutzraum beschrieben und der öffentlichen Verfolgung gegenübergestellt, Familienmitglieder mit Behinderungen oder Psychiatrieerfahrungen wurden integriert und ihre aktive Rolle wertgeschätzt. Auf der anderen Seite wurde in einigen Gesprächen berichtet, dass familiäre Konstellationen mitursächlich für die psychischen Erkrankungen waren, jedoch kann hieraus keine Mitschuld der Angehörigen geschlussfolgert werden.

Die Verfolgung der Angehörigen wurde durch intersektionale Diskriminierungsdynamiken verstärkt.[1] Die Eltern waren nicht in der Lage, ihre Kinder zu schützen, weil sie selbst verfolgt wurden, hieraus resultierte eine materielle Armut. Um ihnen eine gute Förderung zu ermöglichen, die aufgrund der eigenen Verfolgung nicht möglich war, stimmten die Eltern der Einweisung in (christliche) Heil- und Pflegeanstalten zu. Die Einrichtungen in christlicher Trägerschaft hatten einen guten Ruf in der Öffentlichkeit, der aber durch die Kooperation mit dem NS-Staat missbraucht wurde. Die intersektionale Verfolgung, Druck, der auf die Angehörigen ausgeübt wurde und Missbrauch des guten Ansehens der Einrichtungen führten zur scheinbaren Zustimmung der Angehörigen. Daraus eine schuldhafte Verstrickung abzuleiten, wie es Aly (vgl. Aly 2013) macht, ist zu hinterfragen, worauf bereits Herr Hörnig hinwies (vgl. Hörnig 2023). Die Verantwortungsverlagerung auf die Angehörigen wurde als Entschuldigungsstrategie von christlichen Einrichtungen während des Nationalsozialismus genutzt und auch im Nachkriegsdeutschland nicht kritisch reflektiert (vgl. ebd.). In den Gesprächen mit den Betroffenen der Zwangssterilisation und »Euthanasie« wurde die Unterstützung durch Religionsgemeinschaften ambivalent beschrieben. Einerseits boten sie einen Halt bei der Verarbeitung der Sterilisationen bzw. der Ermordung eines Angehörigen. Auf der anderen Seite waren sie auch eine Bürde, weil Konflikte um die Auslebung der Religion zu Spannungen innerhalb von Familien führten, die teilweise mitursächlich für die psychische Diagnose waren.

Während einerseits der Widerstand und die Eingliederung in die Gesellschaft forciert wurden, verinnerlichten die Betroffenen andererseits teilweise die Abwertung. Das zeigte sich in Ängsten über eine mögliche Vererbung der Erbkrankheit sowohl bei den Betroffenen der Sterilisation als auch bei Angehörigen von im Rahmen der »Euthanasie« Ermordeten und in dem Verzicht auf Geschlechtsverkehr

---

[1] Wirkmächtige Differenzkategorien waren die Religion, politische Einstellungen und materielle Armut.

sowie der Aufgabe des Kinderwunsches. Bei der Aufarbeitung der nationalsozialistischen Medizinverbrechen mussten Widerstände überwunden werden, weil sie lange gesamtgesellschaftlich tabuisiert waren und die Narrative in vielen Familien übernommen wurden. Bevor ein würdevolles Erinnern möglich wurde, musste die Geschichte von Betroffenen angeeignet werden.

Tabuisierung und Aneignung
Die erinnerungspolitische Nichtberücksichtigung der Betroffenen der Zwangssterilisation und »Euthanasie« erschwerte das Erinnern in den Familien. Die Wechselwirkung zwischen dem öffentlichen und familiären Gedenken wurde in den Gesprächen mit den Betroffenen der Zwangssterilisation und »Euthanasie« hervorgehoben. Erst durch den Beginn der (medialen) Thematisierung wurde eine Intensivierung der Aufarbeitungsbemühungen möglich. Auch Generationsübergänge ermöglichten die Realisierung der Taten und ein Engagement in der Erinnerungspolitik. Ursächlich für das Verschweigen der Ermordung waren Ängste vor Zuschreibungen. Auch die Zwangssterilisation wurde verschwiegen, weil sie als legitimes Präventionsmittel gesehen wurde und es gab keine Unterstützung bei der Verarbeitung der Kinderlosigkeit. Das Schweigen wurde auch durch die Schuldverlagerung auf die Angehörigen verschärft. Die Diakonie verwehrte sich der Auseinandersetzung mit ihrer historischen Verantwortung und wollte mit der Forderung eines neuen Sterilisationsgesetzes an Diskussionen aus der Weimarer Republik anknüpfen. Weder in den Familien noch in der Öffentlichkeit wurde die intersektionale Dynamik der Verfolgung thematisiert.

Die lang andauernde Nichtthematisierung der Verbrechen hatte auch zur Folge, dass die an die »Euthanasie« erinnernden Gedenkstätten erst spät eingerichtet wurden. Orte, die sich auf den Themenkomplex Zwangssterilisation fokussieren, sind kaum vorhanden. Die Gedenkstättenarbeit findet vor dem Hintergrund der anhaltenden unzureichenden Thematisierung in der Öffentlichkeit statt, die erstmalige Konfrontation mit dem Thema ist bei Besuchenden mit Emotionen verbunden, die aufgefangen werden müssen. Die Sichtweisen der Betroffenen werden nach wie vor unzureichend in den Dauerausstellungen thematisiert, jedoch werden Einzelschicksale zunehmend in der Bildungsarbeit und bei der Neugestaltung von Dauerausstellungen aufgegriffen. Die unzureichende Berücksichtigung wird vor allem mit der schlechten Quellenlage begründet. Das Engagement der Angehörigen wird unterschiedlich von den Mitarbeitenden der Gedenkstätten bewertet. Während einerseits Angehörige und ihre Zeugnisse aktiv eingebunden werden, wurde andererseits die fehlende Beteiligung mit der familiären Tabuisierung erklärt. Menschen mit Behinderungen und Psychiatrieerfahrungen (potenzielle Betroffene der nationalsozialistischen Medizinverbrechen) wurden lange unzureichend angesprochen, weil ihnen keine aktive Rolle zugeschrieben wurde und Ängste vor einer emotionalen Überforderung im Raum standen. Mitarbeitende der Gesundheits- und Sozialberufe waren hingegen von Anfang an eine Zielgruppe der Gedenkstättenarbeit, weil Vorgänger*innen dieser Berufsgruppen sich ausgehend von autonomen Entscheidungen an den Verbrechen beteiligten, weshalb die Frage nach den dahinterstehenden Motiven im Raum steht. Die Empathie der Besuchenden hat sich gewandelt. Während früher ein Unterschied zwischen Menschen mit und ohne Behinderungen wahrgenommen wurde, wird heute den Teilnehmenden der Bildungsmaßnahmen generell ein hohes Einfühlungsvermögen attestiert. Jedoch wurde festgehalten, dass es bei Menschen mit Behinderungen oder Psychiatrieerfahrungen möglicherweise zu einer emotionalen Betroffenheit kommen könnte, die abgefedert werden müsse. Bei ihrer Arbeit wollen haupt- und ehrenamtliche Mitarbeitende der Gedenkstätten, insbesondere in Grafeneck, für die Lebensbedingungen von Menschen mit Behinderungen sensibilisieren, um Behindertenfeindlichkeit vorzubeugen.

Die Arbeit als Zeitzeug*in wurde als Form der Aneignung der eigenen Geschichte gesehen, die immer auch mit Schmerzen und Trauer verbunden war und ist. Hierfür war auch die fehlende Aufarbeitung und die Nichtverfolgung der Täter*innen ursächlich. Zusammenfassend kann festgehalten werden, dass die Deutung durch die Angehörigen von »Euthanasie«-Betroffenen für diese ein großes Bedürfnis ist, wofür zahlreiche Anstrengungen unternommen werden, so etwa die Recherche nach den Schicksalen, das Fordern des Einrichtens von Gedenkstätten und die aktive Beteiligung in der Bildungsarbeit durch die Darlegung der eigenen Sichtweise. Dieses Engagement wird durch die Tabuisierung und damit verbundene familiäre Konflikte erschwert. Mitarbeitende in Gedenkstätten betonen die Aufgabe des Erinnerns, die auch aus dem politischen Mandat (Orte des Erinnerns) abgeleitet wird. Hierfür werden Angehörige bei der Rekonstruktion der Familiengeschichte unterstützt und im Rahmen der institutionellen Möglichkeiten werden den Betroffenen Plattformen geboten, um ihre Interpretation der Geschichte darzustellen. Die zunehmende Ansprache von Menschen mit Behinderungen und Psychiatrieerfahrungen sowie die Berücksichtigung der Stimmen der Betroffenen der nationalsozialistischen Zwangssterilisation und »Euthanasie« interagierte mit der Anerkennung als Subjekt im politischen und öffentlichen Diskurs.

Objektivierung und Subjektivierung

Während es vor und im Nationalsozialismus zu einer Objektivierung kam, setzte im Nachkriegsdeutschland eine Entwicklung hin zur Anerkennung als Rechtssubjekt ein, an deren Ende die rechtlich normierte Gleichstellung von Menschen mit Behinderungen und Psychiatrieerfahrungen stand und die nicht zuletzt ein Erfolg des Engagements der internationalen Behindertenbewegung war. Auch die Erinnerung an die nationalsozialistischen Medizinverbrechen wurde durch diese Entwicklung beeinflusst. Im Vorfeld der NS-Diktatur wurde insbesondere in wissenschaftlichen Kreisen die Rassenhygiene diskutiert. In der radikalen Ausprägung sprachen der Strafrechtler Karl Binding und der Mediziner Alfred Hoche Individuen das Lebensrecht ab und Menschen mit Behinderungen bzw. Psychiatrieerfahrungen ihre Stellung als Rechtssubjekte. In der Inneren Mission wurde das von Hans Harmsen entwickelte Konzept der differenzierten Fürsorge etabliert, demzufolge Sozialleistungen abhängig vom gesamtgesellschaftlichen Wert des Individuums vergeben werden sollten. Alle diese Diskurse hatten eine Objektivierung von Menschen mit Behinderungen und Psychiatrieerfahrungen zur Folge, die nach der Machtübernahme durch die Nationalsozialisten als Begründung für die Zwangssterilisation und »Euthanasie« fungierte. Mit dem »Gesetz zur Verhütung erbkranken

Nachwuchses« wurde nach der Machtübernahme durch die Nationalsozialisten das Werturteil rechtlich normiert. Auch wenn in anderen Staaten ebenfalls Sterilisationsgesetze erlassen wurden, war die deutsche Sterilisationspolitik aufgrund des zahlenmäßigen Ausmaßes und der schon angelegten systematischen Absprache des Lebensrechts international nicht vergleichbar. Ausgehend von einer ordnungstheologischen Sichtweise stimmte die Innere Mission den Sterilisationsmaßnahmen zu. Mit dem Beginn des zweiten Weltkrieges wurden durch systematische Tötungen Menschen mit Behinderungen und Psychiatrieerfahrungen entrechtet und entmenschlicht. Dahinter stand eine Ideologie, der zufolge die Betroffenen lediglich »Ballastexistenzen« seien. Die Ermordung wurde bürokratisch abgewickelt und nach zunehmendem öffentlichen Protest dezentralisiert. In beiden Phasen fand eine systematische Entindividualisierung und Objektivierung statt. Christliche Einrichtungen leisteten nur im geringen Maße Widerstand, dem eine staatsloyale Kooperation christlicher Verantwortungsträger*innen gegenübergestellt werden muss.

Die Objektivierung und Abwertung wurde auch in den Gesprächen mit den Zeitzeug*innen beschrieben, sie mussten den mit Schmerzen verbundenen Autonomieverlust verkraften. Insbesondere die mit Zwangsmaßnahmen durchgeführten Deportationen und die medizinischen Versuche waren kaum wiederzugeben in den Berichten. Die Erniedrigungen in Heil- und Pflegeanstalten sowie die mangelnde Aufklärung über die eigene Sterilisation bzw. die Verfolgung und Entwürdigung der Angehörigen in Heil- und Pflegeanstalten waren nur schwer zu verkraften. Die Überwindung der Objektivierung sollte noch mehrere Jahrzehnte andauern. Die Versorgung von Menschen mit Behinderungen und Psychiatrieerfahrungen im Nachkriegsdeutschland war durch Großeinrichtungen geprägt, in denen eine individuelle Betreuung nicht möglich war. Ausgehend von medialer Skandalisierung wurde die Situation in den Psychiatrien öffentlich problematisiert. Bereits 1943 wurde eine Denkschrift zur Reform der psychiatrischen Versorgung vorgelegt. Die frühen deutschen Reformbemühungen waren jedoch wegen der Nähe zur Ideologie des »Heilens und Vernichtens« und dem Anschluss vieler deutscher Reformpsychiater an die NS-Bewegung nicht mehr vertretbar und es bedurfte internationaler Impulse. In Deutschland wurden im Rahmen einer Enquete-Kommission, in der nur Mediziner*innen vertreten waren,[2] Reformen hinsichtlich der Verbesserung der Versorgung beschlossen, wodurch die Bedürfnisse von Menschen mit Psychiatrieerfahrungen stärker in der Behandlung sowie in der Gesellschaft berücksichtigt wurden. Jedoch war mit der Psychiatriereform keine Auseinandersetzung mit der Verstrickung der Psychiatrie in die NS-Medizinverbrechen verbunden.

Die langanhaltende Objektivierung führte dazu, dass es zunächst keine Möglichkeit für Betroffene der Zwangssterilisation und »Euthanasie« gab, sich in wirkmächtigen Interessensverbänden zusammenzuschließen. Bereits in den 50er und 60er Jahren schlossen sich Betroffene in Verbänden zusammen, jedoch wurden sie in

---

2 Erst ab 1991 waren auch Psychiatrieerfahrene involviert.

der politischen Debatte zunächst nicht ernstgenommen. Erst 1987 gründete sich mit dem BEZ eine wirkmächtige Interessensvertretung. Es war die Zeit der Psychiatriereform, der neuen sozialen Bewegung und der sich formierenden Behindertenbewegung. Ausgehend von der amerikanischen Behindertenbewegung wurden international Forderungen nach umfangreicher gesellschaftlicher Teilhabe und politischer Partizipation formuliert. Meilensteine der deutschen Behindertenbewegung waren der Protest gegen das Frankfurter »Reiseurteil«, in dem einer Frau Schadensersatz wegen der Anwesenheit von Menschen mit Behinderungen an ihrem Urlaubsort zugesprochen wurde, und das Dortmunder »Krüppeltribunal«, bei dem 1981 in einer öffentlichkeitswirksamen Protestaktion Menschenrechtsverletzungen gegen Menschen mit Behinderungen angeprangert wurden. Die Aktivitäten der Behindertenbewegung ermöglichten eine Veränderung der Rollenzuschreibung. Menschen mit Behinderungen und Psychiatrieerfahrungen waren nicht mehr »ewige Kinder«, sondern traten zunehmend in der Rolle als »Expert*innen in eigener Sache« auf. Ausgehend von der Behindertenbewegung wurde 1994 die Aufnahme des Satzes »niemand darf wegen seiner Behinderung benachteiligt werden« in das Grundgesetz beschlossen. 2006 wurde mit der UN-Behindertenrechtskonvention[3] eine Entwicklung hin zum rechtlichen Subjekt auf UN-Ebene abgeschlossen und die Inklusion in sämtliche Lebensbereiche gefordert, neben Wohnen und Bildung gehört hierzu auch die Öffnung des Arbeitsmarktes. Während Integration von einer bestehenden Gesellschaft ausgeht, in der Teilhabe ermöglicht werden soll, rückt das Konzept Inklusion den Abbau von Barrieren in den Fokus und hinterfragt Normen und Institutionen.

Durch die rechtliche Gleichstellung und die zunehmende Anerkennung als »Expert*innen in eigener Sache« werden Menschen mit Behinderungen und Psychiatrieerfahrungen auch Akteur*innen der Erinnerungskultur, wie exemplarisch an der Arbeit der »Euthanasie«-Gedenkstätten gezeigt werden kann. Erst die Überwindung der Zuschreibung als »ewige Kinder« ermöglichte eine Ansprache der bis dato unterrepräsentierten Zielgruppe. Um Barrieren zu überwinden, werden binnendifferenzierte Materialien angeboten wie etwa die Übersetzung in leichter Sprache. Bei der Entwicklung sollten Betroffene eingebunden werden, was von den haupt- und ehrenamtlichen Mitarbeitenden der Gedenkstätten als wichtiger Schritt für die Aneignung gesehen wurde. Hierdurch kann im Sinne der *disability history* die Geschichte neu geschrieben und gefragt werden, wessen Geschichte erzählt wird. In Brandenburg an der Havel wurde mit dem Guide-Projekt Menschen mit Lernschwierigkeiten die Möglichkeit eröffnet, in die Gedenkstättenarbeit einzugreifen. Dabei wurde mit der Gruppe der Guides gemeinsam ein Konzept erarbeitet. Die Guides werden zu Expert*innen für »Euthanasie« und können einen wichtigen Beitrag für die Gesellschaft leisten, hierbei nehmen sie eine wichtige Funktion ein und erhalten Anerkennung, die ihnen im Rahmen einer Werkstatttätigkeit oftmals verwehrt wird. Die stärkere Berücksichtigung der individuellen Bedürfnisse von Menschen mit Behinderungen und Psychiatrieerfahrungen in der Folge der Psychiatriereform

---

3 Ratifizierung in Deutschland 2008.

und der Behindertenbewegung führt zu einer Zunahme des Bewusstseins für die individuellen Lebenswege der Betroffenen der NS-Zwangssterilisation und »Euthanasie«. Hierdurch kann auch ein Beitrag zur Überwindung der langanhaltenden Stigmatisierung der Betroffenen der NS-Medizinverbrechen sowie der Menschen mit Behinderungen und Psychiatrieerfahrungen erfolgen.

Stigmatisierung und Dekategorisierung
Während der NS-Herrschaft versuchten sich die Betroffenen der Zwangssterilisation und »Euthanasie« in den Staat zu integrieren bei gleichzeitiger Ablehnung desselben. Die Beeinträchtigung erschwerte die Arbeitssuche und auch Kinder der Betroffenen waren der rassenhygienischen Diskriminierung ausgesetzt. Ferner verhinderte die Sterilisation die sexuelle Selbstbestimmung. Neben einer mit der Sterilisation einhergegangenen sexuellen Enthaltsamkeit waren die Betroffenen sexuellen Übergriffen wehrlos ausgeliefert, weil Täter*innen keine Angst vor einer Empfängnis haben mussten. Die Betroffenen der Zwangssterilisation und »Euthanasie« waren auch in der jungen Bundesrepublik Stigmatisierungen ausgesetzt, es wurde an die Diskussionen der Weimarer Republik angeknüpft. Das vorherrschende Verständnis von Behinderung war das medizinische Modell, demzufolge Behinderung eine Abweichung von der Norm sei. Von den Menschen mit Behinderungen und Psychiatrieerfahrungen wurden Anstrengungen zur Eingliederung in die Gesellschaft gefordert. Diese Zuschreibungen waren mit ursächlich für die Verwehrung des Opferstatus gegenüber Zwangssterilisierten, medizinische Gutachten stellten die Rechtmäßigkeit der Sterilisationen dar, sofern diese nicht aus rassistischen Gründen durchgeführt wurden. Der Ausschluss vom politischen Diskurs dauerte noch eine ganze Weile an, beispielsweise wurde noch beim UNO-Jahr für Menschen mit Behinderungen 1981 nicht mit ihnen, sondern nur über sie gesprochen.

In den Zeugnissen der Betroffenen der Zwangssterilisation und Angehörigen der »Euthanasie«-Verfolgten kommen Ängste vor Stigmatisierungen immer wieder zum Ausdruck. Es ist ein Zwang zur Normalisierung des eigenen Lebens zu erkennen. Um die Willkür der Sterilisationsurteile zu beweisen und um sich in die Nachkriegsgesellschaft zu integrieren, wurden eigene Leistungen hervorgehoben, hierdurch sollten eigene besondere Fähigkeiten betont werden. Ferner wurde festgestellt, dass die Krankheit nicht erblich bedingt sei, sondern durch externe Faktoren wie die katastrophalen Bedingungen in den Heil- und Pflegeanstalten verursacht und die Diagnosen unter fragwürdigen medizinischen Verfahren durchgeführt wurden. Bis 1980 wurden Zwangssterilisierte nur bei der Widerlegung der zugrundeliegenden Diagnose und dem Beweis von rassistischen Gründen für die Sterilisation entschädigt. Der dadurch ausgelöste Zwang zur Normalisierung des eigenen Lebens wirkte auch noch bis in die Schilderungen der Betroffenen nach, die vom BEZ in den 2000er Jahren erhoben wurden. Sie fanden vor dem Hintergrund statt, dass die Stigmatisierung fortgeführt wurde, die Betroffenen mussten gegen Zuschreibungen kämpfen. Die Arbeit als Zeitzeug*in war für die Betroffenen eine wichtige Aufgabe, wodurch sie Anerkennung erhielten. Dabei wurde versucht, eine professionelle Erzähler*innenrolle einzunehmen, beispielsweise durch die Unterdrückung von Emotionen während der Interviews, um die Stigmatisierung zu entkräften. Einerseits war mit dem Wiedergeben der Familiengeschichte die Aufgabe verbunden, die eigene Deutung des Lebensweges offenzulegen, auf der anderen Seite waren mit der fortdauernden Auseinandersetzung und der damit verbundenen Absage an das Verdrängen Schmerzen verbunden. Für die Rekonstruktion der Schicksale wurden zahlreiche Anstrengungen unternommen, um die Krankenakten zu finden. Die Unvollständigkeit der Akten war für die Angehörigen schmerzhaft, weil der Lebensweg der Verfolgten nicht vollumfänglich nachgezeichnet werden konnte. Mitarbeitende in Gedenkstätten reflektieren Akten, sie werden genutzt, weil wenig Egodokumente vorhanden sind. Jedoch wurde betont, dass sie quellenkritisch analysiert werden müssen. Hierbei wird für unterschiedliche Sichtweisen sensibilisiert, der abwertende, rassenhygienisch geprägten Tätersichtweise werden Leerstellen hinsichtlich der Opfersichtweise gegenübergestellt. Vor diesem Hintergrund werden Stellungnahmen von Angehörigen als Korrektiv für Krankenakten in die Bildungsarbeit eingebracht. Die dargelegte Stigmatisierung und Versuche der Dekategorisierung waren der Rahmen für die Selbstdeutung durch die Befragten, die in einen Kontrast zur Fremdkonstruktion gestellt werden muss.

Selbstdeutung und Fremdkonstruktion
Die Fremdkonstruktion war geprägt durch eine systematische Abwertung. Auch in Kreisen der Diakonie wurden nach Ende des Nationalsozialismus negative Zuschreibungen übernommen und lange nicht kritisch hinterfragt. Ferner wurde an die Diskussionen der Treysaer Konferenz angeknüpft, u. a. mit der Forderung nach einem neuen Sterilisationsgesetz. Erst spät setzte sich die evangelische Kirche mit dem Thema Behinderung systematisch auseinander, maßgeblich hierfür war neben den Auswirkungen der Behindertenbewegung die Arbeit von Ulrich Bach, der mit seiner »Theologie nach Hadamar« eine die Bedürfnisse aller berücksichtigende, ebenerdige Theologie bot. Lange Zeit hatten die »Pfleglinge« wenig Mitspracherechte in Institutionen der Eingliederungshilfe. Die langanhaltende Stigmatisierung erschwerte eine positive Selbstdeutung durch die Betroffenen der Zwangssterilisation und »Euthanasie«, es wurde versucht, die abwertenden Diagnosen und das damit verbundene Werturteil zu widerlegen. Die Kontinuitäten im Nachkriegsdeutschland führten zur Beibehaltung von Kategorisierungen und die Betroffenen hatten in der Folge wenig Deutungsmöglichkeiten über die Geschehnisse während und nach dem Nationalsozialismus. Das lange Zeit vorherrschende, medizinisch defizitorientierte Denken und die damit verbundenen Ängste vor Stigmatisierung erschwerten die individuellen Deutungsmöglichkeiten. Verschärft wurde dies durch die langanhaltende Absprache eines NS-Opferstatus. Als wichtige Möglichkeit für die Selbstdeutung der eigenen Lebensgeschichte durch die Betroffenen der NS-Zwangssterilisation und »Euthanasie« wurde das aktive Erinnern und die Recherche der Schicksale genannt. Teilweise wurden die negativen Schilderungen aus den Krankenakten umgedeutet, beispielsweise wurde das in den Akten beschriebene deviante Verhalten als Widerstand interpretiert und zur Würdigung der Betroffenen betont. Bei der Arbeit als Zeitzeug*in wurde die Unterstützung durch den BEZ als Opferverband wertschätzend hervorgehoben.

In der Erinnerungskultur in Gedenkstätten, die die NS-Medizinverbrechen thematisieren, wurden Menschen mit Behinderungen und Psychiatrieerfahrungen lange nicht berücksichtigt, weil ihnen eine reflektierte Auseinandersetzung mit der Vergangenheit abgesprochen wurde. Hieraus resultierte eine langanhaltende Beibehaltung einer passiven Rolle. Auch die Dominanz der Tätersichtweise in den Krankenakten erschwerte das Eingehen auf Selbstdeutung der Betroffenen der NS-Zwangssterilisation und »Euthanasie«. Vor diesem Hintergrund wird die Einbeziehung von Angehörigen in die Bildungsarbeit und bei Gedenkveranstaltungen durch die Mitarbeitenden der Gedenkstätten diskutiert. Erst durch die Anpassung von Materialien für Menschen mit Behinderungen werden diese auf die Arbeit der Gedenkstätten aufmerksam und können im Sinne einer *disability history* die Geschichte mitschreiben. In der Gedenkstätte Brandenburg an der Havel wurden die Mitarbeitenden durch Aktivitäten der Selbstvertretungsorganisation »Kellerkinder« für die Einbeziehung von Menschen mit Behinderungen und Psychiatrieerfahrungen sensibilisiert und mit dem Guide-Projekt wurde Menschen mit Lernschwierigkeiten die Möglichkeit gegeben, aktiv in die Gedenkstättenarbeit einzugreifen. Dabei wird die Expert*innenrolle nicht ohne weiteres anerkannt und muss in den Workshops ausgehandelt werden.

Ausblick

Im Landesarchiv NRW Detmold sind noch weitere Interviewmitschnitte vorhanden, die bisher nicht transkribiert und nicht in der vorliegenden Studie berücksichtigt wurden. Hier wären weitere Forschungen nötig, um das Material zu erschließen und die Stellungnahmen einzuordnen. Wie besprochen wurde, ermöglichte erst die teilweise Überwindung von Stigmatisierungen und der Rollenzuschreibung als »ewige Kinder« eine Öffnung des Erinnerns sowohl in den Familien als auch in der Öffentlichkeit wie beispielsweise in Gedenkstätten. Um diese These weiter zu prüfen, wäre eine stärkere Untersuchung des Engagements der dritten Generation notwendig, weil sie sowohl aufgrund des zeitlichen Abstands als auch durch den Wandel des Diskurses um Menschen mit Behinderungen und Psychiatrieerfahrungen weniger Berührungsängste mit der eigenen Familiengeschichte haben könnte. Ferner bedarf die neuerliche (2025) Anerkennung der Zwangssterilisierten und Opfer der »Euthanasie« als »Verfolgte des NS-Regimes« und deren Auswirkungen auf die Nachkommen sowie die angekündigte Forcierung der Erinnerungsarbeit in Gedenkstätten und der wissenschaftlichen Aufarbeitung weiterer Forschungsanstrengungen.

Die Arbeit der »Euthanasie«-Gedenkstätten muss weiter erforscht werden. Zum einen müssten die Öffnungsbemühungen der anderen drei Gedenkstätten der »Aktion T4« vergleichend untersucht werden. Vor dem Hintergrund des österreichischen Erinnerungsdiskurses scheint eine intensive Betrachtung der Arbeit in Hartheim vielversprechend. Zum anderen müssen die Öffnungsprozesse durch weitere Studien begleitet werden, weil sich die inklusive Ausrichtung und die Berücksichtigung der Betroffenensichtweise in der Gedenkstättenarbeit kontinuierlich entwickeln. Auch an den Orten der dezentralen »Euthanasie« bzw. in Heil- und Pflegeanstalten, wo die überwiegende Mehrzahl der Morde stattfand, finden Bemühungen statt, über die Vergangenheit aufzuklären. Inwiefern hierbei eine Fokussierung der Sichtweise der Betroffenen stattfindet und diese barrierefrei gestaltet sind, ist weitgehend unerforscht. So existiert in der Johannesdiakonie Mosbach ein Projekt, wo Menschen mit Behinderungen in Tandems mit Menschen ohne Behinderungen Führungen durch den »Maria-Zeitler-Pfad«[4] betreuen. Bei diesem Projekt muss die Frage nach der Rollenverteilung in diesen inklusiven Tandems analysiert werden.

Ferner könnten andere Medien der Erinnerungskultur und deren Einfluss auf die Aneignung der Geschichte berücksichtigt werden. Beispielsweise bieten Theaterproduktionen, die sich mit diesem Themenkomplex befassen, die Möglichkeit, sich den Opfern zu nähern. So inszenierte das Berliner »Theater unterm Dach« mit einem inklusiven Ensemble das Theaterstück »T4. Ophelias Garten«, in dem die Beziehung zwischen der Krankenpflegerin Getrud und einem potenziellen Opfer »Ophelia« beleuchtet wird. Es existiert ein Theaterwettbewerb, der Produktionen auszeichnet, die sich mit der Zwangssterilisation und »Euthanasie« auseinandersetzen.[5] Grundlegend müssen auch die Auswirkungen der Rollenzuschreibung und -übernahme von Menschen mit Behinderungen und Psychiatrieerfahrungen (sowie der zunehmende Aktivismus von ihnen) auf den Bewusstseinswandel und die Veränderung sozialer Praktiken bis hin zur Anpassung (rechtlicher) Normen untersucht werden. Abschließend muss festgehalten werden, dass die Deutungsmacht lange nicht bei den Betroffenen der NS-Zwangssterilisation und »Euthanasie« lag und sie dafür kämpfen müssen und mussten, dass ihre Stimmen zählen. Auch die Übernahme der Rolle als »Expert*innen in eigener Sache« für Menschen mit Behinderungen und Psychiatrieerfahrungen ist nicht selbstverständlich und bedarf immer wieder des Aktivismus und neuer Aushandlungsprozesse.

---

4 Informationen über den Maria Zeitler Pfad sind auf der Homepage der Johannes Diakonie zu finden www.johannes-diakonie.de/ueber-uns/wir-ueber-uns/maria-zeitler-pfad.html.
5 Nähere Informationen unter www.andersartig-gedenken.de/startseite.html (letzter Zugriff 14.2.2024).

Anhang

Anhang 1: Ergänzungen Stellungnahmen Teil 1

Zu S. 87 im Text:

Irma wird heute begraben. Zum dritten Mal nun (räuspert sich). Das erste Mal vor sechzig Jahren hastig verscharrt, irgendwo hier in Wien. Ein Teil ihres Körpers wurde vor sechs Jahren in Hamburg gemeinsam mit Leidensgefährten bestattet. Heute nun wird ein winziges Restchen von ihr in Wien begraben, in Gedenken an sie und sechshundert weitere Kinder, Jugendliche und Erwachsene, deren Urnen kürzlich bestattet wurden. Irma hätte eigentlich meine Tante werden sollen. Ich hätte sie besuchen, mit ihr Spazieren gehen, ihr beim Einkaufen helfen können. Wir hätten zusammen gelacht und sie hätte alle Familienfeste mit uns erlebt. Vielleicht wäre sie auch eine Tante gewesen, die ich nicht gemocht hätte oder die uns viele Sorgen bereitet hätte. Dazu aber kam es nicht. Sie wurde getötet. Irma starb nicht einmal 14-jährig an Unterernährung, Verwahrlosung, Medikamentenvergiftung und Unterkühlung. Gequält (...) Ich kann das nicht weiterlesen.
    Interviewerin 1: Nein.
    Interviewerin 2: Inmitten anderer Kinder in der psychiatrischen Anstalt Spiegelgrund, hier in Wien. So viele Menschen, so viele verschiedene Gründe, wie sie in diese Lage kamen. Manche von ihnen waren durch Geburt oder Krankheit auf die Hilfe anderer Menschen angewiesen, andere wieder hatten das Pech, Eltern zu haben, die im Leben nicht gut zurechtkamen. Einige waren verwirrt, durch Bombennächte oder andere schreckliche Erlebnisse in der schlimmen Zeit. Die Geschichte von Irma begleitet mich seit meiner Kindheit. Anfangs wurde nur in bestimmten Kreisen meiner Familie darüber gesprochen. Es gab viele Lücken und Fragezeichen. Heute steht die Geschichte ihres Lebens in ihrer ganzen Brutalität vor uns, belegt durch Dokumente und Zeugenaussagen. Irma wurde 1930 in Hamburg geboren. Sie war das siebte Kind ihrer bereits schwerkranken Mutter. Irma war ein freundliches und fröhliches Kind in der normalen Entwicklung etwas zurückgeblieben, sodass sie mehr Pflege und Aufmerksamkeit brauchte als ihre Geschwister. Als das zehnte Kind unterwegs war, mussten die Eltern sie in die Obhut der Alsterdorfer Anstalten geben. Später wurde sie nach Wien verschleppt, um sie, wie so viele andere, am Spiegelgrund zu töten. Dies geschah, wie wir jetzt wissen, durch Aushungern, durch medizinische Versuche, man setzte sie absichtlich der Winterkälte aus, damit sie Lungenentzündung bekommen sollten, spritzte ihnen Schlafmittel oder Gift. Sechzig Jahre lang wurden die sechshundert Opfer, die jetzt noch bestattet werden konnten, als Gehirnpräparate in einer staubigen Rumpelkammer aufbewahrt. Es wurden sogar weiterhin, durch die ehemaligen Täter Forschungen an ihnen betrieben. Alles wurde getan, um ihr Leben und Sterben aus dem Andenken der Menschen zu löschen und ihnen einen würdigen Abschied zu verweigern. Heute endlich nach vielen Kämpfen und Schwierigkeiten erfahren wir ein spätes Gedenken und die Ehrung als Opfer eines grausamen Regimes. Die wenigen Menschen, die diesen Horror überlebt haben, werden Tag für Tag an die Angst und den Schrecken erinnert. Erst seit kurzem gibt es Menschen, denen sie erzählen können, was damals geschah. Die Angehörigen der

Getöteten sehen immer wieder ihr Kind, ihren Bruder, ihre Schwester vor sich, hilf- und schutzlos ihren Peinigern ausgeliefert. Es gibt keinen Trost und kein Verstehen dafür, dass Menschen ihren Mitmenschen so etwas antun können. Die Vorstellung, dass die Täter von damals, die zuweilen eine enorme Fantasie und Kreativität entwickelt haben, um Qual und Leiden ihrer Opfer noch zu erhöhen, dass diese Täter unsere eigenen Großeltern, Eltern, Onkel oder Tanten waren oder zumindest gewesen sein könnten, von uns geliebt und respektiert, ist so ungeheuerlich, dass sechzig Jahre Verdrängung nur logisch und folgerichtig erscheinen mögen. Neben den eindeutigen Tätern wussten oder ahnten viele, was mit den Insassen von psychiatrischen Anstalten und Behindertenheimen geschah. Damals waren die meisten Menschen beschäftigt, mit dem Kampf um die tägliche Existenz. Zudem musste jeder befürchten, eingesperrt zu werden, wenn er Kritik äußerte. Was aber ist mit uns heute? In Zukunft werden Menschen Kinder aus dem Katalog bestellen wollen, der Drang nach (marmiert?) Schönheit, Gesundheit, Intelligenz wird dazu führen, dass eine Familie mit einem Kind wie Irma als asozial betrachtet wird. Auch heute gibt es unwertes Leben, Anführungszeichen, Leben, dass anscheinend nichts wert ist. Millionen von Kindern in der Welt werden als billige Arbeitssklaven, Sexualobjekte oder Kindersoldaten missbraucht, Straßenkinder werden ermordet, vorher werden ihnen manchmal noch Organe entnommen. Kinder Hungern und frieren, erkranken an Seuchen, können nicht zur Schule gehen. Wenn wir heute die Opfer von damals beklagen, bitte, vergessen wir nicht jene, die genauso hilf-, schutz- und trostlos sind, wie die Kinder vom Spiegelgrund. Jeder von uns ist verantwortlich für die Fragen der Gegenwart und Zukunft, für das, was um uns herum und in der Welt geschieht. Wenn wir moralische Verantwortung selbst übernehmen und sie nicht nur Staat, Kirche, Wirtschaft oder Forschung überlassen, waren Leiden und Sterben von Irma und den anderen nicht völlig umsonst. Elisabeth D. (Antje K. erstes Gespräch: 326-328)

Zu S. 96 im Text:

(...) Eines Tages wurde das kleine Mädchen gefragt: Hast du keinen Vater? Wo ist er? Es dachte: Nun, ein Großvater ist doch auch ein Mann. Und so fragte es die Mutter. Sie drückte ihr kleines Mädchen an sich und sagte ganz ernst: Davon erzähle ich dir später, wenn du älter bist. Und später erfuhr sie es; der Mann, den die Mutter lieb gehabt hatte, lebte in der etwa 20 Kilometer entfernten Stadt. Er und die Mutter hatten einst einander sehr lieb gehabt. Dann trennte sie der Weltkrieg. Doch nur dieser Mann (...) doch nur räumlich. Und nach langer Zeit war dieser Mann wieder da. Er hatte Fronturlaub. (...) Glückliche Tage folgten und es war für beide klar, dass sie für ewig zusammengehören. Erfüllt von diesen Gedanken, ging der Mann wieder hinaus in den Krieg, blieb die Mutter zurück in der Heimat. Und dann schrieb sie ihm, dass sie ein Kind unter dem Herzen trage. Sein Kind. Als Antwort erhielt sie nach langer Zeit einen Brief seiner Mutter. Darin fielen die Worte: standesgemäß, Geld, Entsagen, andernfalls Enterbung Ihres Sohnes. Doch die Mutter glaubte so fest an den Mann, schrieb ihm fester Zuversicht im Herzen; er solle sich entscheiden. Und so entschied er sich. Entschied sich für den Reichtum, für das Geld. Nun erfuhr auch der Großvater davon. Er wies die Mutter aus dem Haus. Dann kam der Tag, wo sie einsam und verlassen in einem dunklen Dachstübchen ein kleines Mädchen gebar. Nun hatte sie einen Lebensinhalt, eine Aufgabe, und setzte sich dafür durch. Und nach einiger Zeit rief sie auch der Großvater zurück in sein Haus, doch wohl nur, weil er sie brauchte. Richtig froh geworden ist die Mutter aber niemals wieder in ihrem Leben. Nun wusste das kleine Mädchen, wer ihr Vater war. Ernst vergingen die weiteren Kinderjahr', zumal der Großvater und die Mutter einander vorbei verstanden. Oft kam es auch zu heftigen Auftritten, Vorwürfen. Das kleine Mädchen bekam vom Großvater zu hören, dass sie ein unnützer Häscher sei, und von der Mutter, wenn sie recht verzweifelt war, die furchtbare Anklage, es sei an ihrem ganzen Schicksal schuld, weil es geboren sei. Die Mutter litt so sehr, sie entbehrte alles, um des Kindes willen, ließ es vorbereiten zu einem Beruf, nur dass sich das Kind einst auf eigenen Füßen behaupten könne. So wurden andere Wünsche und Träume zunichte. Es fehlten auch die Mittel dazu. Eines Tages ging das Mädchen, nun 15 Jahre alt, zu dem Mann, der ihr Vater war und sagte ihm, was es von ihm denke. Er war so erstaunt, vielleicht wollte er auch etwas sagen, doch das Mädel lief davon, um ihm nicht ihre innere Erregung zeigen zu müssen. Er schrieb der Mutter, sie möge ihm das Kind geben, es solle ihm gut gehen. Seine Ehe war kinderlos geblieben, doch das Mädchen nahm nichts, worum er die Mutter betrogen. Die Mutter weinte oft, sie wurde seelisch immer kränker, nichts konnte sie mehr erfreuen. Und der Großvater machte es ihr immer schwerer. Und dann kam ein Auto und holte die Mutter fort in ein großes Haus, wo eine Irrenanstalt war. Der Großvater hatte es so gewollt und er hatte somit etwas getan, etwas Furchtbares, was nie wieder gutzumachen war. (Frau N.:137)

Zu S. 102 im Text:

Jedenfalls Wilhelm R., mit zwei Jahren ist er in die Anstalt gekommen, hat dann, als er ein junger Mann war, dort eine junge Frau kennengelernt, die auch nicht psychisch krank war, sondern gerade 16 Jahre alt ein Kind gekriegt hat und das ist natürlich ein Mädchen, damals: pfui, nicht? Kam in die Psychiatrie. Die war Hausgehilfin, Dienstmädchen nannte man das damals, gewesen. Wahrscheinlich der Herr oder einer von den erwachsenen Söhnen. Das war nichts Außergewöhnliches. Denen ist nichts passiert und das Mädchen wurde abgeschoben mitsamt dem Kind. Und er hat sich mit dieser Wally befreundet. Sie haben ja beide gearbeitet, weil sie beide nicht psychisch krank waren. Und Wally mit dem Kind, das in dem Alter von Irma war, also 13, die sind auch deportiert worden, mit dem gleichen Transport wie Irma. Und der Wilhelm R., der hat sich davongestohlen, also ist ausgerissen aus der Anstalt, hat sich bei der Behörde als Ausgebombter gemeldet. Das war ja so vier Wochen nach den schlimmen Angriffen hier in Hamburg, hat dann Geld- und Lebensmittelkarten gekriegt und hat sich, und das muss man sich vorstellen, im vierten Kriegsjahr nach Wien durchgeschlagen, ist dort den Ärzten wochenlang so auf die Nerven gegangen, er will Wally mithaben und das ist seine Cousine, hat er wohl gesagt, und die will er mithaben, die soll da nicht bleiben. (Antje K. zweites Gespräch. 114)

Anhang 2: Interviewleitfaden Gespräche Teil 3

Block 1: Allgemeine Fragen

1. Welche Aufgaben bzw. Funktionen nehmen Sie in der Gedenkstätte wahr? Was sind Ihrer Ansicht nach zentrale Inhalte, die Sie vermitteln möchten?
2. Was sind Ihrer Ansicht nach die Themenschwerpunkte der »Euthanasie«-Gedenkstätten (Dauerausstellung und Bildungsarbeit)? Wo legen Sie in Ihrer Arbeit vor Ort die Schwerpunkte?
3. Welche gesamtgesellschaftlichen Aufgaben bzw. Wirkung haben »Euthanasie«-Gedenkstätten Ihrer Meinung nach?
4. Welche Zielgruppen wollen Sie mit Ihrer Arbeit erreichen? Welche Zielgruppen erreichen Sie durch Ihre Arbeit? Welche Zielgruppen werden bisher noch unzureichend angesprochen?

Block 2: Betroffenenperspektive

5. Wie beeinflussten die Angehörigen die Entstehung der Gedenkstätte, welche Folgen hat dies für die Ausrichtung der Gedenkstätte?
6. Welchen Raum nehmen die Sichtweisen der Betroffenen in der Dauerausstellung und der Bildungsarbeit ein? Wie beurteilen Sie dies?
    a) Ermordete
    b) Angehörige
    c) Menschen mit Behinderungen
7. Welche methodischen Zugänge nutzen Sie für die Darstellung der Betroffenenperspektive in der Bildungsarbeit?
8. Wie hat sich die Berücksichtigung der Sichtweisen der Betroffenen über die Zeit gewandelt? Welche Faktoren waren hierfür entscheidend Ihrer Meinung nach?
9. Wie könnte Ihrer Meinung nach die Sichtweise der Betroffenen zukünftig stärker berücksichtigt werden? Welche Probleme sehen Sie hierbei?
10. Welchen Raum nehmen andere Verfolgtengruppen ein? Wie wird dabei mit der Stellung der »Euthanasie«-Geschädigten umgegangen? Welche Rolle spielen komplexe Diskriminierungen?
11. Wie würden Sie die Empathie gegenüber Betroffenen der »Euthanasie« und Zwangssterilisation gegenüber anderen Gruppen bewerten? Nehmen Sie eine Distanz der Teilnehmenden ihrer Bildungsangebote wahr?

Block 3: Umsetzung von Inklusion in der Gedenkstättenarbeit

12. Wie inklusiv ist die Gedenkstätte Ihrer Meinung nach? Wie gewährleisten Sie einen barrierefreien Zugang zur Gedenkstätte?
13. Wie hat sich das Bewusstsein für die inklusive Gestaltung der Gedenkstätte entwickelt, welche Impulse waren hierfür ausschlaggebend und notwendig?
14. Welche Herausforderungen sehen Sie bei der inklusiven Gestaltung der Gedenkstätte? (Einstellungen, Strukturen, Methoden)
15. Welche Rolle sollten und nehmen Menschen mit Behinderungen und Psychiatrieerfahrungen bei der Gestaltung der Gedenkstätte ein?

Literatur- und Quellenverzeichnis

AG BEZ (2024): 16.07.24: Kommentar AG BEZ zum Bundestag-Antrag »Opfer von NS-»Euthanasie« und Zwangssterilisation – Aufarbeitung intensivieren« (Drucksache 20/11945), https://www.euthanasiegeschaedigte-zwangssterilisierte.de/neues/aktuell-2024/16-07-24-kommentar-ag-bez-bundestagsantrag-aufarbeitung-euthanasie-und-der-zwangssterilisationen-waehrend-der-nationalsozialistischen-diktatur-intensivieren/.

Aly, Götz: Die Belasteten. »Euthanasie« 1939–1945. Eine Gesellschaftsgeschichte, Frankfurt am Main 2013.

Amthor, Ralph-Christian/Rott, Ksenia: Gesichter des Widerstandes. Wissenschaftliche Projektergebnisse zur katholischen, evangelischen und jüdischen Sozialen Arbeit im Nationalsozialismus, in: Eurich, Johannes/Lob-Hüdepohl, Andreas (Hg.): Aufblitzen des Widerständigen. Soziale Arbeit der Kirchen und die Frage des Widerstands während der NS-Zeit, Stuttgart[1] 2018, 98–122.

Baader, Gerhard: Heilen und Vernichten. Die Mentalität der NS-Ärzte, in: Ebbinghaus, Angelika/Dörner, Klaus (Hg.): Vernichten und Heilen. Der Nürnberger Ärzteprozeß und seine Folgen, Berlin 2001, 275–294.

Bätzing, Georg: Grußwort von Bischof Dr. Georg Bätzing, in: Hamm, Margret (Hg.): Ausschluss und »Euthanasie« gestern. Sterbehilfe und Teilhabe heute. Leben mit dem Stigma, Berlin 2023, 7–8.

Baur, Erwin/Fischer, Eugen/Lenz, Fritz: Grundriß der menschlichen Erblichkeitslehre und Rassenhygiene. Band I. Menschliche Erblichkeitslehre, München 1923.

Becker, Thomas/Schomerus, Georg/Speerforck, Sven: Vergangenheit verstehen hilft Zukunft denken: Psychiatrie-Reformgeschichte in Großbritannien und Italien, in: (Psychiatrische Praxis)[5], Stuttgart 2022.

Benzenhöfer, Udo: Der gute Tod? Geschichte der »Euthanasie« und Sterbehilfe, Göttingen 2009.

Beyer, Christof: Radikale Psychiatriekritik und die Transformation des Anstaltswesens in der Bundesrepublik, in: Rudloff, Wilfried/Kersting, Franz-Werner/Miquel, Marc von/Thießen, Malte (Hg.): Ende der Anstalten? Großeinrichtungen, Debatten und Deinstitutionalisierung seit den 1970er Jahren, Paderborn 2022, 155–173.

Biesold, Horst: Klagende Hände. Betroffenheit und Spätfolgen in Bezug auf das Gesetz zur Verhütung erbkranken Nachwuchses, dargestellt am Beispiel der »Taubstummen«, Solms-Oberbiel 1988.

Bock, Gisela: Zwangssterilisation im Nationalsozialismus. Studien zur Rassenpolitik und Geschlechterpolitik, Münster 2010.

Bösl, Elsbeth: Was ist und wozu brauchen wir die Dis/ability History? in: Schmuhl, Hans-Walter/Winkler, Ulrike (Hg.): Welt in der Welt. Heime für Menschen mit geistiger Behinderung in der Perspektive der Disability History, Stuttgart 2013, 21–42.

Bundeszentrale für politische Bildung: Beutelsbacher Konsens, abrufbar unter www.bpb.de/die-bpb/ueber-uns/auftrag/51310/beutelsbacher-konsens/2011.

Degener, Theresa: Die UN-Behindertenrechtskonvention – ein neues Verständnis von Behinderung, in: Degener, Theresia/Diehl, Elke (Hg.): Handbuch Behindertenrechtskonvention. Teilhabe als Menschenrecht – Inklusion als gesellschaftliche Aufgabe, Bonn 2015, 55–74.

Deutscher Bundestag: Antrag der Fraktionen SPD, CDU/CSU, BÜNDNIS 90/DIE GRÜNEN und FDP Opfer von NS-»Euthanasie« und Zwangssterilisation – Aufarbeitung intensivieren. Drucksache 20/11945, Berlin 2024. https://dserver.bundestag.de/btd/20/119/2011945.pdf. 2025.

Deutscher Bundestag: Unterrichtung durch die Bundesregierung. Konzeption der künftigen Gedenkstättenförderung des Bundes und Bericht der Bundesregierung über die Beteiligung des Bundes. Drucksache 14/1569. Abrufbar unter dserver.bundestag.de/btd/14/015/1401569.pdf. 1999.

DGSA: Forschungsethische Prinzipien und wissenschaftliche Standards für Forschung der Sozialen Arbeit. Forschungsethikkodex der DGSA, abrufbar unter www.dgsa.de/fileadmin/Dokumente/Service/Forschungsethikkodex_DGSA.pdf. 2020.

Diewald-Kerkmann, Gisela: Die Bedeutung von Denunziationen im Kontext der Sterilisationsverbrechen im NS-Regime, in: Hamm, Margret (Hg.): Ausschluss und »Euthanasie« gestern. Sterbehilfe und Teilhabe heute. Leben mit dem Stigma, Berlin 2023, 265–296.

Dörner, Klaus: Ich darf nicht denken. Das medizinische Selbstverständnis der Angeklagten, in: Ebbinghaus, Angelika/Dörner, Klaus (Hg.): Vernichten und Heilen. Der Nürnberger Ärzteprozeß und seine Folgen, Berlin 2001, 331–357.

Dörre, Steffen: Zwischen NS-»Euthanasie« und Reformaufbruch. Die psychiatrischen Fachgesellschaften im geteilten Deutschland, Berlin/Heidelberg 2021.

Dreyfuß, Guillaume: »Lebensunwert, unerwünscht«. Frankreich, abrufbar unter www.euthanasiegeschaedigte-zwangssterilisierte.de/dokfilme/film-lebensunwert-unerwuenscht/2014.

Eckart, Wolfgang U.: Fall 1. Der Nürnberger Ärzteprozess, in: Ueberschär, Gerd R. (Hg.) Der Nationalsozialismus vor Gericht. Die alliierten Prozesse gegen Kriegsverbrecher und Soldaten 1943–1952, Frankfurt am Main 1999, 73–86.

Eckart, Wolfgang U.: Medizin in der NS-Diktatur. Ideologie, Praxis, Folgen, Göttingen 2012.

Eckart, Wolfgang U.: Medizingeschichte: Der Nürnberger Ärzteprozess, abrufbar unter www.aerzteblatt.de/archiv/192979/Medizingeschichte-Der-Nuernberger-Aerzteprozess. 2017.

Ebbinghaus, Angelika: Strategien der Verteidigung, in: Ebbinghaus, Angelika/Dörner, Klaus (Hg.): Vernichten und Heilen. Der Nürnberger Ärzteprozeß und seine Folgen, Berlin 2001, 405–435.

Fischer, Jonas: »Raus aus der Anstalt« als Ziel der westdeutschen Behindertenbewegung. Praktische Heimkritik in den 1980er Jahren am Beispiel Dortmund, in: Rudloff, Wilfried/Kersting, Franz-Werner/Miquel, Marc von /Thießen, Malte (Hg.): Ende der Anstalten? Großeinrichtungen, Debatten und Deinstitutionalisierung seit den 1970er Jahren. Paderborn 2022, 104–124.

Fischer, Nele/Spataro, Valentina/Vogt, Leonie: »Denn man muss ja immer aus dem was machen, was geblieben ist.« Lissa Flades Schicksalsverarbeitung auf dem Gelände der Tötungsanstalt Pirna-Sonnenstein, in: Hamm, Margret (Hg.): Ausschluss und »Euthanasie« gestern. Sterbehilfe und Teilhabe heute. Leben mit dem Stigma, Berlin 2023, 111–130.

Friedlander, Henry: Der Weg zum NS-Genozid. Von der »Euthanasie« zur Endlösung, Berlin 1997.

Friedrich, Norbert: Zwangssterilisation und »Euthanasie« – das nationalsozialistische Ideologem vom »unwerten Leben« und die Kirchen, in: Brechenmacher, Thomas/Oelke, Harry (Hg.): Die Kirche und die Verbrechen im nationalsozialistischen Staat. Dachauer Symposien zur Zeitgeschichte, Göttingen[11] 2011, 125–143.

Fuchs, Petra/Rotzoll, Maike/Müller, Ulrich/Richter, Paul/Hohendorf, Gerrit/Bader, Helmut (Hg.): »Das Vergessen der Vernichtung ist Teil der Vernichtung selbst«. Lebensgeschichten von Opfern der nationalsozialistischen »Euthanasie«, Göttingen 2007.

Fuchs, Petra: ›Behinderung‹ – eine bewegte Geschichte, in: Waldschmidt, Anne (Hg.): Handbuch Disability Studies, Wiesbaden, 35–54.

Gaalen, Clemens van: »Euthanasiepredigt« des Bischofs von Münster Clemens August Graf von Galen vom 3. August 1941 (Predigt zu Lukas 19, 41-47), abrufbar unter https://www.uibk.ac.at/theol/leseraum/texte/599.html 1941.

Gedenkstätte Brandenburg an der Havel (Hg.): Inklusive Bildungsarbeit in den Gedenkstätten Brandenburg an der Havel. Ein Handbuch, abrufbar unter www.stiftung-bg.de/fileadmin/user_upload/Gedenkstaetten/Stiftung/Bilder/Buchcover/Sonstiges/Handbuch_Inklusionsprojekt.pdf. 2023.

Gedenkstätte Deutscher Widerstand: Paul Gerhard Braune, abrufbar unter https://www.gdw-berlin.de/vertiefung/biografien/personenverzeichnis/biografie/view-bio/paul-gerhard-braune/?no_cache=1.

Genkel, Ingrid: Pastor Friedrich Lensch – ein Beispiel politischer Theologie, in: Wunder, Michael/Genkel, Ingrid/Jenner, Harald (Hg.): Auf dieser schiefen Ebene gibt es kein Halten mehr. Die Alsterdorfer Anstalten im Nationalsozialismus, Stuttgart³ 2016, 83-136.

George, Uta: Kollektive Erinnerung bei Menschen mit geistiger Behinderung. Das kulturelle Gedächtnis des nationalsozialistischen Behinderten- und Krankenmordes in Hadamar. Eine erinnerungssoziologische Studie, Bad Heilbrunn 2008.

Gobineau, Arthur de: Versuch über die Ungleichheit der Menschenracen, Stuttgart 1939.

Goffmann, Erwin: Stigma. Über Techniken der Bewältigung beschädigter Identität, Frankfurt am Main 1975.

Gryglewski, Elke: Gedenkstättenarbeit in der heterogenen Gesellschaft, in: Gryglewski, Elke/Haug, Verena/Kößler, Gottfried/Lutz, Thomas/Schikorra, Christa (Hg.): Gedenkstättenpädagogik. Kontext, Theorie und Praxis der Bildungsarbeit zu NS-Verbrechen, Berlin 2015, 166-178.

Hänsel, Dagmar: Kontroversen um die Geschichte der Hilfsschul- und Sonderpädagogik in Deutschland, in: Schmuhl, Hans-Walter/Winkler, Ulrike (Hg.): Welt in der Welt. Heime für Menschen mit geistiger Behinderung in der Perspektive der Disability History, Stuttgart 2013, 179-190.

Halbmayr, Brigitte: Sekundäranalyse qualitativer Daten aus lebensgeschichtlichen Interviews. Reflexionen zu einigen zentralen Herausforderungen, in: BIOS – Zeitschrift für Biographieforschung, Oral History und Lebensverlaufsanalysen 2008², 256-267.

Hamm, Margret (Hg.): Ausgegrenzt! Warum? Zwangssterilisierte und Geschädigte der NS-»Euthanasie« in der Bundesrepublik Deutschland, Berlin 2017.

Hamm, Margret (Hg.): Ausschluss und »Euthanasie« gestern. Sterbehilfe und Teilhabe heute. Leben mit dem Stigma, Berlin 2023.

Haug, Verena: Gedenkstättenpädagogik als Interaktion. Aushandlung von Erwartungen und Ansprüchen vor Ort, in: Gryglewski, Elke/Haug, Verena/Kößler, Gottfried/Lutz, Thomas/Schikorra, Christa (Hg.): Gedenkstättenpädagogik. Kontext, Theorie und Praxis der Bildungsarbeit zu NS-Verbrechen, Berlin 2015, 113-126.

Häfner, Heinz: Psychiatriereform in Deutschland. Vorgeschichte, Durchführung und Nachwirkungen der Psychiatrie-Enquête. Ein Erfahrungsbericht, in: (HDJBO), Heidelberg 2016¹, 119-145.

Hermes, Gisela: Die Geschichte der »Independent Living« Bewegung, in: Hermes Gisela (Hg.): Traumland USA? Zwischen Anti-Diskriminierung und sozialer Armut, Kassel 1998, 19-28.

Hoche, Alfred/Binding, Karl: Die Freigabe der Vernichtung lebensunwerten Lebens. Ihr Maß und ihre Form, Leipzig 1920.

Hörnig, J. Thomas: Körperbilder – Krankenmorde. Die nationalsozialistische T4-Aktion und die Reaktion von Angehörigen, Stuttgart 2023.

Hohendorf, Gerrit: Ideengeschichte und Realgeschichte der nationalsozialistischen »Euthanasie« im Überblick, in: Fuchs, Petra/Rotzoll, Maike/Müller, Ulrich/Richter, Paul/Hohendorf, Gerrit/Bader, Helmut (Hg.): »Das Vergessen der Vernichtung ist Teil der Vernichtung selbst«. Lebensgeschichten von Opfern der nationalsozialistischen »Euthanasie«, Göttingen 2007, 36-52.

International Center for Transitional Justice: What is Transitional Justice? Abrufbar unter www.ictj.org/sites/default/files/ICTJ-Global-Transitional-Justice-2009-English.pdf. 2009.

Jachertz, Norbert (2009): 1989/2009 – 20 Jahre deutsche Einheit: Die Waldheim-Story, abrufbar unter https://www.aerzteblatt.de/archiv/66093.

Jelinek-Menke, Ramona: Disability Studies und Religionswissenschaft. Anmerkungen zu Relevanz und Potenzial einer Symbiose, in Brehme, David/Fuchs, Petra/Köbsell, Swantje/Wesselmann, Carla (Hg.): Disability Studies im deutschsprachigen Raum. Zwischen Emanzipation und Vereinnahmung, Weinheim/Berlin 2020, 203–209.

Jenner, Harald/Wunder, Michael: Das Schicksal der jüdischen Bewohner der Alsterdorfer Anstalten, in: Wunder, Michael/Genkel, Ingrid/Jenner, Harald (Hg.): Auf dieser schiefen Ebene gibt es kein Halten mehr. Die Alsterdorfer Anstalten im Nationalsozialismus, Stuttgart³ 2016, 247–268.

Kappeler, Manfred: Anpassung, Kooperation, Zustimmung, Widerstand. Soziale Arbeit in kirchlicher Trägerschaft, in Eurich, Johannes/Lob-Hüdepohl, Andreas (Hg.): Aufblitzen des Widerständigen. Soziale Arbeit der Kirchen und die Frage des Widerstands während der NS-Zeit, Stuttgart 2018, 25–74.

Kaminsky, Uwe: Zwischen Rassenhygiene und Biotechnologie. Die Fortsetzung der eugenischen Debatte in Diakonie und Kirche, 1945 bis 1969, in: Zeitschrift für Kirchengeschichte[116] 2005, 204–241.

Kater, Michael K.: Die soziale Lage der Ärzte im NS-Staat, in Ebbinghaus, Angelika/Dörner, Klaus (Hg.): Vernichten und Heilen. Der Nürnberger Ärzteprozeß und seine Folgen, Berlin 2001, 51–67.

Klee, Ernst: »Euthanasie« im Dritten Reich. Die »Vernichtung lebensunwerten Lebens«, Frankfurt am Main 2018.

Knittel, Susanne C.: Unheimliche Geschichte. Grafeneck, Triest und die Politik der Holocaust-Erinnerung, Bielefeld 2018.

Knoch, Habbo: Geschichte in Gedenkstätten. Theorie – Praxis – Berufsfelder. Tübingen 2020.

Konersmann, Frank: Historische Studien zur Heterogenität von Behinderung. Beobachtungen und Reflektionen zur Diagnostik in der Heil- und Pflegeanstalt Eben-Ezer in Lemgo (1859–1954), in: Schmuhl, Hans-Walter/Winkler, Ulrike (Hg.): Welt in der Welt. Heime für Menschen mit geistiger Behinderung in der Perspektive der Disability History, Stuttgart 2013, 87–108.

Kuckartz, Udo: Einführung in die computergestützte Analyse qualitativer Daten, Wiesbaden 2010.

Kuhlmann, Carola: Konfessionelle Wohlfahrtsorganisationen in der NS-Zeit zwischen konkurrierender Kooperation, christlicher Identitätswahrung und Verweigerung, in: Eurich, Johannes/Lob-Hüdepohl, Andreas (Hg.): Aufblitzen des Widerständigen. Soziale Arbeit der Kirchen und die Frage des Widerstands während der NS-Zeit, Stuttgart 2018, 76–97.

Krauß, Anne: Barrierefreie Theologie. Das Werk Ulrich Bachs vorgestellt und weitergedacht, Stuttgart 2014.

Labisch, Alfons: Die hygienische Revolution im medizinischen Denken. Medizinisches Wissen und ärztliches Handeln, in: Ebbinghaus, Angelika/Dörner, Klaus (Hg.): Vernichten und Heilen. Der Nürnberger Ärzteprozeß und seine Folgen, Berlin 2001, 68–89.

Lamnek, Siegfried: Qualitative Sozialforschung, Weinheim/Basel ⁵2016.

Lebenshilfe: 1990er Jahre – Zusammenschluss und Selbstbestimmung, abrufbar unter www.lebenshilfe.de/ueber-uns/geschichte-der-lebenshilfe/die-1990er-jahre.

Lob-Hüdepohl, Andreas: Begrüßung und Einleitung, in Eurich, Johannes/Lob-Hüdepohl, Andreas (Hg.): Aufblitzen des Widerständigen. Soziale Arbeit der Kirchen und die Frage des Widerstands während der NS-Zeit, Stuttgart¹ 2018, 215–224.

Lob-Hüdepohl, Andreas/Eurich, Johannes (Hg.): Personzentrierung – Inklusion – Enabling Community. Stuttgart 2020.

Lob-Hüdepohl, Andreas: Behinderung, III, in: Staatslexikon online, abrufbar unter: www.staatslexikon-online.de/Lexikon/Behinderung. 2022.

Manthey, Elvira: Die Hempelsche. Das Schicksal eines deutschen Kindes das 1940 vor der Gaskammer umkehren konnte. Frankfurt am Main 2021.

Mansfeld, Clara: Menschen mit Lernschwierigkeiten als Vermittelnde von Geschichte. Historisch-politische Bildungsarbeit und inklusive Begegnungen in der »Euthanasie« Gedenkstätte Brandenburg, in: Meyer, Dorothee/Hilpert, Wolfram/Lindmeier, Bettina (Hg.): Grundlagen und Praxis inklusiver politischer Bildung, Bonn 2020, 239–252.

Mayring, Philipp: Qualitative Inhaltsanalyse. Grundlagen und Techniken, Weinheim/Basel ^{5}2015.

Miquel, Marc von: Kampf für Bürgerrechte oder gegen Unterdrückung? Zur Entstehung der internationalen Behindertenbewegung, in: Rudloff, Wilfried/Kersting, Franz-Werner/Miquel, Marc von/Thießen, Malte (Hg.): Ende der Anstalten? Großeinrichtungen, Debatten und Deinstitutionalisierung seit den 1970er Jahren. Paderborn 2022: 125–154.

Müller, Ulrich: Metamorphosen. Krankenakten als Quellen für Lebensgeschichte, in: Fuchs, Petra/Rotzoll, Maike/Müller, Ulrich/Richter, Paul/Hohendorf, Gerrit/Bader, Helmut (Hg.): »Das Vergessen der Vernichtung ist Teil der Vernichtung selbst«. Lebensgeschichten von Opfern der nationalsozialistischen »Euthanasie«, Göttingen 2014, 80–98.

Mürner, Christian/Sierck, Udo: Behinderung. Chronik eines Jahrhunderts, Weinheim/Basel 2012.

Mürner, Christian/Sierck, Udo: Der lange Weg zur Selbstbestimmung. Ein historischer Abriss, in: Degener, Theresia/Diehl, Elke (Hg.): Handbuch Behindertenrechtskonvention. Teilhabe als Menschenrecht – Inklusion als gesellschaftliche Aufgabe. Bonn 2015, 25–37.

Nowak, Kurt: »Euthanasie« und Sterilisierung im »Dritten Reich«. Die Konfrontation der evangelischen und katholischen Kirche mit dem »Gesetz zur Verhütung erbkranken Nachwuchses« und der »Euthanasie-Aktion«, Göttingen 1978.

Obertreis, Julia (Hg.): Oral History. Basistexte, Stuttgart 2012.

Palleit, Leander: Inklusiver Arbeitsmarkt statt Sonderstrukturen. Warum wir über die Zukunft der Werkstätten sprechen müssen? Berlin 2016.

Peukert, Detlev J. K.: Die Genese der »Endlösung« aus dem Geiste der Wissenschaft, in: Rohs, Peter/Blasche, Siegfried/Köhler, Wolfgang R./Kuhlmann, Wolfgang (Hg.): Zerstörung des moralischen Selbstbewußtseins: Chance oder Gefährdung? – Praktische Philosophie in Deutschland nach dem Nationalsozialismus, Frankfurt am Main 1988, 24–48.

Polten, Lars: Zwangssterilisation und »Euthanasie« im Erinnern und Erzählen. Biografische Interviews mit Betroffenen und Angehörigen, Münster 2020.

Reumschüssel-Wienert, Christian: Psychiatriereform in der Bundesrepublik Deutschland. Eine Chronik der Sozialpsychiatrie und ihres Verbandes – der DGSP, Bielefeld 2021.

Richter, Ingrid: Katholizismus und Eugenik in der Weimarer Republik und im »Dritten Reich«. Zwischen Sittlichkeitsreform und Rassenhygiene, Paderborn 2001.

Rudloff, Wilfried: Institutionalisierung und Deinstitutionalisierung in der bundesdeutschen Behindertenpolitik (1945–1990), in: Schmuhl, Hans-Walter/Winkler, Ulrike (Hg.): Welt in der Welt. Heime für Menschen mit geistiger Behinderung in der Perspektive der Disability History. Stuttgart 2013, 109–132.

Rudloff, Wilfried/Kersting, Franz-Werner/Miquel, Marc von/Thießen, Malte: Krise der Anstalten, Deinstitutionalisierung und gesellschaftlicher Wandel in Deutschland, in: Rudloff, Wilfried/Kersting, Franz-Werner/Miquel, Marc von/Thießen, Malte (Hg.): Ende der Anstalten? Großeinrichtungen, Debatten und Deinstitutionalisierung seit den 1970er Jahren, Paderborn 2022, 3–36.

Rüsen, Jörn: Ursprung und Aufgabe der Historik, in: Baumgartner, Hans Michael (Hg.): Seminar: Geschichte und Theorie. Umrisse einer Historik, Frankfurt am Main 1976, 59–93.

Scheulen, Andreas/Hamm, Margret: Das Ehegesundheitsgesetz und der Zwang zur Scheidung für Menschen in den Heil- und Pflegeanstalten, in: Hamm, Margret (Hg.): Ausschluss und

»Euthanasie« gestern. Sterbehilfe und Teilhabe heute. Leben mit dem Stigma, Berlin: 2023, 297–312.

Schmachtenberg, Rolf: Bundesteilhabegesetz (BTHG) – Personenzentrierung in der Eingliederungshilfe, in: Lob-Hüdepohl, Andreas/Eurich, Johannes (Hg.): Personzentrierung – Inklusion – Enabling Community. Stuttgart 2020, 151–162.

Schmuhl, Hans-Walter: Rassenhygiene, Nationalsozialismus, »Euthanasie«. Von der Verhütung zur Vernichtung »lebensunwerten Lebens«. 1890–1945. Göttingen 1987.

Schmuhl, Hans-Walter: Lebensbedingungen und Lebenslagen von Menschen mit geistiger Behinderung in den v. Bodelschwinghschen Stiftungen Bethel seit 1945. Theoretische Vorüberlegungen und empirische Streiflichter, in: Schmuhl, Hans-Walter/Winkler, Ulrike (Hg.): Welt in der Welt. Heime für Menschen mit geistiger Behinderung in der Perspektive der Disability History, Stuttgart 2013, 133–160.

Schmuhl, Hans-Walter: Der Anfang vom Ende der Anstalt. Impulse zur Psychiatriereform in den v. Bodelschwinghschen Anstalten Bethel in den frühen 1970er Jahren, in: Rudloff, Wilfried/Kersting, Franz-Werner/Miquel, Marc von/Thießen, Malte (Hg.): Ende der Anstalten? Großeinrichtungen, Debatten und Deinstitutionalisierung seit den 1970er Jahren, Paderborn 2022, 223–250.

Schleiermacher, Sabine: Der Centralausschuss für die Innere Mission und die Eugenik am Vorabend des »Dritten Reichs«. Neuere Ergebnisse zeitgeschichtlicher Forschung, in: Strohm. Theodor/Thierfelder, Jörg (Hg.): Diakonie im »Dritten Reich«. Heidelberg 1990, 60–77.

Schreiner, Mario: Teilhabe am Arbeitsleben. Die Werkstatt für behinderte Menschen aus Sicht der Beschäftigten, Wiesbaden 2017.

Schütze, Fritz: Biographieforschung und narratives Interview, in: Neue Praxis $^{13\,(3)}$1983, 283–293.

Schumann Monika: Sichtweisen von Behinderung im sozialpolitisch-fachlichen Kontext – Neue Impulse aus dem Intersektionalitätsdiskurs für die Inklusion? In: Lob-Hüdepohl, Andreas/Eurich, Johannes (Hg.): Personzentrierung – Inklusion – Enabling Community, Stuttgart 2020, 67–92.

Schwan, Gesine: Aus der Vergangenheit lernen heißt Zukunft gewinnen, abrufbar unter fes-online-akademie.de/fileadmin/Inhalte/01_Themen/04_Erinnerung_Demokratie/dokumente/FES_OA,_Aus_Vergangenheit_lernen_Schwan.pdf. 2008.

Seidel, Ralf: Die Sachverständigen Werner Leibbrand und Andrew C. Ivy, in: Ebbinghaus, Angelika/Dörner, Klaus (Hg.): Vernichten und Heilen. Der Nürnberger Ärzteprozeß und seine Folgen, Berlin 2001, 358–373.

Siebeck, Cornelia: 50 Jahre »arbeitende« NS-Gedenkstätten in der Bundesrepublik. Vom gegenkulturellen Projekt zur staatlichen Gedenkstättenkonzeption – und wie weiter? In: Gryglewski, Elke/Haug, Verena/Kößler, Gottfried/Lutz, Thomas/Schikorra, Christa (Hg.): Gedenkstättenpädagogik. Kontext, Theorie und Praxis der Bildungsarbeit zu NS-Verbrechen, Berlin 2015, 19–43.

Thimm Walter (Hg.): Das Normalisierungsprinzip. Ein Lesebuch zu Geschichte und Gegenwart eines Reformkonzepts, Marburg 2005.

Tümmers, Henning: Anerkennungskämpfe. Die Nachgeschichte der nationalsozialistischen Zwangssterilisationen in der Bundesrepublik, Göttingen 2011.

Waldschmidt, Anne: Jenseits der Modelle. Theoretische Ansätze in den Disability Studies, in: Brehme, David/Fuchs, Petra/Köbsell, Swantje/Wesselmann, Carla (Hg.): Disability Studies im deutschsprachigen Raum. Zwischen Emanzipation und Vereinnahmung. Weinheim 2020, 56–73.

Wansing, Gudrun: Was bedeutet Inklusion? Annäherungen an einen vielschichtigen Begriff, in: Degener, Theresia/Diehl, Elke (Hg.): Handbuch Behindertenrechtskonvention. Teilhabe als Menschenrecht – Inklusion als gesellschaftliche Aufgabe, Bonn 2015, 43–54.

Weber, Joachim: Der lange Schatten des »Lebensunwerts« – Eine Geschichte von Ausschließung. Einleitung, in: Hamm, Margret (Hg.): Ausschluss und »Euthanasie« gestern. Sterbehilfe und Teilhabe heute. Leben mit dem Stigma. Berlin 2023, 13–72.

Weber, Inge: Das Leben leben – jetzt erst recht! Gerda B. – ein Leben für die »Kinder, Kinder, Kinder«! In: Hamm, Margret (Hg.): Ausschluss und »Euthanasie« gestern. Sterbehilfe und Teilhabe heute. Leben mit dem Stigma, Berlin 187–208.

Wegscheider, Angela/Schwanninger, Florian/Bachmayer, Siegfried: Inklusives Gedenken an NS-»Euthanasieanstalten«, in: ZEuB [1]2019, 18–27.

Welti, Felix: »Niemand darf wegen seiner Behinderung benachteiligt werden« – Der soziale Rechtsstaat des Grundgesetzes und die UN-BRK, in: Schleswig-Holsteinische Anzeigen [5]2014, 163–168.

Welzer, Harald: Das Interview als Artefakt. Zur Kritik der Zeitzeugenforschung, in: Obertreis, Julia (Hg.): Oral History. Basistexte. Stuttgart 2012, 247–260.

Westermann, Stefanie: Verschwiegenes Leid. Der Umgang mit den NS-Zwangssterilisationen in der Bundesrepublik Deutschland, Köln u. a. 2010.

Wierling, Dorothea: Oral History, in Maurer, Michael (Hg.): Aufriss der Historischen Wissenschaften. Band 7. Neue Themen und Methoden der Geschichtswissenschaft. Stuttgart 2003, 81–151.

Wierling, Dorothee: Scham und Lebenswille. Zwangssterilisation und »Euthanasie« in autobiografischen Erzählungen, in Hamm, Margret (Hg.): Ausgegrenzt! Warum? Zwangssterilisierte und Geschädigte der NS-»Euthanasie« in der Bundesrepublik Deutschland, Berlin 2017, 55–138.

Winau, Rolf: Der Menschenversuch in der Medizin, in: Ebbinghaus, Angelika/Dörner, Klaus (Hg.): Vernichten und Heilen. Der Nürnberger Ärzteprozeß und seine Folgen, Berlin 2001, 93–109.

Winkler, Ulrike: Diakonische Anstalten im Umbruch. Überlegungen zu Schwellen und Entgrenzungen, in: Rudloff, Wilfried/Kersting, Franz-Werner/Miquel, Marc von/Thießen, Malte (Hg.): Ende der Anstalten? Großeinrichtungen, Debatten und Deinstitutionalisierung seit den 1970er Jahren. Paderborn 2022, 89–103.

Wunder, Michael: Der Nürnberger Kodex und seine Folgen. in: Ebbinghaus, Angelika/Dörner, Klaus (Hg.): Vernichten und Heilen. Der Nürnberger Ärzteprozeß und seine Folgen, Berlin 2001, 476–490.

Wunder, Michael: Die alte und die neue »Euthanasiediskussion«. Tötung auf wessen Verlangen. Wiener Vorlesungen. Wien 2013.

Wunder, Michael: Die Schicksale von Opfern, in: Wunder, Michael/Genkel, Ingrid/Jenner, Harald (Hg.): Auf dieser schiefen Ebene gibt es kein Halten mehr. Die Alsterdorfer Anstalten im Nationalsozialismus, Stuttgart [3]2016, 17–34.

Wunder, Michael: »Auf dieser schiefen Ebene gibt es kein Halten mehr«, in: Wunder, Michael/Genkel, Ingrid/Jenner, Harald (Hg.): Auf dieser schiefen Ebene gibt es kein Halten mehr. Die Alsterdorfer Anstalten im Nationalsozialismus, Stuttgart [3]2016, 35–78.

Wunder, Michael: Die Karriere des Dr. Gerhard Kreyenberg – Heilen und Vernichten in Alsterdorf, in: Wunder, Michael/Genkel, Ingrid/Jenner, Harald (Hg.): Auf dieser schiefen Ebene gibt es kein Halten mehr. Die Alsterdorfer Anstalten im Nationalsozialismus, Stuttgart [3]2016, 137–184.

Wunder, Michael: Der Exodus von 1943, in: Wunder, Michael/Genkel, Ingrid/Jenner, Harald (Hg.): Auf dieser schiefen Ebene gibt es kein Halten mehr. Die Alsterdorfer Anstalten im Nationalsozialismus, Stuttgart [3]2016, 283–372.

Wunder, Michael/Genkel, Ingrid/Jenner, Harald (Hg.): Auf dieser schiefen Ebene gibt es kein Halten mehr. Die Alsterdorfer Anstalten im Nationalsozialismus, Stuttgart[3] 2016.